叢書・ウニベルシタス　727

産業資本主義の法と政治

インゲボルク・マウス
河上倫逸 監訳

法政大学出版局

Ingeborg Maus
RECHTSTHEORIE UND POLITISCHE THEORIE
IM INDUSTORIEKAPITALISMUS

This book is published in Japan by arrangement with
Wilhelm Fink Verlag, München
through The Sakai Agency, Tokyo.

目次

序　言

現代では、すべての社会的・政治的諸過程の法制化はその対象となる範囲の広さと徹底性のゆえに、法の社会的機能について新たな学際的論議を呼び起こすほどとなっている。七〇年代の学問的論議は、法曹教育に社会科学的な方向づけを与えることを旗印としたにもかかわらず、もっぱら法学を代表する者たちによっておこなわれた。だが現代の法制化論議では、かつてとは異なり社会科学者の参加が増大している。彼らの関与する領域は、法による社会操縦が限界に達しつつあるという諦念がますます強まるなか、社会的‐自由主義的改革政策の最終段階に付随する、法の執行にかんする研究から、社会的「生活世界」についての、法により媒介される形式化と官僚制化の社会哲学的反省、さらにはそれを超えて、法に対する根本的なオルタナティヴの提案にまでいたっている。だがそうした現在の論議においては、法のイデオロギー機能と道具的機能ないしは実践的機能とが必ずしも十分に区別されていない。これら対立する二つの立場は、(日常の)政治論争を含む、法理論と社会科学の論争それぞれにおいて説かれてきたものであるが、右のような区別の不十分さによって、密かにそれら二つの立場が限りなく接近していることが分かるのである。そこでは、恣意的な政治的決定を正当化するために「法治国家」を論拠として用いることが広くおこなわれており、その背後には、実質化された法概念を民主的意思形成過程から独立したものとして用いるドイツ的伝統がある。このようなかたちでの法治国家概念の利用は、法のイデオロギー的側面を絶対視するものであるが、その一方で、このイデオロギー的側面に原理的な法批判を呼び起こすものでもある。つまり、あらゆる形式の法制化を自律的な社会組織と参加民主主義の崩壊として捉える批判がそれである。

上記のような二つのいずれの立場とも異なり、本書では民主制理論の視点から、とりわけ——実際に危機に瀕している——法の「実践的」次元を浮き彫りにしたい。すなわち、「法律による支配」、人民主権、個人の自律、これらの間の始源的連関は古典的法治国家につねに含まれるとされてきたのであるが、こうした連関の分析から出発し、二〇世紀の社会的諸条件の下でこのモデルが被った機能転換を考察するのである。そうした転換には法制化の進行と法の脱形式化の強化とが同時に見られるのであるが、こうした観察を基に次のテーゼを主張したいと思う。すなわち、法のイデオロギー的次元は法の道具的‐操作的機能であれ、実践的‐自由保障の機能であれ、いずれをも次第に駆逐しつつある、と。すなわち、国家の諸機構の法律への拘束は、民主的に制御された法定立による正当化という外観を失ってはいないが、しかしその一方で、現代の国家行為が関与するきわめて重要な問題領域において法が不確定であるがゆえに、国家の諸機構の法律への拘束が事実的には解除されてしまっているのである。

法治国家の形式転換と、法治国家と結びついた政治的支配の正当化モデルの崩壊とが、本書の統一テーマである。先に個別に発表された各論稿では、初期ブルジョワ的法文化が現代の産業資本主義的諸条件に適合する様のみならず、法治国家と民主制との結合が解体されてゆくその諸段階が追跡されている。第一論文では、カントの法治国家理論から一九世紀の論争を経て現代にまでいたる、問題の全体的な概要を明らかにしている。第二論文以下の論稿ではそれぞれ、第一論文で扱えなかった個別的な重要問題を論じている。それらのうち前半の諸論稿は、ワイマール共和国の法理論と社会理論を扱っている。ワイマール共和国下での諸理論においては、伝統的な法文化と拡大された国家行為の新たな諸条件との間に隔たりが顕在化したのを受け、この隔たりに対処するためのさまざまなパラダイムが考案された。たとえば、労働運動の法理論と憲法理論から急進保守主義の諸派までが挙げられよう。とくにこの急進保守主義というものは、「国家社会主義的法治国家」の構想によって、法を社会的権力関係を基準として一元化するための道筋をつけたのである。本書の後半に収められた諸論稿は、連邦共和国における同様の問題についての、法理論と社会理論の見地からの精密な省察に捧げられている。すなわち、「新実証主義」、法存在論、システム理論の諸見解を取り上げながら、社会的現実構造へ状況を問わず法を適合させるという傾向が再燃しつつあることを証明するとともに、それを、連邦共和国の司法活動と現代的な行政の行為の構造に対する影響という点からも考察している。

すべての論稿において、古典的法構造の現代的崩壊に由来する、先に示唆しておいたアンビヴァレンツと、法そのもののもつ根本的なアンビヴァレンツという二つの戦線について、議論がおこなわれている。これらの論稿は——法と政治的諸制度との関係にかんして——、テクノクラティックな問題解決には批判的な態度を取るものである。というのもそうした問題解決は、過剰に複合的な社会的諸条件の下での政治的決定過程について、法構造の脱形式化によってそうした決定に伴う負担を軽減しようとするのであり、それに伴い、民主的に統制された議会による本来的な法的決断は、次第に行政と司法によって肩代わりされてしまうことになるからである。しかしながら、こうした他の国家機構による横奪から議会の法定立機能を守るには、中央の法的決定スタッフにとって現代の社会的諸関係が見通し難いものであることを前提しつつ、それぞれの特定領域において自律的な社会的規範定立がどこまで可能であるか、これを明らかにしなければならない。ここから、法と社会的規制領域との関係にかんして、やはり同じく二重に戦線の設定がおこなわれることになる。つまり、細分化された社会経済的部分領域の「ありのままの」構造を政治的‐法的介入から防御する法実務と法理論を徹底的に批判するということは、同時に、民主主義の徴候の下で社会法的な特別法秩序にとって有益な諸前提に関心を寄せることにもなるからである。その限りで、本書は不吉な予言で終わるものではなく、社会的利益の個別化に伴う現代的諸条件の下で民主的な法定立を再構成するという、最終的な目標をも有しているのである。

本書に収められた諸論稿はいずれも初出のままである。誤植と、場合によって誤解を招きかねない表現だけを改めたにすぎない。最近の論稿については、初出の段階で例外的に他とは異なる引用法を用いたために、本書の注には統一がとれていない。現状では、各論稿の間での相互参照指示だけが整えられているにすぎない。概略的なテーマ設定をもつ研究だけが収められており、連続的な問題の展開としてそれらを読むことができる。本書に続いて、司法分析を扱った私の論稿を含む、大部な書物が出版される予定である。

第1章　ブルジョワ法治国家理論の発展と機能転換

現代においては、ブルジョワ法治国家にかんする歴史記述はもっぱら実質的法治国家概念を基準としておこなわれている。この手の歴史記述からすると、法治国家とその理論的反省の発展は次のように見えるのである。つまり、一九世紀初期のもともとの実質的法治国家構想が徐々に形式化されてゆき、ワイマール共和国の末期には完全にそれが転倒してしまうプロセスとして――言い換えれば、ボン基本法の妥当の下、法治国家の実質的要素を再評価することでようやく食い止められた、退廃のプロセスとして。[1]政治理論や憲法理論畑の多岐にわたる著作家たちは、ロベルト・フォン・モールの名が初期の実質的法治国家理論の頂点を示すことについて、意見の一致を見ている。モールの理論においては、形式的な法的安定性と実質的正義の幸福な結びつきが達成されている、というのである。そこでは、モールの法治国家構想の実質的要素は、社会的法治国家の前段階として承認されるとともに、合法性に先立つ「高次」の法を容認するためにも必要とされる。[2]同様の意見の一致は形式的法治国家構想に対する有罪宣告についても見られる。すなわち、形式的法治国家構想は、法治国家にかんするフリードリッヒ・ユリウス・シュタールの「きわめて影響力の大きい」定義とともに始まったのであるが、[3]それは、初期ブルジョワ的‐理性法的理念のもつ解放をめざした内実を、恣意的な行政の行為のたんなる機能様相としての合法性原理というものへ格下げしてしまった、というのである[4]。

このような回想がなされるのは、連邦憲法裁判所の判決活動の根底にもともとある法と法治国家についての理解を前提としているからである。すなわち、連邦憲法裁判所は、「憲法制定者をも拘束する超実定的な法[5]」を承認したうえで法治国家概念を用いるのであり、しかもそうした法治国家概念は、個別的な憲法規範から生じたものではなく、「根本的」な憲法原則として理解されているものなのである[6]。その結果、明文で規定されているように、法とは実定法「以上の法」のことであり、それは憲法に適合する法秩序の「意味の全体」から導出される[7]。連邦憲法裁判所のいう法治国家概念は、形式的法治国家よりも高次の法的価値を与えられたものであるが[8]、この法的価値は実質的正義と言い換えられ[9]、そうすることで印象深いある方程式を準備することになった。すなわち「法治国家とは正義の国家のことである[10]」と。しかしこのような言い換えが表わそうとしているものは、法治国家の社会的構成要素を指摘することで尽くされるようなものではなく、いずれにしても、より広い論争の地平へと移される必要がある[11]。

しかし形式的法治国家を克服しようとする他のこころみと比較してみると、右の方程式にはまだ不明確な点が残されている。ドイツ民主共和国における実質的法治国家理論の発展もまた、「正義なければ法治国家なし[12]」という定式を糧としてきた。この定式は何よりも、法治国家的伝統のもつ民主主義的要素の実現を求めるものである。それと同時に、この定式は正義を実質的に定義し、「現に実在する社会主義」の完成と強化を法定立プロセスの民主化の所与の目標として認めるよう、求めているのである[13]。

だがこのようなイデオロギー的な固定化をおこなうことによって、この定式は、民主制と法治国家の統一という要請をはじめから破壊してしまっているのである。――これとはまったく異なるが、同様の物象化を被った内容を与えられたのが、「ナチス的法治国家」理論である。この理論は、とりわけ一九三三年から一九三六年までの時代に、ブルジョワ法学と党派的法曹の代表者たちによって発展させられた。彼らの理論によれば、「ナチス的法治国家は［……］正義の国家たる」べきであり、この国家は「［形式的］法律国家から［実質的］法治国家への」転換を遂行した、とされたのであった。理論的な自己理解と事実的な社会的機能からすると、こうした法治国家はもはや形式的な法的安定性ではなく、実質的なそれを保障しなければならない。法治国家に期待されるこの「状況の保障」は、社会的現状およびこれに起因する特権を保障すべきものとされ、そのような現状と特権が危機に瀕するのは、形式的法律国家にとって脅威とされた。というのも、そのような形式的法律国家とは、ワイマールのゲーム規則システムの時代ですらなお、社会集団の利害というものを反映するものであったからである。

(14) (15) (16) (17)

こうした近時の法治国家理論のさまざまなこころみが、対立しつつもそのなかに一致点を見いだしているのは、次の点においてである。すなわち、法の形式的合理性の古典的‐法治国家的保障は、消滅しているわけではないにせよ後退してしまっており、その一方で、実質的なものの保障は法治国家の本質として確認されている、と。しかし、保障される実質が多種多様である――実現されるべき憲法的「価値」であるにせよ、あるいは社会のさまざまな現実的形態であるにせよ――ことを考えると、ある問題が問われることになる。すなわち、現代の実質的法治国家理論が形式的なそれに比べて進歩しているのは、そもそもいかなる点においてなのか。また、一九世紀初期の「実質的」法治国家理論と現代の法治国家理論との関係は、どのようなものであると言えるのか、と。もっと端的に定式化すれば次のようになろう。すなわち、そのときどきにおいて、実質的法治国家の「実質的なもの」とは何であるのか、そしてその社会的機能は何であるのか、と。こうした問題を歴史的な視角から考察することで、おそらく次の二点の成果を得られることと思う。第一に、ブルジョワ法治国家の歴史が新たに書きなおされねばならない、という認識が得られよう。第二に、現代の連邦共和国下における法治国家的諸要求の機能を明らかにすることに寄与することになろう。

I

イギリスのいわゆる「法の支配」学説[18]とは違っているのだが、それにもかかわらず、ドイツの法治国家理論も民主制理論として構築されている。この法治国家理論は、ごく初期の段階では法と法律を同一視する、つまり民主的立法者の絶対的主権を宣言しており、しかもそうした民主的立法者の決断は、高次の価値をもつ法を引き合いに出すことで裏づけを与えられているのではなかった。カントの理性法的国家理論においては、法治国家原理はその事柄の性質上、所与のものとして存在している。カントの有名な定義によれば、「国家とは〔……〕もろもろの法的法則のもとでの一群の人間の結びつきのことである」のみならず、この法的法則はもっぱら立法権力の産物としてのみ考えることができる。しかもこの立法権力は、これはこれで「人民の結合した意思にのみ帰属する」[19]ことができる。周知のように、この点について与えられた基礎づけはきわめて明快である。

というのも、一切の法がそれ［人民の立法権力、マウス］を前提すべきなのだから、この立法権力は、けっして、自らの制定する法律によって不法をなしうるものであってはならないからである。さて、ある者が他人に対して何かを命ずる場合には、そのことによって、彼がその他人に対して不法をなすことがありうる。だが、彼が自分自身について決定することにおいては、そのような不法をなすことはけっしてありえない。［……］互いに一致し結合した万人の意思だけが、各自が万人について、また万人が各自について、同一の決定をなす限りにおいて、つまり普遍的に結合した人民の意思だけが、立法をおこなうことができるのである。[20]

不法の回避としての正義、現実の社会的抑圧を実定的な法定立において最小化すること、カントはこれらのことを――その先達たるルソーと同様に――法律が一致すべき法原理によって保障するのではなく、法律が民主的に成立したかどうかによって保障している。すなわち、法律のもつ「正義」とは、法律が成立するその特別な手続きによって保障されるのである。

カントによれば、「ブルジョワ的状況」の基礎にある自由・平等・個人の独立という原理もまた、高次の価値をもつ独自の法的内容を表わしているのではなく、やはり、立法の民主的プロセスに関係づけられる。国家市民の自由とは、「その国家市民が規定を与えた法律以外のいかなる法律にも服従しない」自由であると定義されており、平等とは、民主的な法的決定の拘束力が平等に作用することだと定義されている。さらに個人の独立とは、民主的な法定立過程に参加するためのブルジョワ的（財産的）資格として定義されている。[21] このような定義をおこなうことによって、カントの理性原理は、立法から区別された前国家的権利の領域を表わすというよりは、むしろこの立法過程そのものへの民主的な参加権を表わすものとなっている。初期ブルジョワ法治国家の理解においては、実質的要素と形式的要素の統一がしばしば宣言されるのであるが[22]、このことはカントの場合、そもそも実質的な構成要素は形式的な構成要素としてのみ実在しうるという、厳密な意味を与えられている。

もっとも、法治国家理論のこのような民主制的バージョンは、立ち遅れた政治実践を顧慮しているために強い制限を被ることになる。既存の官治国家は革命によってではなく、改革によってのみ変更されるべきなのであって[23]、それゆえ、法律の民主的な成立が直接実行に移されるわけではない。国家市民からすると、実際の主権的立法者の由来には触れられないままに終わるわけである。国家市民はその由来について、「やかましく理屈をこねるべきではない[24]」のである。このように、カントは官僚支配を選択的に前提することを承認するのであるが、この面から見ると、憲法とたんなる法律の関係についての彼のラディカルな民主制構想はアンビヴァレントな意味をもつことになる。カントが述べているところでは、「憲法にすら」最高の立法命令者を「制約すること」を許す「いかなる条項も規定することはできない[25]」のであるが、もしそうであるならば、この場合にも原理的にはシェイエスの命題が語られることになる。すなわち、民主的立法者はあらゆる実定的憲法に優越した地位にあるのだから、実定的憲法が民主的立法者の主権を完全に汲み尽くしてしまうことなどありえない、と[26]。カントは憲法と立法の関係についてこのように述べているわけであるが、こうした関係を実践的に首尾一貫させると、官治国家を前提する限り、臣民のあらゆる抵抗権は否定されることになる。カントは法律について民主的な規定を与えたが、それは、憲法と立法の関係から導かれる秩序維持機能のなかで消滅してしまっているのである。

しかしそれにもかかわらず、カントの法治国家論の民主的端緒には実践的な意義がないわけではない。人民の立法意思の理念がいまだに現実化されていない限りは、その理念は立法者を拘束する原理としてはたらく。立法者は、法があたかも人民全体の統一された意思から発生しえたかのように立法すべきだとされる。そうした理念は、「あらゆる公的な法律の合法性の試金石」としてはたらく。すなわち、「人民全体が同意を与えることができないようなものとして」公的な法律が作りだされた場合には、その法律は「不法である」。[27] だが実は、カントは国家法の判定原理をこのようにして導出することで、[28]「二段階の合法性」を作りだしている。高次の法原理が「合法性」と「正義」の観点から、実定的法律を制御し相対化する、ということになっているからである。これは、あらゆるブルジョワ憲法と法秩序のカインの印として、批判的に論じられてきたものである。[29] しかしその一方で、二段階の合法性に対して現代の批判が指摘しているのとは反対の要素が、カントの民主的法治国家原理にはなおも含まれている。すなわち、物象化された内容や実質的価値といったものが民主的立法者にあらかじめ命じられているのではなく、いまだ民主的ではない立法者が民主的立法手続きそれ自身の評価規準に拘束され、しかもその原理が社会的現実へと移行するまでそうした拘束が続くというのである。カントの法治国家理論に包含された二段階の合法性は自己廃棄を意図しているのであり、まさにこの点こそ、カントのこの理論が民主的な前提をもつことの証なのである。

しかしそうは言っても、これらカントの法治国家概念の民主的要素は、社会的抑圧の廃棄ではなくその最小化を意味しているにすぎない。それは——イギリスの法の支配の学説とは反対に——今なおドイツ的法治国家概念の特徴である禁欲というモメントを、含んでいる。res publica noumenon としての理性的民主国家には、現象界においては qua res publica phaenomenon としての官治国家が対置されるが、他方でこの理性的民主国家には、個人の局面においては理性的存在つまり homo noumenon が対応している。この理性的存在もまた homo phaenomenon とは反対に、抽象化のプロセスの産物であって、一切の経験的動機と主観的目的が否認されている。[30] 民主的立法が求めるのは、このような「理性的」個人である。この個人は、一般的立法者として自ら思惟することができ、理性的個人にのみ特有ではあるが、一般的でもある立法だけに服する。[31] 個人の自己決定と民主的法律の一般性は、具体的な社会的利害と欲求を捨象することで結びつけられている。民主的立法過程が真の法律を産みだすためには、個人はブルジョワとしてではなくシトワイヤンとしてのみ、つまり経済的‐社会的欲求を放棄したうえで民主的立法過程に参加すべきである、とルソーは主張している。これに対してカントにおいては、あらゆる理性的存在の自律的意思において、一般的法則を内面化することが前提されている。理性的個人は外的な抑圧をもはや必要とはしない。自分自身と向き合うのである。[32] この場合の法律の一般性には、法律を発議する側の一般性と法律を受け取る側の一般性という民主的モメントを超える、それ以上の特徴が想定されている。すなわち、法律の内容的な一般性は同時に、法的利害をもつ者の放棄の一般性、つまり抑圧の一般性を意味しているのである。[33]

このように、具体的かつ異質な法的利害を考慮した立法過程の経験的帰結ではなく、法律の内容的な一般性を重視することは、「国家の福祉」についてのカントの規定にその対応物を見いだすことができる。

この福祉という言葉で国家市民の安寧や幸福が意味されていると解してはならない。……そうではなくて、右の言葉によって意味されているものは、当の体制が法の諸原理と最高度に合致しているような状態なのであり、そういう状態に向かって努力するよう、理性は定言命法を通してわれわれを拘束するのである(34)。

このような法原理がもっぱら民主的自己決定の法原理として定義されている限りにおいて、「国家の福祉」が個人との内容的な断絶を意図するものではない、ということは明らかである。しかしその一方で、自律と禁欲の繋がりは解消不能だとされている。個人の「幸福」は専制的政府の下においては「いっそう心地よく、いっそう望ましいかたちで生じ(35)」うるだろうとカントは断定しているが、この断定はその事柄そのものとともに、その社会的機能をも物語っている。抽象的‐一般的な法律においては、個人の具体的な欲求についてはもはや何も語られないのであるが、そうした法律は、絶対主義的福祉国家からの民主的解放のために必要な代償なのである。絶対主義的福祉国家は——その理念から導かれる平等主義的帰結にもかかわらず——経済政策上の規則については、なおも具体的な個別規定に拠りつつ「各人のものを各人に」配分していたのである。カントにとって自由と幸福の対置は廃止できないものであり、このことは、彼の理論が置かれていた社会的コンテクストを物語っている。当時においては、既存の国家装置をブルジョワ層が手に収めることなど、まだまだ無理な状況だったのである。しかしこの自由と幸福の対置は、同時に——理念としては——こうした国家装置に対する妥協の覚悟がまったく欠如していることも物語っている。そうした妥協の覚悟は、カント以後の法治国家理論には特徴的なのであるが。

その後の法治国家理論における国法学上の旗手、ロベルト・フォン・モールとカール・テオドア・ヴェルカーの場合は、カントとは対照的であって、個人を感性的かつ理性的という二重の存在と解しているように見える。(36) モールによれば、この二重の存在の生活目的に適合しているのが法治国家である。ここで言う法治国家とは、法の機能に限定されるのではなく、「よき」ポリツァイの課題をも同時に引き受ける。だがここに、「理性的」な要素がなおも支配しつづけていることを見過ごしてはならないのであり、この点に――カントの場合と同じく――イギリスの「法の支配」の理論と対置されるべき理由がある。さらにカントの美学を思わせる点として、感性的生活目的のみを専制に結びつけるモールとヴェルカーのこころみがある。(37) すなわち、「倫理的理念がつねに先立って支配している(38)」ときにのみ、幸福追求はその相対的な承認を見いだす、というのである。ヴェルカーはカントに依拠しつつ「唯物論的」自然法理論を鋭く批判しているが、そこでは、アングロサクソン的な「幸福追求」の自由な可能性を認めるのとは正反対の立場を表明している。(39) 彼は自然本能と前社会的な自然状態から法原理を導くあらゆる国家理論を論難しており、このような姿勢が示しているのは、そうした国家理論の特徴である自然法と理性法の対置には同時に「法の支配」と法治国家の対置が含まれている、ということなのである。「法の支配」が意味しているのは、幸福追求は法律の干渉を免れた自由の領域において可能になるという意味での、幸福追求の承認に止まるものではなく、立法過程そのものを幸福追求のために開放する、ということも意味している。つまり、さまざまに分散した経験的努力の相互の付き合わせという手続きのなかで法定立がおこなわれるのであり、このような手続きは、ドイツ的理性法の観念として確立された理性概念や法概念を前提することはできない。「法の支配」が、絶対主義的国家権力を樹立するところみに対する勝利を表わすものである限りにおいて、この法の支配は、議会主権の形式による人民の支配を意味する。[40] ところがこれに対して、理性法的法概念は、ドイツ社会の発展というコンテクストのなかでひとつの意図を次第に発展させたのだった。それは、カントの民主制理念との結びつきを失い、個人の経験的利害のみならず、こうした利害の機能的な代弁者である民主的立法者にも敵対的であるような意図であった。議会主権を伴わずに法の主権を宣言するという、初期ドイツ法治国家理論の窮余の策は、最終的には、想像上の議会絶対主義を権威的に防止するための有効策へと逆転することになったのである。

モールの場合、この特殊ドイツ的で実質化された法概念というものが、いわば隠されたモメントとしてなおも存在している。とくに彼の法治国家概念が、理性の普遍的要請と悟性の利己的な要求の媒介を作りだそうとしていることを見落としてはなるまい。[41] モールの考える自由と幸福の妥協とは、法的機能と(福祉的)ポリツァイ機能の結合として法治国家を捉えるものである。[42] そのような結合があってはじめて、感性的‐理性的個人の生活目的から導かれた法治国家的国家目的が達成されうる、というのである。すなわち、「人間に備わった精神と肉体の両方の力をできるだけ理性に適ったかたちで全面的に完成させること」[43] を促進する、というのがそれである。そのさい――一見したところ――法律という媒体によって保護された理性的自由権の特徴となっているのが、国家的非干渉の領域であり、命令という媒体によって可能になった行政の行為の特徴となっているのが、社会的利害関係への国家的干渉の領域である。これら二つの、モールの法治国家論に含まれる要素はバランスを取るのが難しいが、この点で、国家と社会の分離というイデオロギーとはかけ離れたものであることが分かる。[44] そして、このバランスを取るこころみを示しているのが、「憲法契約[45]」に記された、ドイツ・ブルジョワ層と官治国家との協定なのである。経済発展が立ち後れているがゆえに、「外的阻害要因[46]」を除去しようとすればそうした協定がやはり必要である、というわけである。このようなモールの法治国家モデルからすれば、ブルジョワの幸福追求が政治的決定へと変換される限りにおいて、そうした幸福追求は自己立法の過程を通して貫徹されるのではなく、ポリツァイ的行政活動の保護を受けることになるのである。

つまり自由の領域にかんして言えば、法律が明示的に引き受けるのは、社会の自己規律という能動的な機能ではなく、ブルジョワ的自由権への専制的干渉の阻止という消極的な機能にすぎない。[47] カント的法治国家原理からすれば、ブルジョワが法定立過程に積極的に参加することは、直接自由を意味するがゆえに自己目的とされるのであるが、このようなカント的法治国家原理の民主的意図というものは、モールの場合には消滅してしまっている。民主的参加は、すでに内容の確定した自由の保障という目的のための手段としてのみ、組み込まれているにすぎない。[48] 理性の原理は、民主的法律から実質的権利へ移し変えられており、それゆえ、民主的主権であれ専制であれ、いずれについてもその主意主義的決断に対して、いわば理念的な防止壁として設置されうるにすぎない。しかし、まさに理性原理のこのようなアクセントの移動をおこなったために、モールは法律概念そのものを実質的に採り入れ、歴史記述が一貫してモールに見ている「法治国家的法律概念」を発展させることは、妨げられてしまったのである。[49]

国家の統治装置をどこまでブルジョワがコントロールできるのか、これは法律概念があってはじめて厳密に規定されるのだから、法律概念がその後の法治国家理論の発展にとって中心的な意義をもっていたのは確かである。[50] そして、まさにそうであるがゆえに、モールが法律概念をけっして内容的一般性という規準に結びつけているわけではないことを、忘れてはならない。たしかにモールは立法のことを、「ブルジョワと国家であれ、ブルジョワと臣民であれ、いずれの関係をも確定させる一般的規範を起草し公布すること」であると定義しており、次のような説明を加えている。

すなわち、このような一般的規範は法治国家においてはこの上ない重要性を有している。というのは、法治国家の人民とは、高次の人間的権力・超感覚的権力の恣意的命令ではなく、全員に等しく有効で一般的な法律を通じてのみ、法関係の変更と確定を受け取るのが当然だからである。[51]

内容的に一般的な法律概念というモールの神話はここを起点にしているわけだが、それにもかかわらず、この神話はより広範な文脈においては、法律を「一般的に順守されるべき命令」[52] としてたんに平等に適用すべきという要求へと、モールによって容易に変更されてしまっている。モールの提唱しているのが、形式的法律概念のみならず、結果的にははじめから実証主義的な法律概念でもあったことは、彼の次のコメントからもうかがわれる（これはいわば証拠としてやや詳しく引用されねばならない）。

国家権力はブルジョワの権利に対して、これを拡大するにせよ制限するにせよ、あるいは説明するにせよ、なんらかのかたちで関与するのであるが、こうした国家権力のすべての命令が、法律の本質的かつ必然的な対象なのである。そのような内容を規定するにあたり、これに等族が同意を与えなかった場合には、その規定は無効であり拘束力をもたない。［……］ところがしかし、それ以外の場合として、それ自体としてははじめから政府の一方的処分権によって有効だとされている対象もありうる。そうした任意の対象のすべてについて、これを法律によってより確固不動のものとして規定することは、君主と等族に委ねられている[53]。

この引用の前半部には、法律の実質的定義を示唆する一文（ブルジョワの権利に関与する国家権力のすべての命令）が見られるが、それはただ、国家行為の広範な領域において、立法という媒体によって君主を拘束するにすぎないものであり、等族の関与の下で実施される立法そのものを制限する趣旨ではない。そうした立法はむしろ、あらゆる「任意の対象」へと拡大されてしかるべきなのである。これは、法律実証主義の時代においてラーバントがおこなった形式的法律概念の絶対化を先取する定式化である。ラーバントの絶対化によれば、「全体的な国家生活のいかなる対象であれ、それどころかいかなる思想であれ、法律の内容になりえないものなど存在しない[54]」のである。しかしながら、まさにこのモールの形式的法律概念は――著名な法実証主義者ゲオルク・イェリネクがモールについて明文で明らかにしているように[55]――「すべてを、［……］とはいえ等族の同意とともに公布された君主の命令だけを、包含するもの」であり、立憲君主制における議会に最大限の権限を保障したものである。その一方で内容的に定義された法律概念、そして法律の一般性の要求もまた、ここでは君主の執行府とだけ対立することになっている。

逆に初期の立憲的法治国家理論が、立法者の制限ではなくもっぱら執行府に関心を寄せていたことは、命令権についてのモールの所見が証明している。命令はそれ以外の一切の規範に劣る。とりわけ、命令によって規律されうるような問題について法律が処分をおこなう場合ですら、命令は法律に劣るのである。[56]だが、それだけではない。そのうえ命令は――内容的に無制限な法律とは反対に――内容的に制限される。その範囲はもっぱら、末端規定、法律施行規則、執行官庁にかんする規定だけなのである。[57]そうした規定に対する議会の影響は「けっして必要ではない」。というのは、そうした規定はブルジョワの法状態について新たな規定をなんらおこなうものではなく、ただ既存の規定（すなわち法律）を現実化するにすぎないからである。[58]実際モールの法律概念があまりに広範であるために、執行府の命令権は法律の執行に限られているほどなのである。[59]「多様な形態を取る生活」の下では分散した多様な具体的欲求が生じてくるが、このような局面下での行政の行為の領域について、そこでは法律による細かな規制は「あまり適切でもなければ可能でもない」ことを、モールは認めている。しかしこのような場合ですら、モールは、執行府の独立した命令権にけっして逃げ道を求めてはおらず、次のように要求している。つまり、命令が個別的に実施することの根拠をポリツァイ法律が規定することにするか、あるいはまた、少なくとも特定の法律に根拠をもたないポリツァイ処分のうち、ブルジョワにとって重要でない処分だけが許されるとするか、そのいずれかである、と。[60]つまるところ、社会経済的領域における国家的介入を求めるブルジョワ的要求は、そのような介入の絶対主義的独立化に対するやはり強い不信感によって、バランスを取っているのである。

以上とは反対に、立法に関与する議会への信頼は、議会の成り立ちのゆえになおも破壊されてはいない。[61]さらにすべてのブルジョワ的自由権の最も神聖なもの、つまり私有財産の処分権は、法律の支配を前にして有効な保護策を見いだせないでいる。たしかにモールによれば、所有権への法律による干渉がおこなわれる場合には、「正義と公正」に基づいて、「所有権者にできるだけの補償をおこなう」ことが要求されている。しかしそれに続けて次のような興味深い文章が記されている。

しかしながら、その補償の態様と程度を決めるのはやはり法律である。だがそれだけではない。たとえそのような補償を伴わない場合であっても、法律はそれ自体として完全に有効なのである。物理的不能や、一方的に変更されるべきではない、あらかじめ存在する特殊的な法的義務といったもののだけが、法律の全能性に制限を加えるにすぎない。(62)

法律と憲法の関係についてのモールの所見から明らかなように、法律のこの全能性は、事実的には無制限である。たしかに憲法は、たんなる法律・命令よりも優位な地位にある。(63)しかし違憲の法律に対して、制度化された対処法がなんら存在しないのであり、ただブルジョワの（それも「全体としての」ブルジョワではなく、個々のブルジョワの）不服従の可能性が存在するにすぎない。法律が憲法に規定されていない法原理を侵害している場合には、請願を除けば、もはや「法律によって加えられた不正」(64)の下での服従しか、道は残されていない。モールは行政による権利侵害に対処するために行政裁判権という「よりよい対策」を論じているが、(65)その一方で、「不正」な法律は実務上は難攻不落である。私有財産への干渉というものは、あらゆるブルジョワ法治国家理論にとって難問なのであるが、まさにそうした厄介な干渉を引き合いに出しつつ、モールは明白な意図をもって法律の全能性を基礎づけている。すなわち、所有権にかかわるブルジョワたちからそのつど同意を取りつけ、彼らに補償をおこなうという原則を考慮するとすれば、「一切の改良の停滞」「特殊的・私的な利害に対する一般的・公的な福祉の軽視」を招いてしまう、というのである。[66] つまり立法の領域では、国家の介入へのブルジョワの要求が、一般的な経済的要求の促進のために公然と語られうるのである。法治国家のこうした面の法律は、市民社会の自由そのものの領域への意図的な干渉を阻止するのとはまったく異なっており、[67] むしろ、ブルジョワの統制を受けてはいるが、専門家によって執りおこなわれる介入のための媒体なのである。

優越的価値をもつ「実質的」法概念を承認していることとの関係で、モールの理論には、独特の結論が生じている。一方では、憲法契約に記された自由権の領域が非常に高い地位にあり、君主からそれを保護する必要があるために、そこから議会が導きだされている。[68] そして、こうしたブルジョワ的自由権のもつ優越的価値に照らして、たんなる法律は「正しい法律と不正な法律」に区別される。しかし他方で、経済的操作への要求はまさに法律という媒体に対してもあまりに強いため、「正しい法律と不正な法律」という区別を設けても、実務上は何も効果は生じようがない。反対に、法律における一切の「重要なもの」、つまり命令という官僚制的手法では非本質的なもの、これだけを規律しようとするのであれば広範な法律概念を必要とする。つまり、非介入の領域と介入の領域という法治国家的区別を打ち破り、「正」「不正」の対立を別の地平へと移動させるような、そうした概念が必要なのである。このような場合、法律は、国家官僚の一方的介入だけを拒否すべきであり、ブルジョワのコントロールに服する介入は拒否すべきではなく、それゆえ、モール法治国家理論の「実質的」要素は最終的に、介入について望ましい形式と望ましくない形式の区別だけに役立つことになる。

つまりモールの場合、ブルジョワ的自由権とたんなる法律という二段階の合法性状態は、制度的な表現を与えられてはいない。内容的に不正な法律に対する裁判官の審査権は、モールの理論の内部では考えることはできない。それゆえ、モールの法治国家理論とともに産みだされ[69]、繰り返し唱えられた「政治の司法化」はもっぱら執行府の統制へと向けられている[70]。このことは、法治国家システムでは首尾一貫した帰結である。というのも、法治国家システムにおいては、議会には立法過程における統制機能と拒否機能だけが認められるのであり、これに対して執行府の議会に対する責任は存在しないからである[71]。「議会への統制」という形式での立憲原理をもつモールの理論は、いまだ「法の主権」を意図しているわけではなく、(権力分立を拒否しつつ) 君主の完全な主権をそのまま残しておくのである。ただしこうした立憲原理の法治国家的緩和は、君主に対して、彼のもつ権利の憲法適合的な行使だけを許し、臣民には憲法適合的な服従だけを求める、ということを意味する[72]。モールの国家理解はこのように徹底して一元的な志向を示しているのだが[73]、それは、法治国家的な保障に国家の最大の効率性[74]を結びつけようとするものである。立憲君主制は「中産階級の国家形式」だと明文で語られている。立憲君主制は悟性のものの見方を満足させるのであり、「中産階級の諸関係全体と一致しない、国家行為への絶えざる参加」を要求するものではない[75]。しかし、いまだブルジョワ層の手に握られていない国家は、経済的利害の助成的促進という意味で、ブルジョワ層のために行動すべきであり、つまりは計算可能な効率性によって特徴づけられる。

立憲君主制の形式を採るブルジョワ法治国家が「悟性」の国家であるというのは、国家権力の伝統的基礎づけに反するのみならず、「中産階級」の国家という古典的性格をより先鋭にするものである。「物

理的多数の裸の暴力に有意義な作用領域が与え」られることはありえないのであり、そのことが次のことを裏づける。すなわち、

プロレタリア大衆［……］は、彼らおよびすべての人の幸福について共同体の目標を、つまり彼らがその物理的な強大化に伴い、あらゆる抵抗を破壊しつつ追及する目標というものを、今までなんら国家生活のなかに見いだしたことがない[76]。

ここでは、法治国家理論の歴史におけるもうひとつの神話が破壊されねばならない。それは、モールの「実質的」法治国家概念は解放をめざすための社会国家的要素を示すものである、と説く神話である。この解釈は、モールの有名な、法治国家原理からの市民権の導出を基にして生まれた。その中心となる文章を挙げれば、次のようなものである。

何よりまず、法律の前での平等、つまり人格的諸関係による差別を考慮することなく、すべての人の生活目的を顧慮すること、ならびに、個人の地位や身分等を考慮することなく一般的規範を客観的に適用すること[77]。

すべての人の生活目的については、これをひとりで追求することだけではなく、国家の援助を受けることも原則的な権利とされているのであるが[78]、この生活目的というものがいったい何であるのか、不明

確である。

モールのポリツァイ学の教科書では、すべての人の生活目的の配慮という文言に読み込まれるべき「実質性」について、さしあたり次のような説明が与えられている。

> つまり法治国家が有する目的とはまさに次のことに他ならない。すなわち、人民のあらゆる構成員が、各自の全能力をできるだけ自由かつ全面的に発揮し使用するにあたり、援助と庇護を受けられるように、人民の共同生活を秩序づけること、これである。

明文ではっきりと、法治国家とは、「自己の身を処し、援助を受け、［……］努力と教育に幸福を」見いだしたいというあらゆる個人の要求に対応しなければならない、とされている(79)。同時にモールは、個々人の個別的な目的を基礎として国家目的を原子論的に構成しているという批判に反論しつつ、むしろ個別的なものと全体目的との予定調和を主張している(80)。他方で次のような疑問も語っている。すなわち、「人民はそのような高貴な生活観を理解することができるのか(81)」、すなわち、反理性的振る舞いと平等権の侵害を避けつつ、——周知の——「できるだけ多面的で理性に適った［……］精神的・肉体的諸力、人間に付属する諸力の完成」を追求できるものなのか、という疑問がそれである。モールのこの疑問は、生活目的にかんする人民の「一般的」観点(82)と「支配的」観点という術語の動揺に現われているように思える——つまり、一人ひとり「それぞれ」の権利と「全員」の権利とを混同してしまい、整理がつかなくなっている。さてたしかに、モールのよき「ポリツァイ」は分別を欠く者たちを幸福へと強制しようとするものではなく、ポリツァイはただ補充的にのみ、ブルジョワの能力が喚起され努力が自由になされるように活動をおこなうにすぎない。たとえばポリツァイ活動の制限が要求されるのは、自由および国家財政の緊縮という利害がある場合である[(83)]。

このようにモールは、ブルジョワ企業を国家が援助するための基準を論じたのであるが、このときはじめて、モールの法治国家概念の実質性のみならず、一般的観点と支配的観点の動揺が具体的に明らかになる。

一般的な国力は、ただ一般的な効用のためにのみ用いられる。だがそれは、ある企業が、ポリツァイの援助に値するようすべての国家市民にとって有益でなければならない、ということではない。

モールの挙げる例は非常に分かりやすい。

一般的に有益な企業とは、必ずしも個々のブルジョワにとって有益ではないかもしれないが、たとえば利得の多い地域での陸路と水運の建設、大学の整備、公立図書館の設置といったことである。これらに対して、資本の注入によって個々の商人を援助したり、公的な目的なしに公的費用によって個人の教育をおこなったり、わずかな土地のために高い費用をかけて水道を設置したり、といったことは、個人の利得に対する許されない援助の例である[(84)]。

つまりここでは、すべての国家市民のために公布された法は、人間に備わる能力の全面的な完成のためにポリツァイの援助を受けているにもかかわらず、支配的な社会集団の特権へと転化しているのである。公共施設の重点的な建設によって恩恵を受けるのは、「利得の多い地域」の商人であり、大学と図書館を利用する教養市民層なのである。その一方で、無産の個人に対しては、その能力の全面的展開のための援助は禁じられている。公共施設の設置は、実質的にはじめからそれを利用できる立場にある人びとのために用意されているにすぎず、ごく控えめで、社会統合的な性質をもつ社会国家的要求とは明らかに正反対のものである。モールがポリツァイに要求している一般性とは、個別化された欲求を排除するだけではなく、社会的不平等を回避するのではなく総じて強化するような、そうした一般性なのである。

しかしモールによれば、もっぱら「プロレタリア階級」に課されるポリツァイ措置は、その一人ひとりにあらかじめ存在する能力と資質の完成に役立つものではけっしてなく、彼らが群徒と化し[85]、既存の法治国家を脅かすことを阻止するという目的だけを追求するにすぎない。カントの場合はまだ、彼の理論に含有されている法治国家の階級的性格を考慮しつつ、独立的労働と従属的労働の違いによって能動的市民と受動的市民が区別されている。そして、実定的法律は、「受動的状態から能動的状態へ上昇する」受動的市民の自由の能力に「不利」であってはならないのであり、その限りにおいて、能動的市民と受動的市民の区別は、受動的市民にとって恒久化されてはならない帰結である、と指摘されている[86]。このようなカントの見解に対して、モールの場合は、自由におこなえるはずの幸福追求をなしえていない者は、もはや管理されることだけが残された道である。貧困者への国家的配慮についてのモールの提案[87]には、「下層階級」の構成員は労賃を理性的に分配する能力を欠いているから、労賃を彼らに直接的に委ねることはできない、という前提がある。それゆえ、社会保障制度は事実的な労賃の「適切な補完物」として正当化されるのである。そして、階級全体の貧困は「少なくとも部分的には市民社会と労働の不正な秩序の結果[88]」であるという認識をモールが有していないわけではないのだが、それにもかかわらず社会保障制度は、理性的ブルジョワの税制に基づく非理性的ブルジョワのための理性的な官僚による給付、として現われる。この非理性的市民は、一般的経済状態そのものとは無関係に自ら貧困を招いたのであり、「強制措置」つまり強制労働施設その他によって、そうした事情をもっとよく理解できるようにならねばならない[89]。ブルジョワ活動の「外的障害」をポリツァイが除去することについては、モールの法治国家概念もはっきりとした強制措置を認めるのであり、その限りで、経済成長と同調した人民政策的制御は必要だとされる。モールは、婚姻条件を難しくして人口増大を抑制することを提案している（非嫡出子の誕生をできるだけ抑制したいが、避妊も認めたくないから）が、これは実にショッキングで非自由主義的である。この提案は、婚姻年齢の引き上げ——ただし高額納税者は例外——から「貧困層」の婚姻禁止そのものにまで及ぶ[90]。こうした考えは、歴史的には性の民主化以前の時代のものであり、当時のドイツ南部の立憲諸邦における婚姻の自由（と居住の自由）の制限実務を念頭に置いていたのであった[91]。だが、このような事情を考慮しなければならないとはいえ、モールのこの考えは、たんに伝統的なあらゆる権力に対して法治国家的 - 理性的な拒絶を示す理論の文脈からすれば、まったくもって奇異である。実質的法治国家モデルに付着したブルジョワ階級支配のテロリズム的性質を示すために、やはり類似の例外を富裕階層に認めるモールの強制移住の思想にここで触れることは、もはや必

要ないであろう。(92)

モールの法治国家の形式的要素と実質的要素は、けっして互いに調和しているわけではない。ポリツァイの広範な機能を考慮しつつ実質的法治国家の概念を展開させるという問題との関連で、モール研究文献にはある対立が出現することが分かる。すなわち、形式的法治国家思想は実質的法治国家思想という目的のための手段にすぎないのか、(93)それとも逆に、実質的要素は形式的要素の実現の前提として機能するのか、(94)という対立がそれである。この対立は一般的に答えることができるものではなく、富裕層と貧困層それぞれの社会集団について別の解答を与えなければならない。モールの場合、プロレタリアートに対する国家の社会的配慮は、それ以外の場合の配慮よりも「厳格に法的な」基礎づけがおこなわれている。

というのは、次のことは明らかであるから。すなわち、人民一人ひとりの生存が窮乏によって現に脅かされている場合には、多くの諸関係において非常に望ましい所有権の絶対的保障ですら、国家はこれを事実的にも法的にも維持することはできない。[……]だが緊急事態が生じたときは、まさに緊急事態であるがゆえに、刑罰法規の効力と有効性は停止する。極度の困窮に対して[……]公的援助が確保される場合にのみ、国家は所有権侵害を絶対的に禁止しこれを罰しうるにすぎない。その生活がギリギリの水準にある国家に対してのみ、明白な悪がはっきりと認められうる。「総体として」公法的な安定性と私法的な安定性に対する危険は、多数の階級が同時に分裂することで成立したに違いないのだが、こうした危険を十分視野に入れなければならない。(95)

つまり、モールの術語にいうプロレタリアートに対して、実質的法治国家は形式的法治国家のために存在するにすぎない。カント主義者の法治国家理論[96]と同様に、福祉給付作用はただ法貫徹、国家全体にゆきわたる司法活動の目的を保護すること、これに奉仕する。プロレタリアートに対する国家の社会的給付は、「実質的正義」の観点から彼らの要求に応えるものではなく、彼らを抑圧することに役立っている。というのも、この社会的給付は、所有権保護という目的のために、刑罰執行という武器を鈍らせないようにするためのものだから。——プロレタリアートにとって、「法律の前での平等、すなわち万人の生活目的の配慮」という有名な命題は悪しき意味をもっている。プロレタリアートは法律の成立になんら影響力をもたない、つまり法の成立行為の一般性というものは彼らにとって存在しないのであるから、プロレタリアートに作用する行政活動という観点から見ると、形式的な法適用の平等は困難なのである。つまり「万人の生活目的の配慮」におけるポリツァイ的措置は、プロレタリアートのそれをけっして包含するものではないので、そうした措置は現実の不平等を（緩和するのではなく）強化してしまうのみならず、平等な権利の不平等な実現をも生みだしてしまうのである。

逆にブルジョワ層にとっては、形式的法治国家は実質的な観点から有効である。優位な価値をもつ自由権の制度的保障と実質的法律概念を放棄することによって、社会経済的な発展過程に適した国家的介入が可能になる。しかもこの介入は、最大多数の幸福ではなく「理性的」な幸福をめざしている。モールの法治国家概念は、理性と一般性を法律の内容として実現するのではなく、理性と一般性を行政の行為に移し替えてしまう。つまり、法律の一般性ではなく、ポリツァイの助成措置の一般性を要請するのであり、そうすることによって、執行府の活動のために、「理性的で人間的な目的」を突きとめる選択原理が獲得されることになった。[97]この選択原理においては、ブルジョワ的利害と一般的で理性的な利害の一致があらかじめ前提されている。そして、その後のドイツ的法治国家理論の変容のなかで、政治的被抑圧者たちの社会的利害を実現する可能性が政治的決定部門の民主化のおかげで開けてくるにつれて、このような選択原理はますます前面に現れるようになってゆくのである。

このようなモールのリベラルな出発点は、個人の生活目的を基にして国家をまったく世俗内的に基礎づけるものであるが、こうした出発点は、保守的国家理論のコンテクストにおいてのみよく知られた帰結をもたらした。とくに法治国家原理の構想にかんしてまず注目しなければならないのは、フリードリッヒ・ユリウス・シュタールの生粋の保守理論とモール理論との強い親和性である。シュタールの法哲学は「キリスト教的世界観という基礎」に立脚しており、国家を神の設立した倫理的王国として把握し、国家の目的を、神の秩序をできるだけ広範に実現することと規定する。人間に「対して」設定された、「倫理的に了解される目的の支配」は、個人に対して、何より彼自身の「真の本質と意欲」への自由な恭順を可能にするものではあるが、それにもかかわらず、シュタールの哲学は、それ自身の要求からして、権威的な徴標の前での「権威と［……］自由」[98]の結合を意図している。このようなシュタールの妥協のために[99]、モールの「議会への統制」にきわめて類似した君主制原理が採用されることになった。シュタールは権力分立に反対している。権力分立は、立法過程における君主の主導的な機能を弱め、立法における等族の共同作業を拒否権に縮小してしまうからである。[100]法律への国家権力の拘束と自由な個人の領域――たとえ制度的に保障されたそれではないにせよ――という前提によって、シュタールは、ドイツ初期自由主義の中心的な法治国家原理を受け継いでいる。[101] つまり彼は、革命的-ブルジョワ的概念の保守的な適用という点でドイツ初期自由主義と共通しているのである。[102]
しかしシュタールの有名な法治国家の定義（もう一度ここで引用しよう）は、ドイツにおける法治国家理論史上特筆すべき地位を占めているため、その社会的機能の観点からのみならず、シュタール理論のコンテクストの面からも精確な分析が必要である。その定義は次のようなものであった。

国家とは法治国家であるべきである。これは合言葉であり、本当は、近代の発展欲求を表わしている。国家は、その効果はブルジョワの自由な領域の保障であり、法という手段によってそのための道筋と限界を定めるべきである。つまり直截に言えば、国家という形態の倫理的理念を、まさに法の領域に属するものとしてのみ、つまり絶対に必要な枠組みとして、実現する［強制する］べきなのである。これが法治国家の概念であり、国家がなんら行政的な目的なしにたんに法秩序を運用するとか、あるいは、まったく個人の権利の保障だけをおこなう、ということではない。法治国家とは、そもそも国家の目標と内容を表わしているのではなく、これらを実現するための様式と特徴を表わしているにすぎない。[103]

いろいろと疑問はあるにしても、シュタール以後のドイツ法実証主義の主要な法理論家たち[104]は、この法治国家の定義を受け継いだのであり、この事実の背景には、シュタールの理論は実質的法治国家原理の「高地」から形式的法治国家原理の「低地」への転換を表わしている、という想定がある。[105] 実際、形式的な法の安定性、ブルジョワの自由領域の限界画定、有名な法治国家概念といったものは、内容ではなく形式としてシュタールの考察の中心部を形成している。しかしそのような形式が、唐突に形式主義的-実証主義的法思考として解釈されることになると、それ自身としては法の領域に属するシュタールの「倫理的理念」が、不可解な残存物をなすことになる。たしかにシュタールによれば、国家とは何より、いわば法治国家と倫理的王国の総和である。倫理的理念の実現は、つねに近似的にのみ達成されうるような国家目標であり、それを個人の私的領域にいたるまで完全に現実化することは、支配を共同体の維持に限定することとは矛盾することになる。[106] 倫理的理念の貫徹のための国家権力の使用は、「外的な態様つまり法的な態様」だけを採るはずであり、[107] それゆえこの場合、法治国家原理は「倫理的王国」の制限として作用するのであって、その限りでこれはやはり形式的法治国家原理なのである。しかしシュタールは同時に、法とは「その真の意味において」道徳と人倫の実質的命令と一致すべきである、つまり法とは「神の世界秩序を維持するための人民の生活秩序[108]」であり、司法は正義の理念の現実化であると説いているのであって、[109] 実際はかなりの程度まで、法治国家原理の実質化がなされている。倫理的王国という神の設立した内容を包含していない国家は、「真の」法治国家たりえないとシュタールははっきり述べており、[110] したがって法治国家には二重の性質が与えられていることになる。つまり真の法治国家としての法治国家とは、実質的であると同時に形式的である。実質的法治国家としての法治国家は、倫理的王国の内容的な諸要求を実現するのであり、形式的法治国家としての法治国家は、そうした倫理的王国の専制的現実化に対する防護壁をなすのである。

シュタールの法治国家の概念規定は、不可能なこころみと言わねばならない。「国家形成における倫理的・宗教的内実の絶えざる増大と、その一方での確固不動の法秩序[111]」が実現されねばならないというシュタールの言葉には、倫理的内容と──不可避的にこれと抵触する──法的形式との結合が意図されている。「その一方での」という言葉から惹起される疑念は、シュタールの次のような言葉によってより強められる。すなわち、政府が道徳的観点に基づいて下す評価というものは、個別事例の「恣意的な評価と同じことであり、それゆえそれは法治国家的な性質をもつとは言えない、と。[112]「価値の専制[113]」と形式的な法的安定性の要請との二元論が、シュタールの法哲学全体を貫いており、それは、価値実現の範囲を試験的に限定している場合にも失われてはいない。たしかに、倫理的王国の完全な実現としての神の王国は、「それよりはるかに低い段階」としての国家には、模範像として役に立つ。[114]また、神の世界秩序の思想と命令は「高次の掟」をなし、したがって実定法を評価するための基準をなす。[115]そのうえ、すべての法形成は、「必然的な神的（自然法的）要素と自由な人間的（実定的）要素」という「二重の要素」を有しており、これら二つの要素は「不可分の統一体」として結合している、とされる。[116]しかしこれらの要素が衝突する場合や、あるいはそれを適用するだけの場合においても、シュタールはこの不可欠の結合を壊してしまっており、そうしたある種の不完全性を考慮したうえで、実定法の計算可能性という要素を絶対化している。つまりシュタールは、相当な形而上学的な言葉を費やし、モールより徹底して、たんなる実定法よりも優位な価値をもつ法を基礎づけているのであるが、シュタールはモールと同じくらいに根本的に、そうした高次の法の制度化を怠っているのである。シュタールによれば、いかなる裁判所であれ、不正な法律の適用を拒んだり、実定法の補充にすぎないとしても自然法に従って判決を下したりということを、明文でおこなってはならない。[117]法適用の場面においては、正義は「法律という不変の規則」そのもののなかにある。[118]それどころか公正な判決を受ける自由、つまり形式的な法的安定性が実現されていることとは、本来の人権のひとつとされる。ところがその一方では、自然法の支配は、人格の恣意を解き放ち、「万人の万人に対する闘争[119]」へと逆行するものとして主題化されている。いかなる法治国家理論であれ、二段階の合法性と法治国家の存立が両立しえないことを、これほど見事に示したものは他に見当たらないと言えるだろう。

以上からすると――モールの場合と同様に――超合法性はただ個人の良心においてのみ作用するにすぎない。[120]シュタールは「議会の万能性」の学説を保守的に変形したうえで明文で取り入れている。シュタールの場合、この「議会の万能性」学説は、等族の協力のもとで諸侯により作成された立法への抵抗権を否定することと同じことである。[121]神的秩序の高次の力を基礎としてのみ、国家は絶対的ではなくたんに主権的にすぎないと言えるのであり、なるほど国家の権力は「形式的には無制限ではあるが、実質的には無制限ではない」と言えることになる。[122]しかしこのような場合、不正な法律に対する「実質的」限界は、社会的利害関係に対する国家の介入の場合、さらには公的な問題領域に属する公用収容の場合においてすら、まったく効果がないのであり、「国家からの自由」の領域への介入の場合には、関係ある個人の受動的な抵抗（抵抗権によるのではない）が許容されるというやり方でのみ、効果を発揮するにすぎない。シュタールは安全および平和に対する法の保障機能を、いまだ民主化されていない立法を前提しつつ絶対化しているが、これはホッブズ的な解決に行き着くだけである。公的な服従と心的態度の私的自由とが分離すると、[123]いずれにしてもそれぞれの個人は「内的亡命[124]」の権利を選択することになる――このことは、シュタールの法治国家概念にとって決定的な、公的領域と私的領域との境界線が制度化されていないだけに、余計にそう言えるのである。自由を保障する人権とは、たしかに神的な世界秩序の流出ではあるが、それにもかかわらず、ただ国家によって保障されるものにすぎない、と解されている。これは、「譲り渡すことのできない」と形容できるものではない。このような人権は、政府に対しては法的な限界をなすが、しかし立法に対しては「道徳的」な限界をなすにすぎないのである。[125]法的ではなく、ただ道徳的に基礎づけられたにすぎないシュタールの二段階の合法性は、二重の実定法の概念を導きだすことになる。つまり、倫理的拘束力はもたないが法律的妥当を要求する法は、倫理的にも法律的にも拘束力をもつ法とは区別されるのである。[126]これが、良心の法廷［forum internum］の前で唯一有効性をもつ区別なのである。立法者、法適用機関、市民の三者の関係には、「法と実定法は［……］同じ意味を表わす概念である。実定法以外に法は存在しない」[127]という命題が妥当する。しかし、この命題の基礎づけとコンテクストに鑑みると、シュタールの法治国家理論は、その外的な帰結からすればたしかに形式主義的‐実証主義的法治国家理論ではあるのだが、だからといって安易にシュタールの法治国家理論をこうした理論に含まれるとするのは許されないのである。

しかしさらに、「議会の万能性」というシュタール独自の構想には、その法治国家理論の社会的機能がまるまる現われるような、そうした若干の細かな特徴と限界がある。シュタールはいずれにせよ「議会」という概念で諸侯と等族をまとめて扱っているので、[128]法律と命令の区別から生まれてくるのは、執行府だけに限定された万能性ということになる。ドイツ的憲法構造において周知の法律概念は、ブルジョワの自由と財産への干渉に等族の同意を関与させるものであるが、このような法律概念に対してシュタールは反対している。なぜなら、それでは「行政が等族の監視下」に置かれてしまうことになり、法律の形式は、ブルジョワの法関係に関連し持続的な特徴を示す干渉に限定されてしまうからである。[129] シュタールの場合、一般性の要請の観点から見ると、法律と命令の区別についての見解はモールの立憲主義のそれとは正反対である。シュタールの場合は、法律はただ消極的に定義されるにすぎない。すなわち、個別事例における決定は行政の仕事であって、等族の同意に服するものであってはならないが、その一方で命令はまさに一般的規則でもありうる、というのである。[130] つまり、執行府の領域を確定しておいてから、それぞれの事例における一般的な立法に残されているのは何か、ということを決めているのであり、ここから、シュタールの場合、一般性の要請により導かれた法律概念が論じられている。法治国家の発展についての通説は、このようなシュタールの法律概念を、初期法治国家概念、とくに自由主義的法治国家概念に誤って算入してしまっているのである。立法に対する政府の裁量の範囲をできるだけ広く拡大するというこの明白な傾向[131]においては、国家の効率性という要素はモールの法治国家学説よりもさらに強化されているのであり、広範な国家活動が可能であるようにしようという意図が強力に追求されている。広範な国家活動とは、シュタールの言い方では、「農業、工業、商業の促進、教育の向上、安全、健康」のことである。[132] シュタールの行政の行為のカタログはやはり、国家と社会の厳格な分離は一九世紀法治国家理論の本質のひとつであるというテーゼへの反駁であり、国家目的の限界づけがなおざりにされているのではないかという、形式的法治国家の構想にもっぱら向けられる批判を裏書するものなのである。[133] 実のところは、行政の行為の「万能性」とはすべての社会領域への介入を意味するのであり、それらの社会領域を法治国家的に制限するとは、行政への内容の白紙委任ではなく、ただ、個人の私的自由に対する行政の行為の実現の許容範囲について、法律によりその限界を規制することにすぎない。この点において、シュタールの保守的理論には、ブルジョワ的‐進歩的な要素が含まれている――もちろん、モール理論も免れなかったドイツ的後進性という限定された意味においてのことではあるが。

しかしシュタールの場合、立法の本来的な限界をなすのは、行政の行為の活動範囲の限界線でもなければ、ましてや自然法的な要請でもない。むしろ、彼の理論がもつ前ブルジョワ的要素から見えてくるような法的立場なのである。シュタールは、国家行為の効率性という利害に基礎をもつキリスト教自然法の命令について、私法の形式での制御による制度化に反対しているが、その一方で彼は断固として、「事実的諸関係」の変形物としての「事物の本性［Natur der Sache］」という法形象にこだわりつづけている。それは、「一切の生活関係と紛争、つまり婚姻、教育、営業、学問、教会等における、（すでに略述した）内的必然性と独自の動機」と広範に一致するものである。[134] 自然法の原理に従った裁判により法の客観性を破壊することは裁判官には禁じられているが、それにもかかわらず、裁判官にとって「事物の本性」とは、「実定法の原則に従った決定の拠りどころを保障す」べきものなのである。[135] ここでは、「聖なる神によって秩序づけられた制度」[136] の内容は、もはや聖なる結晶点ではなく、事実的な結晶点として反復されるように見える。それは、実定法の解釈を指導するばかりか、立法の内在的な限界をもなすのである。シュタールは明文ではっきりと、純粋に意思主義的な法律理解から距離を取っており、[137]（個別的で恣意的な行政の行為とは反対の）法律の継続性と連続性を、それが「習俗と慣行」と実質的な結びつきをもつことから導いている。[138] 法律という鶴の一声は現実の社会的諸関係には何もなしえないという、法社会学的テーゼのいくつかのマルクス主義的バージョンに対して、シュタールの保守的な理論は好一対である。シュタールによれば、法律は習俗と慣行の事実的連関を映しだしているだけではなく、むしろ、立法がおこなわれる以前にすでに、「所与の法」[139]として実在している。シュタールは、理性の倫理的要請と不正な国家権力に対する抵抗を説明するさいに、実定的法律から分離された法概念を几帳面に避けているが、その一方で法概念が具体化しているものとは、始源的法関係における事実的な社会的諸関係なのである。法律はこの始源的な法関係の流出物として考えなければならない。実際のところシュタールが、「実定的なもの、具体的なもの、個別的なものの価値を、つまりは事実的なものの価値を救済」しようとしているとすれば[140]、この文脈では、彼の法実証主義は本当は社会学的実証主義として認識されるようなものである[141]。

倫理的理念と実定法というシュタール理論を特徴づけるディレンマは、実定法の地平では除去されるにしても、それは間に合わせのものにすぎない。事物の本性と実定法のディレンマがなお残されている。このディレンマに現われているのは、シュタール法治国家理論の社会的妥協の性格である。シュタールは、一方において、所与の諸関係のもつ実質的な法とは、「具体的なものへの」[142]つまり社会的自然性への立法の「屈服」だと述べているが、他方では、社会の「創造的」な未来形成のために実定法を自由に産みだすことを明文で認めており[143]、それによって彼は、社会の多様に分散した法的利害というものを語っているのである。効率的な国家的介入というブルジョワ的利害は、社会形成的な干渉から前ブルジョワ的所有形式を頑なに守ろうとする貴族主義的利害とは、容易には両立しない。社会的利害関係への国家の介入と非介入は、シュタールの法治国家理論の要素としては、別々の二つの社会集団に振り分けられている。そのさい、介入についてのブルジョワの利害は――シュタールの法律と命令の定義からうかがえるように――官治国家的保護を受けるものとして、あけすけに語られている。政治部門の民主化がそのたんに防御的なだけの性格をはっきりと示した、もっと後の発展段階のドイツ法治国家理論においては、立法による干渉から実質的な社会的諸関係を保護するという貴族的要素が、ブルジョワ的法治国家理論の核心をなすようになる。

II

法治国家理論のドイツ的発展においては、二段階の合法性の長期にわたる「治癒期間」[144]が見られたのであるが、そのなかで法実証主義の段階は例外をなしている。法実証主義が席巻するなか、一時的に、あらゆる超実定法についてその制度化のみならず実在までもが否定されることになったのである。そのときよく投げかけられた批判によれば、法実証主義は、現に存在する国家理論的・立憲政治的な法治国家概念を国家法的‐ドグマーティク的な法治国家概念に還元するのであり、また法律概念を定式化するにあたっても、初期ブルジョワ的バージョンが理性を引き合いに出す点につき、むしろ純粋に意思主義的構想に適合するようにそれを取りやめるのである。[145]このような批判によれば、実定的法定立の超実定的基準というものを法実証主義が放棄したことの帰結とは、ファシズムにまでいたる官治国家の恣意的な立法行為への服従であり、所与の社会構造との肯定的な関係である。しかし、すでにゲルバー＝ラーバントの法実証主義について示されているように、[146]意思の結合としての国家の学説、実質的制限を課せられていない立法機関の命令としての法律という理解が成立したのは、ドイツの「上からの革命」の流れのなかで、国家が社会を規制するための全権能を潜在的に保有するようになったときである。旧来の実質的国家学説は、「既得権」との関連から本質的な国家目的と立法の内容的限界の確定を追求したわけであるが、このような国家学説は、既存の社会構造を不可侵の自然的基礎として把握する見解からまったく解放されてはいなかった。これに対し、形式的法実証主義の意思主義的法律概念は、最終的に、そうした自然的基礎に対する社会形成的な干渉を自由におこなえるようにした。このようなコンテクストからすれば、ビスマルク時代の代表的な論客においては、なおも君主制的‐保守的な政治的意図が付随している場合も見られたが、それにもかかわらず、法実証主義は客観的で進歩的な社会的機能を獲得している。この機能こそがまさに、形式的諸要素を維持しつづけたのである。

このように法治国家概念を形式主義的‐ドグマーティク的に洗練させることで、いやおうなく進歩的な政治的諸帰結が生じたのであるが、こうした諸帰結によってはじめて、国家的行政の行為の自然発生までも法的に制御するための道具が準備されることになった。ルドルフ・フォン・グナイスト[147]とオットー・ベール[148]は、行政を行政裁判権もしくは通常裁判所の制御に服せしめようとしたのであるが、彼らのこうした考えによれば、広範な法治国家理論上のすべての諸欲求は、実質的で組織構成的な行政法を立法府が精密に作り上げることに向けられることになる。オットー・マイヤーは法治国家をまさに、「よく秩序づけられた行政法の国家[149]」として定義しているが、このような法治国家構想におそらく形式主義的に低い評価を与えている点には、その潜在的な民主的意図が見え隠れしている。そうした意図が念頭に置いているのは他でもない、国家権力が行使される諸領域へと法律と議会の支配を拡大することである。国家権力が行使される諸領域は、それ以前は、法律と議会の支配に対して断固として抵抗しつづけてきたのである。[150] こうして、マイヤーにとっては、立法権力は執行権力に対して優位な地位に立つことになる。[151] その結果、実証主義的法治国家理論は、立法をおこなう主権的な議会という初期ブルジョワ的構想とふたたび結びつけられることになる。民主的に正当化された立法者に執行府が絶対的に服従するということは、高次の合法性――たとえ潜在的なそれにすぎないにせよ――を放棄することと厳密に一致するとされるのであり、憲法に適合的な自由権の機能についてのマイヤーの論述は、このような一致を裏づけるものである。そうした自由権の保障が意味しているのは、けっして

ルソーの一般意思という最高権からの離反ではない。［……］これによって制限されるのは、王権つまり執行府にすぎない。しかも真に民主的なやり方でそれはなされる。人間とブルジョワが国家権力に対処するその最も重要な側面は、法律が、したがって人民議会がその保護を与える。この保護は、法律とはそれほどひどいものにはならない、ということを表わしている。つまり、これは大衆との契約である。法律はすべてをなしうる。すべての自由権は［……］、法律によって制限可能である。[152]

理性法の伝統は、（倫理的要請もしくは自由権の形態で）実体化された合理性を人民の意思に優越させるのであるが、法実証主義がこのような自然法的伝統を伴っているという理解が適切であるとしよう。しかしそれにもかかわらず、法実証主義が想定しているのは、自然法のもっぱら民主的な伝統のほうなのである。それは、法律の内容的合理性をただ立法手続きの民主的組織形式からのみ導くという伝統で

ある。[153] 法治国家を形式化するとして法実証主義に非難が投げかけられたが、実際には、それは法治国家が当初から有していた民主化というものだったのである。

帝国が崩壊する直前にリヒャルト・トーマによって、実証主義的法治国家概念の中心的な二つの要素が改めて整理しなおされている。二つの要素とは、民主的立法を通じての社会形成と国家行為の制御である。法律の万能性および行政の法律への拘束を基調として[154]、トーマは形式的‐法律的法治国家の理念を「無制限な立法権力の」承認であると定義している。

［……］このような権力は、公共の福祉という利害を考慮しつつ、いっさいの自由、権利、特権、固定した諸関係の上に、社会的共同生活のもろもろの新しい秩序をもたらすことができる。そして法治国家の理念［……］が、ひとつの全体としての国家を、人為的な法制定権力を無視する絶対的な法の下に屈服させる限りにおいて、この法治国家の理念は放棄される。このような法治国家の理念は、これが立法の下位にあって、国家行政と司法の完全な法適合性と法律への適合性を要請する限りにおいて、それだけいっそう決定的な理解が得られる。[155]

これこそ、ワイマール共和国においてすら法実証主義的プロタゴニストたちにより放棄されることのなかった、形式主義的法治国家概念の意図なのである。これによって、少なくとも政治的決定部門を民主化し、そして議会について、共同立法者の一人から唯一の立法者へとその地位を向上させることが実現された。議会をこのように位置づけるとすれば、それは、ブルジョワ的利害をつねに保護することを保障することにはならないのであり、それゆえ、すべての社会的諸関係の原理的な「実現可能性」、つまり立法者の主権的決定による経済過程の制御は、経済の内在的な発展条件およびそこに含まれる権力構造と衝突することになる。実定法は、現在では、社会集団の組織的利害の分配闘争をますます反映するようになっているが、ワイマールの立法者は、そうした社会的内容と正義の要請を実定法に導入しようとこころみた。このようなこころみを前にして、上述のリヒャルト・トーマは、たしかに次のように断言している。すなわち、現在の「あらゆる問題について干渉する経済国家・社会国家」は、「ますます明確で一般的、かつ明確な規則、そして包括的な合法性の保証[156]」を必要とする、と。しかし彼は次のような主張をなおもちつづけている。すなわち、社会国家的行為の限界は、高次の価値をもつ憲法の構成要素によってではなく、もっぱら立法府の決定を通じて定められねばならない、と。[157]この例によって示されているのは、実証主義的法理解そのものの民主的帰結を抑圧された利害の実現に適しているように見える政治的条件の下で維持しつづけようという、ブルジョワ法治国家理論の覚悟である。

ワイマール共和国における政治的布置[158]のおかげで、自由主義的法治国家から社会的法治国家への合法的な変形がおこなわれたわけであるが、そこに見られたようなブルジョワ法治国家理解の直線的発展は、むしろ例外である。それよりこの新たな状況下においてその特徴をよく示しているのは、多数の代表的なブルジョワ法学者が非形式的な法理解へと移行したこと、そして社会主義的理論家が法実証主義へと転向したことである。後者の点については、何よりエルンスト・フレンケル、フランツ・ノイマン、グスタフ・ラートブルフが、こうした法律実証主義の社会主義的バージョンの代表者として挙げられよう。[159]ヘルマン・ヘラーは、一般には実質的憲法理論の創設者としてしか知られていないし、評価されていないが、このヘラーですら、このような法律概念の見方からすれば、ここでの一員として挙げてよいのである。たしかにヘラーは憲法の実質的な目標決定を、「社会的法治国家」の概念に集約された法原則を基に論じ、社会的法治国家のことを、「労働と財貨の秩序へと実質的法治国家思想」を拡大することであると解している[160]。しかしこの実質的な憲法原理は、たんなる立法者のために、直接的に実現されるべきプログラムではなく、多様な具体化が可能な指令として構案されている。したがってヘラーは必然的に、立法者を司法の形式での制御に服しめる二段階の合法性を避けている。「法治国家において法律とは、人民に基づく人民立法府によって制定された最高の法規範のことである[161]」というヘラーの主張は、真に形式主義的‐実証主義的転換のなかで、議会の完全な行為の自由を基礎づけたのであった。ヘラーもまた、ビスマルク時代の法実証主義に依拠した法律理論を批判しているが、それはけっして実証主義的法律概念を裁断しようとしているのではなく、むしろそれが誤った帰結を導くことを批判しているのである。法律と法命題についての実証主義的立場からの同一視について、ヘラーはその起源をフランス革命の民主的法理解に求めているが、そうした同一視について彼は批判していない。そうではなく、この同一視が法律概念の二分化という混乱によって二つに破壊されてしまい、それゆえ、一九世紀の官治国家的な配慮を背負い込むことになっている、ということを批判しているのである[162]。そのうえヘラーは、自由主義的法治国家の見地からの主権概念の否定に抵抗するために新たに主権理論を展開しているが、それは、この理論を民主的法定立権能、つまり議会の「命令権」に適用するために、そうしたのである[163]。それは、実質的憲法理論との結びつきにもかかわらず、ヘラーの実証主義的法律概念は、最終的には、社会的法治国家を経済における「制定法の増大［Vergesetzlichung］」として定義するにいたった——それは、精密な論議のなかで、ブルジョワ層の法律への嫌悪感に対処するという意図を示していた。[164]

その反対側の陣営では、実質化された法治国家および憲法の概念に基づいて保守派の国家学説が形成されていた。ごく少数のブルジョワ国法学者だけが、実証主義の教説によりつつ、憲法とは「立法府の上に立つのではなく、立法府の処分を受けるものである」[165]と主張したにすぎない。その一方で、多数のブルジョワ法学者たちは、立法による革新よりも、ブルジョワ憲法の恣意的に規定された構成要素を絶対視していた。ここに、ブルジョワ法治国家概念の、後々まで影響を及ぼす分裂が始まったのである。すなわち、それまで実証主義的な法治国家理解に一致していたような立法国家に対して、これ以降は、それより高位の「法治国家」が持ちだされるようになるのである。「新たな」（かつ支配的な）ブルジョワ法治国家理論は、いまや不安げに、現在の「立法国家」に「党綱領を備えた改革主義‐修正主義‐進化主義の時代の典型的な容器を」見ているにすぎない。[166]「それは、正当な法律による『進歩』を議会制的‐合法的なやり方で実現しようとする」時代である。これに対して、この新たなブルジョワ法治国家理論は、社会的分配闘争からはっきり区別される「高次」の法の保持と、実質的法治国家原理を司法府と行政府に留保する、つまり実証主義的法治国家理解によれば立法者の正義に服すべきとされる審級に留保するのである。

立法による公用収用の脈絡での平等原則（ワイマール憲法一〇九条）にかんする議論を用いて、このような過程を例証することができる。「法律の前での平等」の原理について、法実証主義はこれをたんに、すべての法適用機関に対する適用平等の命令として、したがって形式的法治国家の中心的要素として理解するにすぎない。しかし、エーリッヒ・カウフマンは新自然法論の立場からの考察をおこなうなかで、この「法律の前での平等」の原理を、何よりも立法者自身に向けられた要請だと解釈している。[167] これによって、立法機関と執行機関との間での従来の法治国家的関係が逆転することになった。つまり、いまや司法府が裁判官による審査権を取り戻し、これを行使することで、立法者が憲法の平等原則を踏み外していないかどうかを制御することになったのである。法律の支配は、司法府の支配へと転化している。ここに理論的な基礎を打ち立てられ、ワイマール時代の発展の特徴をよく示している「政治の司法化」は——繰り返し唱えられているような[168]——一九世紀の法治国家的要求の延長上のものなどではなく、まったくの異常事態だったのである。すなわち、いまや司法の形式での制御は、もはや執行府と行政には妥当せず、その間に民主化された立法者に妥当するのだから。この民主化された立法者こそは、かつて何よりもブルジョワ的自由権の法治国家的保障について、期待がかけられていたはずなのだけれども。

このような新しい解釈においては、平等原則は内容的にも変更されている。キリスト教‐制度的自然法ルネサンスの用語を用いつつ、カウフマンはあらゆる実定法について、もはや立法者によって作りだされたのではなく、内在的な正義原理の集約として生活事実全体のなかにあらかじめ存在し、ただ裁判官によって解釈されうるにすぎない法というものを、想定している。[168a] このようなコンテクストにおいては、「法律の前での平等」は「法律の正義」に修正される。カウフマンによれば、適用の平等、抽象的‐一般的構造の意味での法律そのものの平等が時代遅れであり、そのときどきの生活関係の固有の法則性と財産・信頼関係・婚姻といった「倫理的世界秩序の客観的制度化」のテロスに従って、「正当な」区別や同等視といったものが消滅しなければならない、というだけではない。[169] 形式的平等からの離反が近代社会の分化した法的需要にどれほど折り合うものであるにせよ、カウフマンは、機会の平等の実質的諸前提の確立をめざすすべての要求を否認しているのであり、[170]それゆえ、社会的現状についてのなんらかの修正を意図しているわけではないことは、明らかである。反対に、既存の生活関係と制度の内在的正義原理に従って判決活動を理論的に基礎づけるとすれば、それは、これらの領域への立法による介入、とりわけ制度的保障を伴う財産秩序への介入に抵抗するのに有益である。この点カウフマンは、事実的社会的諸関係の制度的実質化というシュタールの考案を明文でブルジョワ法理論に含めているが、[171]その一方で、法律に従って判決を下すのではなく、個別事例における正義原理により比較衡量するという司法の機能を独立化させており、これは質的に新しい要素として出現している。法治国家的法的安定性というものはいったん成立した法律の形式的構造に拘束されるが、実定的法律をより高次の法によって相対化するというカズイスティク的なバージョンは、そうした法治国家的法的安定性を、状況的正義を優先させるべく手放してしまうのである。たとえば、抽象的‐一般的――つまり平等な――権利を、「彼のものを彼に」という原則に従って「具体的」な権利に分割してしまうような場合がそれである。したがって平等原則が逆転されるだけではなく、平等についての法形式的な意図というものも破壊されてしまうことになる。この平等の意図についてラートブルフは、「これは法の内容のいかんにかかわらず、被抑圧者に有益である」べきだ、と説いたのであるが。[172]

新たに解釈しなおされた平等原則を用いて、収用行為その他の社会経済的法則性への介入にかんして立法の活動範囲を制限することについては、法治国家理論の面からカール・シュミットが興味深い貢献をおこなっている。彼の理論的な業績は、ブルジョワ法治国家理解の修正を示すもので、大きな影響力をもった。それは、かつて合法性システムによって保障された均質的なブルジョワ的利害の貫徹を、政治的民主化という前提の下、新たな形式で保護しようとするものである――実にその影響力は、それがナチス体制とブルジョワ的なものとして一致するまで続いたのだ。一九二六年に報告された諸侯公用収用［Fürstenenteignung］についての鑑定[173]――これは、それまで支配をおこなってきた諸侯の家々との財産論争にかんして帝国議会に上提された法律草案であり、一般にブルジョワ的財産権がいかに危険なものであるかを示す徴候として受け取られた[174]――において、シュミットは、平等原則を中心とする法律概念を展開している。このような法律概念が、この段階での彼の理論を構成しているのである。法治国家の伝統はたしかに一般的法律の概念を展開しているが、最終的な帰結としては、特殊的な法的規制を要する領域においても立法者の全能性を前提にしている。[175]だがシュミットはこのような法治国家の伝統とは異なり、厳格な一般的命令としての平等原則を立法者に向けられたものとして解し、法治国家原理をまさに、法律の一般的性質の要請と同一視しているのである。[176]シュミットは諸侯公用収用にかんする法律草案について、意図的な憲法破壊という面から非難しているが、[177]その一方で、立法者に対抗するような、不自然な権力分立原理を認めている。つまり、法律による直接的な収用は、そもそもが行政に留保された特殊な措置を表わしている、というのである。そのため、本来は執行府による干渉からの保護をその機能とする、権力分立という自由主義的で法治国家的な原理は、この意味で倒錯していることになる。また、収用問題のみならず近代国家行為の最重要領域、つまり社会的諸集団の分化と経済操作の特殊的需要によって特徴づけられ、それゆえ措置法を通じて立法者によって実現されうるような領域においても、議会[178]の権限が切り詰められることを意味している。カール・シュミットは、実質化された法治国家原理の名称を用いつつ、組織化された大衆社会と計画的資本主義の近代的諸要求への議会制の適合を骨抜きにしているのであるが、それにもかかわらず、彼自身の理論は原理的に、経済的計画的需要との一致を基準としつつ政治的な組織形式を検討するものであり[179]、それゆえいっそう徹底した適合を意図するものとなっている。あらゆる措置立法を排除する時代遅れの法律概念に立ち戻ってはじめて、制御された産業資本主義のもとでの議会制の古さが証明され、行政的措置国家への移行をどうしても不可欠のことであると納得させることができたのであった[180]。

シュミットは立法府について立法権限と措置権限を分離することを説いているが、これと同様の自明性をもつものとして、彼の意図している権威的国家のために、執行府における立法権限と措置権限の集中を要請している。それゆえ、シュミットの憲法理論においては、権力分立原理と法治国家原理は、ブルジョワ的憲法の実質を、なおも機能的能力を有する立法府から暫定的に保護するという、まったく二次的な意味しか持ち合わせていないのである。シュミット理論においてはワイマール憲法のブルジョワ的な全体的決断が要請されているが、この決断というものについては、同時に次のように語られている。つまり、この決断は、社会権的基本権と自由権的基本権という異なる基本権を同等に展開する憲法テクストのなかで、「そのままに認識されうる」ものではなく、ただ「解釈」を通じてのみ獲得されるにすぎない、というのである[181]。この全体的決断とは、法治国家原理との結びつきがあってはじめて裏づけを得るのであるが、その一方で、憲法上の社会主義的規定については、これから政治組織のための結論が導きだされるものではないと指摘しつつ、これを否定している[182]。シュミットの憲法理論において法治国家原理に意味があるとすれば、いわばブルジョワ的憲法内容の証拠書類と立法者によるその改変に抵抗するメカニズムの機能というものを考慮しなければならない、というわけである。だがそれでは、法治国家原理は、消極的な関係点の事実上の消滅、つまり行為能力を増大させたワイマール議会の事実上の消滅とともに消え去ってしまうことになる。すでに一九三二年にシュミットは、法治国家の形式よりもブルジョワ的憲法内容のほうを絶対視している。社会的要素を「洗い落とした」基本権規定が「本質的秩序」として現われ、これのために、組織機構的で法治国家的な憲法規定を犠牲にして決断がなされる。[183]そのさいシュミットは、一般に法治国家理論の、したがって彼自身の法治国家理論の帰結が何であるかを、非常に明晰に語っている。すなわち、立法者に優越し内容的価値を備えた法と、立法者のそのつどの決断に従属した単純な意味での法とは、同一の憲法体制においては両立しえない、と。あるいはシュミットの用語で言えば次のようになる。「高次の合法性と低次の合法性」の差異、あるいは、正当性と（単純な意味での）合法性との差異が、議会的立法国家を「破壊する」のである。[184]すでにエーリッヒ・カウフマンの構想から明らかなように、立法機関と執行機関の法治国家的関係が逆転するならば、つまり司法、政府もしくは行政について、立法者よりも高次の合法性が主張されうるのであれば、[185]その場合には、実際のところ、法定立の民主的コントロールも、法的期待の安定性も、長くは維持することなどできないのである。

カール・シュミットによって関連する利害とともに診断された破壊過程は、法発展の弁証法において絶頂に達した。[186]つまり、「憲法」の保護のためには憲法律の止揚が必要になるという、例の弁証法である。[187]まったく非形式的な憲法概念の核心は、所有の自由の意味での「自由と財産の保護」に還元されるが、このような憲法概念をシュミットは実定的憲法規範に対抗すべく持ちだしている。[188]そしてそのさい彼は、別の場所でブルジョワ法治国家の社会学的前提と呼んだものを改めて書き記している。すなわちそれは、規範がそこにおいてはじめて妥当しうるような「通常状況」のことである、と[189]。社会的同質性の衰退、つまり法的利害が多様な集団においてさまざまに異なる状態は、そうした通常性の阻害要因であるように見える。このような状況には、価値中立的な合法性システムが必要である。それゆえ実際のところ、「立法国家」の破壊だけが社会的配分闘争をもう一度沈静化させることができる。「高次の」法の維持は、社会的現状の保全と一致するのであり、一切の法律的条件から解放された執行府によってそれは担われるのである。そもそもシュミットの「合理的」法律概念は、人民主権とは対立する理性の主権を宣言したものであり[190]、同時に「一般民衆」の卑俗な利害代表に対するブルジョワ的排他性を、法律に対する法の優位の最内奥の動機として示唆していたのである。それゆえ、いまやこの排他的なブルジョワ的法治国家は、法治国家としての性格を廃棄したと結論づけるのが首尾一貫している。

一九三三年以後、ブルジョワ国法学と党派的法律家の間でおこなわれた、「ナチス的法治国家」の文言をめぐる議論[191]は、エピソード的なサテュロス劇や、名前をめぐるたんなる争いとはまったく異なるものであり[192]、自由主義的法治国家から社会的法治国家へというワイマール合法性システムに内在していた転換過程の逆転を示すものである。いまやナチス体制への移行が、「法律国家から法治国家へ」の転換として描かれるとすれば[193]、実質的なブルジョワ的法利害の絶対視という最終的な帰結が、それまでそうした法利害に結びつけられていた法形式に対抗するかたちで語られている。すなわち、いまや実質的な法的安定性というものが、法の形式的計算可能性の代わりの地位を得ている。合法性システムは、そもそも被抑圧者の社会的利害にも形式的‐合理的な法構造の利用を可能にしてくれてきたわけであるが、全体性国家はこのような合法性システムを破壊してしまい、しかも、個別的な予測計算が不可能な、状況に依存した措置を通じて、社会的現状の維持というブルジョワ的な全体的期待を保障するのである。[194] しかし、ナチス的「措置国家[195]」は、被抑圧者集団の法的地位を流動化させるのみならず、集権化され危機に敏感な経済のディレンマをも解消する。つまり、このような経済には強固な計画国家が必要であるが、まさにそれゆえに、そこで不可欠の国家的制御措置は、経済構造の社会的形成と民主化をめざす民主的コントロールに服そうとはしないのである。[196] この点で、国家と経済の関係にかんしても、古典的な法治国家の道具立ては倒錯してしまっている。一九世紀の法治国家理論が、法律という媒体によって議会の統制に服する国家的介入を承認していたとすれば、[197] ナチス的法治国家は、もっぱら、独立化した執行府の行為、もしくは、経済官僚と政治機関の非法的な協働に自由な活動を許すものとなっているのである。

司法府による法の処理もまた、「ナチス的法治国家」においては——根強い戦後の伝説が述べているように[198]——けっして法律の拘束をその特徴とするわけではない。民主的法治国家的理解の意味での法律が存在していなかったことを度外視しても（あらゆる民主的正当化に不可欠の帝国議会ですら、その存続の最初の六年間に、わずか九つの法律しか成立させることができなかった。大量のナチスの「法律」は、帝国政府の活動によって成立したのであり[199]、たんにそれが公布の形式を踏む点において、命令や総統令と区別されたにすぎない）、ナチスの「法律」の原理的に非形式的な構造、その特異な簡潔さ、欠点のある技術的精密さ、内容的な不明確さ[200]が、司法府の法律への拘束を茶番と化してしまったのである。法律の内容を確定することが適用機関の仕事とされるようになるのにつれて、目標を定めた前文や一般条項以外に、執行機関の執行命令権能を規定しているにすぎないタイプの法律がますます目立つようになった。司法府は、そのような状況下において、「計算可能性が少ない分、それだけ正当に決定をしなければ」ならないことになったのであるが、しかしまさに法律への拘束が廃棄されたことで、その独立性と独自の機能も喪失することになった[201]。ナチスにおける司法府の統制は、不確定な法概念と一般条項への道を進んだのであった。たしかにワイマール共和国の時代には、そのような法概念と一般条項を用いることで、司法府は、民主的立法府の法律に対して独自の自由裁量の余地を期待することができた。だがいまや、そうした不確定な法概念というものは、ナチス的な目標観念の貫徹、そして法適用における執行機関の具体的な政治的命令の貫徹に奉仕するものとなった。これらの目標観念や政治的命令を解釈するために、「ナチス＝国家社会主義の原則」が排他的に拘束力をもつものとされた[202]。このように司法府への法律による拘束から、非形式的な原則による拘束へと転換が進むなかで、伝統的な法にもとから存在していた一般条項までもが、一切の既存の法を徹底的にナチス的に機能化するさいの餌食となっていった。そうした、執行府に導かれた司法府による「無制限の解釈[203]」は、多くの領域で新たな法典編纂の代替物となった。このように法の規範的性格が暗黙のうちに崩壊したこと[204]、そしてそのときどきの状況的な事実的利害への同化ということのなかに、「ナチス的法治国家」における形式法の実質化がもつ独自の機能が存在したのである。

Ⅲ

ナチス体制において支配的であった法治国家理解は、その中心的な理論的な立場に限っては、一九四五年のナチス体制の崩壊後も生き延びたのであった。[205] ナチスが徹底的に破壊し尽くした形式的法治国家の構想については、いまや「実質的」法治国家理論の代表者たちによって、ファシズムによる法の堕落に対して無力だったことが非難された。[206] そしてそうすることで、一九四五年前後での実質的法治国家学説の連続性が正当化されると同時に、隠蔽された。そうして始めて次のことが可能になったのである。すなわち、ナチスにおいて支配的であった学説が、戦後もその固有の本質的な前提と構成を、万一の新たなファシストや全体主義者を撲滅するための道具として生産的に提示することができるということ、これである。「立法者に対する、制度化された不信の体系」[207]として基本法を構築することは、その延線上にある。民主主義と法治国家を原理的に区別する憲法理論的意識は、このような点に対応している。[207a] 当時の著作家の言葉を引用すれば、次のようになる。

法律の民主的な成立ということからは、(法律の憲法適合性の)推定以上のものは何も取りだすことはできない。とりわけナチスの過去が示しているように、そのようなことからのみ、法律の法治国家的性格が導きだされるものではない。[208]

ここでは、まったく権限のない民主制という理解が語られている。このような理解によれば、命令によって補完されるナチスの法律と民主的に成立する法律とを区別することができず、それゆえ、執行府への包括的な法定立権限の委譲について形式的‐法治国家の見地から禁止するよう主張するのではなく、民主的手続からの実質的‐法治国家的な保障を追求することになる。実際のところ、基本法において立法者を不変の憲法的核心に拘束することが定められ、憲法裁判による規範的コントロールが整備されたおかげで、一九世紀の法治国家理解に特有（法実証主義の例外はあるが）の潜在的な二段階の合法性がはじめて制度化され、宣言されることになった。

このような定着の過程において重要なのは、基本法そのものに含まれる超合法性と、憲法裁判と法学によって推し進められている超合法性の傾向とを区別することである。[208a] もちろん、基本法はたんなる立法者を憲法に拘束し、憲法を変更する立法者を憲法の不動の核心に拘束する。しかし基本法によれば、立法者は同時に、この最高裁判所の憲法裁判のコントロールにのみ服するのであり、自らの自由な省察に服するのではない。連邦憲法裁判所は、「憲法の立法者をも拘束する、超実定的な法の存在」を要請し、このような法に照らして一切の実定法を評価することを要求しており、[209] そうすることによって、次のような状況が生ずることになる。すなわち、憲法は「無制限な基準ではなく、憲法裁判の対象」[210] たるべきであり、ふたたび非形式的な憲法概念が個別的な実定的憲法律（および立法者）に対抗すべく持ちだされうることになるのである。連邦憲法裁判所の二つの告示［Verlautbarung］が、そのような実質化された憲法概念と法概念の精密な機能を明らかにしている。

「憲法の個々の規定は、ばらばらに考察され、それ自身に基づいてのみ解釈されうるものではない。

憲法の全体的な内容から生まれるのは、憲法の原則と基本的な決定であり、憲法の個々の規定はこれらの原則と決定に服するのである[211]」。そして「法とは、成文化された法律の総体と一致するものではない。事情によっては、国家権力による実定的な制定法規よりも、その源泉を意味の全体としての憲法適合的な法秩序にもち、成文化された法律よりも集合的に作用しうるような法のほうが、優位することがありうる[212]」。

このような法理解の全体性要求には、ワイマール時代の実質的法治国家の構想以来よく知られているひとつの現象が再現されている。すなわち、既存の憲法妥協や全体的な実定的法秩序における異質で相対立した利害の表明を前にして、社会的配分闘争に直接かかわらず、被抑圧層の利害から保護されている機関が、多元的に分裂した（憲法の）立法者に対抗して、統一性を作りだす法的決定をおこなうにいたっている。そしてそうした機関は、「価値に満たされた」不確定な憲法概念によって個々の憲法律を相対化し、「高次の」法によって個々の法律を相対化している。ここでは、社会的なもろもろの紛争を権威的に裁定することが民主的過程から切り離されてしまっているのであり、それは法治国家と民主制の分離の当然の帰結なのである。

連邦憲法裁判所は、自らの見解（と自己の権限拡大）を支えるために、裁判は「法律と法」に拘束されるという、現代の法治国家理解を決定づける基本法の文言（基本法第二〇条第三項）を拠りどころにしているのであり、この条項を、二段階の合法性の憲法適合的な根拠として解釈している[213]。しかし、憲法の文面を一瞥するだけで、この最高裁判所は、ここで「正当」であるためには、基本法の歴史的解釈をまったく無視しなければならないことが分かる。今日の基本法第二〇条第三項（「司法と行政は法律に拘束される」）のもともとの見解を編纂委員会の見解（「立法は憲法適合的な秩序に拘束され、司法と執行権力は法律と法に拘束される」）に置き換えるために審議をおこなった委員会での議論においては、ここで問題なのは「事実的な相違」では「なく」、「編纂上生じた違い」にすぎない、とはっきり明言されており、「法律との適合性」と「法との適合性」という概念は、明らかに同義に用いられているのである。[215]そのうえ、最終的には次のように述べられている。「一切の国家権力が法律に適合するという原則を順守することは、裁判の場合は自明である。というのも、裁判に課せられた課題とは、法律を適用し解釈することだけであるから。[216]」それにもかかわらず、支配的な学説が一致して、基本法第二〇条第三項の「法律と法」という文言は「不文の法の存在を承認している[217]」のだと断定しているとすれば、それは、憲法に対する「憲法の番人」の勝利が完全に裏づけられ、あわせて、連邦共和国の法治国家理解の核心を説明していることになる。

実定的憲法では、「基本法の意味での」（第二八条第一項第一文）法治国家の参照を求めるよう規定しているが、この最高法裁判所の判決活動においては、法治国家原理そのものはこのような実定的憲法から導きだされるわけではなく[218]、「指導理念」と「根本原則」に基づいて明らかにされる。[219]これら「指導理念」と「根本原則」を、裁判所は「憲法に先立つ全体像」の構成要素として憲法制定権者に従属させるのである。このような創設権的な[220]解釈手続きは、実定的憲法を本来の「憲法制定権力［pouvoir constituant］」の観点から相対化するものであり、このような手続きにおいては、裁判所自身が主権的な憲法制定権力を手に入れることになる。裁判所は立法者をもはや固定した憲法規範に従わせるのではなく、法治国家的性格をもつ「原理」から導出された法原則に従わせる。たとえば、憲法上の優位が認められている「相当性」原則と「行き過ぎの禁止」原則がそれである。[221]と同時に、裁判所は、法律による統治という法治国家の基盤は個別事例の検討からのみ生じうると断定することによって[222]、法治国家原理を一切の憲法律的に規律された形式的民主的手続きから解放するだけではなく、そのうえ、この原理を独自の活動のために独占することで、法治国家の維持がいわば連邦憲法裁判所によってなされるにいたり、その一方で立法者はただ、法治国家を脅かしかねない存在として見られている。さらに連邦憲法裁判所は、「事実的出来事」を考慮しつつ、非形式的法原則をカズイスティッシュに具体化するという手法を取ることによって、自らのことを、個別的で予見不可能な比較衡量をおこなう立法者であると考えている。このような比較衡量とは、完全に具体的な目的‐手段‐関係の地平で出現するものであり、本質的にもはや憲法裁判ではなく政治的な日常的決断である。ここで「非法律的な負荷からのブルジョワの――形式的‐法治国家的な――自由」に、「憲法裁判で処理されるべき」不必要に課された法律からの――実質的‐法治国家的な――自由が付け加わるとすれば[223]、このことは、ここでの文脈からすると次のことを意味する。すなわち、憲法上の枠付を欠いたまま社会的現状および経済の「固有法則性」への立法者の社会形成的な干渉がなされる場合、連邦憲法裁判所の具体的な社会政策的決定は、実質化された法治国家の性質をもつものとして、そうした立法者の干渉に対抗することができるのである。

つまり、そもそも、議論不可能な憲法的実質を基本法に繋ぎ止めることは、法律的法治国家を憲法的法治国家として徹底することになるのだが[224]、その一方で、連邦憲法裁判所の判決活動こそは、「憲法全体主義[225]」への傾向を促しているのである。この「憲法全体主義」は、形式的法治国家の手続き保障を液状化させるが、だがその反面で、価値の絶対的擁護を硬直化させてしまうのであり、この点であらゆる社会的革新を妨害するのである。このように、実質的で現状志向的な立場を維持することと、形式的民主的な手続きに替る手法の開放性とがうまく嚙み合っていない点に、現在支配的な憲法理論的考察の抱えるディレンマが現われている。この矛盾は、形式的法治国家が実質的法治国家に解消され、民主的手続きが憲法実質に解消され、憲法律が実体化された「憲法」に解消されることで、通常は解決される。これら二つの原理の融和のこころみが要請されている場合ですら、たとえばマルティン・クリーレの理論の場合のように、形式的法治国家原理は、実質的法治国家原理のなかに「包含」されるべきであり、紛争事例においては実質的法治国家原理に屈服しなければならない。すなわち、形式的な法的安定性の原理とは、

不偏不党の立場からの考察から見て理性的である［!］、つまり一般的利害や［?］基礎的な集団的利害に有益である［!］限りにおいて有効である。この原理が例外的にもはやこのようなやり方では正当化されない場合には、ただちに、これを断念するのが理に適っている。［……］実質的法治国家は形式的法治国家を包含するとともに、これを限界づけるのである。(226)

ここでは、実体化された高次の理性が、民主的立法手続きにおいて生ずる法的決定の射程距離を決めるとされているが、このような理性とは司法府の理性のこと。クリーレその他の論者は実質的法治国家の原理として、「正義の観点の下での法律の解釈、法律を超えた法形成と法律に反する法形成、衡平の

問題」を挙げており[227]、そのため、形式的法治国家を実質的法治国家において「止揚」するとは実際には形式的法治国家の破壊を意味するということを、心ならずも認めなければならなくなっている。同じ問題に対する、はるかに保守的な考えはたとえば次のようなものである。「法治国家の核になる要素とは、憲法上の基本権である。この基本権を貫徹しようとすれば、手続き法を含め、そのうえに新たな実定法が必要となる[228]。」つまり、保守的な見解が論じているのは法治国家手続きそのものなのである。基本法はこのような手続きを、憲法の内容的な「核心」に連絡をつけるための純然たる制度と捉え、手続きを定めた詳細な規定を規律する。だがこのような制度は、「システムを凌駕するもの[229]」によって道具としての作用が危機に陥った場合には、躊躇なく任意の処理がなされる。このように、「憲法規範を厳格に適用することで国家秩序の根幹に触れてしまう危険[230]」を最終的に呼び起こしてしまうのも、「ナチス的法治国家」のブルジョワ的オプション、つまり、憲法の形式的保障を廃棄することでそのブルジョワ的憲法内容の保障を期待するオプションとさほど違わないのであって、これこそは、他人が憲法に反対していると軽々に判断する者が持ちだす、憲法忠誠の徴なのである[231]。

「法律の禁じていない一切が許される[232]」。これは、初期のブルジョワ法治国家の要請の公理であった。この公理は、国家市民が原理的に自由であるとの推定のうえに成り立っており、国家権力とブルジョワとの関係を、計算可能な法規範を前提にして規定したものである。法適用機関の自由裁量を重視して形式法を解消するという原則は、否定される。この場合、法適用機関の自由裁量は、無制限で不確定な実質概念に「自由で民主的な基本秩序」という憲法的集合概念の役目を負わせるというやり方を取る[233]。初期の憲法裁判官は、次のように述べている。すなわち、公務員の憲法への忠誠義務が「個々に命じていること、許可していること、禁止していることは、そのいちいちが立法技術によって規律されるものではなく、個別事例での適用を通じてカズイスティッシュに解明されねばならない」[234]と。この言葉から浮かんでくる状況とは、ある人が、社会のなかで自分に課せられているさまざまな義務を知らずにその社会のなかで生きているという状況であり[235]、したがって、法律の遡及効の禁止という法治国家の基本原理が司法実務によって無効とされることになる。近時の刑法における条項の増大や法政策的論議のなかでは（「心理的加担者［Sympathisanten］」の概念には、「心理的惹起者［die intellektuelle Urheberschaft］」というナチス的刑法構想が、それほど隠蔽されることもなくふたたび息を吹き返している）[236]、刑法の構成要件が緩和される一方なのであるが、このように、国家による制裁の威嚇がカズイスティクによって細かく寸断されるのは、国家権力と国家市民の相互関係について見れば、訴追に対する恐怖心[237]が散漫になることを示している。それゆえ、このような威嚇の寸断は、形式的法治国家が保障してきた成果を後退させてしまうことになる。

法治国家の司法国家への変容という観点からの上記のような法発展は、厳しく批判されることもあれば、法治国家的な権力分立原理の改革によって防止すべきとされることもある。エルンスト・フォルストホフやニクラス・ルーマンの場合がそうである。だがそのような場合ですら、民主的法治国家の再生はほとんどこころみられることはなく、むしろ計画に基づく全体的需要への効果的な適合のほうがこころみられている。カール・シュミット学派の著名な代表者であるフォルストホフについて言えば、彼は連邦憲法裁判所の権限拡大を通じて法治国家的憲法を解消する見解について、あらゆる点で適切な論拠を挙げつつこれを批判している。[237a] つまり連邦憲法裁判所は、価値体系的な憲法解釈の傾向と独自の合目的な比較衡量によって法の計算可能性を廃棄し、法治国家の形式的構造への非合理主義の侵入を許してしまっている、というのである。[238] このように、フォルストホフはワイマールの保守的法治国家理論ですらもっている実質化された諸前提から外見上は徹底して離反しているように見えるのであり、憲法と憲法律の対置、正当性と合法性の対置について——基本法の妥当のもとでの社会の「通常状態」を示唆しつつ——、それが現実的な意義をもつことを否定している。[239] いまや、「憲法の法律形式」は「法治国家の獲得物」として真摯に受け取らねばならないのであり、その解釈はやはり「法律学的解釈学の古い、確定された規則」に従わねばならない、というのである。[240] もっともフォルストホフは、現行憲法と同一視された法治国家原理を「法律による自由の保障のための法技術的概念の体系」として定義しているのであるが、[241] そこでは、異なる社会的内容の選択を可能にするような、「法律国家的」もしくは「価値中立的」なゲーム規則による民主制のことは考えられていない。[242] むしろ彼がはっきりと明言しているように、厳格な形式と技術性を特性とするような憲法が与えるのは、「任意のものではなく、特殊的なもの」なのである。[243] フォルストホフの指摘によれば、そのような法治国家システムは、「その本性からして、法治国家に実質的内実を付与する一切のこころみに否定的」[244] なのであり、したがって何より、憲法の社会国家的目的規定とは対立することになる。「つまり法治国家と社会国家は、憲法の地平では融合されないのである」。[245] 遅くとも「社会国家」をめぐる憲法理論的なこころみとの論戦のなかで、次のことがはっきりするようになった。すなわち、フォルストホフの法概念は、まったく逆の主張をしているにもかかわらず、けっして形式主義的法概念などではなく、むしろ彼は、通説や連邦憲法裁判所の司法活動についてその二段階の合法性を正当にも批判しているのであるが、その実そうした合法性のもつ価値志向的な憲法解釈と操作というものを、彼自身もおこなっているのである。

つまりフォルストホフは、形式的法治国家の装いのなかで憲法概念の実質化を展開しているのであるが、そのときの論証のありようを明らかにすることは困難ではない。憲法と憲法律の同一視へのこだわりは、法治国家の観点から重要な基本法第二一条と第二八条については、相対的に弱められている。社会国家が憲法上保障されているのかどうかという問題は、

個々の憲法規定の解釈によるだけでは決定することはできない。むしろその可否は本質的に次のことにかかっている。すなわち、法治国家的憲法のどのような限界が、その固有の法形式によって構造的に［……］設定されているのか、と。(246)

実定的憲法には民主的要素、法治国家的要素、社会国家的要素が一連の規定として収められているが、これらはもちろん社会国家を志向する憲法解釈に関連づけることができるし、(247)憲法資料によっても裏づけを得られる。(248)だがこのような一連の規定は、法治国家原理を優先させる決定に都合のよいかたちで、フォルストホフによって突然持ちだされる。彼は法治国家原理を他の二つの憲法的諸要素に優先させており、このような解釈手続きのなかに、憲法の広範な「多種多様な」要素に対してある憲法要素を絶対視することが容易に看取されるのである。それは、カール・シュミットの実質化された法治国家概念の基礎にも見られたものであった。外観上は形式的なフォルストホフの法治国家が、価値志向的な解釈と、

法治国家に実質的内実を付与する一切のこころみに否定的な態度を取っているのは、法治国家それ自身が「固有の価値」をもち、基本法の内部で「最も優先されるべき［……］価値である」からである。フォルストホフの特殊的な法治国家概念は、憲法律を相対化する憲法上の万能規範なのである。[249]

フォルストホフの論証戦略は、連邦憲法裁判所が自分自身の評価を貫徹するために価値を現実化することに反対するというものであり、それは基本権解釈においても繰り返されている。彼は、いくつもの基本権の間に明確な優先順位をつける裁判所の価値体系的な方法を批判しているわけだが、しかし彼自身の解釈も少なからず特殊な優先順位をもっている。まず形式的な出発点として、基本法と基本権規定を制定された技術的な法として資格づける。それは、基本法第一条第三項の直接的な拘束作用から導かれる。フォルストホフはこの資格づけから出発しつつ、純粋な技術性を目標とする憲法解釈の正しさ、とりわけ純然たる除外規範としての基本権解釈の正しさを導きだしている。これに対して、社会的参加権については、さらに細かい差別化が必要であるがゆえに、これを直接実現することは不可能であることが論証されている。その結果、基本法第一条第三項は明文で基本権全体に関係づけられているが、それは最終的に社会的プログラム規定に向けられた「除外条項」であり、古典的基本権にのみ妥当する「特別の規制」である、とされるのである。ここでは、フォルストホフの擬似形式主義的憲法解釈は、まったくもって非形式主義的な帰結に辿り着いてしまうのであり、その結果、従来の憲法的妥協を一方的に廃棄してしまうような、もっぱらブルジョワ的な基本権理解のための選択原理であることが判明するのである。基本権を除外機能に還元するとはまさに、基本法の法治国家概念に次のような国家を含意させることに他ならない。つまりその国家とは「自ら限界を引く」国家、「個人というものを、彼が置

[250] [251] [252] [253] [254] [255]

かれている社会的状況に委ねてしまう」ような国家のことなのである。[256]

フォルストホフの実質化された法治国家概念は、たんなる法律に対しても選択原理としてはたらく。たしかにこの法治国家概念は、「特定の前提の下においては」措置法や個別法を、分化し制御を必要とする産業社会の諸条件への法治国家原理の不可欠の応用として受け入れる。[257] しかし原理的には、「法治国家とは、抽象的で一般的な規範という意味での法律の優位によって成り立っている」[258] という命題が一貫して当てはまる。立法府による社会形成が用心深く容認されてはいるが、それはもちろん次のような遺憾な認識が隠されているからである。つまり、簡素化された立法過程の基本法による規律が欠落しており、そのために実務において、ワイマール憲法第四八条の規定が拡大されているが[259]、その一方で、一般的に不信感をもたれている司法は、このような立法とはまったく異なる制御権限を要求するがゆえに正反対の地位にある、というのである。フォルストホフは、立法者の憲法適合的な拘束の範囲と、それよりはるかに狭い、憲法裁判所の追検証の射程距離とを区別しているが[260]、この区別は一般的な法律には妥当するものの、司法国家的手続きにおける具体化と内容確定を排除している。にもかかわらずフォルストホフはこの適切な区別を、「法治国家的には憂慮すべき」措置法については撤回しており、同時に純粋な防御機能に限定された司法府のもつ、拡大された制御に措置法を服せしめるのである。そのような場合、法律の能動的な内容規定は行政措置に委ねられることになり、法律が原理的に要請される一般性に合致すればするほど、その行政措置は広範な作用領域を得ることになる。このような戦略はやはり、先に触れたような、制御を強く必要とする経済の制限と抵抗についてのブルジョワ的思考のディレンマの特徴をよく表わしている。その場合、制御機関は、不可欠の国家による制御措置を民主的合法性システムのなかで実施しなければならないのであり、そのような機関を考慮するときにのみ、制御措置は厄介なものとなる。こうした状況において、フォルストホフの実質化された法治国家概念は、たんなる立法者というものを限定するのであり、そうすることによって、「たんに合法的にではなく、法治国家的に」思考せよという要求[261]が具体化されるのである。そのような法治国家的性質がもつ高次の合法性は、個々の憲法律、そしてそれとともに非ブルジョワ的憲法的構成要素を否認するだけではなく、立法府に対しても対置されているのである。

それにもかかわらず、「法律国家」に異を唱えるフォルストホフの法治国家理論が推し進めるのは、「自由の実質化[262]」だけである。彼は憲法解釈の除外戦略を補完するさいに、行政法の領域のために、実質的な価値実現のための基準を論じている。[263]技術的法治国家概念が排除した一切の実質は、行政法に帰属することになるのであり、そうした行政法には、フォルストホフが憲法の領域から苦心惨憺して闘い取ってきたすべての規定が妥当するのである。憲法が法の形式に限定されるとすれば、行政法にとっては、実質的法原則こそがそれを構成するのである。[264]つまり、憲法の「司法国家的」具体化が、そのときどきの現実化というカズイスティクに憲法を解消することだとすれば、行政法の法原則の具体的な意味は、「あらゆる個別事例においてそのときどきの出来事を基にして明らかに」されねばならない、ということになる。[265]このような、技術的‐形式的な憲法と非技術的‐実質的な行政法との見かけの上での不一致[266]の根底には、次のような意図が隠されている。すなわち、行政を憲法の内容的な拘束から解き放ち、「所与の状態のもつ現実性[267]」へと立ち戻ることで得られるような独自の法原則に従わせる、という意図である。そのためにフォルストホフは行政の行為の概念に自由な解釈を施したのであり、それによって、規制されるべき素材のもつ固有法則性が、立法者による憲法の実現に対抗するものとして説かれることになった。そのさい、憲法と行政法という相対する二つの要素からなる構想は、法治国家概念との関連をなおも失っていない。すなわちその法治国家概念は、立憲主義の意味において、法治国家的な制限を要する（執行をおこなうものとして定義された）国家を前提しているのである。[268]フォルストホフは、連邦共和国が「内向きの法治国家の性質をもつ」ことについて、非難されるべき憲法状態だとしてこれを告発している。つまり、ありうべき例外状況を強く意識したために、独立国家としての本質が押しのけられてしまっているというのである。[269]だとすれば、フォルストホフにとって法治国家原理とは、執行をおこなう強力な国家が非法的に作りだす通常状態においてのみ得られる贅沢品と変わりがない、ということになる。

ニクラス・ルーマンの法社会学における法治国家原理の再定式化は、[270]「価値自由」な出発点と価値志向的諸帰結との分裂という点において、フォルストホフの法治国家理論と驚くべき類似性を見せている。ルーマンの見解によっても、社会システムの統合はもはや全体的価値と確信の存続に求めることはできない。[271]したがって、憲法は価値体系的観点から解放されつつ解釈されねばならないし、[272]実定的法定立はただ、高次の法によるあらゆる正当化から完全に独立してはじめて、適切に捉えられることができる。[273]ルーマンの憲法理論は、規範の位階秩序という想定を——憲法とたんなる法律とのそれであっても——中世的な法律ヒエラルヒーの残滓だとして批判するのであり、[274]基本権について、確固とした内容的意味基準としてではなく、社会的システム分化の可変的な機能メカニズムとして把握している。[275]こうしたルーマンの憲法理論を用いるとすれば、やはり「二段階の合法性」を基礎づけることはできない。さらにそのうえ、ルーマンの手続き構想は、内容的な正当性目的のための政治的交流形式を評価するといったものとは異なっている。[275a] 彼の手続き構想は、あらゆる民主的価値志向を[276]——たとえそうした価値を具体化するバージョンのそれであっても——放棄するからである。それゆえ彼は、連邦共和国の最高裁判所の慎重さの欠如に異議を唱え、[276a] 司法府はもはや変更不能の最高価値の番人とは考えられないことを確認するとともに、[277] 立法者の条件プログラムからの司法の独立という現在の趨勢について、それでは法的安定性が相当に失われるとして総じて批判的な態度を取っている。[278] さてしかし、憲法が法的にただ「規範テクスト」としてのみ問題になる限りにおいて、[279] ルーマンは学問的分業[280]という道を取りつつ、純粋に社会学的な憲法概念をひっぱり出して見せたのであった。そのようなルーマンの憲法概念は、「法文解釈によって実現されうるような憲法の自己理解の裏をかいくぐり、それを相対化する」ことができ、[281] システム固有の法則に基づく需要を貫徹するのに有効なのである。どうやらルーマン理論においては、システムの恒常的安定という条件が直接、憲法的「超規範」として機能しており、理論そのものとしては、憲法律を問題にしているにすぎないように見えるのである。価値を剝奪された憲法の代わりに新たな価値として社会システムの機能的能力が用いられているのは、いわれのないことではない。社会システムの秩序は、ルーマンによって「正当なもの［das Gerechte］」として定義されている。[282] ここにはすでに、形式的な法的安定性から実質的な法的安定性への移行が、ルーマンの法理解を構成する土台であることが示されている。すなわち、個人が自分の安全を見いだすのは、もはや「権利という外皮の限界」の内部ではなく、彼が参画する社会システムの保障された機能的能力の内部なのである。[283]

民主的 - 古典的な法治国家理論の機能についてのルーマンの新たな解釈は、いずれにしても特殊なやり方で、古典的法治国家理論の意図から離反するものである。初期のブルジョワ的な「権利という外皮」は、除外機能を有していただけではない。[284]それは、まさに個人の自由の法的制限をただ個人の自由の目的のために許容した（そして社会を個人の自由の条件として前提した）がゆえに、個人と法規範の関係を自律の関係として構想しなければならなかった。自由というブルジョワ的領域の除外作用は、ただ法定立手続きへの民主的参加によってのみ保障されねばならないというのは、（たとえばモールの）立憲主義的法治国家理解の緩和された形式において保持され続けてきた前提である。だがルーマンはこうした連関を破壊している。彼は一方で権利保障のもつ除外機能を、もっぱら国家の優位性との衝突を念頭に置いた「時代遅れ」の考え方に関係づけているが、[285]その一方で、明文で、民主的手続きへの法仲間の参加を脱政治化している。[286]政治的決定過程に参加する機会の平等を基に、「満足のゆく決定を与えられる機会の平等が与えられる」というわけである。[287]ルーマンは、システムの構成要素をシステム自身の「環境」として構想することによって、初期ブルジョワ的禁欲という要素をなおも受け継いでいる。つまり、具体的な人間というものは、法の抽象化過程において除去されてしまう。その一方で、ルーマンは合法性の正当性を探求しているが、[288]これは後期ブルジョワ的調和に終わっている。制度化をおこなう第三者の統制経済[289]――個人的なそれぞれの規範の投影からなる始源的カオスというモナドロギー的観念の帰結[290]――から、法定立過程における「決定をおこなう者」と決定を受け取る者の関係にいたるまで、法は民主的に媒介されるものとは考えられてはいない。ルーマンは、上下関係の地位を後から外的に関連づけており、そのため、他律性が法の正当化の条件にすらなっている。すなわち、法の実定性の諸条件の下において、決定する者と規範の名宛人は、法的な変更可能性との関連からそれぞれの学習過程を踏んでゆく。そしてそのさい、合法性の正当性とされるのが「これら両方の学習過程の統合」なのであり、そこでは、決定が向けられた者は「なおのこと」学習をしなければならないことになる。[291]

ルーマンの法治国家的手続きの脱民主化は、「正当性の価値自由な概念」[292]という文言に隠されている。ルーマンは「真理志向的手続き」から距離を取っていることを強調しており、[293]それゆえ彼は、民主的法治国家の伝統から離れてしまっている。民主的法治国家の伝統とは、法定立機関を恣意的な機関として想定するのではなく、民主的な組織形式の確立を基礎としつつ、決定の事実的正当性を推論するのである。「法成立の過程は、多様な法システムの区別の基準としては、ほとんど適切であるはずがない」[294]というルーマンの命題は、民主的に正当化された立法府による法律と、命令によって公布されたナチスの法律とを、もはや区別することができない。この点に合致しているのが、次のような事情である。つまり、ルーマンは選挙にかんして、民主的な選挙のみが支配を正当化することができるということを、手続きによる正当化の前提とは考えておらず、むしろこの選挙による正当化という観念について、価値を持ち込むための口実であると批判しているのである。[295]ルーマンが想定するところでは、そうした要求は、価値の内容的一般性に依拠した民主制概念を手放していないのであり、システム要求の増大という条件の下では、民主制のいわば高度の集積状態としての機能的一般性に取って代わられる必要がある。[296]彼はこのような誤ったオルタナティヴによって、法治国家的伝統の最も進歩的なバージョンの基礎にある民主制理解、すなわち、民主的手続きよりも内容的な目標設定と価値を絶対視するのではなく、参加の一般性をその唯一の条件とみなすような民主制理解を、埋没させてしまったのである。ルーマンは、目下のところそれほど普及しているわけではないこの手続き構想の代わりに、[297]次のような手続き概念を用いている。つまり、手続きとは——法的構造からも独立しつつ[298]——複合性の縮減をおこない、そのときどきの社会的環境の分散する利害要求と問題定式化を適切な選択行為を通じて「処理する」とともに、参加者を手続き上の役割に組み込むことによって異議を吸収するのであり、そうであるがゆえに、ルーマンのこの手続き概念は、手続きに正当化機能を認めるのである。手続きの「学習過程」においては、予期の構造転換が参加者に求められるのであるが、こうした構造転換は、民主的な参加を認めるというものではなく、政治的支持を動員するためのものにすぎない。手続きが作りだそうとするのは具体的な合意などではない。手続きは、計画と決定をおこなう行政機関を民主的コミュニケイションから独立させる、一般化されたシステム信頼を産出するのである[299]。ルーマンの手続き構想に対する批判によれば、彼のこの構想は一切の実質的正当化の彼岸にあるために、手続きによる正当化の「根拠［Warum］」を明らかにすることができない、とされる[300]。だがこのような批判は、ルーマン理論にとっては無意味である。ルーマン理論は、正当化のあらゆる概念を、それが単純な機能にとどまらない機能をもつものであっても、時代遅れであると説明するからである[301]。

ルーマンは、法治国家の特殊政治的な条件として[302]、政治システムの内的秩序を挙げている。それは、革命による権力分立システムのこと。彼は、執行府、立法府、司法府という古典的分離を統治システムの内的分化（「ガヴァメント」）としてはなお維持しているが、現代の計画的需要というものを考慮することで、この古典的な三つの分離の代わりに、政治システム全体の分化としての政治と行政という重要な区別を作りだしている[303]。この新しい機能図式は、権力の分割よりもむしろ権力の増強に役立つものであり[304]、ここでは、民主的コミュニケイション過程が逆転している。初期ブルジョワ的な権力分立システムにおいては、民主的主権に最も密着しているがゆえに、立法府が最高権力として構想され、残りの二つの権力部門は法実現のための権力にすぎないとされた。[305] だがルーマンによる政治システムの分化はまさに、民主的過程を、本来的な政治的諸決定の「前段階」に移し変えてしまう。[306] ルーマンは、「政治」とは本質的に政党政治と選挙であると解しており、これを「正当性獲得」の過程として定義している。彼は、このような政治と、自由な「正当性使用」のために存在し、決定を産出する「行政」とを、区別している。[307] そうして行政の活動は民主的コミュニケイションの負担から解放され、「民主的主権者」は大衆へと堕落する。[308] 行政システム内部で作動する議会は、具体的な社会的諸欲求を政治的決定に伝達するという古典的な機能を失うだけではない。実際の代表と必ずしも一致しない非公式のエリート集団が独自の計画機関として独立することで、[309] 行政機関の制御という法治国家の防御的機能も失われることになる。

権力分立図式についてのルーマンの見解は同時に、ポスト自由主義的諸条件の下での国家と社会の境界指標の復活にも有益である。それによって、法治国家の「介入」問題が新たに主題となる。ルーマンの認識によれば、もろもろの社会的分化の拡大と、社会的サブシステムの介入の増大とは関連している。[310] このような認識から、政治システムによる、経済の固有法則性に対する望ましくない干渉と、一般的な計画的需要との関連から機能不全に陥っている社会的利害による、政治システムに対する望ましくない干渉、これらの干渉への新たな防御のこころみが求められることになる。ルーマンは政治と行政の分化とともに、同時に、市民の政治的コミュニケイション経路の分離に目を向けることを求めているが、[311] そうすることによって、ある状況を唯一システム機能的な状況であると断定している。つまり、市民が

「支持」というやり方で、たとえば選挙を通じて、「政治」に参加するような状況がそれである。しかしそのさい、市民は具体的な自分の要求を主張することはできないのであり、それゆえ、「請求」というやり方で今度は「行政」とコミュニケイションするのであるが、そこでは、市民が支持するか支持しないかによって行政に影響力を行使することなどありえない。こうして、政治システムは全体として自律性を獲得するのであり、そのおかげで、社会的問題提起と紛争が政治化した場合に独自の選択をおこなうことが許されることになる。こうしてルーマンは、かつてカール・シュミットやフォルストホフにとって根本的な意味をもっていた、全体システムの安定化という前提に接近している。「何が政治的であり政治的でないかは、ただ政治的なものからのみ決めることができる」[312]。ここでは、カール・シュミットが要請した政治的なものの独自性が高尚な形式によって再現されている。彼の要請は、批判の対象となった「弱者による全体国家」[313]に向けられている。というのも、この全体国家は、細心の配慮を欠いた場当たり的な反応をしつつ、恣意的な社会的利害（被抑圧者のそれも含めて）の代弁者として作用するものだったからである。

ルーマンによる「『利害』と『システム』の間での境界設定」[314]について、たとえば、このような境界を設けたのでは、「労働者と資本家の紛争が政治過程において再生産されない」[315]理由を明らかにすることができないのではないか、という批判がある。だがルーマンの境界設定は、この批判よりも優れているように見える。政治システムの自律性というルーマンの主張は、理論の抽象化に依拠しているのではなく、[316]——彼の理論が肯定的な現実分析として理解される限りにおいて——政治システムもしくは全体システムの事実的抽象化作用を記述しているのである。つまり、分化した社会システムにおいては、個人というものは種々の異なる役割義務を担うことになるが、それが具体的にどのようなものであるかは、そのときどきのシステム境界によって濾過されることで決まってゆく。そして、そうした分化した社会システムの多様に分裂した紛争問題について、社会的な敵対関係を「処理」したり、あるいは、社会的問題設定が政治システムに入り込むさいにその修正もしくは選択をおこなうというのは、システムの作用を示すのである。それは、初期のブルジョワ法治国家理解によれば個人に直接に求められるはずの作用である。ルーマンに従えば、個人は「その個人的な動機と利害を否定」せざるをえず、彼には、「全体にかかわるが、特殊ではなく、あまり確実ではない最低限の影響だけ」が可能であるにすぎないのだが、[317]このことは、政治的コミュニケイションという手段の構造の結果であって、公共の福祉への個人的志向についての道徳的アピールの結果ではない。個人というものは、そのシステム役割によってのみシステムに帰属するのであるが、しかし「具体的存在」としてはシステムの環境に属する。[318]つまり政治システムでの行為においては、経済、職業、家族、団体、文化などでの役割は捨象される。だとすれば、個人はただ「シトワイヤン」としてのみ、政治システムの構成員であり、「ブルジョワ」としては政治システムの環境である、あるいは、ただ「ホモ・ヌーメノン [homo noumenon]」としてはシステムの構成員であり、「ホモ・フェノメノン [homo phaenomenon]」としてはシステム環境である、ということである。たしかにルーマンは、ルソー－カント的な抽象化問題をシステムの地平で新たに定式化しなおしており、その限りにおいて、発達した社会が禁欲を必要としていない時点でも、少なくとも構造原理としてはなお禁欲が維持されているのであるが、その一方でそうした禁欲について、自己制御は他者制御に移し替えられ、初期ブルジョワ理論がそのための努力を傾けつづけたところの例の自由、つまり自律的な法定立は放棄されてしまっている。

ルーマンはこれらすべての要素——もろもろの手続きによって社会的紛争を処理すること、社会の全体システムの分化、政治システムの内的分化、具体的な社会的利害と需要を濾過し構造を変えること——を、法治国家の条件として挙げている。しかし彼は法治国家について、ブルジョワ憲法の中心カテゴリーのイデオロギー的一致から生じるような、これらの諸条件を維持することに他ならない、と定義している。ルーマンは代表と参加という古典的概念について、政治システムと社会的全体システムとの堅固な構造的一致を可能にするための、これら両システムの両立可能性を示す文言であると述べているが、これらの古典的概念の代わりに、彼は反省という新しい中心概念を持ちだしている[319]。反省とは、部分システムがその自己決定過程において、自己の能力を他のシステムの環境として考慮する、という意味である[320]。いまや政治システムにこうした反省を要求することが憲法の中心的意図になるのであり、代表と参加という古典的概念に比べて、自他両システムの両立可能性をそのつど確定することは断念され、ただ両立可能性の要求それ自体だけが維持されることになる。しかしルーマンはこの要求を、法治国家の原理そのものと同一視している[321]。つまり、法治国家性とは、システムが上首尾に機能しているという根本条件に他ならない。法治国家のこのような理解は、政治システムによる介入から、社会的固有法則性を保護するという点で非常に有効なものであり、それゆえ、憲法上の既存の諸制度を固有法則に則った計画過程に適合させよという要求を、暗黙のうちに生みだすものとなっているのである。法治国家の性質をこのように構想すると、社会の全体的な体制を整えるあらゆる意図を失効させてしまうことになる。つまり、もし逆に、政治システムが自らを既存の社会の適切な環境であるとして証明しなければならないとしても、社会の民主化を重視する必要はないのである。このような面から見ると、最も控えめな民主的要素ですら機能不全を起こしてしまう。たとえば政治システムは、政治的選挙について、憲法適合的ではあるが、計画過程の時間構造と衝突するような期間設定をおこなうことで、劣悪な環境条件を作りだす。[322] これは、短期的・状況依存的な議会政治の計画無能力というカール・シュミットの批判と本質的には変わらない。[323] ルーマンの場合においても、政治的組織形式は、必要な場合には「可変性」を備えていることを示さなければならないような、経済的需要に接続するための制度に容易に陥ってしまうのである。

ルーマンは憲法を全体として――フォルストホフと同様に――法治国家原理に還元している。つまり彼の憲法概念は、政治システムと社会的全体システムの両立可能性に基づく法治国家性に限定されているわけであるが、このような憲法概念においては、社会国家原理などというものは、それが行政の行為の特定のプログラム化を示すものでない限り、法治国家のダイナミックな指示に対する非体系的な付加物として雲散霧消してしまう。そのうえ、フォルストホフは社会国家原理を憲法の地平の「下層」に置き換えたが、これをルーマンは「相対的に正当」であると論じている。[324] フォルストホフが、法治国家の除外機能を絶対視することにより憲法的実質の除去を確かなものにしたとすれば、ルーマンは、法治国家的憲法の特徴たる「否定の優位」[325] を強調することで、同様のことをおこなっているわけである。法治国家的憲法とは、基本権から権力分立にいたるその一切の規定において、生起してはならないことだけを定め、「国家目標の否定的な規定」だけを許容するのであり、唯一許される社会的環境への国家の干渉とは、「否定の否定」として理解されるような干渉だけである、つまりなんらかの障害が生起した場合にこれを除去することに限定されるのである。ここから明らかになるのは、法治国家的憲法は、その社会国家的構成要素についても、それによって社会が発展しうるような「規範的なプラン」ではありえない、ということである。[326] ルーマンは、立法について、高度に複合的な諸前提の徹底した縮減を強制するものであると明文で主張しているが、そうした立法もまた、「固定した［……］［憲法］規範を考慮して縮減をおこなうべきではなく、[327]「もろもろの可能性の憲法適合的な除外という否定の形式」だけを参照するよう求められるのである。[328] それだけに、立法者をシステム構造的な諸前提に方向づけることがいっそう重要になるわけである。[329]

　こうして法発展そのものは、社会的変遷の既存の諸条件と全体として両立可能でなければならないだけではなく、法の変更は、個々の社会的サブシステムの相互の両立可能性をも考慮しなければならないことになる。[330] ルーマンが選んだ例を挙げてみよう。

> 大学における決定過程の民主化は、大学病院における患者の世話についてそのために整備がなされうる場合にのみ可能である。人種の平等は、労働市場と近隣の居住関係がそれに適するように整備されうる場合にのみ可能である。犯罪や違法行為の場合の、兵士による命令服従拒否は、軍隊の権威構造がそれに適するように整備されうる場合にのみ可能である。[331]

　これらの例から、次のことは明らかであろう。すなわち――法的実現の機会についての診断を見た目は中立的に述べてはいるが――憲法上の要請を立法によって貫徹する場合ですら、つねに所与の現実構造を承認することが前提とされているのである。すべての法的な問題設定における「経済の優位」という原理は、法の実定化が問題なくおこなわれるための前提とされており、[332]この原理もまた次のことを教えてくれる。つまり全体としては望ましい国家的介入が経済に対しておこなわれる場合、それとは「異質な［sachfremd］」社会的規制を経済過程に課すような介入は、そのなかから除去されるべきである、と。法学は「社会適合的な法概念」を作り上げなければならないという、法の社会との両立可能性を顧慮したルーマンの要求[333]は、社会的諸関係の優位に対する法の屈服を明らかにするだけではなく、法治国家の存在と、法と社会の両立可能性とを同一視することの当然の帰結をも示している。つまり、サブシステムは法システムを環境としつつ、それぞれの固有法則性を示すのであるが、そのようなサブシステムの示す固有法則性に、実定法に対する「高次の合法性」の役割が与えられているわけである。

しかしながら、憲法であれたんなる法であれ、現実への適合によって得られるのは、社会的に適切に実在しつづけられる、ということだけではない。たしかにルーマンは、システムの純然たる機能性に格下げされた憲法概念を用いている。たとえば、自由主義的でブルジョワ的な由来をもつ基本権保障は「もはやありうべきいかなる現実をも表わしてはいない」のであり、ルーマンはこのような基本権保障を「言葉どおりに受け取ることのできない」[334]ような基準にまで縮減し、価値体系的な構想から解放してしまうのである。というのも、価値体系的な保障というものは、社会の問題設定を「計画に不適切な形式」に固定してしまうからである。[335]あらゆる「価値の専制」に直面して、ルーマンは、基本権を社会的分化が存続するための保障機能に限定するのであり、その結果、社会的基盤の民主化という意味で、政治システムの構造原理を他の社会的サブシステムへと転用することは排除されることになる。[336]それゆえ基本権は、自らの社会的実現を防止するよう作用することになってしまう。そうして、自由の保障という基本権の意味の代わりに、そのシステム的重要性が取って代わることになるのであるが、その結果、計画的な産業資本主義に対する憲法理論の適合が実現されるわけである。この場合、基本権の伝統的な除外機能は、社会的分化の保障の要請のなかに保存されている。ルーマンの憲法理論は、憲法の一切の内容的な規定を消し去ってしまう。つまり基本権は、ただシステム分化にのみ関与するのであり、法治国家原理は、ただサブシステムの相互依存だけを参照するよう求めるのである。ここでは、基本権の除外機能と計画に基づく統合とがこのようなかたちで一緒に作用するとされることで、民主化された政治的決定部門の経済的介入を前にしたブルジョワ的ディレンマが、改めてシステムの地平で語りなおされているわけである。現実のシステム需要への憲法の適合を語りつつ、ルーマンは、憲法と憲法現実との古典的な不一致をさらに機能的な不一致に変形することを提案しているわけであるが[337]、まさにそのような適合の性質のゆえに、憲法は、これが徹底して現実の構造に近づけられる場合にこそ、問題になるのである。ルーマンは法治国家的憲法を「否定の否定」への参照を求めるものとして解釈しているが、そうした解釈によって、政治的‐行政的な計画実務・決定実務の中心的原理だけが書き換えられたにすぎない[338]。そうした実務技術はもちろん「正当化は不要であり」、ブルジョワ的立憲国家の本来の構想の彼方で発展するのであるが、それでもやはり、「憲法理論はそうした技術の可能性の条件を問わ」ざるをえない[339]。見たところ、ルーマンにおいても、憲法の除外機能の強調は、現実の計画的需要を前にしつつ、その古臭さを証明することにのみ役立っている——これは、法技術的技巧のシステムに縮減された法治国家的憲法の未来を否定し、独立した行政に法治国家憲法を取り戻すという、フォルストホフの手続きに類似している。[340]

ルーマンの場合、憲法の法治国家的組織構成の古臭さは、社会内的計画過程と世界社会の問題を顧慮した、法の立ち遅れにかんする一般的診断のひとつの要素にすぎない。「現代のさまざまな大問題は裁判によって処理することができない」[341]というテーゼは、他でもない、現実と切り結んでいる法に当てはまる。まさに法が社会的現実をあまりに精確に映しだすがゆえに、ますます複合性を高めて分化した社会との絡み合いのなかで、法システムは見通すことができないほど膨大な専門化された法領域と個別規則に分解してしまう――とルーマンのテーゼは述べているのである。それゆえ、法はもはや、社会的諸関係の相互依存を映しだすだけの能力をもたない。[342]かくして、ルーマンの興味深い現実分析は、法と社会計画との不一致を明らかにすることになる。[343]経済過程とその計画的需要の国際化を前にしてルーマンは、国民国家的枠組みの解体を指摘しつつ、政治一般とその民主的組織形式を「時代遅れの」現象であると説明している。[344]こうした脈絡においては、法は国民国家との親和性の点で古臭いだけではなく、規範的予期の根本的な態度の点においても、世界社会の認知的予期スタイル、あるいは計画過程の――抽象的に規定された――「開かれた」未来の地平と衝突する。[345]このような条件のもとで法が「死滅」するようなことがあってはならないが、しかし法はその意味を変えなければならず、[346]もしそうならないのであれば、新しい本質的な社会的問題領域が法メカニズムに組み込まれることはもはやありえないことになる。[347]かくして、総じて、「人類の発展の誤った特殊化[としての]規範的で政治的‐法的メカニズムへの固定化」というものに不信の眼差しが注がれているのであり、[348]それゆえ、現代の最も先鋭なこのブルジョワ法治国家理論は、法、国家、民主制の古臭さをはっきりと断定することによって、法治国家理論そのものの終焉を説くにいたったのである。

現在の法治国家の崩壊は、その価値志向的でテクノクラティックな次元においては、一貫して統一性を欠いた現象であり、さしあたりは包括的な解釈がほとんど不可能であるように見える。憲法にかんする判決と支配的な学説を通じて合法性の価値志向的な空洞化が進んでいるという、ウルリッヒ・K・プロイスのテーゼは、次のことを前提している。すなわち、価値体系として憲法を解釈するとは、現代の国家行為の矛盾する二つの条件——それぞれ法律と具体的措置という表出形式をもつ、経済的自由の保障と国家による経済統制——を統一的に正当化するこころみを示すものである、と。[349] もっともこのような基礎づけは、明らかにそれ自体として、法治国家のテクノクラティックな修正を要求することになる。たとえばルーマンの場合。

経済について自己制御と介入による制御の両方が不可欠であり、これら二つの制御が互いに他方を前提し合うとすれば、一方の形式に対して他方の形式を組み合わせてそこから利を得ることはできない。むしろこのような場合には、経済と政治の諸関係は、憲法の限界引きの思考法によって可能であるものよりも、より抽象的ではあるがむしろあいまいなかたちで、定義されなければならない。[350]

ここでは、法的諸関係のあいまいさがむしろ要請されているわけであるが、それは次のことを示唆しているように見える。つまり、現代の価値志向的な自然法ルネサンスは、法の脱形式化という包括的な傾向のひとつの要素をなすにすぎないのであり、このような傾向こそは、優勢な経済的利害という意味での状況的な行政の行為を可能にするだけではなく、また同様に、憲法の民主的で社会的な立場の解消をも推し進めているのである、と。社会国家的要素の組み込みがおこなわれると、法の形式的合理性が損なわれることよりも、むしろ法的安定性を――その事実的作用にかんして――社会的強者の特権から(351)一般的原理へと移し替えるというパースペクティヴが開かれるのであり、それゆえ、そのような組み込みがおこなわれた瞬間にブルジョワ的理論が形式的法治国家を問題にするようになるのは、偶然ではないのである。それゆえ、社会国家的性質を法治国家的憲法概念から除去すること、あるいは、社会統合もしくは経済政策的危機管理の定式へと社会国家的性質を堕落させること、これらいずれもが法治国家の破壊につながるのである。(352)

法の脱形式化の過程は、価値志向的‐司法国家の観点においても、テクノクラート的‐計画国家の観点においても、いずれにせよ民主的法治国家の中心的機関たる立法者に対向する形になっているだけではない。さらに内容的にもこの二つの観点は次第に収斂しつつある。司法府が非形式的な法概念を純然たる立法者に対して提示して見せたとするならば、それはたしかに――ワイマール共和国からナチス体制への移行期の司法府の発展が示しているように――外観上は司法府の権限が拡大しているように見えるけれども、司法府が(憲法の)成文規定への拘束から解放されればされるほど、その独立性を内側から掘り崩すことになってしまう。それゆえ、現代の憲法裁判が用いている憲法概念の不確定性とは、これにテクノクラート的な意図を付け加えたり、社会的現状や社会経済的な固有法則性と同一視したりということと、ほとんど同じ事柄を指していることになる。行政機関の監督実務における「自由な民主的基本秩序」の扱い——連邦憲法裁判所はこれを一九七五年五月二二日の決定において取り消さなかった——は、その一例である。ここではもはや、憲法忠誠は、個別事例においてのみ、経済的現状の擁護に向けられているのではない。むしろそこには、次のような発展がはっきりと看取されることになる。つまり、たんなる法律に対して非形式的な「憲法」を上位に置くことと、経済的生産に内在する合理性基準に立法者をテクノクラティックに拘束することとが、ほとんど区別できないような発展がそれである。ここでは、司法判断が前提している「二段階」構造のゆえに、司法府が社会の固有法則性のたんなる代弁者に成り下がるという危険が進行している。司法府とは、もしこれが法治国家の破壊ではなく維持のために働こうとするのであれば、裁判活動のもつ古典的な機能に自らを限定しなければならないのである。

第2章　二つの国家社会主義？

ナチス政治のための「イデオロギー的基盤を……形成したか」どうか、一九四七年にカール・シュミットは審問されたのであるが、そのとき以来、*この問題は唯心論的な歴史認識を前提としてきた。それに対して、拘留下にあったこの著明な国法学者の回答は、自分の理論は現実をつねに状況に制限された状態で診断したにすぎない、というもので、あたかもソヴィエト・マルクス主義のコピー理論を擁護する者の発言のようであった。ここで提示されている学問理論の社会的諸連関への遡及効果という問題とこの状況で結びついているのは、傑出したブルジョワ理論のファシズムとの大まかな親和性という特殊な現象である。

カール・シュミットの長期にわたる膨大な諸著作――それは二世代以上にわたり途切れることなく出版されつづけ、相異なる四つの政治体制に相次いで追随しつづけた――と、実際の政治情勢に関連づけられた諸議論に鑑みるならば、次のような解釈を取りたくなるであろう。すなわち、これらの著作における彼自身の志向もまた、際限なく変節しながら、出来事の経過をなぞっているのであり、[(1)]とりわけ、ワイマール共和国からナチス国家への移行をそのまま、ブルジョワ法治国家理論から「具体的秩序思想」[4]というファシズム・イデオロギーへいたる変化として理解している、という解釈である。だが実は、このナチス政策と彼自身の志向との関係という、カール・シュミットへの審問の中心的な問いでは、二つの国家社会主義が未整理のままにあいまいに用いられていたのである。だがカール・シュミット理論を上のように解釈すれば、表面上は一致があるという単純な解答が、この問いに対して得られることになるであろう。実際、ヒトラーの人種同一性とカール・シュミットの「実体的同質性」[5]、あるいはヒトラーの「生存圏」と罪を着せられた法学者カール・シュミットが固執した「広域」の間の相違は非常に判別しにくい。にもかかわらず、カール・シュミット理論の発展には、ナチスとの――時期的に限定されはするが――一致の根拠のみならず、両者の相違を産みだす根拠というものも含まれているのである。

彼の理論のライト・モティーフは、どうやら一九三〇年のフーゴー・プロイスにかんする論文で形成されたようである。この論文で彼は、「偶然ではなく本質的な……、自由なブルジョワ教養層と国家体制との連関」から、「ドイツのインテリゲンツと教養層の命運は……、ワイマール憲法の命運と分かちがたく結びつけられている」と結論づけている。[6]同じ箇所に、別の論争論文から引用したフーゴー・プロイスの言葉が見いだされるが、カール・シュミットは、紛れもなくそこに自身の理論的発展を投影している。そこでは、歴史が推移するなかで一貫して微動だにしない理論というものについて、次のように言われている。「そうした理論とは、今日、賢明さの典型として世論の後見人たちから賞賛されるとしても、明日には、その見解が内的に首尾一貫していることをもはや彼らは理解できなくなり、反逆者として批判の対象にされてしまう」ということを甘受せざるをえない、と。カール・シュミットの説明によれば、ワイマール憲法の「命運」は、現代の大衆民主主義の条件下でもなお、もっぱらブルジョワ的な法治国家理論の基本原理を維持しつづけるか否かにかかっているのであるが、このような説明との関連から、ブルジョワ理論の「内的な論理的一貫性」のテーゼの厳密な意味が得られる。カール・シュミットの著作のなかでは、ブルジョワ法治国家が機能する不可欠の前提たる社会的同質性の衰退が一貫して嘆きの対象となっているが、そうした衰退は、社会的利益の全面的な組織化を阻止することによってはじめて緩和することができた。ここにいう社会的利益は、既存の異質性がそれを具体的にしたものであった。カール・シュミットの基本公理によれば、規範はただ通常状況においてのみ与えられるとされ(7)、そのさい通常性の障害としてつねに法的利益の集団多元的分裂が現われる。しかし、一九一八年以降その権限を拡大させてきた法定立装置が被抑圧者たちの道具と化するにつれて、シュミットのこの公理からすれば、議会という古典的なブルジョワ的制度はもはや議会とは言えないものとなった。民主化によって自由主義的制度に可能性が開かれて以来、政治的な力の拡大を通じて社会的配分が変容し、この過程のなかで、自由主義的な法治国家から社会主義的な法治国家への移行がおこなわれた(8)。その後、帝国創設以来の法実証主義批判の合唱のなかでカール・シュミットの理論が表明したのは、ブルジョワの志向はもはや、多種多様な集団に利用され始めた「実体なき機能」をもつ形式的システムを見捨てつつある、ということなのである。実質的法理論が復活するなかで、もはや形式合理的な法の保障によってではなく、「状況を保障すること(9)」によって正当化をなすべきであるとする、政府当局に対するブルジョワの要求が登場してきたのである。新たな歴史的諸条件のもと、もっぱらブルジョワ的な法治国家は、法治国家性の終焉にゆきつくよう首尾一貫して考え抜かれている。「ナチス的法治国家(10)」という成句は、上記のような民主主義の変容過程に伴う転換を表わしているのである。

この点にいたるまでのカール・シュミット理論の展開は、きわめて複雑であるが（それを簡潔な叙述によって正確に評価することは無理である）、結局のところは心理留保もないわけではない。法構造に対する社会‐政治的プロセスの遡及効果とそれによって惹起されたブルジョワ身分への脅威について、彼の認識はそのつど進化しているのだが、そのような彼の認識の特徴は、すでに一九一二年の論文『法律と判決』あるいは一九一四年の論文『国家の価値と個人の意義』に見られる。形式合理的な法に社会立法を組み込もうというヴィルヘルム型福祉国家のごくささやかなこころみにはすでに、将来形式的な法構造から離脱するきっかけが与えられていた。形式的な法構造の保障は、組織化された資本主義への移行過程における法の予測可能性によって与えられるのだが、それはもはや限定的な意味しか留めていない。一九一四年の初期の法哲学的な論文では、実体化された実質的法概念が国家の制定法意思よりも優先され、もっぱら「経験的」な個人のもつあらゆる利害に比して絶対化されている。[11]一九一二年の論文では、包摂原理からの裁判官の決定の解放が他ならぬ実定的法律に対置されると同時に、これとは逆向きの危険、すなわち非形式的で「自由法」的な正義要求への裁判官の方向づけが予防されている。つまり、裁判実務上の統一的な「客観的基準」とは明確に実務そのものであり、すなわち統一的な法曹養成基準であり、その社会的固定化である、というわけである。[12]ブルジョワの実質的な法的安定性の新たな保証人として、立法者の代わりに裁判官身分が登場してくるのに伴い、さらに新しい経済的要請が語られることになる。カール・シュミットが個人主義的資本主義の時代の超克に言及した時点においては、[13]この初期の理論的発言は、同時に司法の独立的権能［Schiedsbarkeit］に対する省察として理解されるべきである。この司法の独立的権能は、経済の集中とそれによって増大する法の名宛人の不平等に鑑みて、立法者による抽象的な一般的規制よりも適切なのである。[14]
一九一八年以降、ブルジョワの利害は、民主的議会主義システムの創設によって類をみない深刻な危機に陥ったのであるが、このことがカール・シュミットの緊急事態の理論あるいは独裁の理論に反映されている。[15] 明らかに、被抑圧者層の利害によってますます占領されつつある合法性システムを目の当たりにして、ブルジョワの実質的法的安定性の保障を司法権から独立した執行権へと移動させたのである。カール・シュミットの緊急事態理論や社会対立の「決断主義的」[16]凍結は——オットー・キルヒハイマーが説明しているように[17]——、広範な集団対立の段階における理性的調整システムの不在に符合しているのである。ワイマール憲法において固定化された社会プログラムの解釈・具体化と経済政策について政治的対立が生じたが、それは権威的国家イデオローグたちの批判によれば、「そうした対立を通じてもろもろの計画の争い」を産みだすことができたにすぎなかった。[18] カール・シュミットは、私的利害と公的利害の社会国家的交差状況を自身で詳細に分析したなかで、「確実な計画」の必要性に固執しているが、[19] その一方で、民主的に正当化された法定立機関については、措置法の形式による計画的介入の権限を否定している。それゆえ、立法権を一般的法律に制限すべしとする彼の要請は、古典的な自由主義的復古という意味で誤解されるようなものではない。外見上の矛盾は、発展した経済段階でのブルジョワ的ディレンマの表われなのである。つまり発展した経済というものは、干渉国家を必要とする一方で、民主的運動を強化しかねない一切の干渉を恐れもするのである。[20] 民主的コントロールから独立した執行権だけが、発展した経済の需要に適応することができ、きわめて重要な社会的利害という意味での総合計画をめぐる政治的対立にも決定を下すことができるのである。

有名な一九三一年七月のダナート銀行令は、稀な事例を法律に代わって規制したもので、ダルムシュタット銀行に対し破産申請は提出されてはならない、とした――それは、特定の範囲にわたり国家によって「不滅の保障」が与えられた企業について、その公的機能を暗に認めた最初の事例である[21]――のであるが、社会主義の理論家は即座にそれを古典的立法国家の危機のシグナルとして解釈し[22]、カール・シュミットは行政管理国家的独裁への自発的移行として理解したのだった[23]。このように、法律が経済構造の独占的発展傾向に機能的に順応し、議会システムが止めどなく解体してゆくのを目の当たりにすると、いったいブルジョワの利害はナチスの権力掌握とどこまで一致することができたのか、という問題が生じてくる。と同時に、ここでは次のような主題が論じられることになる。すなわち、ブルジョワ階級はそもそも、改革的社会主義を通じて自らの自由主義的諸制度を可能な限り利用することによって、ナチスに政治権力を譲渡することになってしまったのか[24]、あるいはむしろ、ソビエト・マルクス主義のファシズム分析が説くように、共産主義革命の脅威がブルジョワと法治国家装置――これはそれ自体としては徹底してブルジョワ自身の利益に奉仕していた――との分離を促しはしなかったのだろうか、と[25]。

一九三二年一一月に開催された第六〇回「ラングナム協会」委員会議は長い伝統のある重工業団体の会議なのだが、この会議は、法治国家的形式構造が剝き出しで存在することが大企業の代表者らにとっていかに不安であったか、ということを強く印象づけてくれる。景気拡大が予想される局面での議会体制の再活性化に対する恐怖は、協会事務局長マックス・シュレンケルが、この会議の冒頭で表明した言葉にすべて集約されている[26]。彼の演説の要旨は、システムの一時的な危機を利用して最終的にそれを除去しようというもので、次のような言葉で締めくくられた。「近時の変革の萌芽を大胆に発達させ、経済がのびのびとその力を発揮しうるような新しい活動空間を与える限りにおいて、経済はいかなる規則にも従う用意がある」。「強力な国家には健全な経済を」を全体の標語としていたこの会議で、カール・シュミットは基調講演をおこない、彼が描く新しい国家像を披瀝した。その本質的なメルクマールは、要するに立憲的法構造の放棄であるが(27)、それは逆からもう一度、ぬぐい去られるべきブルジョワの悪夢をかなり正確に描写しているのである。新たな憲法制定は、たんに新しいだけの「合法性」とさまざまな利害のための防壁を作りだすにすぎないとカール・シュミットは警告しており、そこにおいてもう一度論証されているのは、ワイマール合法性システムからのブルジョワの逃避が、いかにこのシステムのブルジョワ的‐同質的な運用の崩壊を通じて引き起こされたものであったか、ということである。それまで法的に抑圧されてきた利害組織のために、憲法適合的な制度化と形式的で法的な特定の保障を与えることで、現実の被抑圧者層をなくしてゆくための形式的前提も整った。一九世紀を通じて承認されてきた国家に対する社会的利害作用の民主化は、カール・シュミットの論究においてはやはり、集団ごとの希望を区別することなくすべての社会領域に介入する、ワイマール型量的全体国家の原因として考えられている(28)。それゆえ、国家の介入にあずかった被抑圧者集団の利害要求から経済を救済することは、法治国家という社会と国家の間の連結形式を解体する本来的な原動力とみなされねばならない。多数の党派を伴う量的全体国家とは対照的に、強固な凝集力をもつ「質的全体国家」こそは、政治と社会が離れ離れになるにつれ、必ずや社会的分配をめぐる闘争を終わらせ、全体化した社会の脱政治化を準備することになるのである。

エルンスト・フレンケルは、ナチス体制を二重国家として叙述したさい、資本主義とナチスの共生の制度的な表われとして規範国家と措置国家の同時的存在を見いだしたが[29]、この構図には、一九三二年に企図された分極化が非常に正確に表現されている。政治権力というものは、そのときどきの活動範囲、つまり「措置国家」そのものの範囲をはっきり定め、従属的な残存物にすぎない規範国家にはあいまいに区切られた領域だけを委ねる。政治権力が絶対的に優位しているシステムでは、このような徹底した区別がもたらす効果に拠りつつ、あらゆる社会集団が等しく脱政治化を進めるのである。「政治的な政治」を押し進めるには効率の良い経済が必要となるため、政治権力は自己制限をおこなうことで経済の自律性を志向せざるをえない。経済的備蓄の総動員によって引き起こされるのは、企業の自主管理と徹底した階級的合理化を粉砕することではなく、まさにその強化であり、これは大企業の利益に適うものであった[30]。他方で逆に、それぞれの労働者組織すべてがドイツ労働戦線に組み込まれることで、これらの組織は均一化されることになった。政治権力があらゆる社会領域に対して全体的影響力を潜在的に行使しているとは、労働者の利害にとっては永続的な措置国家を、経済の利害にとっては「自由の領域」という広大な余白を、事実上は意味しているのである。これは、カール・シュミットが産業代表者の前で強い国家だけがもつ作用として説明したものであった。このような二重国家的構造は、政治と社会の分極化が進むなか、特権的社会集団と被抑圧的社会集団の間での政治的に媒介された影響力を遮断することにより、両者の境界線を固定してしまうだけではない。そうした構造は、特権的利益そのものの二重の要求に一致してもいるのである。従属的な規範国家を維持している以上は、そこに予測可能な経済進行が依然として形式法の保障を必要とする領域が示されるが、他方で、この経済進行はすでに長い間、国家の制御を頼りにしてきたのである。法的な二重構造は、実定的法律の不明瞭に限定された継続的妥当性とそれに応じた介入措置との同時性によって成り立っており、それはナチス下に経済が「組み込まれた体制［kombinierte Verfassung］」を如実に示しているのである。[31]

このようなナチス国家の「共生的」システムにおいて、シュミット理論が的確に表現したようなブルジョワ的意図は、別箇の階級を基礎とする政治的カーストという枠組みとそのまま一致してしまったのである。けれども、そこには同一性ではなく、ただ利害の一致だけが存在するという事実からして、分離する可能性をつねにはらんでいた。カール・シュミットのナチス親衛隊との個人的な衝突は、ブルジョワ的同質性概念と新しい政治階級の人種差別的合法化とが根元的に矛盾していることの外面的な兆候である。カール・シュミットのナチス期の著作において、それ以前によく知られた実体的同質性という概念の代わりに新しい概念「同種性」が登場するが、まさにそこでは、うわべだけの適合が問題になっているのである。カール・シュミットが提示した、納税者としての同質的民族[32]は、寄生的なアバンチュール派のエリート概念と若干共通するのだが、巨額の国家財政と政党組織の肥大化によってブルジョワの利害が侵害されることが、そこではすでに予告されていたのである。同様に、ナチスの戦争目的の範囲も、大企業の膨大な戦利的利害を超過していた。[33]社会対立を強制的に沈静させるためにファシスト独裁をずっと利用しつづけようとしたブルジョワのもくろみは、失敗に終わった。すなわち、帝国主義戦争を通じて経済大秩序にふさわしい「領域秩序」を築かせようという希望は裏切られたのである。[33a]まさにファシズムの行き過ぎが、ヨーロッパ中心の国際法秩序というブルジョワの理想像、つまり一切の国内的衝突を「国境を越えて」移転可能にするという理想を、最終的に打ち砕いたのである。[34]——もちろんシュミットの没後の成功は、国家社会主義を奉ずる社会集団の「イデオロギー的麻痺」をもたらしている。そうした社会集団には、逆戻りできない出来事としての「隊列化された社会」の戦略家たちが呼び集められている。[35] 戦後の多元的利益の「自己規律」のおかげで、もっぱら形式的な法治国家こそが社会的現状を維持する作用があることを、現代のカールシュミット学派は認識することができたのである。[36] その一方で、カール・シュミットのヨーロッパ的「広域秩序」にかんする論究のアンビヴァレンツは、『大地のノモス』に見られるような戦後型の理論によってはじめて完全に判明したのである。肯定的な解釈は、それを、高度産業国家の一切の生産力を統合する理論として理解している。[37]

カール・シュミットの審問を通じて垣間みえるのは、政治的トレンドに対する理論の関与を解明しようというひたむきな努力である。理論は存在するものを語りつつも、診断された現実に対するなんらかの判断を暗に示すものなのである。ただし、理論が既存の社会経済構造の正確な診断を実際に内包するものである限り、そこには同時に出来事の再構成につきまとう限界が明示されるのである。

第3章　カール・シュミットの理論における一九三三年の「区切り」について

カール・シュミットの理論について、その志向するところが一九三三年以降完全に転換したと想定する解釈(1)は、カール・シュミット自身の同意を得られるだろう。彼は一九五八年の言明において以下のように強調している。「私の国法学上の見解は……もっぱらワイマールの合法性が崩壊した後にようやく成立したような、まったく異なる構造をもつ状況からの回顧によって、事後的に［ex post］生まれてきたものではない(2)」と。つまり、カール・シュミット自身は、一九三三年の前後での自分の思考のいかなる連続性をも否定しているのであり、まるで彼の思考は、彼自身の評価および態度とは別個のものとして、ただたんにワイマールとナチスの憲法現実を反映していたにすぎない、と言わんばかりなのである。彼は自らの責任を軽減するべく、自身の理論が状況に絶対的に制約されていると述べているが、そのため、理論に対する責任を問おうとしても、それはそのときどきの状況との関連から問わざるをえない、ということになってしまう。

たしかにカール・シュミットは、一九三三年一月三〇日の直前にワイマール憲法の「法的可能性」は「けっして汲み尽くされなかった」という考えから、「国家緊急事態にかんする『お喋り』」には「けっして加わらなかった」[3]と主張している。だがそこで合法性の概念が言及されたのは偶然ではないのであり、彼自身はまさにこの概念について、彼が正当性を要請するさいに引き合いに出したワイマール憲法の実体を最初から放棄し、それを大統領独裁の意味に読み替えていたのである。カール・シュミットは、自分が賛同するシステムと明らかに犯罪的であったナチス・システムとの違いを自分のために記録しておきたがっている。それでもやはり、彼はナチス・システムに順応したのではあるけれど。——だがこれより重要に思えることがある。カール・シュミットが一九三三年にいずれかを選ぶべきとして挙げた二つの政治システムは、その社会的機能において一致するものだったのである。この社会的機能こそは、カール・シュミットの理論のなかで非常に明晰に表現されているのである。

だが、この政治理論の社会的機能は、彼の法律的構成——これはたしかに状況に制約される——が修正されるなかにあっても変わることなく維持されつづけている。それが志向するところは一九三三年には一定程度まで現実化していたのであり、まさにそれゆえにこそ、それ以前の否定からそれ以後の肯定へと移行するなかで、その立場が変化していないことが明らかとなるのである。

ハッソー・ホフマンによる最近の解釈[4]は、カール・シュミットの著作を、問題を含まぬ統一体としてではなく、また関連性のない個別的立場の集合体としてでもなく、その連続的な発展に則って把握しており、そのことはまったく正しいのだが、それにもかかわらず、そうした発展をもっぱらカール・シュミットの法律的構成のなかに求めている。彼の解釈はこの法律的構成を内在的に説明し、その修正の原動力が「純粋に法理論的なもろもろの理由」であると想定することによって[5]、カール・シュミットの理論の強固な核を見過ごし、テーマの脱政治化を促してしまっている。もちろんホフマンは、フォン・クロッコウによる相応の論述を引用するさいに、[6] まったく正当にも以下のことを確認している。すなわち、カール・シュミットの著作を、体系的に全体を概観することで非歴史的統一体であると理解する、[7] もしくはナチズムに対する先行したオプションという意味で理解するのであれば、[8] あるいは逆に、一九三三年の前後の段階の間にある絶対的な矛盾を取りだし、そうすることで節度のない機会主義に対する非難を生じさせてしまうのであれば、[9] 彼の著作の志向を明るみに出すことはできない、ということである。第一の解釈は連続性を法律的構成にまで拡張することでカール・シュミットの理論の連続性を誇張しており、第二の解釈については、彼の理論はいかなる内的連関をもすべて見失ってしまうことになる。

H・ホフマンは、その正当な批判からして、カール・シュミットの業績を歴史的に描きだすことを期待させるのだが、しかしながら彼は歴史という場合にもっぱらカール・シュミットの思考の歴史のみを考えているのであり、実際の社会的な歴史への関連づけについては伝記上の煩事として重視していない。[10] ホフマンはカール・シュミットの「概念社会学的」方法を自らのものとし、カール・シュミットの理論の「形而上学的公式」とその「それ以上は演繹不可能な（！）基本的立場」を捜し求めることによって、また、この理論が「個人的な運命を超えた展開の一部」であり、そうした展開は「悲劇的と称されるべきである」[11] と理解することによって、ホフマンは――おそらく彼自身の意図に反して――カール・シュミットの自己理解に接近してしまっている。たしかにホフマンは、カール・シュミットの発展のそれぞれの段階を単純にそのときどきの状況から導くのではなく、カール・シュミットの思考「全般」が状況と相関していることを映しだしている。しかし彼は研究のなかでこうした結論を、もっぱら規範性と混乱した通常性との矛盾から導いているが、そのことによってカール・シュミットの業績は、混乱した通常性の単純な——そして唯一可能な——結果であるとされてしまっているのである。

問題設定をはっきりと限定するために、以下では次のことだけがこころみられる。すなわち、カール・シュミットの理論の統一的な社会的機能を、一九三三年の前後で一見矛盾するように見える法律的立論のなかに指摘するのである。そうした立論の一例としては、次のものが挙げられよう。すなわち、カール・シュミットがワイマール共和国の終焉まで法律の一般性の要請を堅持していたものの、後に彼はナチス政府による任意の措置法を是認し評釈するようになった、あるいは、適当な時点で彼の理論の決断論的段階に続いて具体的秩序思想の理論が現われるが、それぞれの構成はワイマール多元主義の特殊な修正に関連していた、と。

I

ワイマール期におけるカール・シュミットの解釈では、合理的な法律概念と主意主義的な措置概念とが厳密に区別されているが、「理性［ratio］」と「意思［voluntas］」という二つの契機は、規範的次元を扱った初期の著作の法律概念においては一体であることが分かる。[12]そのさい法律の合理性とは、ここではまだその一般的な妥当性にあるのではなく、超越的で「理性的な」規範の現実化たるべきであるという要請にあるのだが、その一方で、国家の法定立による具体的な現実化そのものから法律の主意主義的な性格が生じている。[13]つまりそこではいかなる法律も等しく「内容的な無差別性」という契機を有するのである。[14]そうして、法律の規範的構成要素は、国家に対するたんなる「経験的」な個人の一切の実質的要求から解放されることになり、その一方では、法律というものがもつ経験的で決断主義的な契機もまた、その法律が個々人の要求に向き合いつつ有効に実現されることに役立っている。というのも、法律の内容上の正しさの如何に関係なく、「こうした弱者たちこそは、自分たちがいかなる立場にあるかを知らねばならないし、知ろうとするものだ、ということが考慮[15]」されねばならないからである。そうして、法律概念のこれら二つの契機は、国家が「安全保障のためのアンシュタルト」ないし「福祉のための制度」と解釈されることから、「国家の超人格的な尊厳[16]」を救いだす。ここではすでに、もろもろの具体的な社会的要求が、偏狭なエゴイズムと剝き出しの本能とのホッブズ的対立として示されているわけだが、何よりそうした要求の実現こそ、法律の決断主義的契機の強調がめざしているものなのであった。[17] このような社会的要求がより徹底して語られ、組織化されればされるほど、あるいは多元的システムに修正主義的な社会民主主義を組み込むことが動揺したブルジョワ層に内戦として映るようになればなるほど、そうした法律の決断主義的契機の強調は、カール・シュミットの立論のその後の発展においていっそう激しくなり、ついには純粋に目的合理的な措置の絶対化にまでいたったのである。[18] すなわち、危機の時代に対してのみ、カール・シュミットがつねに引用するホッブズ流の定式、「権威のみが法律を作る［auctoritas non veritas facit legem］」は妥当するのである。

それにもかかわらず、ワイマール期の段階における始源的な法律概念の規範的要素は、カール・シュミットによって排されることはなかったのであり、修正されたかたちでふたたび表に現われることになる。まず、一九一八年以降、議会はもはや立法過程にのみ関与するのではなく立法を独占するようになったのであるが、この事実は、カール・シュミットが初期の法律概念の二つの契機を異なる機関に配分していたことに対応している。つまり、このとき法律の「理性」は法律の一般性の要求として立法府に結びつけられ、「意思」の契機は措置をおこなう執行府に預けられるのである。一九二八年の『憲法論』[19]では、法治国家的法律概念と政治的法律概念との間の厳密な区別がなされ、それはワイマール憲法体系を肯定的に叙述したものと誤解されることも少なくなかったのだが、そこには右のような配分の機能の兆しがすでに現われている。一九一四年の著作で法の実現の決断的な契機が「主権的決定行為」[20]であると解釈されていたわけであるが、このとき議会に向けられた要求、つまり法律の一般性をたんに法適用の平等ではなく内容の平等として含意する法治国家的法律概念に限定せよとの要求は、明らかに、脅かされた「議会主権」に対するポレーミクである。ワイマールの法実証主義が、たんに形式的な法律が次第に拡大することを受け入れ、それによって――もはやブルジョワ層だけが占拠しているわけではない――議会制度のかなりの権限拡大を無条件に肯定する一方で、カール・シュミットはそうした法律概念を、徹底して「政策的」なものとして確定され、措置を内容として規定するものと解釈したうえで、このような法律概念を国家主権の「中枢部」に移し替えたのだった。つまりあらゆる紛争事例においてつねに表に現われる執行府、これがその「中枢部」なのである。「理性」つまり規範の内容的な正しさにかんしてもはや何も決定しえないような深刻な事例において、この執行府は、法の純然たる確定性という内容規定にかかわる契機を実現しなければならないのである。

純粋に決断主義的でかつ目的合理的に行動する執行府が例外状態に親和性を有することは、カール・シュミットによって確認[20a]されている。だがこのような親和性は、「経済的‐財政的例外状態」として描かれたワイマール期の状況との関連では、この段階でカール・シュミットの理論がいかなる国家類型をもっぱら志向していたのか、ということを教えてくれる。その国家類型とは、内戦を終結させる絶対主義的国家にカール・シュミットが投影した原理に適合する国家である。それは、「執行府と政府の国家」としてもっぱら実効性を目的とする国家であり、この点、「この国家は『公的秩序と安全』を確立するのである」[21]と説明されている。つまり何よりここで語られているのは、恒久的な例外状態にあって自らを正当化する措置国家、完全な緊急事態国家だ、というわけである。

すなわち、カール・シュミットがワイマール期にまだ存在していた議会に対して法律の一般性を要求したことには、まったく矛盾はない。個人主義的な競争資本主義のブルジョワ的利害にとって有益であるような形式的な法の合理性[22]は、ワイマール時代にすでに修正されていたのである。経済権力の集中が強まったことにより、ほぼ平等の競争相手の存在を前提とした一般的法律の意義は限定されることになった。この点に適合していたのが措置法の拡大であり、それは独占の個別の実相に対して個別の規制を可能としたのである。[23]同様に、法の名宛人が多元的に分化していることにより、抽象的な一般性という法律の前提は失われた。国家と経済とが絡み合い、管理統制経済への傾向が強まったことにより、国家に対する社会的なもろもろの要求は確固とした組織化を余儀なくされた。こうした不均質な集団的要求の表現とは、立法が内容面で特殊化することであった。マックス・ヴェーバーが第一次世界大戦前の時期の法適用について分析したような経緯が、ここではもっぱら立法の次元で繰り返された。すなわち、自由法論はそれが進歩的な様相をも呈する限りにおいて、抑圧された集団による実質的な正義の要求を、たんに形式的なだけの法の合理性に対抗して考慮することを可能としたのであるが、しかしそのことによって同時に法の計算可能性を損うことになった。[24]いまやこうした要求はもっぱら立法のなかに入り込み、法律を決定的に修正したのである。カール・シュミットによって風刺された形式的法律概念の絶対化(「法律とは議会が議決するものすべてである」)が考慮したのは、変化した社会状況のみだったのであるが、それにもかかわらず法の計算可能性が放棄されたわけではなかった。というのも、不可避的な措置は、法適用に委ねられたり、執行府によって独占されただけではなく、法律の形式で発せられていたからである。ところが、形式的に平等な法は不平等な法仲間を平等にするのではなく不平等にしてしまい、それゆえ内容的な差異がどうしても生じてしまう。ワイマール期の立法ではこのような事実が考慮されたからこそ、法の合理性はそれまで抑圧されてきた社会集団に利益をもたらしたのであり、この時代のドイツ的法体系は最も合理的な諸体系のひとつ、「優れて社会的な意味においても……合理的[25]」な体系となったのである。

さて、このような状況においてカール・シュミット自身は措置の不可欠性に固執しているのであるが、彼はそうした状況に直面して、議会に対し一般的な法律だけを扱うこと——そのさいこうした限定の必要性が、公用収容にかんする措置法の可能性によって例証されているのは偶然ではない[26]——を求めている。この場合、ワイマール憲法第一〇九条の平等原則は、司法、行政のみならず立法者をも拘束するという意味だとされる。つまりこの平等原則は、法適用の平等とはもはやなんらかかわりがない、というのである。ラーバントは形式的法律を零落させてしまい、これをヘルマン・ヘラーは陰性絶対主義への傾向だと喝破したわけだが[27]、ここに見られるシュミットの姿勢は、それ以上のものと言わねばならない。だがそれだけではなく、次のようなこころみもおこなわれている。すなわち、法の実質的合理化へと向かう、当時生じつつあった傾向を阻止し、もはやブルジョワの特権を保障する構造をもたなくなった議会の権力を制限し、その代わりに、あらゆる措置を独占する執行府にこの特権の保障を委ねようとするこころみが、それである。カール・シュミットが『合法性と正当性』においておこなった論述は、もちろんそこではカール・シュミットのいう法治国家概念の意味を前提しているわけだが、まさにブルジョワ的法治国家を救済するための訴えに他ならなかったのである。それによれば、何より「ブルジョワ的法治国家の核心部分」すなわち「自由と所有の保護」こそは、それ以外の憲法構成要素を犠牲にしてでも救われるべきだとされており、[28]その論述は以下のような予想にまでいたっている。「ともかくも実務において法律と措置の区別をおこなわないことが措置の次元で実現しているように思われる。措置の実務に現われているような行政国家にとっては、執行権から切り離され、過去から長きにわたって不変である一般的な規範を定める権限をもつ議会よりも、『独裁者』の方がむしろ適切であり、本質に適っているのである[29]」。

カール・シュミットは議会の役割を内容的に一般的な規範に限定することではじめて、国家的経済統制主義という現代の必然を前提しつつ、「立法国家」が時代遅れであると結論づけることができた。その志向するところは明らかに「社会主義的 - 労働組合的多元主義[29a]」を排除することである。この多元主義は、法律による保護を受けた場合にはじめて経営者への要求を実現しうるにすぎない。そのことから、まさに経済統制主義の時代には、「経済」にとって立法国家はもはや時宜を得ていないように映るのである。民主的統制をもはや受けない執行府によって定立される措置が保障するはずのものとは、カール・シュミットが「所有権に内在する社会的義務による所有権の機能主義化」という新しい定式化で名づけたもの[30]の予防なのである。倒錯したブルジョワの干渉的・制限的思考が向けられているのは、もはや執行府、すなわちそれまで社会から分離されていた「国家」に対してではなく、議会そのものに対してなのである。社会の自由、すなわちここでは国家と同一化している社会集団の自由は、従来抑圧されてきたもろもろの社会集団によってまさに脅かされており、そしてその自由は強力な国家によってこそ保障されうるのである。

すなわち、カール・シュミットがブルジョワ的‐自由主義的要求の名において議会のブルジョワ的‐自由主義的諸制度と闘っているのは、たんなる個人的な偽装工作のためではなく、それは自由主義自体に内在する弁証法の表現なのである。生産手段の所有というブルジョワ的基本制度は、かつては法律の一般性ならびに議会の優越によって一様に保護されたわけであるが、議会の構成および機能の変化に直面して、いまやそうした基本制度に固執することがブルジョワ的制度全般の課題となるのである。カール・シュミットによる法律の一般性の再生は、時代錯誤的ではあったが、措置法の拡大と掛け合わされることで有利な地位を得ることができた。こうした法律の一般性の再生には、カール・シュミットによる一般的な議会主義批判からよく知られている例が繰り返されている。すなわち、議会主義という「まったく古ぼけてしまった」精神的基礎に固執しつづけようとしても、現実が変化している以上は、まさに制度という根本原理の名において、その制度は廃止されざるをえないのだ、と。――つまりこのような社会状況にあっては、措置の拡大そのものというよりは、立法府の措置権限がもはや民主的統制を受けない執行府に移行され、排他的な権限へと修正されることで、ある瞬間が暗示されているのである。すなわち、多元的‐議会主義的システムにおいて競合する諸集団のなかのひとつが、それ以前は相対的に中立的であった国家を自らの目的のために独占し、そうすることで社会的な「内戦」の勝利者となる瞬間、これである。

自らを国家と同一化することに成功した社会集団とは、すでに一九一四年のカール・シュミットの著作において、「典型的な資本家」による集団であると簡潔に定義されていた。曰く、「資本家……にとって重要なのは自らの個人的欲望ではなく、自らの資本の増殖なのであって……彼らは職務への奉仕者、官吏（！）となる」のであり、したがって国家により実現された「価値構造」のみに適応するのである。[31] それゆえ、たんなる「経験的」な個人すべてに対して求められた現実の社会的利害の抽象化とは資本主義的利害に該当するものではない。それというのも、他の社会団体すべてに対して他律的に課される禁欲は、資本家の場合には自律的なものであるように映るからである。[32] 資本家は自己を資本の増殖という事柄に、巨大で圧倒的な利得に委ねることで自身を「官吏」に様式化し、そうすることで、「いかなる経済行為も公務の執行」であるというファシズムの綱領の一般的な義務をすでに開始してしまっていたのである。[33]

II

一九三三年以後、純粋な措置国家が確立したとき、カール・シュミットは一般的法律と決断的措置との間の「根本的な法治国家上の区別」に固執したが、それは意味のあることだった。それだけに、カール・シュミットの理論における根本的な断絶というテーゼ、つまり「民族的な全体国家において決断主義が具体的秩序に引き継がれるということ……が意味するのは……一九三三年にカール・シュミットが、根本的に例外状態を志向することをやめたということに他ならない(34)」というテーゼは奇妙に聞こえる。カール・シュミット自身は、一九三三年以後に現われた状態を「通常状況」と理解することはけっしてなく、一九二一年に分析したような独裁の正当化を放棄することはなかった。この独裁とは、法を現実化するために法を否定すること、あるいは「通常の(35)」状態を回復するために、もっぱらその状態に即して措置を講ずること、この点に本質があるのであった。ナチスによる独裁は、例外状態の正当化に頼るところが大であるために(36)、自らを「性急に通常化する(37)」ことはまったく念頭にない。ドイツ民族の具体的で実体的秩序のまったく非合理的な内容は決断主義的にのみ確定されうるのだから、カール・シュミットの具体的秩序思想の段階においても、それ以前の決断主義が継承されているのであり(38)、それゆえ新しい理論の政治的機能に目を向ける必要があることになる。カール・シュミットはこの新しい理論をモーリス・オーリゥを引き合いに出しつつ制度理論を展開し、当初はこれを制度的思想と称し、後に具体的秩序思想と称したのである。この新しい理論があるおかげで、ドイツ人民の実体的「分節構造」から生ずるさまざまな必然性として、純粋に決断主義的な措置を説明することができるわけである。

ファシズムの全体主義的国家理論は、自由主義的な「世界観」のみを批判することによって闘いの真の前線を隠蔽しているのであり、自由主義の経済的、社会的基本構造に手を着けないことによって、本質的には個人主義的競争資本主義から現代的な独占資本主義への客観的な社会発展にイデオロギー的に順応しているにすぎない、というのがマルクーゼのテーゼであった(39)。このようなマルクーゼのテーゼは、この段階でのカール・シュミットの理論にはっきり現われている。これをよく示すカール・シュミット自身のさまざまな示唆が残されている。彼はベッケラートのテーゼに賛同してこれを引用している。すなわち、「経済的権力や政治権力が少数の者の手に集中することで、多数者のイデオロギーは解体する」ことになる。[40] それに続く箇所では――さらに他の著者、ここではフリードリッヒ・ナウマンを引用しつつ[41]――次のように説いている。自分は自分の（ここでは国際法の）理論のために、「資本主義的組織の個人主義的段階が超克されていくさいの」「産業組織」の「大規模化の過程」から導かれる帰結のみを引用しているのだ、というのである。[42] カール・シュミットの法律概念にとって意味のある帰結とは、法律概念の廃棄そのものに他ならない。独占的な経済構造にもはや適合しない法律は、「不可避」かつ「不可欠」の一般条項によって覆い隠されてしまうのであり、[43] カール・シュミットはこのような一般条項があるおかげで、具体的な状況に具体的に対応することができるようになった、つまり措置を講ずることができるようになったのだ、と説いている。「信義誠実」「善良な習俗」といった一般条項は、個人主義的なブルジョワ的取引社会とはもはや無関係であり、このような条項があれば、法全体を変更してしまうのに、「ただのひとつの『実定的』法律も変更される必要はない」、ということになってしまったのである。[44] 一般条項は、カール・シュミットによって賞賛されたハインリッヒ・ランゲの業績[45]が示唆する意味において法を変更する。すなわち、「自由主義によって死を宣告された『事情変更なしとの条項[clausula rebus sic stantibus]』が、公然とあるいは迂回路を経由してまさにふたたび侵入した」のであり、いかなる実定法もその留保の下にある、ということである。[46] 独占的経済構造に適合する法の「動態化」とは、いかなる規則をもそのときどきの事態に従わせ、具体的秩序思想を具体的措置の思想として解釈するのであるが、それは一九三三年以前のカール・シュミットの理論とほとんど相違がないのであり、それゆえまさに決断主義は法律理論として、具体的秩序思想は権威的国家の法律イデオロギーとして、描かれたのであった[47]。

具体的秩序思想が、社会的な対立関係を強制的に解消するさいに果たした役割は小さなものではない。そのさい、それ自体諸刃の剣である自由法論にカール・シュミットが順応したことにおいて繰り返されていることは特徴的である。つまり、彼がすでに一九一四年において、たんに形式的な法の計算可能性に対して「理性的」な計算可能性を対置した、すなわち、実定法もまた福祉的‐保安的関心の表現であるべきとされた事例に対し、実定法をいわば下から、もろもろの社会的要求によってではなく、上から、超越的な規範によって疑問視したときにおこなったのと同様のことが繰り返されているのである。こうした志向は、彼が自由法論の提唱者に対し、ここで問題とされるのは「『事実』法律学ではなく、規範法律学である[48]」、と強調したことに表現されていた。一九三三年以降もこの構造は同じ社会的機能を保ちつづけたのであり、上から下まで貫徹した総統命令が規範に取って代わったのみで[49]、それによって実定法は機能化され、裁判官は法律の執行機関ではなく、絶対的となった執行府の執行機関に降格されたのである。

カール・シュミットの具体的秩序思想が直接結びつけられているのは、身分制的編成を人為的に復活させようとする社会である。一九三三年一月三〇日に「ヘーゲルは死んだ[50]」とカール・シュミットは断言しているが、だがそのことによって彼はたんに、ヘーゲルによる官吏国家の構成は時代遅れとなった――それまでに国家を支える「官吏」層として新たな社会集団が定着した――ということを言い表わしたにすぎないのであり、その一方で彼は、ヘーゲルが国家と社会の対比という自由主義的な二分的図式を受け入れず、もろもろの団体に両者の橋渡しをさせた事実を、「不朽の偉大さをもち、ドイツ的」であるとして賞賛しているのである。具体的秩序思想において国家は「諸制度の制度」として現われ、「その秩序のなかで、他の多くの、それ自体独立している諸制度は自らの保護と秩序を得るのである」[51]。ワイマール期のカール・シュミットの理論において忌み嫌われた多元的な諸集団がここに再度見いだされるのだが、しかしそれは、新たな現実に適合した方法、つまりその組織の本来の目的を正反対に歪曲するような方法で修正されているように思われる。そしていまや次のように語られることになる。「身分制的に編成された民族においてつねに支配的であるのは、もろもろの秩序のなかの多数派であり、それに対していかなる身分裁判権も――『その身分の限りで、その階層の限りで』――もっぱらそれ自体のみから形成される必要がある」[52]と。この命題の志向するところを明らかにするためには、カール・シュミットの以前のポレーミクを考慮しなければならない。つまり、ワイマール憲法の基本権部分における社会保障、すなわち国家に対するいかなる要求をも訴え可能なものとし、それによって憲法を「私的なエゴイズムの道具」[53]とするような社会保障の「誤った実定化および拡張」に対するかつてのポレーミクが、それである。このような新しい「身分裁判権」は明らかに、社会集団の「既得権」に訴えを提起することのできるような審級といったものではない。そうした事態を、拡張された当事者能力をもつ一般的な憲法裁判権導入の事例についてカール・シュミットはかつて恐れたことがあったのである。具体的秩序思想によれば、社会的な需要を充足するのはもはや提訴可能な権利ではなく、任意の措置、すなわち、事柄の状態、つまりは権力に服する者が政治的に良き振る舞いをしているかどうかによって下賜される、政府の恩寵行為なのである。

カール・シュミットが一九二八年に最初に打ち立て、一九三一年に継続して発展させた「制度的保障」論は[54]、後に彼自身が具体的秩序思想への端緒として解釈したものであるが、それによって明らかとなるのは、個人的利害に向けられた多元的諸組織から、組み込まれた個人に対して独立した「身分制的」な諸集団への転換が志向されていたということである。ワイマール憲法のなかに存在した制度的保障のうちごく限られたものだけが強調されたこと、つまり、「主観的権利の認可は、制度的保障に従属し（強調原文）、それに仕えるものでなくてはならないということ、すなわち、決定的なのは制度的な観点であって、主観的な権利者の個人主義的‐独善的な利害ではないということ」が、一九三三年以降、一般的に妥当させられたのである。制度理論の近時の提唱者は、そのように客観的な法と主観的権利とが厳密に区別されていることをもって、カール・シュミットを制度論者には数えないことの根拠としているが[55]、カール・シュミットはここでシニカルな明晰さのみをもって、制度理論――オーリゥの制度理論であるが、同時にその自己理解に反して[56]――の本来的な志向の特徴を論じている。すなわちそれは、いかなる主観的な権利をも、客観的な法のなかに解消させるということである。

自由主義的な類型の憲法は本質的に一般的で平等である自由権を保障するものであり、制度やアンシュタルトを保障するものではなく、それゆえカール・シュミットは、このような憲法類型に制度的保障を組み込むことにひとつの矛盾をみた。つまり、身分制的復古という意味で、古典的な自由主義的憲法類型を超え出てしまうような矛盾がある、というのである。保障された制度は個人のみならず国家からも独立したものであり、そうした制度的保障は何より労働組合と経営者組織に拡大されたのであるが[57]、そこでは経済的民主主義の端緒はあったものの、封建的身分制としての性質を次第に強める「無主権的」システムだけが出現したのである。カール・シュミットは、このようなシステムを志向したわけではないが、ワイマールの多元主義をこうしたシステムとして描いたのであった。社会によって占拠され、「『合意は守られるべし［pacta sunt servanda］』という命題と憲法を」同一視した国家は、契約の自由を廃棄することによって、社会を形作る国家へと変容することができたのだった。まさにそれゆえにこそ、強制調停というワイマールの例外事例をシステムにまで高めた新法について、次のように語られたのである。「『労働協約［Tarif*vertrag*］に労働協約令［Tarif*ordnung*］が取って代わるのであり、経営者、ホワイトカラー、労働者はひとつの企業の指導者と従業員であり、共同で企業目的の増進のために……働くのである」（強調はマウス）。[58][59]

純粋に社会的な利益が政治的決定へと変換され、国家の助けによって実現されうるには、国家と社会の分離が前提されなければならないが、そのような社会的な発展段階において身分制的復古のこころみが見られたのであった。だがそうしたこころみは、国家と社会の封建主義的な一致を再現するものではなく、むしろその反対に――社会が、国家との一致に失敗した諸集団のことと解される限りにおいて――国家と社会の徹底した分離をもたらすのである。公法と私法の区別がふたたび止揚されることで、たしかに個人の活動の自由に対する国家の干渉は、なんら妨害を受けることなく保障されることになる。だが逆に社会的な集団については、これが政治的集団と直接に同一であることを意味しなくなった時点で、いかなる政治的影響力も否定されることになってしまうのである。カール・シュミットによって再生産されたヘーゲルの団体理論においてもそうであるのだが、「政治的領域そのものにおいて、人間を彼がもつ限定された私的領域へと押し込めてしまう」こころみが繰り返されているのである。[60]

約束されていた国家と社会の媒介がいまやなされないことによって、逆に現実の社会的利害と他律的に対峙する「純粋に政治的なるもの」の領域が創出され、そこから国家の形而上学が可能になる。それでもやはり、ある社会集団が「純粋に政治的なるもの」の領域を自らのために独占することに成功するには、経済権力が揺るがぬかたちで出現することが必要である。それには、その集団のもろもろの組織が他の一切の集団とともに国家に組み込まれ、その一部として編成されつつ、自分自身のみならず他の集団にも最終的には有益なこととして、契約の自由の廃棄がおこなわれなければならない。国家は自己の要求からして経済つまり一切の団体に優越した地位を確保するのであるが、このような国家に対しては、右のような団体のみが配慮を強制するのであり、その結果、統制経済は、「たしかに経済的理性のなかには、厳密に説明することが困難で、危険を冒さなければ超えられない限界があることを知る」[61]のである。企業家たちは根本的に経済統制主義ではなく、「社会的責任」を課すような経済統制主義のみを恐れていたのであるが、そうした彼らが権威的国家にかけていた期待は、経済に対して次第に強化されつつあった国家の権力的立場にかんするカール・シュミットの論述のなかにその兆しを見せていた。「計画」への発展は、それが「支配をおこなう者たちが計画する」もので、彼らに対してはとくに計画が課されない限りで受け入れられたのであり[62]、そのさい確実となるのは、自らの経済権力を支配的権力とすることに成功した者が、もっぱら経済の進行にかんする判断をおこなうべきだということである。法を実行しうる立場にある者が法を制定する権限をもつ、という法律的立論にかんするアナロジーは、カール・シュミットの決断主義の経済的背景を明らかにしているのである。

一九三三年にブルジョワ層が自らの社会的実存を救済するために自らの政治的実存を放棄したこと[63]、すなわち、彼らが自由主義的ブルジョワ的統治形態をもはや自分たちの利害のためだけに役立たなくなったとして精算し、それに代わって自分たちとは異なる急進的集団に政治権力を純粋かつ不可分のかたちで委ね、その陰で社会的利害に限定してこれを妨げられることなく実現できるようにしたこと、このような理解が正しいとすれば、そうした事情はカール・シュミットの友‐敵‐理論のなかに最も明確なかたちで表現されている。「純粋に政治的なるもの」の領域の創出とは、コンフリクトの集中が極度のものとなることと「それ自体として［an sich］」一致している。そのコンフリクトとは、社会的内容に端を発するものの、それが「政治的」となることによって固有法則性を獲得し、その内容を無関係［irrelevant］として背後に隠してしまうのである。[64] そうした領域が創出されることには、自由主義的‐ブルジョワ的な防衛的‐制限的思考の契機が倒錯したかたちで保持されるのであり、そうした思想はカール・シュミットによって一九三二年一一月に、重工業団体である『ラングナム協会』でおこなわれた講演[65]において詳細に述べられている。この講演では経済による国家の占拠のみならず、逆にそこから生じる経済の政治化までもが、カール・シュミットの批判の遡上に上っている。そこでは、「経済」概念が二重の意味で用いられている。つまり第一の場合には、経済過程に参画し、国家の助けを得て他の集団に「社会的義務」を課す集団のみを意味しているのであるが、第二の場合では、狭義の意味での「経済」、つまり企業家層を意味しているのである。そして、このような二重の用法には、カール・シュミットの次のような本来の憂慮が隠されていたのであった。すなわち、ワイマール期の「中立的」国家は事実上、企業の下僕に成り下がっているのみならず、企業以外の社会組織に対しても、彼らが企業に対抗して主張する利益の実現のチャンスを保障しているのであり、まさにこの点においてこそ、国家の経済化は憂慮すべきものに見えるのである、と。

つまりカール・シュミットの政治的なるものの概念は、彼の立場を継承しつつも彼の理論を批判する論者たちの想定とは違って、政治的なるものの無内容性の帰結として、国家と政治が社会の一切の諸領域を「全体的に占拠する」ことを含意するものではない[66]——その場合はむしろ、カール・シュミットが明文で論難した状態、つまり「国家からの自由の領域がもはや認められない」（！）状態である[67]。むしろ事態は逆である。すなわち、強力な国家が「政治的なるもの」を唯一の任務とすれば、その場合にはワイマールの「弱者による全体国家」は「強者による全体国家」へ変形されることになるが、このような国家が非常にブルジョワ的に振舞うと、国家により保障された社会的請求よりも経済の自由のほうが優先的に保障されることになる、というのである。

しかし、「純粋に政治的なるもの」は、カール・シュミットがまったく意図していなかった意味で現実のなかに具体化する。「最初期」のファシズムは「政治的領域における一種の芸術のための芸術［l'art pour l'art］」であったとするベッケラートの発言[68]はカール・シュミットによって批判されたが、しかしながらそれが妥当するのは、イタリアとドイツにおける初期の急進的な中産階級運動がほとんど実施不可能な綱領を追い求め、そしてブルジョワ層がそうした運動に政治権力を委ねた限りにおいてのことである。それらの運動は、経済の現代的独占構造の側に立つ利害に対抗して独自の「階級政治」を追求する能力をもたなかった。それゆえにこの運動の行動主義は、方向性のないままブルジョワの利害によって純粋に道具的に利用されることが可能だったのである。

それにもかかわらず、ブルジョワ層によって動員された政治的な「芸術のための芸術」は、カール・シュミットによって示唆されたコンフリクト「それ自体」のなかに、事実上固有法則性を発展させたのであって、それはたとえば、膨張的な外交政策が重工業のみに利益をもたらしたものの、輸出に頼る産業には痛手を与えたとき、あるいは、ファシストの党組織自体が新たな政治的エリートとしてあらゆる社会的利害から独立したときなどには、ブルジョワ層にも背くこととなった。[69] カール・シュミットが一九三七年に的確に表現した区別が実務において不明確なものとなり、戦争がたんに全体的な「極度の力の緊張という意味」ではなく「全体的な敵対関係」を意味するようになり、[70] それによって「中立的な経済」もまた、利益をもたらす「力の緊張」の意味のみならず、敵概念のなかにも含められることとなった時点とは、カール・シュミットが内なる亡命の状態に入った時点と一致するのである。この方向転換が興味深いのは、彼の伝記にとってというよりは、彼の理論の志向するところにとってである。この方向転換は、改めて次のことを確認させてくれよう。すなわち、一部のブルジョワ層の利害、つまり一九三三年に自らの内からファシズムを産みだしたわけではないが、長期にわたりファシズムを自分たちの目的のために首尾よく利用し、最終的には欺かれてしまったブルジョワ層の利害、こうした利害とカール・シュミットの理論がそのあらゆる段階においていかに精確に一致しているか、と。カール・シュミットの理論を唐突な立場の転換という視角から解釈しようとするこころみは、とりもなおさず、一九三三年の前と後の、現実の社会発展における連続性の認識を拒絶することになってしまうのである。

第4章　カール・シュミットにおける権利の平等と社会的分化

きわめて特殊な問題設定の取り扱いにあっても、カール・シュミット研究[1]においては火花が散るような衝突を避けることはほとんどできない。しかしながら古典的な論争、つまりカール・シュミットの全著作の解釈をめぐり、著作に内在的な方法[2]か現代史的‐社会学的方法[3]かのいずれかに拠りつつ、支持者たちが――それぞれ両者の視点から――カール・シュミット理論の史実的な状況性を強調するか、その連続性を強調するか、という論争は、最近では伝記的研究という一般的な傾向によって覆われている。そのような研究方法を用いることで、カール・シュミット解釈の新たな局面が導かれうるのではないか、というわけである。だがこうした解釈は、より緻密な知識を蓄積しつつ、著作よりも著者の人格を対象とした戦後の考察方法へと逆戻りしているのである。

著者の主観的選択と彼の客観的な学問的作品との間に、どれほど縦横に網の目を張り巡らせるとしても、ある理論の内的な一貫性はそれ自身からのみ由来するのであり、その診断の内容の程度はただ、その理論によって写しだされた社会的現実との対決においてのみ突き止められるのであって、日記のメモ、対話の記録、手紙から再構成されるものではない。このような資料が、客観的で社会的な発展を、実際に経験し苦痛を被る主体へと還元することにどれほど適しているにしても、これらの資料からは、ある理論にどのような社会的地位がふさわしいのか、ほとんど説明することはできない。これらは、ある著者の個人的伝記や政治的伝記への逆推理を容認し、さらにそれを越えて――ちなみに、文学的な作品や一般的に芸術上の作品の場合もまた――製作過程の構造への洞察を与えはする。しかしこのことによって明らかにされるのは、対象化された「生産物」、つまり完結した著作とは区別されるべき研究対象なのである。しかし、「生活実践」への関連づけとでも言うべきこの伝記的なものへの還元という流行りの傾向は、はるか一九世紀の研究戦略に逆戻りするものである。そのようなやり方では、生活実践を志向する解釈手続きという枠組みを用いつつも、「批判理論」の言語哲学的手法に基づいてなされるべきことが、失敗に帰してしまう。ここに言うなすべきこととは、こうである。すなわち、著作の客観的な意図というものは、事実的社会的諸関係と生活形式の結果としてその著作のなかに記されているのであるが、こうした意図を著者の自己理解を経由せずに究明すること、これである(4)。

この視点からつねに可能であり把握できる著作と著者との間の区別は、最近のカール・シュミットの伝記においては、やはり否定されている。そうした伝記はたしかに、カール・シュミットの理論からその人格を推論するようなことは正当にも退けているものの、一貫して逆の推論については可能だと捉えてしまっているのである(5)。しかしながら、二つの研究方法の混同、つまり現代史的‐社会学的著作解釈と政治的伝記の混同は、カール・シュミット研究においては前々からよく見られていた。そうした研究の根底には、そのときどきの同時代の解釈であれ戦後の研究であれ、著者を歴史的発展の主役として、そして(それと区別できない)著作をその原動力として解釈することがほぼ一貫しておこなわれてきた。

カール・シュミットの理論がそのときどきの支配的な政治的布置に対応するものであり、無制限に変転可能であるというテーゼ(これを私は反駁したいと思っている)[6]がどの研究にも見られるわけであるが、そうしたテーゼはその責任倫理的な怒りの調子によって次のことを教えてくれる。つまり、理論とりわけ著者の主観的意図をそのときどきに観察された社会的諸関係へと還元するにしても、それをどの程度まで還元することをそのテーゼは想定しているのか、このことをである。

政治的‐経済的権力構造とシステム命令によって支配された世界における主体をこのようにことさらに過大評価するのとは異なり、本章で主張されるカール・シュミット解釈の基礎にある考えとは、著作の客観的意図というものを、著者の主観的な加担とは別個の、社会的発展傾向の表現として際だたせる、というものである。このような手法の正しさは、カール・シュミット理論の内的統一性を証明することによって裏づけられるのみならず、次のような事実によっても裏づけられる。つまり、中心的な理論構成そのものがまさに非常に多元的であるがゆえに、このような理論構成が、カール・シュミットの主観的な政治的選択の変転(一九三三年以降の無節操な個人的日和見主義は疑いの余地がない)に対応しきれていないのである。こうした理論的構成は、やはり長期にわたる――変転する政治的コンテクストとはまったく独立しつつ――社会経済的発展を表現するのであるが、これと同様のやり方において、政治的テロ体制の完成を正当化することにも適している。ところでまたこの最後の点が、なぜカール・シュミット理論が現在なお支配的な法理論のプロトタイプになりえているのか[7]、ということを明らかにしてくれる。以下では、この原理的なアンビヴァレンツを、カール・シュミットの平等概念を取り上げて明らかにしたいと思う。

劇的に変化する政治的状況に理論を還元すること。そして、いかなる具体的な事態のもとでどの時点から、カール・シュミットの民主主義的平等性の概念が、実質的な同質性と均一性という定義を超えて「同種性」という文言へと変形されることになったのか、[8]という問題設定にこだわりつづけること。こうした視点とは異なる像が描かれねばならない。この新たな像によって、一方では次のことが示される。すなわち、カール・シュミットによる抽象的平等と民主的同質性の理論に対する批判は、異種的なものの排除をも含意しているため、体制側のナチズムに適合している段階においては、そのまま人種的少数派の排除を基礎づけることができた。それゆえに、「同種性」の概念が「実質的平等」の概念に取って代わったのである。しかし他方で、これまで見過ごされつづけてきた観点が前面に押しだされることになるだろう。つまり、このような概念上の転換の背後では、カール・シュミット理論にとって中心的な実質的平等の概念が、すべての段階——一九三三年以降も含めて——において意味を変えることなく維持されつづけている、という観点である。ほとんどすべての社会的部分領域において同時に進行する法制化の過程とともに、近代の社会的諸関係の分化と個別化が増大するのであるが、右のようなシュミットの一貫性は、こうした傾向に対する法理論からの応答として解釈されるべきである。

I

興味深く、的確な観察がある。すなわち、何よりワイマール国法学こそが新たに発生した民主主義的国家制度に平等概念をもち込んだのであるが、その一方で人民主権の観点は後退してしまった、[9]というのである。このような断定が国家法にかんする討議の保守派に該当する[10]というのは、偶然ではない。というのも平等概念は、民主的憲法構想の近代的社会構造への機能的順応という意味での解釈替えに対してはあまり抵抗しなかったが、逆に、当時蔓延していた社会的不平等に対してはあまり力にならなかったからである。

カール・シュミットの「『多数派が決定する』という原則への批判[11]」は、次の観点において語られている。つまり、多数決規則は投票者たちの実質的均一性を前提としており、もしこの前提が消失すると、自分自身で矛盾を論証してしまうというのである。こうして実際に、人民主権の古典的手続き規則に対する特殊な平等原理の優位が述べられている。しかしながら、カール・シュミットによる実質的同質性と均一性としての平等の定義は、抽象的な権利平等という自由主義的理解とは別ものであるが、民族主義的神秘主義とも別ものである。シュミットは抽象的な権利平等について、これは虚構に基づく同一性原理であり、たとえば選挙権の拡大や国家市民としての平等な権利保障のさいに、事実上の社会的差別を度外視し、具体的な人格を見ることなく法適用の平等のなかで作用する原理であるとして批判している[12]。しかしそうすると、次のことを明らかにしなければならないことになる。つまり、現実の同一性を参照すべき平等の実質というものは、そもそもどこに存在しうるのだろうか、と。

まずはじめに政治的同質性と国家市民の権利との関係にかんしては、明文で次のように述べられている。すなわち、「平等の実質は……民主制や時代が違えば異なるもので」ありうる。つまり、古代における「身体的同種性と道徳的同種性」、徳、宗教、民族、共通の運命や伝統の原理に従う政治的心情、「共通の人種というイメージ（！）」、そして最後には、ソビエト連邦におけるプロレタリアートの同質性としての「階級による平等[13]」。目に付くのは、実質的同質性の基準がある民族への帰属性という基準と一致している、ということである。これは、「民族［Volk］[14]」と「実質的平等」の概念が、いかなる場合も政治的民主制の前提として同一視されるのと同様である。しかしまさにそれによって、カール・シュミットの民族概念は、同様の多元性を受け入れている。その極端な場合には、「階級が」国家を形成する「民族になる[15]」。ここで証明されることは、カール・シュミットの「実質的」平等の概念（同様に民族の概念も）が逆説的に、まったく実体概念ではないということだ。政治的なもの、これは独立したカテゴリーとしては結合と分裂の程度を表わすにすぎないのであるが、しかしその内容は任意の専門分野から獲得されうる[16]。この政治的なものの無対象性の理論に相応して、実質的平等のさまざまな変化する基準もやはりまた、もはや社会的総合が疑わしくなったことを裏づける機能をもっているにすぎないのである。

近代社会においては、社会的同質性が一貫して衰退しつづけ、さらにその衰退が政治的決定過程に影響を及ぼす。こうした衰退についてのカール・シュミットの精緻な診断を背景にしてはじめて、極端にあいまいな平等概念の地位が明らかになる。このような観点からカール・シュミットの多数決批判を再現してみよう。「数のうえで言っても、投票数の過半数によって決着がつくとすれば、『多数派が決定する』と単純に言うことはできない。むしろ、実際には投票数のごく一部によって決着のつくことのほうが頻繁に見られる。全部で百票の場合、四八票が賛成で残りのうち四八票が反対であるとすると、両者は計算上は相殺され、百票のうち残りのわずか四票によって決定がなされることになる。このことは、当該人民が多数の党派に分裂している場合にはきわめて重大な意味をもつ。なぜなら、必ずしもすべての政党が、決定を迫られた問題に対して同じ利害をもっているわけではないからだ。たとえば宗派学校の問題が、小さな借家人保護政党によって決定されることがありうる。つまりこの政党のメンバーは、戦略的な理由から、宗派学校に利害をもついずれかの政党に賛成票を投ずるわけである。あるいは、外交政策や経済政策が、とくに宗派学校に利害をもつ政党によって決定されることもありえよう。つまり本当のところ、『多数派が決定する』とは、すべての投票者が完全に均一である場合にのみ可能なのである」[17]。この分析の最も重要な点は次のことである。すなわち、社会的利益の細分化と組織化が増大し、規制領域の特殊化が進行しつつあるなか、そうした徴候の下に投票者と採決の対象を位置づけることが問題になっていると、断定しているのである。

こうした視点から、少数派保護の問題もカール・シュミットによって主題化されている。「人民が多数派と少数派に永続的かつ組織的に分割されていること」によって社会的同質性が存在していない場合、あるいは「いくつもの少数派がつねに固定的な多数派として」出現する場合、多数決規則を適用したところで、「投票は否決され、抑圧された少数派を暴力的に抑圧すること」[18]になる。カール・シュミット理論においては、抑圧される恐れのある少数派とは、ほぼ一貫して所有者のそれが具体的に念頭に置かれている[19]。だがこのような事実にもかかわらず、問題に対する当面の一般的理解は、民主主義的決定過程にかんする議論の現在の水準に一致している。大型の技術的プロジェクトの用地決定の問題や、代表される利益の交換可能性が減少し、したがって妥協能力も減少していることなど、これらが示しているのは、一方での社会問題の地域化・個別化と他方での多数決規則との衝突が現在増加しつつある、ということなのである。投票結果が投票者自身に影響を及ぼすという意味で、投票する者と自分の利益について決定される者とが「同一」である、ということがもはや成り立たないような場合には、実際のところ恣意の防止など不可能である。この恣意の防止こそは、全員がすべてについて同じことを決定[20]すべきだという理念に従って、決定の民主的組織化に含まれていたものなのであるが。

社会的異質性と民主主義的多数決規則との不整合から、いくつかの視点が生じてくる。ウルリッヒ・K・プロイスは、現在実施されている逃げ道を「大衆社会のための秩序構想」というキーワードで分析した[21]。それによれば、「構造的な」多数派と少数派が登場すると票勘定の代わりに利害が重視されるようになり、衝突する利害とグループの間に非対称的な平衡状態が確立されることで、多数決規則はますます無効になってしまう[22]。他方でネオコーポラティズムの議論は、古典的な利害対立と国家装置をきめ細かく結びつけることを詳細に論じている[23]——それは、一般的な法形式による決定全般を不必要にする現象である。カール・H・ラデーアは、均衡状態を永続的に持続させるシステム、つまり、多数決規則、合法性システム、議会といったものの彼方で次第に増加しつつあるコーポラティズム的交渉による決定発見のために、「比較衡量[24]」という概念をもち込んでいる。批判的であれ肯定的であれこれらの諸研究には、互いに一致するのみならず、カール・シュミットとも一致するようなひとつの前提がある。つまり、(手続き原理のうえで) 多数決規則の基盤となる社会的同質性というものは、近代社会においてはもはや存在しない、というのである。他方で相違は、現在の政治的決定実践の評価にある。すなわち、行政権力の配分権力が増大しているために、ひとつの全体としての均衡システムにすべての社会的活動が拘束されているという診断[25]があるかと思えば、それとは逆に、政治的決定権力が社会的な利害組織ときめ細かく結びつくことで、そうした政治的決定権力の社会化と分割化が進むのではないかと期待する見解がある、という具合である。[26]

カール・シュミットは、政治的決定構造のなかで社会的個別化が再現されるという恐るべき事態について、それは「部分への行進［itio in partes］」だとして拒否している。それぞれの社会集団特有の権利を追加的に憲法上保障することを、「脱出と独立の権利」を明文で「承認」することだとして拒否しているわけである。むしろカール・シュミットの実質的平等の概念は、目下の社会的問題情勢に直面して、政治的統一性をなおそのものとして保障することに向けられている。「同一の民族への同一の帰属性により、全員が同一のやり方で本質的に同一のことを意欲する」[28]ことを、カール・シュミットは民主主義の――幻想のではない！――前提であると述べている。ここでは同質性概念という基準と民族概念という基準が同一視されているが、このことからしてすでに、カール・シュミットの言うところによれば、「民主主義的」意思形成が引き合いに出すことのできる「本質的なもの」の領域が現代社会においていかに乏しいか、ということが示されている。社会的‐政治的統合が脅かされればされるほど、均一性はナツィオナルなアイデンティティとして存在し、最悪の場合は共同の人種優越観としてのみ存在することになり、民主的な国家市民の権利の行使は、カール・シュミットが「民主主義の根源現象」として賛美した喝采［Akklamation］として、つまり政治的統一体への帰属のたんなる確認としてなされることになってしまう。極端な場合には、カール・シュミットの同質性の概念は非常に攻撃的な意味をもつことになるのである。その限りで民主的同質性というカール・シュミット理論は、変化する諸条件のもとで、何より政治的統一性とその決断中枢を保護しようとするものなのである。しかしそれだけではなく、次のことも明らかにしておかねばならない。つまり、同質性の概念にはつねに同時に、社会的利害の事実的な個別化を顧慮する構想が含まれている、ということである。ワイマール憲法についてのカール・シュミットの分析が二つの相反する憲法を摘出してみせたのも、いわれのないことではない。すなわち、第一に多数決規則を基礎とする「機能主義的」憲法要素、第二に構造化された少数派に実質的権利を付与する基本権である。そして、これら二つのどちらを選ぶかという問題は、（答えは「すでに分かりきっている」としても）基本権のほうを優先するとされている。[29]

しかしまずは当面、カール・シュミットの実質的平等概念について、これが統合という観点から有するアクチュアルな内実をより詳細に明らかにしなければなるまい。それには、歴史的考察によって若干の補足が必要である。ここで重要なのは、多くの議論の的となったカール・シュミットの民主主義と議会主義の対置は、たしかに独裁を民主主義によって基礎づけることを説く[30]のではあるが、しかしその他の点においては、たんに分析的な区別にすぎず、カール・シュミット自身が認めているように、この区別には現実の政治における対応物は存在していない[31]、ということである。議会主義と民主主義（カール・シュミットによると、これらはそれぞれ、代表と同一性という逆方向の原理に基づいている）[32]については、非常に緊密に結びつくことで史実的に成功を収めた[33]、ということが認められるだけではない。実質的平等が多数決規則を適用するための基礎であるというカール・シュミットの中心命題もまた、このような現実の歴史に見られた結びつきと関連している。「原則として民主主義というものは、もちろん議会制民主主義もまたそうであるが、全体的で不可分な同質性を前提してはじめて成り立つ。[34]」たしかにカール・シュミットが民主主義と議会主義との分析的区別の観点を強調している限りにおいて、このことはそれぞれに組み込まれた同質性概念にとって矛盾のない帰結である。それゆえ、フランス革命の民主主義的構成要素は、シェイエスの有名な定式化を模して次のように特徴づけられている。つまり、統治者は、「人民と区別されるのではなく、人民を通して区別」されるべきである。すなわち、統治者はただ人民によって指名された職務エリートとしてのみ出現するのであり、人民の同質性から質的に際だった上層階級として現われるのではない[35]、ということである。これとは反対に、議会主義の特徴としては貴族的な要因が取りだされる。すなわち、選挙人から議員が独立しているために、議員はまったくの政治的統一性を「代表するエリート」となり、議会は「貴族会議[36]」となってしまう。議会による代表は、教養と財産によって構造的に突出したエリートによって担われ、カール・シュミットが強調するように、ただ「理性的な」人民だけを代表するものでしかない[37]。議会討論の「前提としての共通の確信」の可能性というものは、最終的にはこのような基礎に立脚しているのである[38]。本来の民主主義的同質性の概念とは対照的に、カール・シュミットが議会主義に組み込んだ同質性の概念は、はじめから特定の階級に結びついている。換言すればこうである。すなわち、「民主主義的」同質性とは、階級対立と社会的利益の分化が存在していない、あるいは無関係である、ということを意味している。だがカール・シュミットにおいては、議会主義における同質性とはひとつの階級内部での同一性を意味している。

カール・シュミットが現代の大衆民主主義の危機として記述していることは、議会主義的民主主義におけるこのようなブルジョワ的同質性の崩壊以外の何ものでもない。すなわちカール・シュミットに従えば、議会主義の民主主義化とは、別々の同質性の概念が互いに打ち消しあう本来的な原因である。「古い『人民』議会は、税金を払うことのできる、つまり納税している人民の代表であって、代表が税金について承認したことは、その委託人たち自身によって成し遂げられた。ここに納税能力と議会との堅固な関連が与えられ、しかもそのような関連が信じられたのであった。『代表なくば課税なし』という周知のリベラルな命題は、逆もまた妥当する場合にのみ意味をもつ。しかし現代の産業国家の大衆民主主義においては、このような単純な結びつきはもはや維持されるものではない……現代では、納税や税金を投票を通じて『承認する』多数派としての『人民』と、経済的現実のなかで実際に税金を支払う納税者としての『人民』とは、もはや重なり合わなくなっている」[39]。ここで明文で指摘されているように、古典的な議会主義のブルジョワ的同質性を破壊し、事実的な社会的同質性を政治的諸制度のなかで目の当たりにさせたものこそ、平等な普通選挙権の貫徹だったのである[40]。古典的議会主義から現代的大衆民主主義への途上において普通選挙権が順次拡大されてゆくが、これはカール・シュミットによって、民主主義原理のリベラルな水増しとして解釈されている[41]。

カール・シュミットはこのように、一方では、別々の同質性の概念が実際の歴史上では混同され、相互に打ち消し合っていることを批判しているが、しかしその一方では、変化する内容をもつ同質性の概念を、「議会主義的民主主義」という現実の現象形態を批判するための手がかりとしており、そのために同質性概念のもつ両義性がより強められて現われることとなっている。近代的な議会制民主主義との関連で言えば、同質性概念の内容には、つねにブルジョワ的同質性の観点が一緒に入り込んでいるが、ナツィオナルな統合という要因が優勢であるため、このような多義性は一般には見過ごされている。「平等な普通選挙権と投票権は［他のすべての平等な権利と同様］、当然のことながら、等しい者の集団内での実質的平等の結果でしかなく、このような平等以上のものではありえない[42]」と、カール・シュミットは述べている。このときたしかに、一方ではナツィオン、民族、人種のいずれかの同一性が「実体」として機能することがありうる。カール・シュミットによって民主主義というものの通常事例として論じられた実践は、このような場合に含まれる。つまり、「国家によって統治された一部の人民を除外」したうえで、「全部であれ一部であれなんらかのかたちで権利を奪われ、政治権力の行使から疎外された人間たちを」そこに「……（含めてしまう）という実践」である。――すなわち、周知の「異質なものの排除あるいは破棄」(43)がそれである。カール・シュミットはこのことを、トルコからのギリシア人の強制移住、とくにそのさまざまな移住制限を例として明文で解説しているが、もちろんそれによってナチスにおけるユダヤ人殺害が正当化されているわけではない。しかし、その前段階をなすような差別が正当化されている例はある。たとえば、「帝国市民［Reichsbürger］」ではなく「国籍保持者［Staatsangehörige］」の地位しかもたない人びと(44)の政治的権利を剝奪すること、あるいは営業や職業の遂行に対する、生存を脅かしかねない無数の制限、あるいは所有関係や賃貸関係の例外規定といったものがそれである。しかし、もっぱらナチスの実践との関連からカール・シュミットを解釈するだけでは、現代の連邦共和国を支配する対外政策とシュミット理論との大規模な一致というものを見通すことはできないだろう。カール・シュミットの同質性概念の論理を推し進めてゆくと、むしろ次のような広範な現代的諸問題にゆきついてしまうのである。すなわち、婚姻と家族を国家秩序の特別保護のもとに置くという基本法が妥当しているにもかかわらず、外国人労働者が子供と配偶者を呼び寄せる権利を制限していること。庇護請求者の労働禁止、さらには外国人に対する特別刑法の悪名高い提案(45)。これらの差別政策の政治的機能もカール・シュミットの考察と一致しており、それ以外の点でも元の原型に相応している。カール・シュミットによれば、「見かけ上の政治的平等」は、他の領域「たとえば今日で言えば経済的なもの[46]」の領域で実質的不平等のもつ毒性を助長するのであり、このとき、マイノリティを政治的・法的に排除することは明らかに、社会的発展が危機に瀕している時代に、マイノリティ以外の社会の人びとに同質性を意識させることに適している。要するに問題なのは、崩壊してしまったブルジョワ的同質性の代わりをどうするのか、ということなのである。

他方で、ブルジョワ的同質性に基づく代表原理の排他性は、民主主義的組織形式に対するカール・シュミットの批判の密かな基準である。カール・シュミットは「代表なくば課税なし」という命題を逆転させて物議をかもしたわけであるが、それはワイマール憲法の民主的な人民投票［plebiszitär］手続きとの対決のなかで述べられている。ここでついでに、基本法の極度の反人民投票的立場を貫徹し、擁護するのに資する、周知の誤解を訂正しておかねばならない。その誤解とは、そもそもカール・シュミットはワイマール憲法を人民投票手続きによって基礎づけた、というものである。カール・シュミットの場合、「人民投票による正当化」は、ライヒ大統領の直接選挙との関連においてのみ肯定的に評価されているのであり、したがって、独立的なライヒ国防軍とライヒ官僚機構のための、議会システムとは無関係の正当化基盤となるべきものである[47]。それに対して、さまざまな人民立法手続きはすべて、それぞれの段階に見合った批判を免れない。カール・シュミットの場合、人民投票は、上級の憲法諸機関の間での紛争の決着のためにだけ議会の立法手続きそのものに組み込まれているのであるが、そのような人民投票［Volksentscheide］は、議会の合法性システムの多数決機能主義とは質的に区別されておらず、同じやり方で決定がなされる。人民請求のための人民投票手続きは、カール・シュミットによって、自主性を旨とする民主主義的な人民投票による正当化原理の不規則な逸脱として解釈されており、そのうえさらにきっぱりと批判されたのであった。つまりそのような手続きは、さらに議会システムの機能主義を「強化してしまう」、というのである。[48]

カール・シュミットがまさに、直接的な人民発議というもっとも非難された手続きに、ブルジョワ的同質性という最も厳しい基準を適用しているのは、興味深いことである。ワイマール時代の多数の学説とは対照的に、カール・シュミットは、「予算案、課税法律と俸給規定について……ライヒ大統領のみが人民投票の実施を指示する」ことができる（ワイマール憲法第七三条第四項）として、つまりこの場合は人民請求は除外されるのであるが、この規定を極端に拡張して解釈している。カール・シュミットの解釈では、「予算案」は、「財政にかかわる内容をもつすべての法律」[49]に拡大されているのである。したがって、財政的結果を伴わない政治的決定が現代社会ではむしろ例外であるという事実を考慮すると、民主主義的な人民投票手続きが利用されうる範囲は劇的に限定されることになるのである。このような解釈を根拠づけるにあたり、カール・シュミットは、古典的な議会主義の説明のために用いた、税金の承認と納税の関連を持ちだしている。民主主義と財政問題が根本的に乖離しているというテーゼは、納税者と議会多数派との非同一性という、現代の大衆民主主義においてはじめて生じてきた事態に由来している。[50]この観点の下では、カール・シュミットの核心テーゼ、つまり普通選挙権や平等な投票権は実質的平等の結果にすぎず、そうした実質的平等以上のものではありえないというテーゼ[51]には、さらにブルジョワ的同質性という意味が付け加わっているのである。このような論証の論理からは、古典的なブルジョワ選挙権の制限の復活を擁護する議論は生まれてこないのであり、逆に、大衆民主主義下においてもなお、一般的な政治的権利の行使が関与しうる対象領域を徹底的に制限するほうがむしろ賛意を得やすい。同質性は、投票者の側に成立するものではなく、縮小された投票の客体のなかに表現されるわけである。ブルジョワ的同質性の概念からも、最終的な帰結として次のように言える。つまり、政治的権利の行使は、ある政治的統一体に帰属していることのたんなる確認としてのみ問題になる、と。カール・シュミットは、民主主義と財政、さらには民主制と経済一般の根本的な両立不可能性について[52]、経済計画と議会手続きの原理的な乖離のテーゼともども[53]一般化して論じているが、このことから、そうした叙述が人民請求という特殊事例にのみ妥当するのではないことが明らかになる。人民請求はたんに例証として用いられているにすぎない。このようにカール・シュミットは、「実質的」平等の概念という旗印のもとで民主主義と経済の乖離を論じているが、そこには次のような事実への考慮が隠されている。すなわち、経済領域における恒常的な国家の危機管理が、ますます民主的合意形成の要求により妨害を受けるようになり、経済の固有法則性と機能的命令を、多数派の要求の政治的貫徹から保護しようとしていること、これである。

カール・シュミットの「喝采の学問的発見[54]」は、シュミット解釈者たちの目に映ったほどにはエキゾチックではなかった。カール・シュミットは、喝采という「民主的根源現象」をもち上げて、議会の民主主義的手続きであれ、人民投票の民主主義的手続きであれ、これらの手続きの多数派機能主義を低く評価しており、たんなる見せかけの自発性によって人民がたんなる国家機関へと変形されることに異を唱えている[55]。また彼は、人民意思は、組織化された選挙や投票によるよりも、喝采採決すなわち「反駁されない自明の現存在」によるほうが、より徹底した仕方で民主主義的に表明されうると考えている[56]。だが、ここではすでに次のことが予見されている。すなわち、沈黙せる多数派の現実的な賞賛こそが現代の大衆民主主義の主要な支柱であり、国家市民はたんに見守るだけの観衆と化しているのだ、と。[57] 社会的利害の極端な個別化という同様の事態を背景としつつ、ルーマンは現在の状況について、「仮に決定に効果的に参加することが考えられるべきだ[58]」としても、社会的問題要求全体と民主主義の間には「かなりの不一致」がある、と言い切っている。ルーマンによれば、史実として達成された政治的権利の一般性・平等と、システム安定化の必要条件との調和というものは、民主主義的正当化構想の新しい方向づけに結びついている。すなわち政治的手続きは、具体的な同意を導きだすものではなく、一般化された合意、つまり内容的にはまだ未確定の決定をそのまま甘受するという意味での合意を産出すべきだ、というのである。[59] カール・シュミットの場合、国家市民の意思表示の対象として結局ただ政治的統一性の実在のみが残されるとすると、ルーマンはこの同じ事態を「一般化されたシステム信頼[60]」として把握している。――ただし、過度にカール・シュミットの理論を時代状況に還元することと、ルーマン理論のきわめて高度な抽象性は、二人の論証構造の部分的な共通性を隠蔽してしまいかねないものではあるが。

II

カール・シュミットによれば、広く蔓延した社会的細分化を前にして、平等な政治的権利の効果的な行使だけが困難になってきたわけではなく、法律の内容的な平等に加えて、法適用の形式的平等という意味での一般的な権利平等のための社会的基盤が破壊されている。社会的利害構造の細分化は、さまざまに異なる政党が存在していることのなかに再生産されている――これは、カール・シュミットが、ドイツ・ライヒ議会での「国民自由党による多数派の終焉」以来のドイツ的発展について診断した事態である[61]――のであり、それは、法構造への反作用を及ぼさずには済まないのである。

いうまでもなく、ブルジョワ的同質性が選挙権として十分に保障されていない議会によって法律が作られた場合、これに不信感を抱くのは、ブルジョワ国家理論においては昔からの伝統である。立法者に対する不信は、かつてアメリカ憲法史の文脈から始まり、『フェデラリスト』に詳細に記録されたのであるが、このような不信は、あるいは次の点にその説明を求めることができるかもしれない。すなわち、アメリカ各州の選挙権規定、さらには構想中の下院議会のための選挙権規定が、有権者の範囲を拡大しつつある段階にあったのであり、それは「平等化」の傾向において、ヨーロッパの財産評価に基づく選挙権の規定を部分的に著しく凌駕するものだったのである[62]。ジョン・スチュワート・ミルは普通選挙権（たとえ平等ではないにせよ）を断固として支持している――それは、イギリスのささやかな選挙権改革計画の文脈でのことであるが――一方で、同時に次のように述べている。つまり、議会はたしかに社会の全体的利害を代表し表明するために召集されはするが、立法のために召集されるわけではない、と。こうしたミルの支持と発言の両方の間にも、偶然では済まされない連関があるはずである[63]。カール・シュミットは、古典的な意味でブルジョワ的な政治的意図に対するブルジョワ的不信を、周知のように、完全な反議会主義まで強化しているのであり、合理的な法構造の崩壊という観点に立ちつつ、「ケース・バイ・ケース、法律ごとに、まったく対立する複数の動機に基づくことすら珍しくない妥協の産物として[64]」法律作品を解釈している。カール・シュミットによれば、議会の同質性の消滅と「立法者意思」

の分裂とともに――この点でもジョン・スチュワート・ミルの論証とまったく類似している[65]――、法規範の内的一貫性と法システムの統一性は破壊されてしまったのである[66]。

しかしながら、「異質的」な種々の社会的利害を濾過することこそ実質的同質性のカテゴリーの目的であるわけだが、そうした濾過は、それ自体として安定した法構造を復活させるはずのものではない。安定した法構造というものは（カール・シュミットの理念型的考察方法によれば）、古典的な議会主義に対応したものだからだ。議会主義と民主主義の対置に関連づけられた、法治国家的法律概念と政治的法律概念の間のカール・シュミットの区別が、この実態を明瞭にする。カール・シュミットは――史実的には該当しないが[67]――法律の法治国家的性格を、法律の内容的規定の一般化と同一視し、このような法律概念を議会という「時代錯誤的」制度に組み込んでいる[68]。それに対して、カール・シュミットの政治的法律概念は、民主主義的主意主義――「法律は……人民が意思するすべてのもの（である）[69]」――と内容的分化の可能性とをその特徴としている。つまり、民主主義的‐政治的法律概念の意味での法律の平等とは（政治的権利の行使と同様に）、「実質的平等」を前提とするのであり、そうした平等以上のものではない。カール・シュミットがアリストテレスを引き合いに出して詳述しているように、法律の前での平等が正当であるのは、法律に服している者たちが等しい社会的地位を有している場合に限られる[70]――こうして、このような政治的法律概念の主意主義は、ふたたび現実の社会構造へと結びつけなおされることになる（カール・シュミットにとって決定的なこの観点には、改めて立ち戻らなければならない）。法治国家的法律概念と民主主義的‐政治的法律概念のこのような区別は、二〇世紀の法発展に対するカール・シュミットの分析と批判にとって中心的な意味をもっている。まず法治国家的法律概念にかんしては、すでにフランツ・ノイマンが以下の点を十分に明らかにした。つまり、議会をもっぱら一般的法律だけに結びつけてしまうと、議会の活動範囲を根本的に切り詰めることになってしまう。というのも、現代経済における潜在的な法の受け手たちの不平等が増大し、規制の対象となる問題の特殊化が進行するなか、こうした事態には、介入という手段ではそれほどうまく対応することができないからである。[71] それに対して、「政治的」法律概念は――カール・シュミットが言い張るように――、「具体的事実は具体的に評価されなければならない」という事情を顧慮する。つまり、カール・シュミットに従えば、法治国家的法律は、実質的差異に基づく区別と一切の内容的特殊化をけっしてもくろんではならないのであるが、こうした区別と特殊化は「民主主義的‐政治的」法律に対しては認められてもよいのである。カール・シュミットによる法治国家的法律概念と政治的法律概念の区別は、法律と措置との間の相違を基礎に置いており、議会という立法機関に対抗すべく権力分立原理が打ち立てられている。だがその一方で、執行権は措置に限定されてはいない。[72] こうしてカール・シュミットの考察は、その結果として、次のような法律概念を選択することになった。すなわち、現代社会の状況的で特殊化された規制要求に法構造を順応させることを、もっぱら執行権をもつ計画機関と決定機関――これらは、喝采もしくは一般化されたシステム信頼を基礎として独立している――にのみ認めるような法律が、それである。

このように論証をたどってみると、一九三三年という年は区切りとはなっていない。一九三三年以前のカール・シュミットの全論理は、一九一二年から一九一四年までの初期の著作をも含めて、「法律の支配」には反対の立場を語っている。ワイマール時代の著作では、すでに法理論的基礎づけの連関が完全に仕上げられているが、そのなかで、そうした反対の立場のひとつの観点が具体化されている。つまり、実質的平等を基盤とする権利は本質的に不平等な権利だ、というのである。たとえば、『憲法論』のうわべだけの法治国家的構成が有している機能とは、議会という立法機関をいずれにせよ「時代錯誤的」であるとして、二〇世紀に支配的な社会経済的要求への法構造の適応過程から除外することにすぎない。この点で、カール・シュミットの一九三四年の「具体的秩序思考」は、なんら革新的な意味をもっていない。この思想は、個人の平等な権利を「具体的類型存在［konkrete typische Figuren］」の社会的地位に応じたさまざまな権利の多元性へ、つまりは身分法へと転換するからである。ここで要求されている法の具体性とは、まさに一九二八年の『憲法論』のなかですでに表明されていた。一九三四年には、アリストテレス－トマス的な自然法理論を引き合いに出しつつ、次のように語られている。すなわち、すべての権利はそれぞれ特有の「具体的状況」からのみ得られるのであり、一般的規則については、それが特殊的な生活領域の実質的秩序の現われとして考えられうる限りにおいて、限定された効力だけが認められると。ここには、法的平等とはその基礎たる事実的平等以上のものではありえないというワイマール的テーゼの精確な反復が看取されよう。カール・シュミットの『憲法論』のなかでの、強い印象を残すアリストテレスの引用をそのまま記せば、次のとおりである。「平等とは正当であるとされるし、実際そうである。しかしそれは、全員にとってそうなのではなく、平等な者にとってそうなのである。不平等もまた正当であるとされるし、またそうであるのは当然である。しかしそれは、全員にとってそうなのではなく、不平等な者にとってのみそうなのである」。

このような論証は、その個々の内容のみならず、その連続性にかんして次のことに注意を払う必要がある。つまり、カール・シュミットの不平等な権利の根拠づけは、ナチス体制による政治的排除という文脈からのみ理解されてはならないのである。むしろ、ナチス的法発展とはそれ自体が長期にわたる社会経済的発展の表現なのであり、カール・シュミットの理論は、このような意味でのナチス的法発展というものと関連しているのである。ここでは、国家官僚と経済官僚の新たな共働形式に一致しているような、[77]現代法の状況依存性と柔軟性が主題とされるだけではなく、法構造をあらゆる個別化に順応させることが主題とされる。それは、すでにマックス・ヴェーバーが、「職業分化」の進行という観点ならびに「財貨取引と経営に適した営業上の財貨生産[78]」という定式のもとで分析していたものである。個別化した職業法（たとえば商法）や特別裁判所などマックス・ヴェーバーによって示された法の現代的「再封建化」の現象は、身分制とほとんど変わらないナチスの法構造――団体と経済組織への法定立機能の一方的な分散と委譲[79]、団体から会社にまで及ぶ独立裁判権の確立[80]、一般契約法から特別法の領域を切り離すという意味での、計画されはするが実施されることのない「BGBの粉砕[81]」――のなかに維持されつづけていたのである。

このような所見を前にすると、「具体的秩序思考」の理論はナチスの法実践と同様に、政治的に差別された少数者にのみ不平等な権利を課し、それ以外については「同朋の法的平等」を維持するものだ、とは言いにくくなる。[82]このテーゼは、法の形式的合理性を求める資本主義の強い要求に由来するものであり、そうした要求はナチスにおいても考慮されていた。[83]つまりこのテーゼは、抽象的‐一般的な契約法が変わりなく継続的に妥当することを前提しており[84]、そもそも「近代化」のもつ推進力を見誤っている。そしてナチスにおける経済的に重要な法領域もまた、こうした推進力の影響下にあったのである。

一方での長期にわたる社会経済的需要、他方での政治システム特有の諸条件、これらを考慮しつつナチスにおける法発展の並行性と固有性について、カール・シュミットはすでに——その構造原理にかんして——一九二六年に次のように述べていた。「つまり、それぞれの領域にはそれ特有の平等と不平等がある。……政治的なものの領域では、人間は人間として抽象的に相対峙するのではなく、……国家市民、政府と被統治者、政治的盟友ないしは敵対者として、つまりいずれにせよ政治的カテゴリーのなかで」相対峙するのであり、それは「経済的なものの領域において人間そのものではなく、生産者、消費者等々としての人間、すなわち、経済特有のカテゴリーによってのみ人間が把握されるのと同様である」[85]。

権利の平等から身分法への移行についてのカール・シュミットの法理論的基礎づけが、ナチス体制の政治的文脈からいかに独立しているか、ということから、このような基礎づけがまったく別の出所をもつ法理論と一致したものであることが分かる。ワイマール時代については、カール・シュミットと実際に対立していた立場としては、法実証主義のみが問題となる。ワイマール憲法の平等原則の解釈をめぐる周知の論争[86]においては、平等原則がただ適用平等のみを基礎づけるのかそれとも立法機関にも向けられているのかという問題だけが問われたのではなく、平等原則の内容を新たに規定しなおすことも問題となった。法実証主義だけは、カール・シュミットによって虚構だと批判された抽象的な法的平等にこだわっており、たまに形式的な法的平等は実質的平等へと変形されるべきだとの希望が表明されること[87]もあったが、その一方で、両者の間には「尊敬すべき敵対関係[88]」とでもいうべきものがずっと前から確立されていた。そのさい注目すべきなのは、エーリッヒ・カウフマンとカール・シュミットとの間の大きな一致である。カウフマンに従えば、二〇世紀における権利の抽象的な平等と一般性は、これがかつて基礎づけた啓蒙主義の合理主義的自然法と同様に時代遅れとなっている。時代に合致した平等原則の理解――カウフマンはこれをスイス連邦最高裁判所にならって語っている――とは、「すべての不正な区別とすべての不正な同一視」を禁止する、というものである。[89] したがって法的平等の原理は、法的区別の正しさの原理へと変形されている。このような正しさの基準は、カウフマンの場合、なるほど「自然法の……より高度な……視点」として導入されてはいるが、しかしその具体化については、ただちに次のような要求が付け加えられている。すなわち、実定法は「該当する生活関係のテロスに一致していなければならず、そこにもち込まれる区別は、「該当する生活関係の秩序の内的目的を正当」に評価しなければならない、と。[90] カール・シュミットの場合、法は事実的な社会的分化の再現と確認をおこなわなければならず、社会的特別秩序の固有法則性はもっぱら制御のための法原理となっている。このようなカール・シュミットとの一致点として、カウフマンの場合には次の点を挙げることができる。つまり、彼はアリストテレス的‐キリスト教的自然法[91]を引き合いに出しているが、それはもはや人間の（等しい）本性によって法を基礎づけるためではなく、それぞれに固有の「事物の本性」[92]、つまり人間がそれぞれ組み込まれている分化した社会的地位によって法を基礎づけるためなのである。[93]

他方で、エーリッヒ・カウフマンとカール・シュミットとの相違点は、このような法発展の制御にかんする権限配分にある。カウフマンの論証は司法国家を導きだすことになるし、カール・シュミットの構成は行政国家を導きだすことになる。両者とも、立法機関を平等原則という基準に照らして考察している。しかしカール・シュミットが立法機関に対して、内容的区別をまったく許容しない平等原則を与えているのに対して、カウフマンは、区別を必要とする平等原則を与えている。カウフマンの場合、

「等しいものは等しく、異なるものは異なるように扱う」というのが、司法の監督のもと立法機関が自ら一致しなければならない要請であるが、その一方で、カール・シュミットは、同様の要請を法治国家的法律にではなく「政治的」法律に割り当てており、執行権を念頭に置いている。社会的部分領域の固有法則性に合致した区別を法的な基準とする構想は、両人の間で一致しているわけであるが、このような構想は、カール・シュミットについては、権威的措置国家において最もてっとり早く実現されうるのであり、最悪の場合にはファシズム国家において実現されうることになる。しかしこの構想は、理念上は、すべての「具体的」な法的決定が議会を経由せずに国家官僚、経済官僚、団体官僚の間での交渉過程のなかで下されるようなシステムにおいても、実現される可能性がある。

カール・シュミットの具体的法思考が政治的コンテクストから独立していることをさらに証拠立ててくれるのが、ヴェルナー・マイホーファーの法存在論である。[94] マイホーファーによれば、人間とは「あらかじめイメージされた社会的形態の帰属点」であり、「『として』の存在 [Alssein]」なのであるが、これは自己存在と並ぶ第二の実存的なもの [ein Existenzial] を表わしており、これを通じて自己存在が自らを現実化するという。[95] 人間は社会的属性の担い手として、つまり買主・売主、貸主・借主、医者・患者としてはじめて「『立ち現われ』る」[96] のであり、それゆえその特殊的な行為の構造は、特殊的な社会的状況の構造と同様に「事物の本性」という共通の名称で呼ばれるのである。[97] カール・シュミットの「具体的類型存在」における法的役割受任者の標準化と、社会的諸関係の内的秩序を法源として具体化することは、トマス的自然法論への周知の立ち戻りと同様、マイホーファーにおいても繰り返されている。[98] いわば「再封建化された」法構造は、法的平等はその基礎にそのつどある事実的平等以上のものではありえないというカール・シュミットの考察のなかで把握されたが、この同じ法構造が、マイホーファーの定式化からも把握されるのである。つまり、振る舞いにかんする一般的法律は、もはや「『いついかなる場所でも』万人に」妥当しうるものではなく、「その役割や地位に応じて」すべての人に妥当しうるにすぎないものである、というわけである。動態的な現代社会という条件下での法の再封建化がもつ特殊性もまた、両者の理論のなかで顧慮されている。つまり、社会的構造と法的構造の個別化への省察というものが、カール・シュミットの場合には状況的‐動態的な法の理論と結びついており、マイホーファーの場合には変化する自然法の構想、つまり事物の論理的構造に応じてその内容が決まる自然法の構想と結びついている。[99]

カール・シュミットの実質的同質性の理論は全体として、次のような社会的状況に反応したものである。つまり、強まりつつある法制化を背景に、極端に進行した社会的部分領域の分化と利害の個別化を前にして、もはや法的平等も法体系の統一性も保障されえないような社会的状況がそれである。カール・シュミットの実質的同質性の理論は、非常に特殊な結論を引きだしているのだが、その前提には次のような法発展の段階というものが想定されている。すなわち――ルーマンが述べているように[100]――、法が社会的現実の分化を精確に反映するがゆえに、もはやしっかりと法を確立することはできず、ただ法と社会的現実との相互依存を把握できるにすぎないような段階である。カール・シュミットの批判によれば、現代の議会に含まれる異質性は、もはや社会的利害状況の不一致を十分に濾過するものではなく、このような議会により産みだされた法は、ばらばらに分裂しており不安定である。彼の批判が意図していたのは、たとえば初期ブルジョワ的議会主義の再現を念頭に置いたような古典的な法構造の復活などではなく、社会的発展とそこで支配的な利害に、法的枠組みと制度的枠組みを徹底的に適合させることだったのである。この場合、「実質的」同質性の概念は、個別化、異質なものの分化、再統合だけではなく、統一性をも意味しているのである。

政治的権利の抽象的な平等に対するカール・シュミットの批判によれば、いずれにせよ、政治的意思形成の対象があまりに限定されてしまうために、多種多様なはずの有権者としては、ひとつにまとまることを表明せざるをえないことになるのであった。(101) これに対して、一般的な法的平等に対する彼の批判は、むしろ複雑な関係へと流れ込んでゆく。実際「具体的秩序思考」は、もろもろの社会的地位の事実的な不平等を描写することを要求し、社会的現実性の構造を直接法源として位置づけることで、一般的法律による統一化のための干渉に対して防衛線を築くのである。分化した特殊秩序の統合は、もはや動きの鈍い制定法に基づいた国家的行為によってはなされえず、ただ個々の場合の具体的調停によってのみなされうるにすぎない。このような個別化された法的産物における大量の法規範はまとまりなく散乱しているにすぎず、もはや古典的な一般的法概念と関係づけられるものではない。この文脈においては、「公共の福祉 [Allgemeinwohl]」や「共同体の利益 [Belange der Gemeinschaft]」(102) といった統合的な法的文言のもつあいまいさが、その重要性を増すことになる――それはナチスであれ、現在の法的発展の文脈においてであれ、(103) 同様である。このような不確定な一般的文言を用いることではじめて、法によるプログラミングが退けられ、国家的行為が統一的なものとして示されることになる。

連邦憲法裁判所の判決には、法の分化と統合の同時性の参照を求める文言と論証道具が現われる。連邦憲法裁判所が平等原則にかんする判決において、上記のような「事物の本性」に基づく思考伝統に立ち入っているのは、「事物の本性」を引き合いに出すことで、伝統的な社会的分化と職業的地位の階層化を平等請求に対して安定させるためだけではない。[104]社会の特殊秩序と部分システムの固有法則性を擁護することは、最終的には「事物の本性」という原始的な決り文句に見切りをつけることになるのであり、たとえば法律による規制の限界と検証基準として、企業と全体経済の「機能的能力」を指摘することで満足することになる。[105]「憲法の統一性」の概念は同時に、分化した特殊的利害を場合により再統合することを認める共同体条項の機能を引き受けている。基本法の妥協構造は、紛争の多い利害情勢や利害関係者の協議から生まれたものであり、憲法律の個別規定を体系的に整理することには少なくとも反対するのであるが、このような妥協構造に直面して連邦憲法裁判所は、それによれば憲法がその規定の総和以上のものとなるような憲法概念を展開している。[106]この憲法概念は——「客観的価値秩序[107]」のために基本法の個別的な自由保障作用を解釈によって解消してしまうのと同様に——、内容的には不確定であるが統一的な、憲法の根本決断というものを要請する。そのような決断があってはじめて、裁判所は、個別的な憲法的保障に立ち戻って決着をつけることが可能な利益紛争について、権威的に仲裁をおこなうことができるのである。この場合に特徴的なのは、次のことである。つまり、憲法テクストに集約された妥協構造の向こう側にある統一的な憲法決断という想定は、憲法内容の実際の確定を、「個別事例における」——これは、連邦憲法裁判所の決定において頻出する定式化のひとつ——司法の判決に留保するのである。

なるほどカール・シュミットは、憲法（彼も同じくこれをたんなる憲法律よりも絶対視した）の統一性の確保を、最高裁判所にではなく、大統領政府に委ねている。しかし、方法的に統一性を産みだすことによって法体系の失われた統一性を補うという、現在の法学や法実務に見られる努力は、彼の理論のなかで予見されている。すでに一九一二年には次のことが確認されている。すなわち、法適用の計算可能性は、司法の画一的なプログラミングにおいては、それ自体堅固な制定法によってはもはや保証されず、法実務において自律的に発展した基準の統一性によって作りだされる、というのである。[108] 一九三一年には、矛盾した法律規定に直面した裁判官の「緊急避難」を理由として、裁判官の審査権が作りだされている。[109] 一九三三年には、ナチスの画一的な価値体系へ司法を拘束することによって法が同質化された。[110] 一九四三年から一九四四年にかけてついに、客観的解釈の優位のもと、法学と法実務が「法律意思のそれ自体首尾一貫した統一性」の担い手かつ代弁者として立ち現われた。この法律意思こそは、「立法機関に関与する多くの要因の、それ自体としては分裂した意思にひとりで対抗するのである」。[111] しかし、法の統一性はやはり法の決定作業において「適用可能」なものであるべきだというのが、現在支配的な法律学方法論の中心的なテーゼである。[112]

個別化された社会における法の統一性は、国家行為の状況性においてのみ作りだされる、あるいは想定されるのであり、まさにそれゆえに、司法と行政は、自分自身でプログラミングをおこなう行為自由を獲得することになる。というのも、不確定な法的文言を処理することが、決定されるべき個別事例にはじめて法の内容を与えることになるからである。カール・シュミット理論における構成的な法活動、つまり「法適用」機関の状況的法創造に適するようにすべての固定的な実定法を動態化すること、これこそ彼の著作に一貫してみられる核心なのであるが、[113] このような動態化は、二〇世紀の法発展のなかでその高度な診断的——かつ肯定的——内実を証明してみせたのである。

これに対して、以上のようなカール・シュミットに対する診断によって否定されるわけではないが、その権威的な帰結を受け入れることもなければ、診断された理論構造に甘んじることもないような法理論というものがありうるだろうか。もしありうるとすれば、それは、多数決規則、合法性、社会的異質性といったものの関係を新たに主題化しなければならないであろう。またこの法理論は、次の点を検討しなければならないはずである。すなわち、社会の分権化の進行に合わせて形式的な法的平等を変形することが、必ずしも事実的な社会的権力配分の法的固定化に結びつくわけではないこと、あるいはまた、たとえば労働協約の自律、つまり一般的契約法からの労働法の分離が示しているように、法的特殊秩序の分化が自動的に支配者の利益を保護するわけではないこと、といったことである。さらにそのような法理論は、「各人に彼のものを」という古典的な法原理に対して、「各人に彼の欲求に応じて」という別の法原理を対置しなければならないだけでなく、形式的な法的平等を補償によって破る場合ですら、権威的な帰結を回避しなければならないであろう。つまり問題なのは、民主主義的‐法治国家的自律がもつ解放をめざした潜在力を放棄することなく、法構造と多数決規則を現在の社会的条件に順応させることなのである。そしてもしこのような順応が実現するのであれば、被抑圧者たちそれぞれの利害の衝突が生ずるような社会的部分領域において、自律的な法定立過程が自由におこなわれるべきだ、という要求を基礎づけることができるであろう。カール・シュミットは、個別化した社会における多数決規則の権威的作用を分析し、権威的区別を多数決規則の代わりに据えようとしたのであるが、むしろ適切なのは、多数決規則そのものを、事実的な社会的分化に合致するよう分散化［dezentralisieren］したうえで、その恣意的支配の諸契機から解放してやることなのである。

第5章　「保守革命」の社会的・法的諸相

I

「保守革命」のパラドックスと言われているものは近代ドイツ保守主義の構造的特徴を示している。この特徴のおかげで、彼らが——一時的な敗北にも屈することなく——その今日における優位と攻撃的な貫徹能力を有することが可能となっているると思われるのである。時代に制約された個々の内容は[1]、ワイマール共和国の革命的保守主義がそれぞれの集団のなかで分かれて担っていたのだが[2]、こうした個別的内容のあちら側で、ひとつの原理が発展していたのであり、それは現代の保守主義の最も進んだバージョンをも、いまだ規定しているのである。

以下において近代保守主義の、このような成功した原理として明確にされるべきものは、これに関連するモノグラフィーのなかでは、もちろんむしろ、その「ディレンマ」として現われている[3]。すでにカール・マンハイムは、無意識的伝統主義と反省的保守主義とを区別したさいに、保守主義が、彼らによって守られるはずの現実に対して、いわば「センチメンタルな[4]」関係を取っていることを強調していた。

これに従いながらマルティン・グライフェンハーゲンは、「保守革命」でその頂点に達したような保守主義のディレンマを次のように定式化している。つまり、伝統的蓄積に対する自由主義的・合理主義的な攻撃を防ぐために保守主義がつねに引き合いに出すのは、まさに存在しているもの、「具体的なるもの」、歴史的に成長してきたものを維持しようということである。しかし進歩主義の挑戦に対する彼らの反応のなかで、保守主義は最初から彼らの敵と結びついていた。この敵対者によって彼らは、「具体的なるもの」を体系化し、古きものを合理主義的に防御し、そして結局のところは意識的政治的な形態化をおこなわざるをえなかったのである。(5) 間違いなく保守主義は、このような「成長したもの」と「形成されたもの」とのディレンマの間を行き来しているのであるが、今やこのディレンマは——そしてここにおいてはじめてこのテーゼは問題になるのだが——、「保守革命」という現象のなかで逃げ道のない不条理にまで登り詰め、保守主義はその自己止揚へと駆り立てられたのである。(6)

これに反してワイマール時代の旧保守主義に対する保守革命の攻撃は、次のような立場から加えられている。つまりその立場は、今までの現実の歴史および保守主義自体の歴史との断絶を示すと同時に、古いディレンマを克服するものである。さまざまな出自の旧保守主義は、ヴィルヘルム帝国の価値観や諸制度を懐古し、あるいはさらにその背後にある社会諸編成に自らを関連づけたのだが、これに対して革命的保守主義は、あらゆる伝統的蓄積の領域において歴史の収斂過程の不可逆性を自覚している。「保守革命」はそれゆえにまた、保守主義の古典的バージョン、つまり現状維持的保守主義、改革的保守主義、あるいは反動的保守主義といったものに当てはまるようなカテゴリーでは、もはや把握することができない。(7) 現状は憎むべきワイマール体制であり、改革は長い間社会民主主義によって占領されているし、反動は旧保守主義者のなすべき事柄となっていた。「保守革命」とは、保守主義が本質的に防御的戦略から攻撃的戦略へと移行する入口を表わしている。[8] 保守主義は現実に対して、もはやたんにセンチメンタルな態度だけをとるのではなく、改革的意図にせよ反動的意図にせよ、たんに個々の事柄を取り替えることで、形成的に現実への介入をこころみるのでもなく、むしろ新たな体系の始まりを探しだしたのである。[9]

「われわれはいまやいかなる現在ももたず、しかもわれわれの過去はもぎ取られている」。このような定式から、メラー・ファン・デン・ブルックは、保守主義にとっていかなる発展もなく、ただ「発生」のみがある、と結論づけている。[10]「保存するに値するもの」、特殊「創造的な保守主義」の戦略として展開する「ものを創造せよ[11]」という要求は、メラーにおいては、もちろんなお時間を超えた保守主義の原理の装いで現われている。――総じて言えば、保守主義の文献においては、旧保守主義と新保守主義との切れ目が認められていないというのが圧倒的である。[12] こうした装いのなかで、成長するものと形成されるものとの関係は、修正された形でふたたび登場する。いかなる歴史的連鎖をも続けず、むしろそれを「引きちぎる」のが徹底化された形成という行為であり[13]、それは起源という現象を出現させる。この現象は「いつも」そこにあり、それゆえに保守的な成長するもの、すなわちそれ自身と対立するものと同一視されるのである。[14] メラー・ファン・デン・ブルックの主意主義的な歴史概念は、けっして方向性のないものではない。つまり形成されるものは、社会的現実の上に立ち戻ることで自らを解放するが、まさにそのことによって、それは自らを「起源」という規範的概念のもとに置く。そしてこの概念は、現存しているものの批判の基準を含むと同時に、保守革命なるものの密かな目的をも含んでいるのである。第一次システムと第二次システムというハンス・フライヤーの区別、[15] カール・シュミットによる現存の合法性構造に対する構成的法行為の絶対化、[16] あるいはたとえば、あらゆる社会秩序の「創設的前提」に対するカルテンブルンナーの新たな関心[17]といったものはみな、同じ性質をもっている。保守的意識に従うなら、革命的な創設行為のもつ動態性によって、現実の歴史的発展のなかにいかなる拠りどころももはや見いだしえないような、静態性が保証されることとなるのである。

資本と労働との対立関係は「まったく過渡的なものであり、起源ではない」。この産業社会の原理は「その原理に内在する革命的な未来とともに……ひとつの新たな始まりによって失われるであろう」。[18] ハンス・フライヤーのこの言葉は、社会的現実への新たな保守的関係のもつ、本来の意図を明らかに示している。この現実は――たんに存在するものとして説明されて――、もちろん保守革命のそれぞれの集団ごとに詳細な分析がなされている。タート‐クライスは、ハンス・ツェーラーがオイゲン・ディーダリヒスの雑誌『ディー・タート』を引き継いで以来、ワイマール共和国の最終局面において設立されたのだが、[19] それは、青年保守主義の「半端者」[20]に対してメラー・ファン・デン・ブルックを自らにとって同様のものであると主張しただけでなく、そのワイマール共和国の政治的経済的システムに対する批判的分析のなかで、社会的現実と最も密接な接触を保った革命的保守主義のひとつのバージョンを代表したのである。時代の始まりの綱領的言明からツェーラーが出てくるように、「新しい現実を具体化するための月刊誌」[21]は、存在している現実への詳細な診断によって、その目的を達成しようとする。同時にタートの現実性への接触は、診断――これについては後に論じるが――の提供から生じてきている。よく知られているとおり、タートは本質的に、フォン・シュライヒャー将軍の地位をジャーナリズムとして組織した。彼は「資本と労働との対立関係」を克服し、脅かされた社会の総合をきわめて非正統なこころみによって再構築しようとした。そのこころみとはつまり、国防軍を基盤にし、労働組合とナチス党「左派」との一部に基づいた、大統領独裁を根拠づけることである。こうした具体的諸要素と、ならびに、カール・シュミット——同時期にフォン・シュライヒャー将軍の法律顧問を務めた——による国家法構成の疑似急進民主主義的な基礎づけをタートが借用した点[22]、つまりはめざされる大統領独裁にとって大衆基盤の必要性を主張する点とによって、タートは、青年保守主義の一部や、さらにはパーペン政府に代表されるような権威主義的・復古的解決を優遇したワイマールの旧保守主義の一部といった、競合する政治的選択から区別されるのである。「オルタナティヴな『革命や復古』をわれわれは拒否する。……しかし、静態性に基づいた権威主義的政府が確たる地歩を占め、それによって復古を押し進めるようならば、われわれは革命のために決断しなければならないであろう[23]」。このようなツェーラーの言葉のなかには、旧保守主義に対するのと同様に、保守革命の「穏健」グループに対しても、違いが明らかに表明されているのである。この違いは同時に、ナチスへの決定的な近さを示している。旧保守主義者はむしろ抵抗の道を見つけたけれども、それに対して保守革命をまさに結果として担った者たちは、しても——繰り返し距離を取ろうとしたにもかかわらず——、ナチスから新保守主義を区別することにナチスから逃れることがほとんどできなかった[24]。こうした一九二九年のツェーラーの心配は、いずれにとりわけ緊急に向けられているのではなくて、むしろどれくらい「ナチスが……フーゲンベルクから自由を保てるか[25]」ということに向けられていたのである。

それにもかかわらず、「大衆基盤」の強調では、まだ保守革命の特殊性を示してはいないであろう。

ポピュリスト的戦略の政治的保守主義への統合は――ドイツの発展に対してのみ証明されるのではないが[26]――、さらに一九世紀までさかのぼる。特殊で、今日の保守主義にまで影響を及ぼしているものは、むしろ「成長するもの」と「形成されるもの」との総合を示唆したことであり、その特別な構造が以下では考察されることとなる。タートの基本思想のうわべだけの観察者にとっては矛盾したものとして現われるものは[27]、この構造によっているのである。この総合は、「資本と労働」との葛藤を、「右の」政治体系のなかに「左の」内容を打ち立てることによって止揚すべし、という要求からもたらされる。また、その総合の核心は、マルクス主義的内容の統合だけでなく、とりわけマルクス主義的な社会分析の視点の統合によっても規定される。「マルクス主義に学べ」というツェーラーの心構えは、社会的発展の決定的要因を、観念の領域ではなく経済の領域のなかに見いだそうとするものであるが[28]、純粋に主意主義的な歴史理解の拒否と、形成されるものの無制限の可能性とを含んでいる。「マルクス主義的」要素を保守的文脈に移し替えることによって、もちろん特別な結論が生じる。つまり、諸制度や「観念」の領域は、形成されるものの把握へと開かれているのに対して、経済的発展は、有機的成長という視点のもとでまったく不可侵のものとして現われる。成長と形成との関係は、ここではもはや「ディレンマ」としては現われない。なぜなら両者の現実に対する関係は、別々の現実の領域を志向しているからである。

タートの基本思想が、社会構造のこうした特殊保守主義的な分析に対して意味するものは、国家法の領域においては、カール・シュミットの理論にその対応物を見いだす。それは、両者の政治的選択が上述のシュライヒャーのこころみのなかで出くわした、という事実ではなく、むしろ保守革命の中心的な構造原理での一致が、こうした断定をもっともなものとしている。法的創設行為の理論のなかでカール・シュミットは、ワイマール共和国では社会的改革の道具に「堕落」しているように思われる既成の合法性構造に対して、「新たな体系の始まり」を探し求めている。(29) 彼の理論にとっても成長と形成との特有の関係、つまり決断主義と実体性との特有の関係は特徴的なのであり、それは、またもや表面的な観察者にとっては矛盾したものとして、あるいは政治的状況に従った立場の変化によって条件づけられるものとして現われる。(30) カール・シュミットもまたかなりの程度でマルクス主義的理論形成の諸要素を受容している。ブルジョワ的独裁理論のなかにマルクス主義の議論の成果をもたらすべきだ、という明文での要求(31)は、その唯一の例ではない。しかしとりわけ、自由主義的‐民主主義的な諸制度に対するカール・シュミットの批判は――彼の有名な「精神科学的」諸著作はさて置くとして――、中心的な下部構造‐上部構造の論拠を取り入れていることがわかる。つまり議会主義とブルジョワ的形式法とは、彼によればその経済的基盤が崩壊しているがゆえに機能喪失しているのである。カール・シュミットの決断主義は、とりわけ制度的枠組みの範囲内で作用しており、その他では自律的な社会的「成長過程」のたんなる診断であるかのように見える。この点にもう一度、カール・シュミットの立場を防御的で旧保守主義的なアプローチの国家理論（たとえばエーリッヒ・カウフマン）からはっきりと区別する保守革命の原理がよく現われている。――保守革命の構想の内的一貫性は、以下の例のようにタート‐クライスと、カール・シュミット――法的視点に関係するものとして、より少ない程度ではあるが――とをめぐって考察されるが、まず第一には、タート‐クライスの資本主義批判について考察されることとなる。

「そしてわれわれは資本とのいかなる協約をも、当然ながら拒否する」。[32]——ツェーラーのこの断定的な文章は、とりわけ「資本」という言葉でいかなる社会的集団が考えられているのかについて、はっきりしない部分が多く残っている。資本というのは「ドイツ的本質とはつねにそぐわないままの……経済システムである」[33]というタートの定式は、そこで資本主義がどのように理解されているのか、またもや同様にはっきりしない。漠然とした反資本主義はもちろんタートに特徴的であったし、これはとくにツェーラーの時代からそうであった。そのようなものとしてはたとえば、「闇ブローカーや高利貸しや価格吊り上げをする連中をなくすことのできない」社会民主主義の無能力についての、一九二〇年の激しい批判がある。[34]あるいはアングロサクソンの資本主義から始まった西洋世界の抽象的機械化と、「若き諸国民」のメルヘン風な具体的生命力との間の、今日的感覚の比較がおこなわれている。[35]ツェーラーのタートへの参加によってその資本主義批判は、とりわけまたフェルディナンド・フリード（＝フェルディナンド・フリードリッヒ・ツィンマーマン）のおこなった分析のなかで、学問的に基礎づけられた見かけと、また——ゾンバルトによって媒介された——その疑似マルクス主義的な色合いとを獲得した。資本主義の発展はフリードによって、「後期資本主義」の段階にいたるまでの一連の循環する危機として描かれている。それどころかこの段階では、危機は機能喪失的になる。というのは独占によって価格が、組合によって賃金が人工的に高く保たれ、古典的危機の解決という意味での低い賃金水準と価格水準への新たな促進が、不可能になってしまうからである。[36]フリードの批判は、生産の無政府状態とともに資本主義の後期段階における経済の独占化、硬直化、官僚制化に向けられており、一見しただけでは描写されている経済的現実の肯定的な側面は認められえないのである。

見かけ上は急進的なこの資本主義批判は、タート‐クライスのもつ中産身分の諸利害への、同じく見かけ上の親和性と対応している。タートによる熱心な分析は、旧中産身分の衰退と新中産身分の上昇とを生ぜしめているような、社会的階層構成の変化の過程に費やされている。表と統計と詳細な状況の叙述とによって、社会状態と被雇用者の日常とのひとつの像が示されており、中産身分諸利益の組織化と貫徹とのための、政治的戦術的考察が展開されているのである。[37]（旧）中産身分の徹底的な理想化は、「中間的企業家」についてのフリードの考察のなかにも見られる。彼らは、近代的手段で質の高い商品を伴った、堅実な手工業経営の伝統を生みだしたが、標準化された大量生産の圧力と匿名の資本の攻撃性によって圧倒されたのである、と。[38]高度に発展した産業資本主義のあらゆる特徴、つまり資本社会における所有と所有機能との分離、経済の独占化と完全なるカルテル化といったものは、ここでは、機能的に高度な個人の競争と資本主義経済のもともとの「起業家精神」の、意味なき崩壊として現われている。他方で、グリューネベルク（その他ではむしろタートの国法的分析に権限があった人物だが）は、旧中産身分の粘り強い支配への意思を批判し、補助金を出して援助することはただ彼らの苦しみを引き延ばすだけであろう、と簡潔なかたちで判定をおこなっている。[39]さらにツェーラーは、むしろ新中産身分こそが、タートの政治的な未来への企図が志向するまさにその社会的集団である、という認識を明確に与えているのである。しかしツェーラーがこれに関連して強調するのは、新中産身分は近代的技術、匿名の資本、経済の集中化などの登場と密接に結びついているということであって、彼らは近代的大量生産の技術的商業的機能を含んでいるし、そしてまさに後期資本主義経済の知識化と官僚制化との産物だということなのである[40]。ここではさまざまな著者の間の矛盾が問題なのではないし、また分担された役割のプロパガンダ的実行が重要なのでもない。中間的企業家を賞賛したフリードというひとりの著者でも、わずかその一ヵ月前には、「伝統のなかで硬直化した」家族的経営を株式会社へと転換しコンツェルンへと結びつけるような、若き企業家の将来的な行動を讃えていた[41]。そのまたもや三ヵ月後には、フリードは、初期と後期の資本主義的発展を唯一の悪魔的なものとして言及する叙述を産出しているのである。タートがたとえば初期の中産身分的指向を放棄したのは、シュライヒャーとの性急な協力によってはじめてなされたことであったという[42]、歴史的文脈からの性急な解釈は、出版のこのような時間的連続によってすでに破綻している。しかしまた、フリードの考えに内在する矛盾を素朴に断定することもまた、タート－クライスの固有の意図へ立ち入る通路を閉ざしてしまうのである[43]。

他の保守的集団がロマン主義的で復古的な逃げ道をとるなかで、それと対立してタートは、資本主義の発展の始まりを不可逆的な過程であるとみなしていた。後ろ向きに志向した中産身分の反資本主義的分析と一時的にさえも一致することはまったくなく、タートの分析は、それ自体のなかで新たな問題解決を指摘しているような、資本主義の危機的現象に対してとくに関心を有していたのである。診断された危機[44]は、そのこと自体で進化への過程へと転化する。この過程においては、経済的現実は有機的成長の意味で新たに自己を構造化する。つまりこれはそれゆえに、減速されるべき過程ではなく、むしろ加速されるべき過程である。このような「進化的」理解のなかに、推定された矛盾は位置づけられる。競争資本主義の理念型、つまり固有の経営のなかで作用する中間的企業家は、組織化された経済の硬直化と官僚制化への批判のためのたんなる引き立て役として役立っている。彼らはたしかに「むこう百年間」なお存在するであろうが、しかしそれは、資本主義的発展を自ら生みだした遺物としてのみである。(45)だが、硬直化し官僚制化した経済は、タートお気に入りの新たな秩序の諸編成を自ら形作る。つまり、「自由経済から結合経済へ、企業家からコンツェルンあるいはトラストへ」の自発的な移行とともに、近代的企業家は「全産業部門につき、国家や……彼らの憎むべき集合経済へと、その引き渡しを完了」させるのである。(46)そのように評価された資本主義の発展全体を目の当たりにして、タートはたんなる診断の身振りへと引き籠もることが可能となる。彼らは「地震観測所」としてたんに「それは何であるかを言う」だけの公表機関を自認するのである。(47)経済的現実に対するその関係は限定的なものである。すなわち、「人々は、われわれにおけるもののように深く蓄積されている危機を、けっして事前に防ぎ止めることはできない。人々はそれを噴出させずにはいられないのである」(48)といったたんなる傍観や、あるいは、「実際……おこなわれた経済の発展［個人間競争から、部分的に市場を支配する経済的な連合まで――マウス］は意識的な介入によって、十分な成熟、発展、実践的効果がまたもたらされる」(49)といった、事実上の自発的な過程の方向を指し示すそうした介入に限られるのである。

これに対応して、フリードによって要求された「経済の構造変換」は、結局のところは計画経済へといたり、そのなかで生じた経済の自己組織化は、結局は経済の国家的組織化へと続いていく。「計画経済の成長」(50)が示しているのは、資本主義的組織の増大によって強制的に経済が国家の手に入るように仕組む過程の終わりである。(51)経済の新秩序についてのフリードの「進化的」構想は、したがって、古き経済秩序の原動力をも根絶しようとするものではなくて、むしろたんにそうした原動力を、強力な国家によって保障され調整された全体経済のなかに位置づけることを意図しているのである。個別的には、国家の計画定立と経済の自己管理団体との共同作用が企てられている。[52] これは、基本的傾向において、ナチス経済の組織構成を先取りしている（これについては後に再論する）。フリードによって要求された国家的計画資本主義が、企業間競争ではもはや実現しない例の総合を果たすべきものであるとすると、タートの反資本主義は、ただ競争資本主義に対してのみ向けられていること、[53] 総じて言えば、タートの用語法では資本主義は競争資本主義と同一視されているということが、同時に明らかとなる。[54] いずれにしても資本主義の発展傾向と関連してタートは進歩への信仰を成し遂げており、それは有機的成長という術語のなかで表現され、経済の領域を急激な介入から守るものなのである。フリードの「構造変換」のイメージは、事実的な経済憲法と経済秩序との——異論の余地のない——区別に基づいている。すなわちそれはたんに「そうこうするうちにさらに成長した経済憲法に、古くなった経済秩序を順応させること」なのである。[55] このなかで保守革命のプログラムは——推定された矛盾から免れて[56]——、核心において把握される。つまり「成長」への保守的な視点は現実の経済的発展に関連し、「形成」という革命的な行為はそうした発展の制度的枠組みにのみ関係しているのである。——まったく同様の定式をハンス・フライヤーがおこなっており、彼によれば問題は、古き社会の内部で「黙示的に」発展した「いくつかの既成の事実を突き止めること」であり、新しい現実を概念化することであり、すなわち——ヘーゲル右派的に見れば——、われわれの理念を新しい現実に順応させることであり、その現実のむこうに新たなる国家を設立することなのである。[57] 保守革命とは、経済的にすでに存在しているものに対する制度的な決定を、根拠づけるものなのである。

タートークライスの資本主義批判が中産身分を志向していなかったのと同じく、中産身分もまた、タートの基本思想の全体のなかで意義ある地位を有してはいなかった。フリードが、カルテル化が進んだ経済のための新たな制度的枠組みを求めたとき、しかしこれは「構造変換」のための基準を設定したのであり、中産身分のためのものではなかったのである[58]。タートのときおりの職能身分にかんする考察も、そのプロパガンダ的基本思想における中産身分の機能をまだ示していなかった。タートがその政治的解決の提案のための可能な大衆基盤として「中産階級」に言い寄っていき、この目的でもって身分的解決をも議論したときに、彼らがしかしはっきりと明らかにしたことは、中産階級は、彼らの政治的選択の枠組みのなかではいずれにせよ、装飾的意味がふさわしかったということである。ツェーラーの貢献でさえ、最も徹底した職能身分的構想の支持者として誤解されえたし[59]、「一時的には」[!]「中間層の身分と職能に応じた組織化として」いかなる他の道も見ることができないという結論をもたらしているが[60]、こうした彼の貢献が明らかにしているのは、ここで問題としていたものは他の目的のための実験の場でしかなかったということである。つまり「われわれは新しいブルジョワ層の今日的な社会学的基盤を、いまだ知らない。古いブルジョワ層は崩壊し、新しいものは依然として明らかになってはいない……」。このことが「今日においてしっかりとした方針を立てることの不可能な理由」である。「……小経営の中産身分、農民層、サラリーマン、官吏、自由業、これらすべては身分的基盤の上ではじめて結合することができるのであり、自身の状態についてはっきりと認識することができるのである。……そしてそのときはじめて、新しくかつ不可避的な国家構成と経済構成とについて語ることができるであろう。それまでは無理である！」[61]。したがってここではすでに身分的組織が、たんに新しい国家構成の原理ですらなく、明らかな通過段階としてのみ現われている。イタリアのファシズムに対するタートの分析は、このことをもっと明らかに示している。エシュマンが力を込めて強調するのは、イタリアのコーポラティズムの体系のなかでは職能的諸身分は政治的指導者集団の手のなかにある道具でしかないということであり、彼は、「近代的国民の純粋な職能身分的統合は不可能であるという、ファシズムの思考過程が知られるようになる」[62]ことを願っているのである。ツェーラーがはなはだ恐れているのは、この種のコーポラティズム的解決が、イタリアのファシズムの安定性を脅かしうるほどの大幅な譲歩を、社会的諸利害の組織化原理に対しておこなったことである[63]。ほとんどシニカルな開放性を伴って結局のところ強調されるのは、イタリア・ファシズムの大衆基盤を演じた中間層は、「より大きな機能をもつ経済体」に基づいたファシズムの支配のもとで、以前よりもさらに抑え込まれたということである[64]。まさにタートは、故あって次のように主張していたのである。つまり、タートは「中間」という立場を一切の党派を超えた、もろもろの中間層の立場との連帯を表すものとして用いているが、このような「中間」の立場とは、いわゆる「中道主義」[65]という復古的立場のことではなく、かけ離れた立場が互いに触れ合うための立場だとされたのである。

現実には中産身分は、タート‐クライスにとっては健全なものとしてではなく、むしろたんに破壊的なものとして、関心を引き起こしているのである。中間層の脅かされた状況についておそらく深い関心を示している分析のなかでは、社会のあらゆる本質的立場が「一九一八年の革命」の共同の受益者によって、つまりは資本と労働によって占められており、この大きな編成の間で社会的「中間」が滅ぼされていく状況が描かれている。(66) まさにこの中間の解体過程のなかにツェーラーは、彼の政治的選択という意味での、ポジティヴな発展のための糸口を認識する。すなわち中間層のなかで旧中産身分がプロレタリア化し、プロレタリア階層の上昇と交差することで、この中間層において現存社会の対立が「総合」へいたるのである。しかし中間層自体は社会学的には拡散し、政治的には「流木状態」と化す。(67) 保守革命はいまや――それぞれ別の可能な革命の革命的主体が、資本と労働との秘密の共同によって姿を消した後に――、社会集団の古典的図式からすでに自由に設定される、こうした諸勢力によって支えられる。(68)解体した中産身分に対応しているのは、保守革命の前衛としての「解体した」知識階級である。フリードは知識人を「分裂菌類」(69) として描いて、社会的先入観を好ましいものへと裏返し、大学人や知識人――彼らは、カール・マンハイムの構成によれば、特殊な社会的条件や利害による遠近法的短縮化の彼岸で、社会的全体性を認識することができる――に対して(もちろんまたタート‐クライスの知識人に対しても)、指導要求を訴えているのである。

タートの構想によれば、保守革命的知識人と中産身分とが結びつくことは、社会的利害関心の結合を基に公共の福祉を観察する逆行現象であり、あらゆる政治的立場、とりわけ「極右」と「極左」とが止揚されることとなるような、意識革命のこころみなのである。(70) 中産身分はこのような保守革命の構想のなかでは「人民」への通過過程を務めるだけである。まさにこの意味で、ハンス・フライヤーは中産身分と他の前産業的「領域」との解体を、自ら生成する人民に新たな諸力をもたらし定式化するひとつの過程として描いた。つまり人民は「社会的利害関心の世界から考えると徹底的な無である。なぜならこの世界には人民は存在しないからである」[71]。「中産身分」も「人民」も、ここでは社会的重要性の標識ではない[72]。それらは、現実の社会的諸対立の彼岸で形成されるべき統合のメタファーであり、産業的諸関係の増大する利害の組織化と法制化に対する闘争概念であり、何より、スタイネス・レジエン条約に（とりわけ）基づいた憲法契約として実際のところ的確に表現されうる[73]ワイマール憲法に対する闘争概念なのである。したがって中産身分は、それがすでに「人民」である限りは、資本と労働との結合として構造化されているような「社会的利害関心の世界」に存在しないがゆえに、彼らはまた保守革命のとくに好む基盤として現われる。保守革命は、あらゆる政党構造、利益組織、確立した機能エリート、硬直した官僚組織、とりわけまた現存の合法性の構造を、粉々に壊そうとした。タートによって要求された中産身分政策は「国家政策」として羽化する。中産身分はただ「全体国家の結晶化の核」としてのみ存在するのである[74]。

IV

タートがつねに明らかにしていたことは、求められる経済的新秩序が、強い権威主義的国家によってのみ実行されうるだろうということであった。「国家主導による社会主義的資本主義 [staatssozialistischer Kapitalismus]」あるいは「国家資本主義」「国民計画経済」という彼らのモデルは、第一次世界大戦中の戦争経済の組織構成に基づいて考えられたし[75]、権威主義的資本主義と権威主義的社会主義との組合せとして理解された。「社会主義的」視点というのは「たんに扶助されるだけではなくて、また秩序づけられるべき[76]」大衆を念頭にして展開されていた。資本主義的消費操作や消費経済による欲望の刺激とに対するときおりの批判[77]さえも、国民的な需要充足の「顧客から自由な経済」という権威主義的モデルに従っておこなわれていた[78]。基本的にこのモデルの社会主義的構成要素は、経済全般の国家による操縦ということでほとんど論じ尽くされる。しかしこの操縦は、分派化した資本利害の調整という関心から要求されており[79]、その成功によって大衆の扶助はむしろ副産物として保障されるべきものであった。もっともタートは、私的資本主義が優勢ななかで資本主義の立て直しに賛同することを決定したのではなく――この点でまさにタートはパーペン政府の構想から距離を取ったのであるが――、むしろ「政治の優位[80]」のもとで資本主義の立て直しに賛同することを決定した。これは基幹産業と金融機関の国有化の要求を含んでいるが[81]、その他のあらゆる領域においてはしかし、財産処分権への介入のみを意味し、それに対して生産手段そのものの所有に対する攻撃を意味してはいなかったのである。――あるいは、タートが定式化したように、重要なのは「占有を認めないにもかかわらず所有を認めるような決定[82]」であった。こうした独自の計画経済のイメージは「命令と取り決めによる経済[83]」というタート構想のなかに見られる。国家の計画当局は経済の目的設定と制御とを引き受ける。さらなる活動領域内部でのその固有の実行は経済的自己管理のもとにおかれ、この管理のなかでそれぞれの経済部門の専門家団体は公的機能を獲得する[84]。経済的決定構造の集中化と脱集中化との共同作業というこのような考えには、後に実際のものとなるナチス経済の組織構成がほとんど先取りされているのである。

タートは計画経済のこうしたバージョンの実現のために「全体国家」を選択したのであるが、もっともこの国家は、一般的な意味では全体的ではありえなかった。むしろタートの要求のなかでは、経済団体の提案に特徴的な同時代の秩序政策と同様の「パラドックス」が繰り返されている。つまり「権威主義的国家は、今までの国家介入主義と闘うために要求された」というものである。[85] 同様にタートがイタリア・ファシズムの業績として評価したのは、それが社会的諸勢力と政党を越えた地位を国家に返還すること、つまり国家を「強くするが、しかしまた制限すること」ができたし、それとともに経済を国家からふたたび解放したということであった。[86] このパラドックスは、あらゆるタートの論調がワイマール体制に対する批判のなかで、つまり、この体制では国家が経済の手のなかに落ちてしまっているという批判のなかで混じり合い、そしてこの論調がこうした国家と経済の関係を逆転させるべしという要求へと流れ込んでいくときに、ますます大きなものとして現われるのである。こうした批判の社会主義的表現は、それどころか「若きブルジョワの前線世代」というような急進的な定式化に導かれる。この世代は第一次世界大戦の帰還のなかで「国家、あるいは彼らの考える国家を求めて銃と手榴弾でもって絶望的に……(闘争し)、そして……かなり後ではじめて彼らは、産業の支えとしてはめ込まれただけであることに(気づいた)のだ」。[87] 経済によって占領されたそのような国家についてのフリードの構造分析において、しかしながらすでに特有の振動が認められる。つまり一方では、国家的行為の図式主義のなかに、つまり操作と法律との純粋に量的な基準のなかに、「大衆と同型性」という後期資本主義の大量生産の原理が反映していると言いながら、他方では、国家的行為の同じ構造は国家の社会主義的感染に基づいているに違いないと述べているのである。[88] ワイマール体制で支配的であった「国家を越えた経済独裁」に対するツェーラーの酷評は、その批判が本来は何に関連しているのかを最終的にはっきりさせている。すなわち権威主義的な国家による経済の統制という特殊ドイツ的な伝統は——それはツェーラーによって、国家主導による社会主義的資本主義として表現されたが――、ビスマルクの政策と戦争経済の段階を越えて、一九一八年以降もさらに同時期に国家が民主化されたにもかかわらず続けられたのだが、このことはしかしツェーラーによれば、相容れないものだったのである。[89]議会制度のなかでは国家主導の社会主義［Staatssozialismus］を実行しうるいかなる独立した政府ももはや存在しない、というツェーラーのテーゼはたしかに、大企業と労働組合から同様にして出てくる利害の議会での集約に対して異議を唱えている。しかし、ワイマール国家がもつこの弱者というものとその利害に巻き込まれている点とは、まったく特別なやり方で説明されている。つまり「この国家はむしろ失業者や困窮者［Krisenversorgte］に多額の金を支給し、賃金を不相当に吊り上げさせて……そこでこの国家が嫌われることがないようにしているのだ」、[90]と。国家と経済の関係についてのタートのこの叙述は、全体としてフランツ・ノイマンの有名なテーゼにとってひとつのよい例証をなしている。つまりこのテーゼによれば、権威主義的国家のファシズムへといたるまでの移行がはじめて緊迫したものとなるのは、収斂過程と危機への抵抗力の弱さとによって特徴づけられる経済が、国家の介入を緊急に必要とするときであり、しかも民主的社会的兆候を示さないような介入のみを認めようとするときである。[91]経済の自由が権威主義的国家のもとでのみふたたび打ち立てられうるという、こうしたパラドックスを解決するためには、したがって前提として、「重工業の挑戦にも労働組合の脅威にも後込みしない」[92]強い「中立な」国家が、とくに抑圧された社会的諸利害に対して、実際のところ制約的な態度をとることが必要なのである。

カール・シュミットの全体国家の理論は、タートの構想とかなり親密な関係にあるのだが、かなりの概念的明晰さをもって、核心としてこうした政治的選択を浮き彫りにしている。「弱者による全体」というのは、彼の術語によれば批判されるワイマール国家のことであった。というのは、この国家は社会のあらゆる領域に「区別なく」介入し、かつ、そのさいに社会の諸集団による問題提起が前もって与えられているからである。この国家の行動半径は、あらゆる社会集団の国家装置への原理的に自由な参入によって制限を取り払われる傾向にあるが、しかしこうした参入によって国家活動の実際の（量的）範囲は、ふたたび諸集団の要求によって規定されるのである。これに対してカール・シュミットによって要求された性質の全体国家は、本来の強者たちにより内政的諸集団を規定することによって、政治的なるものの固有性を回復し、それによって社会的問題提起の政治化のさいに、国家は独自の選択を優先でき、「国家的自由領域」を自己制約的にふたたび打ち立てることが許される。ワイ－マル体制に負っている全体化過程、すなわち国家の経済化によって作用する経済の政治化は、このようにして解消されえたのである。[93]――つまり、ワイマールの介入国家から権威主義的計画国家へという同じ発展は、タートによれば直線的な有機的成長のなかでおこなわれるものなのだが、カール・シュミットのバージョンでは、弱者による全体国家から強者による全体国家への転回が、むしろ質的跳躍として現われる。カール・シュミットの国法理論はもちろん、とりわけ社会経済的過程の制度的枠組みへと向けられているのである。

V

さまざまな固定化した法的立場と憲法的立場を止揚することは、国家を「区別なく」利害に巻き込まれている状態から解放し、国家装置へといたる社会的通路の新たなる特権化を獲得せよという要求から、必然的に出てきた帰結であった。社会的利害の介入を政治的コミュニケイション過程へともたらすような制度的形式を粉砕することは、支配的な経済集団を助けるものである。カール・シュミットの認識によればこれらの集団は、議会制民主主義のなかで彼らが自らの利害を表すために「不格好に登場するよう強いられて」いる「政党政治的な仮装」を必要とはしない。[94] ワイマールの憲法契約に対するタートの誹謗は、こうした文脈で理解されうるのである。総じて法治国家的な合法性構造は社会的利害の分派化を固定し、社会的総合を妨げてしまうというのが、カール・シュミットの基本テーゼである。[95] カール・シュミットによれば、ワイマール憲法の基本権部分という「分裂した党派的プログラム」には、ブルジョワ的内容のための統一的な憲法決断と矛盾することが「あまりにも多く書き込まれてい」ただけではなく、さらにはまたこの憲法の「機構論部分」は、近代経済の計画要求に対応していないような手続きを固定化させるのである。[96] ブルジョワ的‐自由主義的な組織構造、法構造、憲法構造は、支配的なブルジョワ的利害の貫徹をもはや手間をかけずに保障するものではないという評価は、「反ブルジョワ的ブルジョワ性」[97]という現象に対応している。すなわち保守革命を、動態的で見かけ上は自発的な政治的コミュニケイションの諸形式へと向けることに対応しているのである。官僚制化した機構や固定化した組織構造や高齢化した機能エリートたちといった既成の世界に対する青年運動の誹謗は、保守革命の社会政策的構想やカール・シュミットの国法理論のなかでも、同様に主張されているのである。

保守革命の原理は構造や秩序や構築といったことではなく、むしろ「純粋な力、純粋な発生、純粋な過程」である。ハンス・フライヤーのこうした主題は[98]、カール・シュミットの理論のなかにもまたライト・モティーフとして貫かれている。彼の著作の全局面において、非正規的な法的創設行為が、飽和的世界における実定的に定立された法図式主義に対して、優位な役割を演じている。つまり、法律への拘束に立脚した自動判決観に対する裁判官による判決発見という創造的行為（一九一二年）、規則決定論に対する「奇跡」に似た例外（一九二二年）、憲法適合権力に対する憲法制定権力（一九二一年、一九二八年）、自ら成長する制度の法的規範化に対するそうした制度の具体的秩序（一九三四年）、完成した世界そのものに対するパルチザンの非正規性（一九六三年）、といったことである。とりわけしかしカール・シュミットは、ワイマール憲法へと凝固した一九一八年の「革命」に対する自らの批判を、永続革命の理論というかたちでおこなっているのである。

pouvoir constituant つまり憲法制定権力についてのカール・シュミットの教義がその中心的観点として述べていることは——とりわけタート - クライスによっても集中的に受容され喧伝されたような所与の視点のひとつだけを追ってみるならば[99]——、法典化された憲法よりも、憲法を産みだす憲法制定権力のほうが持続的に優勢な状態を保ちつづけ、そうした憲法制定権力は、たとえば現行の憲法規定によっては吸収されえないということである。それぞれの現実の憲法的コンフリクトは、pouvoirs constitués つまり憲法適合諸権力によっては決定されえず、むしろ憲法制定権力それ自身によってのみ決定される。人民がもつ始源的な憲法制定権力の、見かけ上は草の根民主主義的なこうした呼びかけは、しかしながら議会に対する遮断機としてのみ重要となる。つまりこの議会からは、たんなる憲法適合権力であるとして、根底的な憲法改正への権限は奪われるのである。想定されたブルジョワ的な憲法決断は改革の道においてではなく、立法府の諸決定によって、社会主義的憲法決断へと変形されうる。だが、憲法制定権力により引き起こされた革命は、任意の内容に対して開かれているわけではない。メラー・ファン・デン・ブルックの「成立」と始まりの思想にまったく対応するかたちで[100]、憲法制定権力は、諸現象の世界に対して、つまりは改革によって成立した法の実定性に対して、つねに妥当する始源的法を実現させる。このつねに妥当するものにかんして、カール・シュミットの詳細な憲法理論的洗練はいかなる疑いの余地もないが、しかしこれこそは考えられうるあらゆる憲法のブルジョワ的な本質要素なのである。これはさらに、例外状況においては、財産の自由に対する保障と、執行権限の規制とにさえも還元される。永続革命という見かけ上は動態的な原理は、その存立が自由主義的な政治的交流形式の内部ではもはや期待できないような、ブルジョワ的憲法内容の安定化にのみ役だつのである。

カール・シュミットの憲法制定権力の理論は、タートによってとりわけ、ある視点のもとで受容される。つまりここでこの理論は「民主主義の新しい形式の基盤[101]」として現われるのである。カール・シュミットの憲法理論の中心的諸概念に対する若干の誤解にもかかわらず[102]、その政治的含意はそのまま際だたされた。民主主義の根源的現象として憲法制定権力が神話化されることによって、あらゆる民主的参加権は憲法制定行為に還元されるという結果をもたらした。しかしながらこうした還元された人民意思ですら、その事実的な結果において受容されるのではなく、むしろそれが「現実的である」として述べられる限りにおいてのみ受け入れられるのである。ツェーラーは次のように記している。「人民は閉じた統一体としてひとつの声をもつ。すなわち人民は内外の緊張、戦争や革命を通して自らを越えて成長し、現実の統一性を現わすときにのみ実践的なのである。……しかし、このような瞬間においてのみ、人民の憲法制定権力は現実に明らかなものとなるのである」[103]。首尾一貫して言うなら、妥協の構造にあるワイマール憲法は、真に憲法を制定する権力の表現としては承認されえない。その代わりにタートが政治的集団闘争の下方に発見した現象は、より新しい用語法で「沈黙する多数派」として名づけられるものである。フリードの「静的な人民共同体」は、権威主義的政府の正当化の基盤として役立つときにのみはじめて、彼ら自身に意識化されるに違いない[104]。しかし同時にこの人民共同体は、事実的にはただ「上から」のみ創造されうるということを保証することによって[105]、自分自身を正当化する政府という、現在の正当化理論においてなお意味をもっている考えを、ここで発展させたのである（この点についてはすぐ後で再論する）。「動態的に」根拠づけられた支配というツェーラーの設計図が見込んでいたことは、ある政府が将来的にはじめてなお形成されうる人民意思にその行為を関係づけ、そのことでもって「この人民意思に政府に対する不信感を表明する機会ときっかけを与える」ということである。そのような政府は「そのつどの事例のたびごとに自らを根拠づけ、個別的事例の正の積み重ねによって……自らを正当化する基底を形成することを期待できるにすぎないのである」[106]。

カール・シュミットやタートによってこうした具体的諸要素のなかで主張された憲法理論や民主主義理論は、ひとつの「生ける憲法」[107]としてのナチスの文脈で実現されたような視点をもまたもちろん含んでいた。このことは、たとえばまた、長い間形成されてきた政治的事実に対して人民が後から拍手喝采によって議決する、という原理が主張されているという意味において言えるだけではない[108]。ナチス的

「運動」国家への嫌悪感を完結的な憲法に規定しておくことは、本質的な点で、カール・シュミットが一九三二年一一月に重工業の代表者たちの前で説明した意図に収斂してゆく。彼は、新しい権威主義的な体制に新しい憲法典を授けるこころみに警告を発している。「憲法などというものはすぐにつくられる。……しかしそれが一度存在するようになれば、人々は容易にはその憲法から解放されなくなってしまう……」。すべての新たな憲法的諸制度によって「われわれは新たな合法性とともに、さまざまな利害にとっての新たな防壁をつくる。諸利害はすぐにこの新しい法的な壁の背後に身を隠すようになるであろう」[109]。「生ける憲法」のシステムが、抑圧された社会的諸利害に対して何を意味するのかは、それ以上説明されえない。しかしまたブルジョワ的利害は、利害の分派化を止揚するためにはこの文脈において編成されるべきなのである。――付言するなら、タートがつねに強調していたことは、大事なのは「財布である」ということである。このように、カール・シュミットが法律の一般性の要求でもって立法者の介入範囲を減らし、ただ立法者に対してのみ財産の自由を守ったことは驚くべきことではない[110]。しかし、司法府による「無制限な」所有権保護にカール・シュミットは反対しているのであり[111]、そこからは次のことがはっきりと分かるのである。すなわち彼は、国家法における旧保守主義の代表者たちとは反対に、社会の現状[Status quo]を執行府によって計画国家的に安定化することを早い時点から追求していたのであり、したがってそうした安定化に比べて、個人的所有権を司法の形式で保障することは後退せざるをえない、とされたのである。個人的所有権などというものがあると、極度に機能を阻害するほど資本的利益の分化が進むことを容認し、強めてしまいかねない、というわけである。カール・シュミットは、具体的所有者の処分権というかたちでの具体的所有をそれほど強く擁護したのではなく、むしろ資本主義的経済システム全体の基盤としての所有を擁護したのである。

憲法概念のこの動態化すなわち法の永続革命化という基本思想のなかには、カール・シュミットの理論の核心が近代産業資本主義の諸要求に順応する機能を果たすものであった、ということを明らかにするさらなる視点が含まれている。そのつどの事例ごとに活動するだけの政府は、それゆえに長期の憲法律上の規制から可能な限り大きく解放されている。そのつどの事例ごとに妥当するだけの法は、それゆえにそれぞれの具体的な状況において新しく構成されねばならない。——こういったものは、政治的テロル発生にとっての好ましい条件であるだけでなく、またこの文脈の向こう側においては、集中と危機抵抗力の弱さとによって知られる近代経済の永続的な介入要求に対応した現象でもある。資本主義と形式合理的な法との間の古典的連関が妥当したのは、一般的に存在する法律の計算可能性が、個人の経済的諸決定の計算可能性を保障した、自由主義的な競争資本主義の段階においてである。こうした連関は、永続的な国家的危機管理という条件の下では、ある意味において止揚された[112]。つまり、この意味では、そのつどの経済的状態と、個々の経済部門あるいは個々の企業のそのつどの状況とに対して国家的行為が示す柔軟な態度は、計算可能な法律との結びつきによっては阻害されるのみなのである。実定的に定立された法に対する構成的法行為の優位についてのカール・シュミットの学説は、あらゆる現行の法を状況的な法へそのつど転極させることを根拠づけるのである。

タート－クライスとカール・シュミットの自己理解に総じて対応して、彼らの理論的設計図のなかでは、「形成」という行為は、つまり政治的コミュニケイションと法との新たなる「動態的な」諸形式にかんする決断は、自発的に生じる経済的発展過程から結論を引きだす機能を有するにすぎない。カール・シュミットは、意見市場のシステムとしての議会主義、あるいは交換という形式を取る合意形成のシステムとしての議会主義は、社会的利害の緻密な組織化に直面して、その社会的基盤を失ったという説明をおこなっている。一般的法律などというものは国家による経済的統一の「単一の取り扱い」には矛盾しているのだから、議会の立法機能も無力になったのだ、と彼は述べている。[113] 大統領独裁のための「決断」は、かくして——まさしくマルクス主義理論の大道具の受容の意味においても——、変動する下部構造への上部構造の順応として、明らかにされたのである。タートの諸議論のなかにおいてもまた、「成長するもの」と「形成されるもの」とは、「下部構造」と「上部構造」との関連図式のなかでつながっている。——「この体制はそれ自体理性的であるが、しかしわれわれはそれをもはや望まない。これに反対するいかなる論証もなしえないのだ![114]」という、ワイマール憲法国家に対してよく引用されるタートの言葉は、けっして純粋な主意主義に基づいてはいない。その箇所で決断主義的な力わざに続くのは、その固有の基盤がなくなって久しい議会主義的諸制度が徐々に解消される内的過程の叙述である。[115] 断固とした調子でツェーラーは、次のように述べている。「……人々は自由主義的な国家にするのか。その場合に国家は自由主義的な経済形式にのみ基づくことができる。それとも社会主義的な経済形式にするのか［この言葉でツェーラーはすでに述べたように、計画経済へと成長する、カルテル化の貫徹した、組織的な「後期資本主義」を理解していた——マウス］。この問いに対して何も言われないのであれば、そのとき人々は、それに応じた国家形式をさらに必要とする。その国家形式とは、強力で権威的なものとしてのみありうる[116]」。

新しい経済基盤に制度的枠組みを順応させるさいに、別の選択肢をこうして想定上消失させることは、保守革命の特殊なイデオロギー的順応の疑わしさ[117]をもう一度証明している。あらゆる価値の崩壊を、タートは旧保守主義とは反対に「新たな信仰と意思」の前提として歓迎したし、そのような一般理念[idée générale]の破産が、カール・シュミット本人の言明によれば彼をナチスへと追いやったのだが、これは「新しい保守的世界観の作成に取り組む」べき状況を導いた[118]。こうした新しい価値の「形成」は、ワイマール国家の「時代錯誤的理念」に対してと同様に、政治的編成の前提に存在するすべての価値観に対してもまた、はっきりと反目するものなのである。しかしこの神話が機能体的性格をもつために、信仰は自己目的化し、信仰の内容は重要ではないものだとされる。ツェーラーが新しい価値の発展を事態の今後の推移に依存させているのは、理由のないことではない。つまり、価値もまた状況に基づいたものとなるのである。

保守革命が個々の点で、ナチスへの疑いなき近さをどれほど多く有しているかについては、この場ではもはやこれ以上説明することができない。これから先の考察にとって重要なのは、保守革命においてどれほど保守主義の現代的諸形式が先取りされていたのか、という問題である。しかしながらナチスとの違いとしてはっきりさせておくべきなのは、タート‐クライスやカール・シュミットによる権威主義的国家という基本思想は、「核心として帝国大統領、軍隊、官僚機構、警察からなる国家[119]」に志向していたのであって、ナチスのなかで古典的国家装置をかなりの浸食過程にさらしたような全体化した「運動」に志向していたのではない、ということである。そのうえナチス体制では、競合する社会的権力集団の「中立的な第三のもの」による指導のもとで安定した統合をおこなう、というその中心的要求は現実化されなかったのであり、このことは同時に、ブルジョワ的諸集団がナチスとの共同のなかで示す限界を明らかにしているのである。――旧保守主義と保守革命とが区別されるのは、いずれにしてもナチスへのその相当な近さによってのみではなく、さらにとりわけ現実に対するその新たな関係によってでもある。彼らは、あらゆる面の崩壊のなかで過去の遺物を守ろうとこころみる同時代の旧保守主義の哀れな防衛的態度を脱ぎ捨てている。彼らにとってすでに生じた経済的発展はそれ自体肯定的なものとみなされる。彼らは社会的基盤にかんしては保守的な態度をとり、制度的枠組みに対しては革命的な態度をとるのである。成長と形成との結びつきのなかで、保守革命は政治的‐制度的な「上部構造」を、受容された新たな経済的「下部構造」に順応させる。そのさいの意図は、政治的民主主義化と経済的な権力集中との間に生じた不一致を、経済構造に有利なかたちで止揚することなのである。保守革命の社会政治的企てがなされて以来、進化した近代的保守主義は産業的進歩の側に立つのである。

VI

「価値保守主義」と「構造保守主義」との区別には、現代のテクノクラシー的保守主義がもつ進歩への深い信頼がすでに強調されている。[120] 保守革命のアクチュアリティにかんする以下のテーゼは、この点に関連している。しかし、これらのカテゴリーが、とくに経済的諸対立の文脈のなかで獲得され、「価値」と「構造」の概念が同様に環境と経済の領域や、国家と法の領域に関係づけられる限りにおいて、上述および以下で保守革命の分析がこころみられるさいの研究視点は、上述の区別に交差したかたちで置かれる。とりわけここで考察されるテクノクラシー的保守主義という変種にとっては、テクノクラートは構造――あるいは制度的枠組みの構造――を自己目的とみなす、という断定は否定される。[121]むしろ、さらに示すとおり、テクノクラシー的な計画と制度的‐法的な固定化との相違ということが、まさに今日の保守主義の担い手たちによってもまた主張されているのである。しかしその他では、技術的経済的発展という内在的理性に対する信頼の継続性は顕著である。フライヤーは生活空間が技術によって高まることを賞賛したし、[122]カール・シュミットは「質素な状況」への回帰を否定したし、[123]タートは近代的技術の世界を新たな生活で満たすことを要求したのであるが、[124]そのように現代では、技術的合理性と事物論理的諸構造とが有するシステム形成力への信仰こそが、[125]あらゆる時代遅れのものを一掃して、まさに近代保守主義の特徴として現われるのである。[126]

経済や技術への肯定と制度への否定との関係は、現代の保守主義においては、わずかに修正されたかたちで保持されている。つまりナチスにおいてなされた社会意識の脱政治化の後では、制度的順応は劇的な構造変換を放棄しうるのである。それは「制度的枠組みの潜行的な浸食」[127]で満足するわけである。緊急事態立法をめぐる対立のなかで、連邦共和国の「左派」は現存の憲法に保守的な態度をとったのであるが、[128]保守主義者は自由主義的‐ブルジョワ的な自由保障を切り下げるという意味で、かなりの刷新をおこなう用意があった。しかしながら本当の順応は、現存諸制度の機能転換や、中心的な憲法原理にかんする理論的な再定式化、さらには、現行法を黙示的に失効させるといったことによって、より緩やかなかたちでおこなわれているのである。

さらには、「価値」について語られる場合にも、保守革命の構想のなかで状況的特徴を示していた、例の永続的な動態性の影響が顕著なのである。社会的諸集団の要求の「目下の優先性」に従ったかたちでの、価値の実用的な取り扱いは、ニクラス・ルーマンによって、変転するシステム諸条件に従ったイデオロギー計画とまさしく同様に要求されている。[129] しかしまた連邦憲法裁判所は——一見するとテクノクラシー的局面にむしろ背を向けた制度なのだが——、他ならぬ価値体系的な基本権解釈のなかで、状況に従った憲法の解体を進めている。つまり、価値へと高められた自由保障というものが内容的に含んでいる事柄は、財貨の比較考量手続きと相互作用の過程とにおいては、この最高裁判所によればつねに個々の事例のあらゆる具体的事情に基づいてのみ確定されうるのである。[130] かくして連邦憲法裁判所は実際のところ、自らが肯定的なかたちで関係づける諸価値を、はじめて自らで形成した制度なのである。こうした創設法的な側面は——カール・シュミットの構成的法行為の理論は、多くの点で現代の密かな支配的法理論として証明されるところであるが——、決定的に裁判所の機能を変えることになる。裁判所は価値の内容規定の根底にしばしば行政法的原理（たとえば相当性の原理）を置くことによって、とりわけさらに憲法全体を個々の事例に応じて動態化することによって、自ら行政活動へと接近するだけではなく、さらにまたその逆に、テクノクラシー的に状況に応じた行政の行為をも確保するのである。

経済の領域での永続的な国家的危機管理が、民主主義的合意調達の諸要求に対してかなり機能不全に陥りやすいということが正しいならば、——経済計画と議会主義的手続きとの乖離にかんするカール・シュミットのテーゼはすでに、こうした合意調達要求に関連するものであったのだが、彼に従ってルーマンが考察しているのは、短期的な周期の政治的選択は、他の時間次元でおこなわれる行政的計画過程にとっては悪い環境条件を形成するということなのである[131]——、そのさいにはテクノクラシー的保守主義の理解によれば、民主的正当化の原理もまた新たに把握されねばならないのである。ここでもまた

（以下に示すように）、ルーマンの理論はよい例を提供している。「正当性を形成する手続きはそれ自体正当ではありえない」[132]という核心的命題は、次のような性格を有する。すなわち、古典的民主主義の正当化理解においては、民主主義的な手続きの組織化の度合いから、おこなわれた諸決定の内容の正しさ［Sachrichtigkeit］が推測されたのであるが、右の核心的命題は、こうした正当化理解のインプット志向から離脱するものなのである。ツェーラーの言う支配の動態的な正当化にまったく類似したかたちで[133]、ルーマンのアウトプット志向の手続き概念によって述べられているのは、正当性とは国家的行為の前提をなすのではなく、国家的行為というおこないのなかではじめて打ち立てられるということなのである。もっともこれは、拡散した利害諸要求を細かく調整し、抵抗を吸収し、決定受容者の予期の構造を継続的に変化させることによって決定の減少を確保する、といったことが成し遂げられる限りにおいてのことなのであるが[134]。ルーマンが民主主義的参加の原理を「一般化されたシステムへの信頼」の産出に変換したことで、近代的国家計画は困難から救われることになる。ここで言う困難とは、ツェーラーが、来るべきワイマール共和国の最終局面のために描写していたものである。すなわち、「国家がもはや人民によって支えられてはいないがゆえに」、国家はつねに「人民への配慮をおこなわなければならない」というのである[135]。具体的な合意から概括的な合意への転換には、自由主義的資本主義の諸編成に向き合いつつ変化した国家行為の状況へと、正当化の理解を順応させる戦略が含まれている。ここで言う変化した状況においては、国家の行動半径が大幅に拡張するとともに、正当化の必要が増大していくことになる。

ルーマンの理論は、自由主義的‐ブルジョワ的な由来をもつ憲法のあらゆる中心的項目に、それ相応の順応を果たすよう要求を課している。基本権は個人的自由権からシステム分化の保障へと、その性格を極端に変化させられた。[136] また、権力分立は権力の境界づけの原理から、権力産出のメカニズムへと解釈を変えられた。[137] それにもかかわらず、ルーマンの理論は、妥当性の減少を阻止することに関心を有してはいない。彼の認識によれば憲法は、新たな現実性の構造が発展することによって、そうした妥当性の減少にさらされるのである。したがって、ルーマンによれば、上で見たような法の全体構造の状況性への転換もまた、つまり、法における規範的な予期スタイルから認知的な予期スタイルへの移行もまた、およそ法の社会的な重要性を延命させるわけではないことになる。まったく反対に、まさに法を、分化しつづける社会関係へと大幅に順応させることによって、法と社会計画との明白な乖離をさらに強めてしまう。ルーマンがはっきりと示しているように、現代においてすべての本質的な社会的問題領域は、法の規制メカニズムから免れている。[138]「世界社会」の文脈における経済過程の国際化に直面して、結局のところルーマンは、国民国家的な統合メカニズム――つまり憲法、国家、法――は総体として時代遅れのものであると説明するのである。[139] すでに回顧的に、ルーマンは、「政治的‐法的な規範的メカニズムへの固定化は、人類の発展の誤った特殊化だったのであって、そこからはこれ以上の進化を望むことはできない」との疑念を表明している。[140] 現代の最も進んだテクノクラシー的保守主義の視角のもとでは、こうした経済的成長過程は、制度的文脈全般を追い越してしまう次元に到達したのである。国家と法の止揚の、こうしたブルジョワ的バージョンのなかに、「保守革命」の極端な事例が与えられている。それは、経済的基盤との関連では保守的な態度をとり、規範的‐制度的な枠組みとの関連では革命的態度をとっているのである。

第6章　ヘルマン・ヘラーと連邦共和国の国法学

ヘルマン・ヘラーが確固たるアクチュアリティを有していることは、次の点からして明らかである。すなわち、彼の著作のなかでテーマとして取り上げられている本質的諸問題の一切が、連邦共和国の国法学においても憲法実務においても、今日にいたるまで未解決のままであるということ、これである。ヘルマン・ヘラーのおこなったもろもろのテーマ設定が、一九四五年以降の憲法論議において相次いで注目を浴びてきたとはいえ、社会的法治国家や実質的憲法理論といったその基本構想、さまざまに異なったかたちで基本諸価値にかかわる論議を展開させてきた民主的「価値共同体」のもつ諸観点、あるいは、法学と社会科学との統合を顧慮した法律学方法論にかんするヘラーのさまざまな考察、さらにはもちろん、集権化された国家機能と法機能とを、そのときどきの理論的および実践的な次元においていかに評価するかという問題、これらすべてが、解決済みの問題であるとみなすことはまったくできないのである。このような未決の状況に鑑みて、本章は、連邦共和国の国法学に対するヘルマン・ヘラーの影響につき、その受容史的な叙述を企図するものではなく[1]、こうした論議のアクチュアルな諸対象との関連で今も客観的対応関係が存するような、ヘラー理論における諸観点について、その構造を解明せんとするものなのである。その限りにおいて、以下では、必ずしも明文でヘルマン・ヘラーに言及しているわけではないような、連邦共和国における国法上の諸立場にもまた、論及することとなる。

このようなかたちでヘラーの著作に立ち戻るにあたっては、さらに若干の考察をおこなっておく必要がある。「価値共同体」というヘラーの基本構想がワイマールの急進保守主義者たちの諸派から過度に好意的な評価を受けて以来このかた、(2) ヘラーの著作が、それとはまったく無縁な政治上・憲法上の立場を擁護するために用いられる可能性がある、ということには留意しておかなければならない。こうした事態は、彼の理論に内在するもろもろの矛盾とアンビヴァレンツとに由来しているのであるが、(3) 他方ではまた、さまざまなたんなる誤解に基づいてもいるのである。そのうえ、連邦共和国の論議とヘルマン・ヘラーとの関係は、そうした論議における復古的および現状［status quo］志向的な多彩な勢力のみならず、国法上の左派(4) までもが、たとえヘルマン・ヘラーを激しく批判するのであれ、彼に依拠しながら自らの立場を展開するのであれ、ヘラーの著作に対するさまざまな誤解から免れてはいないということによって、なおいっそう複雑なものとなっている。こうした観点のもとでもまた、連邦共和国における国法上の諸論争において絶えず存在してきている、ヘラーのおこなったもろもろの問題設定を、まずはその本来のコンテクストに即して解読することが必要であるように思われる。

I　価値共同体 vs 基本諸価値

さしあたって、ヘラーの基本構想と、連邦共和国におけるむしろ復古的‐現状肯定的なさまざまなアプローチとの、主観的ないし客観的な一致にかんして言えば、政治的価値共同体というヘラーの定式化と、連邦共和国において基本諸価値がさまざまに注目を浴びているという事態との間には、一瞥したところでは連続性が存するように見える。何と言ってもヘラーは、政治的価値共同体というものを、国家的・法的な統合要因として不可欠なものであるとみなしたのであって、[5] また、政治的民主主義と社会的支配構造との間に見いだされた危うい亀裂に対しては、実在するものと想定された社会的同質性をむしろ目標としているかのような、国民的文化共同体という着想をもって対応したのであるから。[6]

そのうえ、ヘルマン・ヘラーは、基本諸価値の政治的カノンを具体化しているとも思われるようなかたちで、ワイマール憲法の基本権部分を、ドイツ法文化の表出であり、「ドイツ・ライヒの政治的な心情基盤」であると称したのである。[7] 連邦共和国の政治学・国法学・憲法実務においては、民主的プロセスから引き離されたかたちでの内容的な基本合意の拡大が推進され、あるいは、連邦憲法裁判所の判決活動においては、基本法で保障された自由権が客観的価値体系へと変換されているのであるが、こういったことは、かくして、ヘラーによる問題理解のアクチュアルな現象形態として解しうるようにも思われる。またさらには、文化の媒介による国家的な統一性と連続性とをヘラーが強調しているという観点を付け加えるならば、ヘラーの基本構想と現在の連邦首相ヘルムート・コールの発言との間には、実に啞然とするほどの一致が見られると言えるのかもしれない。その発言によれば、「憲法上重要な、社会の基本諸価値にかんする最大限の合意」を獲得せんと努力する、と言う。すなわち、

基本諸価値は、われわれの国家の歴史的アイデンティティをもたらすことに、格別なやり方で貢献

する理想的な統合要素である。基本諸価値は、国家の力と文化とを連携させるための基盤を産みだすものである。(8)

だが、こうした皮相な考察方法は、根本的な修正を必要とする。ヘラーは、実在する社会的同質性への代替物として市民宗教［religion civile］(9)を定式化しているのでもないし、そもそも調和的な社会モデルに好意的であるわけでもない。なるほどヘラーは、国家の粉砕ではなく、国家への労働者の統合をむしろ説いているのではあるが、とはいえヘラーは、価値共同体および文化共同体についてのあらゆる「センチメンタルな見解」(10)に抗しつつ、そのような統合という事象にさいしても、現存する社会とその文化を変換すべく、階級闘争という手段を執拗に主張している。すなわち、労働者階級は、

資本主義的生活形式のプチブル的な添え物として国民のなかへと歩み入ることはできないし、また、そうすべきでもないのである。国民のなかにあって社会主義的理念を現実化することが、労働者階級の世界史的な本分なのである。(11)

国民的文化共同体に対するヘラーの情熱(12)は、彼の社会的法治国家という基本構想において具体化されている。この社会的法治国家という構想はたしかに、その内容にかんして、連邦共和国の論議において最も頻繁な誤解にさらされてきたものであるが、しかしまた、そうでなくともすでに、ヘラーの国家構

想との関係においても、そのような誤解が最も多く見られるところなのである。すなわち、ヘラーの主張する社会主義の諸要素とは、彼がその著作において文化国家を強調するさいに主張しているとおり[13]、国民的価値共同体の樹立と保持という目的のための、たんなる手段などではなかったのである。それどころかヘラーは逆に、国家とその文化的統合メカニズムとに固執したのであって、それというのも彼は、そのようなかたちでのみ、相対的に非暴力的なやり方で社会を変換しうると考えていたからなのであり、また、経済権力の高度な組織化に直面して、社会的な変革プロセスを可能とする社会的担い手については、これに絶望していたからなのである[14]。

ヘラーの社会的法治国家概念につき、その内容をめぐる誤解について言えば、そうした社会的法治国家は、「生存への配慮」をおこなう国家において汲み尽くされているとか、また、すでに現存する社会編成を地盤としつつ、社会的という彩色を施された資本主義として実現しているのだ、といった指摘がなされているところであるが[15]、そうは言っても、こういった誤解が依拠しうる箇所は、ヘラーの著作のなかにはどこにも存在してはいない。「『生産の無政府状態』を、経済生活の適正なる秩序によって取って代えるべし」というヘラーの諸要求は、それが「社会主義的な」目標として、「マルクス主義的な」目標とは乖離するような、まさしくそうしたところにおいても、私的所有の「可能な限り広範囲にわたる[17]」制限と、生産手段の社会化とをめざしているのである[16]。だが、ヘラーの明らかに反資本主義的な立場は、極度に急進的な国家志向性にもかかわらず、権威主義的社会主義というかたちへと濃縮することはない。ヘラーの法治国家構想の「実質性」（これにかんしては以下で論じる）が、民主的自己決定の原理と「人民主権」であることが明らかとなるという点において、「プロレタリアートによる社会的民主主義」とは「実質的な法治国家思想を、労働と財貨の秩序にまで拡大すること[18]」であるとするヘラーの説明は、右に述べたような権威主義的社会主義とは相容れないものなのである。ワイマール青年社会主義者たちのマルクス主義的陣営に対抗しつつ、ヘラーは、国家と国民にかんして（さらに、ときにはそれらが有する固有価値にかんしてさえ）、その重要性を力強く訴えるのであるが、そうした一切のこころみにもかかわらず、彼は、社会の民主化というプロセスにおける、国家のむしろ道具的機能を明確にしている。すなわち、

法治国家が労働と財貨の秩序へと広範囲にわたって介入すればするほど、自治のためにはいよいよもって国家固有の行政を除去することが必要となる[19]。

ヘラーの「価値共同体」は、社会の根本的民主化と切り離して考えることがほとんど不可能なのであり、したがってそれは、基本諸価値にかんする合意の、連邦共和国におけるさまざまなバージョンとは、二重の意味で対立するものなのである。すなわち一方では、ヘラーの「価値共同体」とは社会主義的な目標観念を含むものであるが、伝統化された社会的基本諸価値をまさしくカノン化してしまうことによって、連邦共和国におけるそうした社会主義的目標観念の現実化が、開かれた民主的プロセスからは剝奪されてしまうこととなる。また他方では、ヘラーの「価値共同体」がもつ民主的な衝撃それ自体が、連邦共和国のさまざまな合意構想における基本諸価値の、類型的序列化や権威主義的取り扱いといったこととは、対立するものだということなのである。すでに「社会的法治国家」というヘラーの概念が、

社会給付の官僚主義的な配分をではなく、まさしく根本的民主化を意味しているのと同様に、彼の政治的な価値共同体における「諸価値」とは、民主的な基礎に基づいてのみ成立しうるものなのであって、さもなければおよそ成立しえないものなのである。つまり、「一般意思［volonté générale］」、すなわち「自己決定をおこなう人民」のみが、「共同体諸価値の担い手」として認められているのであるが[20]、とはいえ、「全体へと期待することの可能な」価値諸観念がもはや、あるいはいまだ、存在していないような、そうしたもろもろの社会的発展の局面においては、ヘラーは、憲法に対する諸要求を縮減するようにと主張する。というのも、「そうした価値共同体を創造することは、法律家層による司法的布告をもってしては不可能である」からだとされるのである[21]。政治的プロセス内部における内容的な目標設定をめぐる社会的コンフリクトの解決につき、これを基本法上のさまざまな民主的ゲーム規則を擁護するという観点からコントロールするだけにとどまらず、憲法の下位に組み込まれた価値体系に基づきつつ[22]そうした解決に内容的な検閲を加えるというような、連邦共和国に典型的な憲法裁判を育成することは、ヘラーの憲法理論からすれば、たんに一切の民主的コントロールから放免されたインスタンツによる人民主権の簒奪にすぎないのであって、さまざまな社会的価値観念を権威主義的に強要するにすぎないものとして理解されうることであろう。

しかしながら依然としてヘラーの基本構想のなかには、さらに精確な分析を施しても部分的にしか解決しえないような、特有のアンビヴァレンツが存在している。社会の統合が事実的にいよいよもって疑わしいものとなればなるほど、ヘラーの著作はいっそう徹底して、政治的統合という要請を強調するのである。ヘラーは国家をして、多数性から統一性を創出するプロセスであると定義づけており、政治的憲法にしかるべき諸機能を割り当てる。ワイマール憲法にかんしてはヘラー自身、その基本権部分について断定をおこなっている。すなわち、当の基本権部分においては誰もが

資本主義的な原則と社会主義的な原則、中産身分に対する保障、企業家と手工業者とに対する保障、さらには種々雑多な文化政策上の矛盾を見いだす[23]

ことが可能である、としているのである。とはいえ、こうしたワイマール憲法のごとき憲法が、同時に国民の「政治的な心情の基盤」であるということはありえない。ただし、他の脈絡においては、ヘラーはそれをありうることだとしているのではあるが[24]。

ヘラーの憲法理論における、基本権部分と憲法の「機構論」部分との関係については、さらに詳細な規定がおこなわれるべきなのであるが、このような関係や、そうした憲法理論総体とヘラーの法律学方法論との間にあるさまざまな乖離といった問題の彼方には、さらに次のような問題が存在している。すなわち、敵対的な社会状況において非等質的な憲法が創造しうる政治的合意とは、そもそも奈辺に存するのであろうか、と。こうした問いにかんしては、憲法適合的な「闘争の諸形式」を顧慮したかたちでのみ解答を与えうる。すなわち、

「われわれは……歴史的に必然的な形式を現実化している今日の憲法を優れたものとみなすのであるが、それは、今日の憲法が、歴史的に不可避の闘争を、文化的な諸形式においておこなうことを

可能とさせるものだからである」が、「人民の有する未来形成的な諸力に対しては、自由を認めているものだから」なのである。

だが、そのさいにおけるこうした形成的自由とは、諸々の社会的内容にかかわると同時に、おそらくは憲法それ自体の「より高次の形式」にもかかわるものである。[25] したがって、所与の社会的状況のもとで「全体へと期待することの可能な」価値諸観念とは、もろもろの内容的な憲法決断にではなく、もっぱら「開かれた政治的形式」にのみ、[26] すなわち、憲法それ自体が開かれていることにのみ存するのである。

以上の点こそは、連邦共和国の国法上の左派において、現在にいたるもなお議論されている帰結なのである。いずれにせよ戦後の論議は、形式的な法理解ないし憲法理解とナチスとの連関というテーゼによって閉塞してきたのであって、[27] かくして左派もまた、実質的憲法理論に手を染めることとなったのであるが、そうした動向はさらに、五〇年代の復古以来、左派が、すべての民主主義勢力による憲法合意から排除されるという危機にさらされていただけに、なおさら助長されたのである。かくして、もろもろのオルタナティヴな社会政策的目標設定の正当化を獲得せんとする左派の努力は、ある種の首尾一貫性を伴いつつ、基本法上のさまざまな社会的「約束」の実体化へと、すなわち、左派的な「基本法神学」へと帰着したのであった。[28] このような、憲法にかんする左派的な諸立場の最初の発展段階においては、さしあたりアーベントロートの憲法理論だけが例外をなしたのであるが、こうした段階に対向するような諸傾向が本質的なかたちで成立したのは、ようやく、六〇年代末に、ナチス的法発展にかんする集約的かつ、もろもろの新しい問題設定をこころみる諸研究と関連してのことであった。さらに続いて、このような、「法治国家の改革化」に向けた左派における新しい諸傾向は、七〇年代の立法による改革プロジェクトとの関連で連邦憲法裁判所がおこなったもろもろの価値志向的な基本法解釈からの公然たる諸影響によって、始動された、というよりもむしろ、[29]強化されたのである。逆に、左派における合法的・非合法的な部分を対象としておこなわれた過激派実務にかんしては、もろもろの特有な評価がなされたのであるが、こうした評価によっても、基本法上の「左派的な価値秩序」に対する賛意の表明がおこなわれなくなるということはなかったのであって、かくして、国法上の左派たちの論議において、実質的憲法理論と形式的憲法理論との対立は、依然として存在している。[30]こうした状況に鑑みるなら、一九四五年以降の左派的憲法理論がそもそもヘラーの憲法理論にどの程度まで接続しうるものであるのかを確定すべく、たしかにきわめて多層的なヘラーの憲法理論へと立ち戻ることは、やりがいのある作業なのである。

II　形式的合法性と実質的憲法

社会的現実の変化を介するのでなければ、ヘラー理論におけるアンビヴァレンツを止揚することはほとんど不可能である。すなわち、一面においては、現存のさまざまな社会的対立に鑑みて、ヘラーは憲法を、その形式的機能へと還元する。ひとえに憲法の「開かれた形式」のみが、合意創出能力あるものだと想定されるわけである。だが他方において、ヘラーが次のように定式化するさいには、憲法の目標

規定は明らかに実質的なものと考えられているように見える。すなわち、

最も徹底した形式的平等も、社会的同質性がなければ最も徹底した不平等となるのであり、また、形式民主主義は支配階級による独裁と化してしまう。[31]

政治的全体憲法というヘラーの概念が、もろもろの社会的現実構造を憲法の規範構造のなかへ統合する限りにおいて、こうした矛盾は法律学方法論にかんする言明において繰り返されるのであって、そういった矛盾は、このような脈絡のなかで論じなければならないのである。

しかしながらさしあたって、ヘラーの実質的法治国家という基本構想にのみ限って言えば、一貫性を欠いているとも考えられる諸点については、さらに詳細な考察をおこなうことによって、つまり――ヘラーの用語法には対立するが――、いわゆる「形式主義」の地平において、解消することが可能なのである。すなわち、たしかにヘラーは、現代にふたたび蘇らせるべき古典的法治国家構想の基礎をなすものとして、明らかに、「内容的な正義の理念」にこだわっているのであり、また、法律実証主義が法治国家を形式化したことについてはこれを激しく批判しつつも、他方では法律による支配と、理性と正義による支配とを、同一のものとみなしている。[32] だが、ワイマール時代の実質的法治国家理論におけるもろもろの権威主義的 - 保守主義的アプローチが、[33]「法律とは議会が議決するもののすべてである」という風刺化された法治国家形式主義原理と、より高次の法益にまで格上げされたもろもろの伝統的社会構造とを対峙させることで利を得るべく、法治国家形式主義のもつ民主的諸前提に対する攻撃をおこなっ

たさいには、ヘラーは、今度は逆にゲルバー／ラーバント流の実証主義につき、形式的法治国家概念の民主的諸前提に対する意識がそこでは失われてしまっているとして、これに批判を加えている。ヘラーが法治国家の「実質性」とみなしているものは、まさに、こうした民主的モメントに他ならない。つまり、彼は「近代立憲主義理論は人民主権論を地盤として生じた」ということに力強く注意を喚起して、以下のような説明をおこなっている。

したがって、われわれが実質的な法治国家思想と称しているこの思想にとっては、人民が立法府として自らにかんして決する事柄が、「法適合性の試金石」としての国家契約に合致しており、それが恣意を排除し、したがって適正であるがゆえに、かつ、その限りにおいて、法適合的な法律なのである。まさしくそうであるがゆえに、自律的な法律は、他のあらゆる国家行為よりも上位にあるとされるのである。(34)

ヘラーにとって、民主的法律の合理性を保障するものとは、立法者の「自己決定をおこなう理性」よりも上位に位置づけられうるような内容的な理性原理にあるのではなくて、こうした自己決定それ自体に、つまり、ハーバーマスがフランス憲法制定議会(35)［Constituante］における急進派との関連で「一般意思の形式的自働装置」と名づけたものに存するのである。すなわち恣意は、万人が万人に対して同様の決定をおこなうことによって阻止される、というわけである。ヘラーが「人民立法府」につき、それがまさしく人民を代表しているがゆえに、これを「形式的な機関」であると理解することはできない、という見解を執拗に主張しているとしても、それは、革命的‐民主的な法治国家理論のもつこうした特徴にかんしての、たんなる術語上の差異にすぎないのである。[36] したがってヘラーは、カントの法理論と倫理学――ヘラーはここでは明文でそこまで遡及しているのであるが――もまた形式的なものではなく実質的なものとみなさなければならない、とするさいに用いるもろもろの根拠を持ちだしつつ、実質的な法治国家概念を選択しているのである。このような錯綜した性格が、ワイマールにおける国法論議の多彩さのなかで彼の理論を位置づけることにつき、一九四五年以降のヘラー受容においてはその拒絶を引き起こしたのみならず、そうした位置づけをおこなうことの困難さをもまた物語っている。ヘラーは実際には、「政治的全体憲法」という彼の実質的な基本構想にもかかわらず、本質的には、彼がおこなったワイマールの法実証主義に対する数多くのポレーミクから推定される以上に、そうした法実証主義に近いところに位置しているのである。

実証主義的な法律概念に対するヘラーの批判は、このような実情を裏づけている。彼の批判は、けっして実証主義的法律概念総体への弾劾表明といったものではなく、むしろ、当の実証主義的法律概念が首尾一貫性を欠いていることに向けられている。ヘラーが批判を加えているのは、法律と法規とを実証主義的に同一のものとみなすことにではなく、次のような事実に対してである。つまり、ラーバント以来支配的な法律概念の二分法、すなわち、形式的意味での法律と実質的意味での法律という二分法においては、法規概念を恣意的に狭小化することによって、右のような法律と法規との同一視につき、これがふたたび限定的なものとされてしまったという事実に対して、批判を加えているのである。「実質的意味」における法律のみが法規を含んでおり、かつ法規とは、それが社会的な制限を設けるという効果を有するか、もしくは市民の自由と所有に対するもろもろの介入を規制することによって定義づけられるとするならば——と、ヘラーは述べているのであるが——、そのような学説と結びつくのは、たんに形式的であるにすぎない法律についてはその価値をおとしめるという態度であり、そうした態度は、考えられるその他一切の法律内容にかんしては、執行府に対する法的拘束がいっそうわずかなものになってしまうということを意味するとともに、とりわけ執行府に対する規制を人民代表の関与なしでもおこなおうとする契機を与えるのである。[37] ヘラーは実証主義的法律概念を、たんに、ビスマルク時代の権力諸関係への順応以来それに付着していた官憲国家的な諸制約から解き放っているだけなのであって、民主的主権論への結びつきを回復させているのである。[38]

伝統的な諸限定に対抗しつつ、ヘラーは非常に広い法規概念を唱えているのであるが、そうした広い概念によって、ヘラーはふたたび——ここで相互に交わされているあらゆるポレーミクにもかかわらず——、ケルゼンの法実証主義にきわめて近いところへと位置することになる。ヘラーによれば、法規とは、

> 前提となる事実を法的効果と結びつけ、諸々の主観的権利と義務とを事実へと結びつけるような、あらゆる規範

なのであって、さらにヘラーは、法規が、法律・行政命令・処分・判決など、いかなる形式で発せられるかにはかかわらず、すべての国家的命令は法定立を意味するものだと結論づける。[39] ケルゼンによって

継承されたメルクルの段階理論との一致は明らかであって、[40] ヘラーの意図も同様に明白である。すなわち、法規をなんら含まないような法律は、ほとんど見いだせないと言ってよい、と。[41] 法定立・司法・行政といった基準によってもろもろの国家活動につき内容的な区別をおこなうことはできないという、ヘラーが詳細に展開したテーゼと同様に、右のような帰結は、[42] ワイマール時代の実質的法治国家理論のあらゆるこころみに、すなわち、法律概念と立法府の機能とにさまざまな内容的規定を加えることによって、ようやく民主化されたばかりの立法者の行動半径を狭小化しようとする、そうしたすべてのこころみに反論するものなのである。もっともヘラーは、法律がなんらかの行政規則や判決と区別されるのは、法律のもつ法規としての属性によるのではなく、たんに法律のもつ高次の実質的妥当力によるにすぎず、そうした妥当力は法律がまさしく人民による自己決定行為とみなされていることに基づくのだ、といった説明をおこなっている。[43] かくしてヘラーはケルゼンとは異なり、そうした説明によって、法定立の段階構造における論理的な頂点に代えて、民主的な頂点を根拠づけているのである。

とはいえ、なお依然として、ひとつのアンビヴァレンツが存在している。つまり、右に述べたような、もろもろの国家権力を区別することは原理的に不可能であるという理論は、立法者に敵対するようなかたちでも理解しうるということなのである。法律による留保がいかなる範囲にまでわたり、また、立法者がどの程度まで、自らの定立するもろもろの規範それ自体を個別化しつつ、個々の国家活動へと介入するのか、といったことは「政治的合目的性と権力の問題」である、とヘラーは述べている。このヘラーの言明が信頼を寄せているのは、「人民主権の国家」では、疑わしい場合には「人民立法府に有利なかたちでの……推定」を下す原理に対してであり、また、ますます包括的かつ特殊的なかたちで国家活動の合法化をおこなう、法治国家の事実的傾向に対してなのである。[44] ヘラーは、立法者の権限が拡大していくことを考慮してこれを支持するとともに、国家諸機能の境界を取り払うが、そのさい、フランツ・ノイマンが鮮明に浮き彫りにしているような、逆方向への事実的展開が看過されている。すなわち、権力分立原理は行政活動の拡大によって、はるかに大規模なかたちで廃れてしまい、法律による留保は、いよいよもってもはや議会ではなく、官僚機構によって実施されるということ、これである。[45] 立法府のもつ民主的に正当化された主権というヘラーの理論は、これに付随したかたちで国家諸権力を構想するにさいして、「合目的性と権力」による諸決断、すなわち、近代の憲法実務を規定し、ナチスにおいて急進的なやり方で貫徹されたような諸決断に対する、防御の策をなんら講じてはいない。『国家学』は、明らかにこうした印象のもとに――ラートブルフの戦後における転回が比肩するようなかたちで――、理論的には証明されていない帰結を導きだしているように見える。すなわち権力分立は、一九二七年当時には、なおたんに、法律による支配の技術的手段としか評価されていなかったが、[46] そうした権力分立がいまや評価を回復するとともに、他方では逆に、「人民立法府」への信頼は縮減されてしまったのである。[47]

ヘラーの民主的決断主義は、司法機能との関係においても、弱点を露呈しつつもまた認められはしない。「法定立と司法との間に実質的区別は存在しない」という前提によっては、[48] ワイマール司法府のおこなったさまざまな境界侵犯に対するヘラーの批判を、すなわち、「いやしくも立法者の役割を買って出るような司法は、司法府と立法府との分離原則を侵すものである」といった批判を、[49] 根拠づけることはほとんど不可能である。憲法裁判所は「現実に明白かつ明確な、権利の侵害にのみ絶えず対処」すべきであるとするヘラーの要求もまた、[50]司法府の法定立機能を承認することによって虚しいものとなる。だがそのさい、またもや政治的選択は明らかである。ロベルト・フォン・モールが彫琢した「万人の生活目的の配慮」という定式の意味における法律の内容的一般性をヘラーは要求するが、[51]こうした要求は、民主的主権論に従えば、「立法手続き」が、当該人民の現に有しているすべての生活目的に貫徹のチャンスを与える限りにおいて、もっぱらそうした「立法手続き」の組織化においてのみ実現しうるのであり、立法者を平等原則によって拘束し、自由主義的法治国家から社会的法治国家への変換を妨げる裁判官の審査権を強化することによっては実現しえない。[52]その限りでは、法律が論理上、個別的な決定をおこなうものなのか、それとも一般的な決定をおこなうものなのか、つまり、ひとつの事例について規範化をおこなうものなのか、それとも多数の事例について規範化をおこなうものなのかといったことは、[53]法律の法治国家的な性格にとってはどうでもよいとヘラーは断定しているが、それは要するに、立法者の行動の自由領域を、行政にだけではなく司法にも対抗するかたちで確保しておくということなのである。ヘラーは自由法論のさまざまな中心的モメントを継承しており、[54]法定立と司法との原則的な等価性を承認しているが、そうは言っても、そのことによって、二〇世紀において進展している司法府の拡大に対抗したかたちでこうした立法者の行動の自由領域を確保しうるわけではない。たとえ立法と種々さまざまな裁判権との関係にとって、こうした事実的発展の諸成果が個別的にはいかなるかたちで評価されるとしても、立法と憲法裁判権との関係にとっては、ここでひとつのディレンマが明らかとなる。すなわち、その深刻さによってはじめて連邦共和国の「司法国家的な」発展を十分に意識させてくれたディレンマが、明らかとなる。現代の支配的な法律学方法論が、司法を法定立であるとするヘラーの評価とまったく見解を同じくしているのに対して、最近の諸見解のなかには、方法上のカノンを合理化したり、[55] 判決活動の機能的に法的な諸境界を確定することによって、[56] 判決活動を――とりわけ連邦憲法裁判所の判決活動を――ふたたび権力分立的法治国家の諸原理の下に服せしめようとするものがある。

したがって、ヘラーの法治国家概念および法律概念は、民主的に基礎づけられた法定立‐実証主義という革命的‐市民的モデルと強く結びついているが、もとより、近代における逆向的な諸発展に直面して、こうしたモデルをさまざまなかたちで保証したり、このモデルと等価な民主的解決法を与えたりすることはできない。かくして、法的諸原則にかんするヘラーの理論は、同時に、法治国家構想に対して錯綜した関係に立っている実質的法理論および実質的憲法理論を基礎づけるのである。ヘラーに従えば、法の妥当性の問題と法の産出の問題とは、切り離して論じることができない。超実定的な法的諸原則と立法者による具体的決断は、実定法の拘束的性格にとっては同様に構成的なものである。法論理的に妥当する法的諸原則が、あらゆる実定法において自動的に効力を有するのに対し、他方では、倫理的な妥当請求を具備した内容的な法的諸原則は、実定的な法定立によって具体化しうるのであり、あるいは侵害されることもありうる。[57] ヘラーの民主的な法決断主義はここでは、より高次の正当性を分離独立させることによって無効なものと化しているように思われる。たしかに主権論の著作においては、ヘラーが法的決断のモメントを強調していることは、依然として明白である。法的諸原則ともろもろの実定法規との関係については、古典的な決断主義者であるトーマス・ホッブズが引用されている。すなわち、一般的な自然の諸法則＝法律の具体的諸内容は、実定的な諸法則＝法律を決断することによってはじめて決せされるのである、と。[58] 法的諸原則のもつたんなる法的可能性に対して、ヘラーは実定諸法規のもつ法的現実性を強調するのである。「後者だけをわれわれは法と呼ぶ」[59]。だがこれに反して『国家学』においては、「人民立法府が規範化する一切のもの」が正しい法であるという信念は消滅しているのであって、ホッブズはもはや、法適合性を犠牲にして、ただ法的安定性を絶対視した例として引用されるにすぎず、法の概念は新たな規定を与えられるのである。

法と言うさいにわれわれは、ここではまず第一に、それが、実定諸法規を基礎づけている倫理的な法的諸原則であると理解する。[60]

それにもかかわらずヘラーの憲法理論の内部では、根底的な転回を見いだすことはできない。他方で、(後に論究する)方法論上の諸帰結は広範囲に及ぶのであるが。法定立の広範な自由領域が引きつづいて維持されているばかりではなく、ヘラーはさらに続けて、同じ法的諸原則を基礎として異なった法的諸決断が可能であり、また可能とならざるをえない、と強調している。[61]だが、とりわけヘラーは正当性にかんして、制度化されたその「番人」を排除しているという点で、ワイマールおよび連邦共和国の国法学におけるような、二段階的合法性のあらゆる構想とは異なっている。なるほどヘラーの後年の考察を見ても、やはり「法治国家的合法性は、正当性に取って代わることはできない」[62]のであるが、しかし正当性は、もっぱら国家的に整えられるすべての法的形式性の外部にのみ存在しうる。すなわち、法的安定性と正義とが矛盾した場合、正義の代弁者として、かつ正当性の弁護者として、これを調停せんとする連邦憲法裁判所の要求は[63]、ヘラーの憲法理論においては、国家市民の法的良心、つまりひとつの

——もっとも、個人に定位して構想されたものではあるが——倫理的な抵抗権のなかに[64]、その体系的な位置を有している。

憲法と立法との関係にとって、法的諸原則にかんするヘラーの理論は特有の機能を有している。法的諸原則が実定憲法へと組み込まれた限りで言えば、こうした法的諸原則の具体化と実行可能性とが不十分なものであったことにより、ワイマールの法実証主義がそういった法的諸原則のなかに、相対的に拘束力のないプログラム規定以上のものを見いだすことが妨げられた。このような憲法解釈は、社会的目標設定において並外れて広範囲にわたるものであったワイマール憲法が、その直接に実行可能な、すなわち、まさしくその古典的‐自由主義的な構成部分へと、還元されてしまうという帰結をもたらしたのである。ヘラーは、全体憲法の解釈のためにそのような法的諸原則をも引き合いに出すが[65]、これによって彼の理論は、社会的法治国家性の徴候のもとで、異質な歴史的源泉をもつ個々の憲法諸原則につき、いわばこれらをシンクロさせることが可能となっている。それにもかかわらずヘラーの憲法理論は、民主的な法定立プロセスにつき、既定の諸内容でこれを固定化してしまうことを回避する。実質的憲法概念と実証主義的法律概念との結合という、ヘラー理論の特異性は、法原則と法規との関係という基本構想によって支えられているのである。つまり、たんなる法律は憲法諸原則を個別化したものだとするヘラーの構成は、次のような理由によって、立法者をなんら拘束しないものとなっている。すなわち立法者は、法規を、かの法的諸原則によってのみ制限されてはいるが、それでも無数にある法的可能性の世界から、唯一の法的現実性の世界へと移行させる(66)ことによって、それぞれの法規を実定化するからなのである。ヘラーの憲法理論は、目標規定を断念してしまっているのではなく、そうした目標規定の具体化をまさしく民主的プロセスに委ねている。この理論は、社会主義的な社会プログラムの実行へと立法者を促すこともないし、そうした社会主義的な社会プログラムの実行を遅滞させるような内容的コントロールの下に立法者を服従させるものでもない。

連邦共和国の憲法理論においては、ヘラーがおこなった実質的憲法理論と法律実証主義との媒介につき、最も首尾一貫したかたちでこれを継承し、かつ、さらに発展させたのは、ヴォルフガング・アーベントロートであった。アーベントロートの理論は、超実定的な法的諸原則を除去し、まさしく実定憲法上の法的諸原則にこそ、中心的機能を割り当てる。基本法上の社会的諸規定が不十分であることや、さらには、連邦共和国の支配的学説が基本法を現存の経済秩序と同一視せんとしていた五〇年代の状況に鑑みて、アーベントロートは、民主的かつ社会的な法治国家という原則を基本法の統一的な解釈規則として、また政治的諸決定のための最高の形成的格率として、際だたせるのである。(67)

ヘラーに緊密なかたちで依拠しつつ、アーベントロートは、このような法原則の有する個々の次元を発展させている。広範囲にわたって反資本主義的な内容規定は、民主的な社会的全体憲法という意味における経済・社会秩序・文化へと、「民主主義のもつ法治国家的思想」が拡張することを含意するものである。(68)この民主的な社会的全体憲法というものは、政治的全体憲法というヘラーの概念と合致するものではない（これらの方法論上の差異については後に述べる）が、ヘラーの社会的法治国家概念とは一致するのである。ヘラーの民主的主権論にも従いつつ、アーベントロートは、次のような方法によって一切の「基本法‐神学」を回避している。つまり、憲法原則のもつこのような展望を既定の憲法決断として想定するのではなく、基本法に明文化された「最小限」の社会国家的な諸観念、すなわち、憲法審議に関与したすべての集団にかかわる憲法妥協を基にした「最小限」の社会国家的諸観念から、そうした展望を区別するのである。(69) アーベントロートが憲法原則の強調バージョンに割り当てているのは、たんに、政治的プロセスにおけるそのときどきの多数派関係に応じてのみ実現しうるような、可能性のある意味的オルタナティヴという地位だけであって、(70) このことにより、彼の憲法理論のもつ実質性とは、こうしたさらに広範囲にわたる社会国家的展望に向けて政治的プロセスが開かれていることで保証されるのである。そうした実質性の本来の意味とは、オルタナティヴな社会国家的諸要求につき、これを犯罪扱いして民主的意思形成から除外してしまおうとするさまざまな動きに対する防衛なのである。

したがって、アーベントロートが総体として民主的な決定プロセスや立法府による決定プロセスの独自性を強調すればするほど、それにもかかわらず、いよいよもって彼の憲法理論はワイマールの法実証主義を直接に祖述するものとは理解しえない。(71) ヘラーと同様にアーベントロートは、次のような法実証主義と一致している。すなわち、その民主的な諸前提を自覚し、かつ、憲法の民主的な組織化形式の活力を奪ってしまうことのない法実証主義と、見解を同じくしているのである。(72) さらにアーベントロートは、ヘラーがおこなった、憲法適合的な原則決定と立法者による開かれた決定プロセスとの媒介を継承することによって、いわば目標基準を備えた法律実証主義を唱えているのである。

純然たる法実証主義とのこのような微妙な差異は、ヘルムート・リッダーの憲法理論をも特徴づけている。リッダーは、基本法上の社会国家規定が、もはや流動的で拘束力をもたないような法原則ではなく、「直接的な命令規範」であると解釈することによって、こうした「目標基準」を強固なものとしているのである。(73) たしかに、こうした実定憲法規範の内容的な規定性の不十分さは、アーベントロートの理論において設定されているような、憲法と民主的立法との同様な関係を示唆する。全体社会の民主化にかんして、いかなる個別的内容と新しい組織形式をもって実現すべきなのか、また、どの程度の事柄を実現すべきなのか、といったことは、ひとえに民主的な意思形成プロセスによってのみ確定されるのである。すでにアーベントロートは、そうしたプロセスが開かれていることにつき、基本法第七九条第三項との関連で、その確保の策を講じていた。つまり、憲法審議にさいして競合していたもろもろの社会観と、こうしたオルタナティヴそれぞれを合法的に現実化する憲法上のチャンスとの間における均衡状態は、憲法改正をおこなおうとする多数派によっても、もはや逆行的に解消しえないものだというわけである。(74) リッダーはまた、たんなる立法者に対しても、社会化条項の「遮断機能」を強調している。すなわち、基本法発効のさいの社会化の水準とは、規範的に確定された

ゼロ位点……なのであって、さらなる発展はそこを出発点とすることが可能であり、また、いかなる場合にも、これを下回ることは許されないのである。(75)

方向づけ指示を伴うリッダーの法律実証主義は、基本法第二〇条第一項に定められた憲法規範にかんしてもまた当てはまる。この憲法規範は、「民主的な政治的プロセスが進展するためのさまざまな規範

的保証」を含むものである。とりわけ、ドイツの憲法発展が伝統的に民主主義を欠如させてきたことに鑑みて、組織的かつ制度的に設けられた政治的プロセスがそれ自体として民主的なプロセスであるという期待が禁じられてきただけに、余計にそう言えるのである。(76)

憲法と立法にかんするこれらの関係規定は、次のような問題、すなわち、たとえばユルゲン・ザイフェルトがそれぞれにつき第二のオルタナティヴを選択している意味においてであるが、(77)憲法は総体として「ハウス」であると理解すべきなのか、それとも「フォーラム」であると理解すべきなのか、つまり、内容的な合意原理であるのか、それとも民主的プロセスの枠組み規定として理解すべきであるのか、という問いに解答を与えるものなのである。これらの関係規定は、同時にまた、憲法の基本権部分と「機構論部分」との関係——この関係においては、立法者と司法府の間だけでなく立法と行政の間でも、それぞれの行動の自由領域について境界が画定されているのだが——にかんするワイマール国法学上の論争を、新しいやり方でテーマとして取り上げるものなのである。カール・シュミットがこの二つの憲法部分を対置させ、かつ、基本権部分の「実体的秩序」に都合の良い決定をおこなったのとは反対に、(78)ヘルマン・ヘラーは、基本権の保証につき、これを法治国家的な手続き方法から独立させるというかたちで主張するのではなく、逆に、こうした手続き方法の組織化形式それ自体のなかに、そうした基本権保証を位置づけることによって、基本権と民主的‐法治国家的な組織構造との密接な連関を浮き彫りにしたのである。(79)連邦共和国における支配的な憲法実務は、「基本権政策」という路線に沿って、民主的な決定プロセスを無力なものと化しているが、(80)ヘラーの基本権理解から影響を受けつづけている現代の憲法理論上のさまざまなアプローチは、そうした支配的実務には根本的に対立している。ヘルムート・リッダーは、基本法上の基本権全般を社会国家原理を指針として解釈しているが(81)、そのさいには、アーベントロートの後期の著作以上に力強い調子で、社会国家の実現とは社会の国家化の徹底を意味するのではなく、まさしく社会の民主化をこそ意味するのだと主張している。政治的な意思形成プロセスに対する万人の平等で妨げられることなき参加が、社会国家性の核心として規定される場合には、基本権の社会国家的解釈とは、基本権の民主的内実を活性化させるものなのである(82)。リッダーによって浮き彫りにされた基本権の二つの次元とは、民主的プロセスとの緊密なコミュニケイションのなかに位置している。すなわち、基本権の古典的な消極的機能とは、憲法実務で用いられているような解釈変え、つまり、基本権的なもろもろの自由を、国家的に付与された諸権限へと解釈変えしてしまうことによって、自律的社会的な諸集団による意見形成プロセスと意思形成プロセスとに対して国家的妨害が加えられることを禁止する。これに対して、基本権の補償的な機能とは、もしも社会的な権力諸要因によって平等な参加が不可能とされる場合に、形成的介入を命じるのである(83)。

民主主義を吸い尽くしてしまう「基本権政策」に対して、現代の国法学におけるもろもろのオルタナティヴなアプローチが取っている防衛とは、けっして連邦憲法裁判所の実務に対してのみ向けられているのではない。そうした連邦憲法裁判所の実務は、「もろもろの規範想定(84)」という方法を採りつつ、大学審議委員会の百分率構成にいたるまでのきわめてこと細かなもろもろの憲法決断を、立法者による諸決定に対立したかたちで基本権から導出し、他方では同時にまた、執行府が議会プロセスをさまざまに疲弊させていることに対してはごく限られた注意しか払わずに、あるいはむしろこうした疲弊を助長しさえしているのである(85)。現代の「基本権政策」に対する批判とは、たとえばウルリッヒ・K・プロイスが提起しているように、連邦共和国において貫徹されているような社会国家の官憲的バージョンに鑑みて、行政的諸機能の拡大をも同様に論難するものである。あらゆる生活過程への政策的‐行政的な媒介の増大という諸条件下において、基本権全般が社会国家的に解釈されるという支配的バージョンにつき、プロイスはこれを、次のような事象であると分析している。すなわち、この事象のなかでは、古典的自由権の社会的分配請求権［Teilhaberechte］への変換とは、国家市民による自律的な権利主張よりもさまざまな法益の官僚主義的配分の方が優位していることを根拠づけるものであり、また、もろもろの公的権利請求を強調するという外見上は逆方向への事柄は、もっぱら個人的自由権や集団的自由権を国家的授権規範へと転換させる媒体にしかすぎないものとなる。(86) 基本権を実現かつ配分する国家行為を、民主的プロセスから独立させてしまうことは、結果として、政治的支配の正当化における位相をずらすことに帰着する。基本権は、支配の立憲的諸要素として人民主権に取って代わることによって、同時に、支配に制限を加えるという自らの性格を喪失するのである。(87) ヘラーの憲法理論、およびヘラーに連なる連邦共和国の国法学は、基本権と民主的プロセスとの密接な連関につき、両者が相互の実効性を向上させるという意味でこれを強調したが、このように現代の憲法発展に対する批判的分析は、二つの憲法要素の対置というかたちで両要素が頽落せしめられているということを指摘するのである。このような頽落という結果へと結びつくものは、けっしてヘラーの憲法理論から生じているものではない。ワイマールの国法学と、現代の支配的な憲法解釈・憲法実務との連続線は、むしろ、かの実質的憲法理論から発している。すなわち――個別的にはさまざまな差異があるにもかかわらず――、たとえばカール・シュミットの憲法理論のように、もろもろの実体的な内容上の憲法決断を想定し、それによって民主的な決定プロセスを無力化してしまうような実質的憲法理論がそれである。[88] これに対してヘラーの憲法理論について言えば、連邦共和国におけるそのさらなる影響は、もっぱら国法学上のオルタナティヴな諸立場のなかにのみ見いだされるのである。

III 開かれた憲法から開かれた解釈へ

ヘラーの理論が憲法理論のみを含むのではなく、同時に憲法解釈の方法にかんする言明をも含意している限りでいえば、右に述べた連続線は、まったく別の仕方で伸びていくことになる。ここではヘラーの立場は、現代の支配的な法律学方法論のなかに、広範囲にわたって再発見される。現代の方法論議におけるもろもろのオルタナティヴなアプローチは、ヘラーの理論と一致している限りにおいて、ヘラー理論のディレンマを共有しているのである。こうしたディレンマとは、次の点に存する。すなわち、ヘラーはたしかに法の社会的諸前提に対して法実証主義がもつ偏狭さを克服してはいるのだが、社会的現実構造を法適用と憲法解釈のなかへと取り込むにさいしては、そのための基準、つまり、立法者による革新に対立するような社会的現状［status quo］を裁判官が活性化させることを抑止してこれに軌道修正を施したり、また、社会科学的に豊かにされた法律学方法論が、民主的な法決定プロセスを犠牲にして司法府の権力を拡大すること――ヘラーの憲法理論とは厳に対立する展望――を総じて阻止したりするような、いかなる基準をも展開しえていないのである。ヘラーがおこなった「現実科学的な」諸方法の統合とは、[89] 反省知と法律学的決定発見とに鑑みて、ケルゼンの規範的帝国主義にも、また、法経験論

の社会学的帝国主義にも、同様に反論を加えるものである。ここで言う法経験論とは、

> 妥当性と発生とをしばしば粗雑なかたちで混同することによって……法的諸決定を社会的な権力諸関係から導きだすとともに、純粋な事実法律学や利益法律学を基礎づけ

ようとしたものであった。[90] 法の社会形成的機能に対するヘラーの社会主義的な関心によって、事実的に通常的なるものが有する規範力よりも、規範的なるものが有する通常化力の方が強調され、また、憲法制定と法定立は、社会的存在との「対立において」基礎づけられる。[91] ひとえに「実定的に評価された」通常性のみが、立法によって、しかしまた司法によっても、規範性へと変換されうることとなるのである。[92] とはいえ、むろんヘラーは、そうした価値評価の基準をなんら提示しえていないのだが。政治的全体憲法という概念が、もろもろの社会的現実構造を規範構造のなかへと明確に統合する限りにおいて、憲法解釈の次元では、右に述べたような難点が、相乗的に強められたかたちで現われる。行為の経験的な通常性、およびもろもろの社会的価値評価について、ヘラーは、これを法的に‐規範化された狭義の憲法にとっての環境 [ambiance] として、つまり、「それとともに、あるいはそれと対立するかたちで[!-]、法的に規範化された憲法がひとつの全体をなすべき周囲的世界の部分」として描写しているが、このことは、彼が同時におこなった言明、すなわち、憲法のあらゆる個々の法規は、もっぱら「政治的な全体憲法の全体性から十全に把握される」ことが可能であるという言明に、[93] 重大なアンビヴァレンツを与える。ワイマール憲法や基本法におけるような民主的構造と、そうした構造にとってのそのときど

きの社会的環境との間にある鋭い亀裂は、原理的には後者に有利なかたちでも止揚しうるのである。

アーベントロートとリッダーにおける全体憲法の概念は、規範的な憲法構造を次のようなやり方で徹底させるものである。すなわち、この規範的な憲法構造を、国家組織のみならず社会組織にまでも拡大する(94)――これは、社会的法治国家というヘラーの基本構想において設定されていた意図であるが――というやり方である。これに対し、こうしたことによって、ヘラーの方法論的な立場に対する差異は明白なものとなっている。これに対し、現代の法律学方法論議における指導的な首唱者であるフリードリッヒ・ミュラーは、ヘラーの方法論的アプローチの最も近くに位置している。当時のヘラーがそうであったと同様に、フリードリッヒ・ミュラーは、現代の方法論議のなかで、(今や少数となった)規範的な諸見解と、極端な社会学化をおこなっている諸見解との間で、中間的な位置を占めているのである。

フリードリッヒ・ミュラーは(95)、もろもろの事物的内実を法具体化の過程へと取り込むさいに恣意が生じ、かつ、反省が不足しているという理由により、支配的な法実務とその理論的正当化(たとえば、価値体系的な基本権解釈、トピク論、制度主義、あるいは「事物の本性」からのさまざまな立論)を批判する(96)。これに対して、「規範拘束の優位」とは、ミュラーが――この点でもヘラーのやり方とまったく合致しているが――、法治国家的に基礎づけられた民主的立法者の優位性から導きだしているものなのだが、これにより、社会的現実データを規範具体化へ取り込むことが、一般化可能かつ再検証可能な形式へと転換されることとなる。しかしながら、規範拘束の優位と立法者の大権とは、ミュラーの法規範理論によって実は密かに無力化されている。つまり、彼の法規範理論とは、「全体憲法」概念において現実と規範的諸構造とを連結させるというヘラーのやり方に類似して、個々の法規範一切にかんして

「規範プログラム」と「規範領域」とを結び合わせるのである。ミュラーによれば規範プログラムの内容は、規範的に把握された規制領域を分析することによってはじめて解明しうるのであって[97]、これによりこの規範プログラムは、ミュラーによって付与された機能を喪失するのである。すなわち、この規範プログラムそれ自体は現実データを用いてのみ構成されるがゆえに、そうした規範プログラムが現実データの選択を統御することはもはや不可能である。同様の理由により、ミュラーがおこなっている次のような区別、つまり、

あらゆる規範は社会的世界のもろもろの所与性にかかわり[98]、こうした所与性を前提とし、そうした所与性を裏づけ、あるいは変化させる

という区別は、法的に規範化された憲法と社会的現実との間の対立と順応というヘラーの区別とまったく同様に、法具体化プロセスにおいては、ほとんど維持しえないのである[99]。民主的な憲法構造と社会経済的な権力集中との間に存在する亀裂のもとでは、「進歩的な」憲法解釈はもっぱら規範テクストに志向することによってのみ獲得しうるという事実を、アーベントロートとリッダーにおける全体憲法概念が考慮に入れているとすれば、結局のところ、フリードリッヒ・ミュラーが社会科学的に整序した現実主義とは、基本法のもつ憲法秩序を、そうした憲法秩序と事実的な社会構造との一致可能性という留保のもとに置くものなのであって[100]、これは、ヘラーがおりに触れてフェルディナンド・ラッサールに依拠しつつ、憲法と事実的な権力諸関係とを同一視したことと同様のことなのである。

社会構造を憲法の規範性へと取り込むという観点のもとでようやく、法的諸原則ともろもろの法規との関係というヘラーの基本構想もまた、きわめてアンビヴァレントなものとなる。ヘラーは、実定（憲法）法のなかに取り入れられていない法的諸原則を承認し、かつ、そのような法的諸原則を広範囲にわたって、社会的通常性ならびにそのときどきの社会的価値評価と同一視するのだが[101]、これにより彼は、いわば、自由の意識における自動的な進歩に信頼を寄せているのである。すなわち、法的諸原則の進化とは、たとえば、平等命題の文言が従前と変わりないにもかかわらず、政治的平等から社会的平等へ、あるいは男性のみの平等から女性をも含んだ平等へ、等々といった、平等命題の意味変遷を引き起こす、というわけである[102]。むろんヘラーが、変遷していく法的諸原則を、「実定的に評価された社会的現実が日々そこを通って国家的規範性のなかへと入り込んでゆく」「突破口」であると称するさいには[103]、それによって、ナチスにもまた当てはまる法変更の形式が描写されている。つまり、新たな法典化をおこなうこともないままに、民主的立法という方法では貫徹しえなかったであろうようなやり方で、ナチス的なもろもろの価値観と「法的諸原則」とを直結させることによって、伝来の法の多くを変更する、というのがそれである[104]。

連邦共和国においては、司法府が社会的現実に対する評価権限を自らのために要求し、その獲得に成功したのであるが、こうした連邦共和国の司法国家的発展に対して、たしかにヘラーは、憲法理論上の基礎づけを提供するものではないが、しかし方法論的な道具立てを提供してはいるのである。ヘラーに従えば、社会的価値諸観念としての法的諸原則は、「裁判官の決定にとっての解釈規則として……不可欠な」ものである。つまり、立法者が明文では法的諸原則への参照を指示してはいない場合でも、そうした法的諸原則を関係させることなくしては、実定憲法法規の多くは理解することもできないし、適用することもできない。というのは、法全体が実定法規の文言中に含まれているということはけっしてないからである。[105]

連邦憲法裁判所（同裁判所は、その自己理解に従えば、むしろルドルフ・スメントから多大なる影響を受けている）の司法においては、ヘラーがおこなった法規範の社会学化は、法への社会的価値諸観念の統合と同様、突出した地位を有しつづけている。この最高裁判所の説明によれば、

「規範はつねに、自らが影響を及ぼす社会的諸関係ともろもろの社会 - 政治観の文脈に存在しているのであって、規範の内容は、事情によっては、それらとともに変遷することが可能であり、また変遷せざるをえない」。「法は成文化された法律の全体と同一ではない。……司法の任務にとっては……憲法適合的な法秩序に内在してはいるが、成文法律のテクストのなかでは表現されていないか、もしくは不完全なかたちでしか表現されていないような価値諸観念を、……もろもろの決定のなかで実現することが必要となる可能性がある」

のだが、そのさい、そのような諸決定は「共同体において基礎づけられた一般的な正義諸観念に従う」[106]とされる。こうした説明は、ヘラーによる説明とほぼ同一である。のみならず、連邦憲法裁判所は「憲法制定者をも拘束する超実定的な法」を承認しているが[107]、こうしたことさえも、ヘラーのもとですでに

主張されているのである。[108] ヘラー理論のパラドックスは、彼の理論が、その憲法理論上の諸次元においては立法者の絶対的大権を基礎づけたにもかかわらず、他方では、連邦憲法裁判所もまた立法者を犠牲にしつつ、自らの権限を著しく拡大してゆくさいに用いている同様の方法論的諸要素を発展させている、という点にある。ヘラーが裁判官による内容的な審査権をそもそも認めなかったのは、彼がこうした内容的審査権に次のような可能性、すなわち、社会学的に浮き上がってしまった裁判官層が、もろもろの民主的な多数決において表出される社会的価値変遷に対立するかたちで、自らの社会的価値観を貫徹していく可能性を見たからなのである。[109] 連邦憲法裁判所はまさしくこうした可能性を、ヘラーのさまざまな方法論的考察と合致するかたちで現実化しているのである。法的に規範化された憲法とその環境とにつき、その対立ないし順応を決断主義的に処理していくことで、この裁判所は、立法者が社会的価値変遷と一致したかたちで着手している刑法上の条項補充にかんして、経験的に確認可能な価値諸観念から放免された、基本法上の客観的な価値秩序を援用しつつ、これを阻止している。[110] 他方、所有権保障の諸問題においては、裁判所は、立法者がたとえば支配的な社会的価値諸観念に対抗しつつ利用しうるような、立法者の憲法適合的な自由諸領域に制約を加えるのである。[111]

ヘラーにおける憲法変遷の理論は、変化していく社会的通常性というコンテクストにおいて、まさしく基本法の中心的構成部分の解釈にとってもきわめて重要な、方法論上の位置を暗示している。ヘラーの遺産とみなしてもよい社会的法治国家という基本法原理が、[112] 彼の擁護したもろもろの解釈方法を用いる場合には現代では用済みのものだとみなしうる、という事態は、皮肉と言えないこともない。いたって適切にも、ペーター・ヘーベルレは以下のような断定をおこなっている。

「憲法における方法論争とは、いわずもがな、時代に当然与えられるべき役割をめぐる争いである」――が、「時代に、とは別言すれば、社会的現実の変化に、ということである」[113]。

ヘーベルレは、自らの立場にかんしては明文でヘラーにも依拠しているが[114]、彼が断固として支持している方法とは、「時代要因の伝達手段」[115]として、解釈を介して永続的な憲法変遷を生ぜしめるような、そうした方法なのである。ヘーベルレは、憲法の規範力の「証明」をそのときどきの新たな社会的現実に憲法が順応していることと同一視し[116]、また、憲法諸規範の内容にかんしては、その規範名宛人の意識と行為の従属変数としてこれを規定しているが[117]、その限りにおいて、彼がヘラーに依拠できるのももっともなことなのである。何と言っても、ヘラーは次のような説明をおこなっているのであるから。

ある規範の内容と妥当様式というものは、けっしてたんに規範の文言によってのみ決まるものではないのであって、それらは、規範定立者の意図と属性によってばかりではなく、とりわけ、そうした規範を遵守する規範名宛人の属性によってもまた規定されるのである[118]。

それゆえ、ヘラーとヘーベルレにおいては――総じて現代の支配的な方法論においても同様であるが――、成立史的な憲法解釈は一様に、もっぱら「発展史的な」[119]憲法解釈としてのみ考察の対象としうるのであって、主観的方法は客観的方法の背後に隠れて問題とされなくなってしまうのである。

「成立史的な解釈方法への不当な再評価」[120]に対するヘーベルレのポレーミクが論難しているのは、むろん、他ならぬあの著作者たち——たとえばアーベントロートや、ここではハンス・H・ハルトヴィッヒも同様——なのである。すなわち、ヘルマン・ヘラーが強調し、基本法成立のさいにはなお存在していた、「社会的法治国家」のもつ意味的オルタナティヴを擁護し、こうした憲法規範と、それ以降に成立した社会的現実とを同一視する支配的な見解には対立するような、そうした例の著作者たちである。現存している社会的市場経済は、社会的法治国家のもつ開かれた憲法規範が現実を介して「具体化」されたものとして把握しうる、というヘーベルレのテーゼにつき(121)、ヘラー自身は、方法論的に異議を唱えることはほとんど不可能であろう。というのも、彼は、次のように述べたのであるから。

時間の長短にはかかわらず一貫してある期間にわたり、多かれ少なかれ大きな意味変遷もなしに妥当したような意味内実というものは存在しない。

だが、そのさい、こうした意味変遷は、「意味形象」の「本質」にもかかわるものなのである。

必ずしも次のようには主張されないままとなっている。すなわち、法規は「なお存在しているが、その法規から何か異なったものが導きだされる」、……というのは、意味形象とは、具体的にそのようになった存在とは異なるかたちでは存在しない、つまり、それに添えられているアクチュアルな意味とは異なるかたちでは存在しないからである、と(122)。

これに対してアーベントロートは、次のような見解を執拗に主張するが、そのさいには、ヘラーの方法論には対立しつつ、ヘラーの憲法理論を擁護せざるをえなくなる。すなわち、基本法上の規範内実は、憲法改正によってのみ変えることができるが、しかし、社会的現実の変化は、憲法律の法的な内容に影響を及ぼすものではない、と。(123)

ヘーベルレが、もろもろの立憲‐君主体制に関係づけている成立史的方法において推定される静態性に対抗させつつ強く訴えるのは、「共和的な」憲法解釈のもつ未来に開かれた動態性なのであって、そこでは憲法解釈をおこなう人々の範囲が、法律家ツンフトを越えて、あらゆる国家機関、公的な諸勢力、すべての国家市民と社会的諸集団にまで拡大される（とは言っても、最終審的な解釈権限は、連邦憲法裁判所のもとに留保されているのだが）。(125)だが、それにもかかわらず、ヘーベルレの方法論は、成立史的な方法論と比べて、より底辺民主主義的なものとみなしうるわけでもないし、憲法を未来の諸発展に向けてさらに開かれたものにしておくべしという要求を実行しうるものでもない。いずれにせよ、憲法解釈を任ぜられた国家市民とは、「規範化」され「陪臣化」され、公的権限を授けられた国家市民であって、ヘーベルレは明文でこれを、本来の人民主権原理への対抗モデルとして想定しているのである。(126)

立法者にとってもまた、「憲法解釈者」として承認されることは、ほとんど得るところがない。ヘラーがおこなった国家諸機能の境界撤廃や、司法と立法とを規範具体化活動であるとして原理上同一視するといったことは、すでに、立法者の決定の自由領域を拡大するという意図にむしろ反するものであったのだが、(127)ヘーベルレは——付言するならフリードリッヒ・ミュラーも同様であるが(128)——、（憲法‐）裁判や法学と同じく立法・統治・行政が憲法具体化機能を果たしている、という同一の前提のもとで、立法者を一様に、法学からの諸要求に従属させている。すなわち憲法学は、新たな名宛人に鑑みて、立法学へと変換されるわけである。[129]だが立法者が法学帝国主義に屈服するというだけにはとどまらない。へーベルレはそもそも政治を憲法解釈と同一視しているのであって、[130]これにより、へーベルレが「憲法解釈の民主化」と称しているものは、[131]現実には、憲法解釈という事象に民主的プロセスを吸収してしまうという結果になる。

このような脈絡のなかで、へーベルレは、ヘラーがスメントとの対立においてなお堅持しようとした区別を解消してしまう。むろん、ヘラーは、そうしたこころみを、自らの方法論に基づきつつ十分なかたちで基礎づけることができていないのだが。へーベルレにとって、憲法は「自由な公的プロセスの法的基本秩序」であるだけではなく、「それは、民主的憲法として、それ自体プロセスと化する」ものなのである。[132]憲法のこうした極端な動態化においては、同時に憲法制定と憲法解釈との区別もまた相対化されるが、[133]それにもかかわらずこういった動態化は、憲法が開かれているということに資するものではない。へーベルレにおける開かれた解釈とは、ヘラーの法治国家的憲法理論に従うなら憲法の枠組みのなかにおける民主的に正当化された決定であるはずのものを、憲法の具体化であると把握するものなのである。ヘラーが要求したような憲法の開放性とは、方法論的にはまさしく、連邦共和国の社会的諸条件のもとでも、そのときどきの事実性へと規範的構造が動態的に同化することにおいてよりは、むしろ、成立史的次元が有すると推定された静態性において、はるかに担保されうるものなのである。

Ⅳ　憲法の統一性
――ヘラーの主権概念が時代遅れのものであることにかんする結語

ヘルマン・ヘラーの著作における憲法理論と方法論との乖離は、むろん、それ特有の社会的諸前提を有している。憲法理論は、ワイマール憲法の妥協的構造を、その敵対的な社会的諸条件の規範的表現として分析したものであって、そこから、開かれたゲーム規則体系という憲法の性格を導きだした。それに対して、方法論は、その「現実科学的な」出発点にもかかわらず、分析された現実から非常に遠く離れた目標を追求している。すなわち、憲法の統一性と法体系全体の無矛盾性とが、それである。[134]こうした、憲法理論ならびに法律学方法論における想定と矛盾に満ちた仕方で結びついているのが、ヘラーの主権構想なのである。統一的な法秩序および憲法秩序というものがもつ歴史的‐社会学的な前提として、ヘラーははっきりと、絶対主義国家の出現と中間諸権力の除去とを挙げている。[135]しかしながらヘラーに従えば、法の統一性が主権的意思の統一性に由来するものである限りにおいて、人民主権原理に志向した彼の法治国家的な憲法理論は、民主的な立法者ないし憲法制定者というものの同質性を想定せざるをえない。現存の規範諸体系に対するあらゆる分析がこのような想定の虚構性を明らかにしており、その限りで、法実証主義的なもろもろの解釈規則から浮き上がってしまった法律学方法論の統一性創出機能が出現し、そこでは、本来の人民主権がしかるべきかたちで享受すべき大部分のものが、司法府へと移行されてしまうのである。法秩序の統一性という――現代の法律学方法論議をも支配している[136]――指導原理のもとにおいては、次のような法律家が求められている。すなわち、そこでの法律家とは、その価値評価をおこなう意思を創造的にはたらかせることによって、他のすべての領域居住者を通じて共同で構成される統一的意思に参加するのである。(137)

むろん、問題としなければならないのは、ヘラー理論におけるいくつかのアンビヴァレンツを同時に基礎づけるような、彼の主権概念にかんする特有の把握が、とりわけ現代の社会的諸条件のもとで、なお存続しうるものであるかどうかという点である。

ヘラーにおける人民主権の理論は、依然として、今日支配的な国法学よりも優れているのであるが、今日のさまざまな社会的問題状況に鑑みれば、もはや時代遅れなのである。連邦共和国の国法学は、まったく圧倒的なかたちで、民主的な主権者を憲法上のさまざまな権限配分のなかで完全に消滅させてしまおうとする傾向を有しているが、(138)ヘラーの場合には、人民主権原理は、あらゆる憲法理論的考察の出発点なのである。たしかにこの原理は、ある程度の政治的集権化に固定化されたままであって、(139)そこから、この原理がもともとは絶対主義的な国家組織に由来することが暗示されている。しかしながら、「統一性としての人民による、多数性としての人民に対する支配」というヘラーの理念は、(140)遅くとも次のような場合には、すなわち、法的利害が極度に分化した諸条件のもとで、立法がもはやとうてい「万人が万人に対して同様のことを決する」事象であるとは理解しえない場合には、取り扱い困難なものとなる。近代法の個別化と特殊化とに鑑みれば、全体意思［volonté de tous］はもはやけっして存在することはない。圧倒的多数の立法プロジェクトにかんして、ほとんどの住民集団には何の意見も存在していないという事実、「農夫が大学改革についてどのような方向を求めているか、主婦がどのような裁判所構成を、高校教諭がいかなる卸売市況を望んでいるのか」[141]を誰も知らないという事実については、当然ながら支配的理論は、ある政策を根拠づけるためにこうした事実を動員する。そうした政策にとっては、法的名宛人の事実的な合意は無用のものなのである。ヘラーによる前提は、あらゆる法的決定が全面的に集権化されるというものであるが、そのような前提のもとでは、こうした帰結はほとんど避けがたいと言ってよい。これに対して、人民主権という初期ブルジョワ的概念を、ヘラーが強調したようなかたちで浮き彫りにし、現代の社会的諸条件のもとで再構成しようとする法理論および憲法理論であれば、重要な法的部分領域にかんして、脱集権化された自律的な社会的法定立の諸形式を描写しなければならないであろう。そのような法定立の諸形式において、そのときどきの当事者たち、すなわち、古典的な法定立手続きにおける声なき人々の諸利害が、表出しうるのである。

第7章　高度産業社会における法実証主義の諸側面

法学者と社会学者が今日おこなっている法律概念と実定法についての議論は、重大な矛盾によって特徴づけられているようである。一般的に言って、今日では法実証主義理論のルネサンスの傾向が増しているると確認できるが、[1]その主だった主張者は、法の正当性問題の法的実定性へのラディカルな縮減が今日の産業社会にとって不可欠の前提であると認めなければならない、との理解を明らかにしている。[2]同時にしかしながら、――しばしばこの新実証主義を公然と支持するのと同じ著者によって――大戦後の自然法再生のなかで長くおこなわれていたような法実証主義への批判が頑としておこなわれつづけているのである。[3]法実証主義はここでは依然として、国家による「法律命令」の全面的承認という点において、機能的で価値中立的な、それゆえどのような政治システムにも仕えうる理論だと考えられている。とくに、ナチス国家とも摩擦なく融合するというのである。[4]このように放置された分裂からは、これほど争われている法理論の社会的機能を一義的に決めることがはたして可能なのかという問題が生じてくる。つまり、むしろ法実証主義の機能性が権威的・民主的・全体主義的システムを通じて不変のままだという拙速な断定を次のような推定へと逆転させるべきではないか、ということである。法実証主義は政治構造の転換によって、完全に自己同一性を喪失すると言えるほどその社会的位置価値を変えてしまうのではないか。

このような想定を考えるにあたっては、まずもってそれが現在の理論形成の特殊性[5]に関連する以上、今日の新実証主義者の自己解釈に、第一の、慎重に吟味されるべき手がかりが見いだされることになる。とりわけニクラス・ルーマンが「古典的」法実証主義と彼自身の言うところの実定性の間にほのめかしている差異は、基本的に二つの視点から明らかにできる。第一にルーマン理論は、立法行為にのみ注目してきた伝統的法源理論を、すべての規範的実効性をもつ国家の決定行為は原理的同価値性をもつという主張に置き換えている。その内容は区別なく実定的法規範として理解される[6]。他方ではルーマンは、法実証主義による実定法の妥当根拠への問いの断念を明示的に否定し、法の拘束性のこの根拠をその恒常的修正可能性という社会的条件に求め[7]、絶え間なくおこなわれる法的決定の正当性を「手続き」に結びつけている。それに伴って法関係者の「学習プロセス」が可能になると言う[8]。実際になされた法的決定がもつ義務づけの力への信念――それはすべての法実証主義理論を貫くメルクマールと見られるべきである――は、ルーマンの正当性概念においてもやはり維持されている。しかしながら、この実証主義的信念はここでは、法的コミュニケイション・プロセスのもうひとつ別の段階を志向しているのである。今日では、もはや立法者の実際の意思表明ではなく、恒常的に社会統合をおこなう手続きによって実際に生じている法の名宛人たちの一般的コンセンサス[9]が、実定法の拘束力の根拠として考えられるべきだという。この法の正当性根拠の拡大が見せかけだけのものだと示されるのは、要求されるコンセンサスが、法的諸期待をそのときどきに与えられた政治的決定に場合に応じて順応させること（「学習プロセス」へと縮減される点だけではない。同時に法的実定性概念の拡張が、法定立機能が立法府――それはたとえ痕跡だけのものであっても民主的コントロールに服する――から法を具体化する機関にまで拡大されるというかたちでなされている。そしてこのことは、ここで簡単に描かれた新実証主義が、純粋な法律実証主義と比べてより民主的な法理解への進歩であるとは解釈できないことをも示しているのである。

しばしばルーマンの「手続きを通しての正当化」理論の先行研究とみなされている、新しい法理論的探究においても、同様の事態が生じている。たとえばすでにレレッケは「手続きの開放性」を「法律の正しさと立法者の正当性とを判断しうる唯一の絶対的基準」と定めていた[10]。手続きの開放性はここでは、法律に服する者すべての異議への法律の開放性を意味していた。その異議はすべての国家市民のもつ法律制定権から導かれるのである。ところがこの一見ラディカルに民主的な法の正当化は、ルーマンの法の名宛人のコンセンサスへの訴えと同様に、まったく逆転してしまう。開かれた手続きのなかで可能となるべき「すべての者」の異議は、実定法を他ならぬ司法によるコントロールに引き渡すための定式にすぎないのである。司法のなかでのみ個人の抵抗は実践されるべきだとされ[11]、そのなかに吸収されうるようになってしまう[12]。実定法のそのような正当化の唯一の結論として、立法府を犠牲にした、法を具体化する機関の権限の拡張が生まれる。それは、伝統的法律概念の広範な修正を導くことになる。明示的に、「法律概念は裁判を内包する」、「その限りで連邦憲法裁判所はそれ自身法律概念の構成要素である」と述べられている[13]。ルーマンの法的実定性概念の拡大が立法行為と法具体化行為の同列化を意味していたとすれば、レレッケにおいては、実定的法律概念自体が両行為の同列化によって拡大されていると言える。もはや法律は立法者の行為によって実定的なのではなく、適用状況での具体化によってはじめて実定的となるのである。[14]

このような実定法律の「不確定規定」への変転により、その言語的明確さは「完全に開かれた」現実によってつねに疑問に付され、[15]そのときどきの予測不可能な現実に恒常的に修正されながら適用されることによってはじめて意味をもちうるとされる。[16]この変転は法理論のコミュニケイション理論的探究のなかではさらに強調されている。ディーター・ホルンが存在論的言語理解への正当な批判[17]を越えて、言語から社会的に媒介される意味をも取り去ってしまい、そうしてコミュニケイションの相手を理解するさいに生じる能動的作業を高く評価するとき、彼にとって「法律の内容」はまったく「消失」してしまう。[18]このような考察の結果として示されるのは、たとえば平等な地位に置かれたコミュニケイションの相手どうしが法律の内容を勝手に決められるというアナーキーな解放ではない。逆に、失われた法律の内容は、ただ優越的なコミュニケイションの当事者としての裁判官の考えによって、そのときどきの具体的状況に応じて新しく定められうるという。[19]

司法的形式の（また行政に適合的な）法の具体化という思索に含まれている、自動的な法律執行というナイーブな観念からの離脱は、二〇年代の法実証主義——ケルゼンの「段階理論」を思いだすだけでよい——に対して本当に新しいことはほとんど付け加えていない。[20]しかしながら、立法行為と適用状況の古典的関係の逆転は、手続き理論やコミュニケイション理論を用いることで、それとの重要な区別を含むことになる。一貫した法律実証主義は、司法や行政の行為の決定包含的性格を認識しつつも、それらをいわば階層的に秩序立て、より包括的な立法者の決定に服せしめ、法適用機関の自由裁量をそうして限定された範囲に止めようとしていた。今日の理解によれば、裁判手続きが絶対的な優越性を獲得し（レレッケ、ホルン）、あるいは——しばしば行政の行為まで含んで——少なくとも実定法律との同価値性を獲得する（ルーマン）。実定法律の言明としての能力はますます減少する。このような具体的状況法への転換は、たしかに現代社会の必要に的確に応じている。そこでは法的利害が活発に発展し、その特殊化が進展している。またどんどん細かく分析されていく社会経済的事態への国家の恒常的介入が必要になる。しかしこの転換は、法実証主義理論の現代産業社会状況への不可避の適応と考えられてはならない。もはやまったく機能しえないような法律概念を立てるのでない限り（ここで注目している法理論的立場はそうしてしまっているのだが）、要求される法の個別化・動態化は司法や行政によってのみおこなわれるという必然性はない。現代の、詳細な法的規制に頼る社会においてもなおどのような機能が実定法律に属するべきなのか、つまりどの国家機関が社会経済的プロセスの進展を具体的に指導しコントロールすべきなのか、というこの問題こそ、今日の法実証主義と伝統的なそれとのたんに量的なだけではない差異を示しているのである。ここに、新実証主義とそれによって要求される法理論との矛盾した関係の根拠も存在するのである。

審査されることなく妥当する国家の法律命令というあれほど評価を下げた理論が、法の社会的指導機能という観点からは特別の意味をもつことになる。それは、ファシズムへの堕落という大雑把な非難が簡単に隠していた意味である。あらゆる方面で組織された社会的利益と国家行為とのかかわりの増大、広範囲にわたる介入国家の出現にすでに直面していたワイマール期の法実証主義は形式的法律概念に固執したが、当該概念の内容的含意は、社会的、政治的状況の変化に伴って、ラーバント的実証主義の全盛期とはまったく異なるものとならざるをえなかった。法律の内容として定められないような思想は存在しないし、[21]立法のために規定された手続きで成立したものはすべて法律として妥当する[22]という学説は、一九世紀においてはまだ、比較的安定した立法に確実な準拠点を見いだしていた。泡沫会社乱立時代のドイツの経済発展に典型的に見られたように、すでに官憲的保護の下での嵐のような産業化という場面で国家介入の不可避性は明らかになりつつあったが、法律は具体的な目的に拘束された介入に応じて修正されつつも、基本的には持続的に定められた規則としての性格を保持していた。したがって、立法手続きの穏やかさと法律の持続性によって、まだ固有の法源とみなされえた法学の影響と解釈が機能しえ、その安定性を可能にしたという限りで、国家の立法者のすべての決定の法実証主義的承認はブルジョワジーの法安定性の要求と衝突しなかった。[23]

ブルジョワ的、同質的な法の貫徹への付加的な保障は、ワイマール期の立法には目立って減少していた。戦時経済の組織から不可逆的に出現した政治と経済の増大した関連や、これまでは抑圧されてきた社会的利益が民主的立法府を通じてより効果的に自らを実現することが可能になったことによって、法律はますます限定的措置やさまざまな集団利益のそのときどきの一時的妥協という性格を強めていった。双方の契機が立法をせきたて、法律の有効期間を短縮した。実定法はこうしてついに、マックス・ヴェーバーがより早くに恒常的修正立法の出現という予測のなかで表現していたような、[24]完全に道具的性格のものとなった。二〇年代においては法理論の反実証主義的な強い潮流が、法学の実定法律への時代遅れな影響力の沈下を立法者への司法によるコントロールの要求によって埋め合わせようとし、[25]それに伴い「古典的」法実証主義の諸要素を反形式主義的転換のなかで要約した。ところが「法律とは議会が議決したものすべてである」という伝統的確信への法実証主義の固執こそまさに、法律の新たな姿に鑑みれば、ビスマルク時代の法実証主義の意図からの大きな変化を意味していたのである。ワイマール期の法律実証主義は形式的法律概念を維持し、立法による措置や介入によって生じた立法者の大きな権限拡大を内容的な法律の定義によって制限することを放棄した。[26] こうすることでまさにその法律実証主義は、法を発展した産業社会状況に法律という形式自体において適応させるというこころみへの初期の例を与えることとなった。この法実証主義は法の不可避的な個別化を、一般的法律を具体的適用状況へと相対化して適応させることに――そうして民主的コントロールを免れた機関に――委ねてしまうのではなく、措置法律に無制限の理論的承認を与えたのである。それは同時に、社会経済的プロセスを民主的立法者の「特殊命令」によって指導することの是認も含意している。[27] 二〇年代に現われた、多くのブルジョワ的法学者の非形式的法観念への移行[28]と社会主義理論家の法実証主義への逆向きの転換[29]は、この局面での法実証主義の意図が――たとえ現実の発展によって欺かれようとも――ワイマール憲法の社会プログラムのなかではじめて定められた社会的再分配プロセスの立法による現実化だとみなされるべきであることの、[30] もうひとつの印である。憲法の純粋にブルジョワ的な部分を政治的基本決定であるとして立法者に優位させようとする実質的憲法理論のこころみ[31]に対する法実証主義の異議や、法律がただ立法者に対して規定された手続きにのみ形式的に拘束されるということは、このような政治的文脈のなかでは、同時に内容的次元を含んでいた。ここで重要な手続き概念は、法定立機関をどんなものでも受け入れるということではなく、その組織形態の民主性の程度から決定の事態即応性を推論するのであり、[32]「真理を志向する手続き理論」への要求にまさにまだ対応しているのである。ニクラス・ルーマンの新実証主義的手続き理論はそれから明示的に距離をとるのであるが[33]。

よりによって今日の理論形成においては、法実証主義のこの短い局面での進歩的契機が徹底した非難にさらされており、逆にビスマルク時代の古典的実証主義への承認は否定されないままなのである[34]。政治セクターの潜在的全能性がその民主化と同時に進展している状況での国家による法律命令独占の理論の危険な結果は、今日明らかだと診断される。そして、国家の立法者への許容できる信頼の時代的限界として、一九一八年という年が記録される[35]。むろん呼び覚まされた危険は、法律という形式で民主的立法者が自らを廃棄してしまったと見られる一九三三年の視点から記述され、加えて国家社会主義の法律命令に着目しつつ実定的法律概念は信用すべきでないとされる[36]。しかしこのことはワイマール期の法実証主義の意図よりも、今日の法理論の動機を図らずも示しているのである。授権法の可決のさいの事情は秩序に沿った「手続き」への実証主義的要求には対応していない。その後の法律命令や総統の指令も、権限ある立法機関という実証主義の観念にまったく反している。それらの現象は、まさに形式的法理解によれば、なんら法律としての特徴をもちえないものであった。実証主義的法律理論と国家社会主義的立法実践との一致という論争的な指摘はそれゆえ、新実証主義的理論形成自体にはね返ってくる。それこそが、手続き概念の完全な空虚化によって、「法律のたんなる言語化」、つまりは官報での公布のみを法律の唯一の形式的な基準とすることを導くのである[37]。法律の成立における完全な恣意性というこの想定こそが[38]、法律をときどきの適用状況に応じて審査するだけでなくそこではじめて完全に規定するという現在の要求の前提を提供する。だとすると、今日の法実証主義は、その自己理解とは逆に、純粋な法律実証主義に帰されるよりはるかに、忌み嫌われる時代の法思想に近づいているのである。ナチス時代に支配的法理論として発展した「具体的秩序思想[39]」は、形式的法律からの徹底的離反という状況で、司法および行政の行為において特殊な状況ごとの法を出現させる法実践の表現にすぎない。ここで発展した個々の事例への法の接近可能化は、政治的テロルという状況に対応していただけではなく、同時に社会的利害調整と経済計画という意味での国家の介入の、非民主的型を明示していた[40]。法律実証主義と「具体的秩序思想」によって排他的に示される選択肢、すなわち組織化した資本主義への個別的国家介入の必要性に対して、民主的にコントロールされる法定立機関の計画的介入で対応するのか、それとも権威的措置によって対応するのか[41]という選択肢は、現在の新実証主義においては、明らかに、あいまいにされている。

社会国家的任務からして、法律と措置とを法律のレベルで平準化すべきか、それとも措置のレベルでそうすべきかの問題は、エルンスト・フォルストホフの大いに注目を集めた理論の出発点ともなっている。つまり、フォルストホフの議論はここで述べている現代の法理論的状況からして、何よりも無制限の法律実証主義のルネサンスという外観を呼び起こすのである。特殊事例の法的扱いは、法律の司法国家的決疑論への解消に鋭く対立して[42]、レレッケにはっきり見られるような[43]立法による規制に対する留保としては限界づけられず、措置法律・個別事例法律も、分化し指導を必要とする産業社会状況への法治国家原理の不可避的適応として受け入れられる[44]。同様に、価値体系的な基本権解釈に対立して、憲法の実定法律としての性格が強調され[45]、司法による脱形式主義的憲法執行に対して憲法規範の立法府による具体化が擁護される[46]。しかしながら、戦後経済の発展のなかでの社会的利益の自己規律からしてもっともな根拠をもつ[47]、カール・シュミット学派のこの一見新たな立法者への信頼も、多くの点で相対化される。

第一に、フォルストホフの措置法律の承認は、深刻な制限に服している。立法による社会形成の容認は、ワイマール憲法四八条の規定の現実の拡大運用と同様の簡単な立法手続きが基本法の規定には欠如していることを悔やみながら指摘することによってのみ、生じている。[48]措置的性格をもっている法律は、最初からたんに法律の効力をもつ（執行的）措置の代用物と見られているのである。フォルストホフの議論のなかで生き残っている一九世紀の法治国家原理によれば、一般規範を定立する立法者と措置をおこなう執行者とははっきりと区別されるべきだということになるが、[49]ここではそれは立法する執行者に対しては明らかに緩めて適用されている。それに対して、意思に反した措置法律の承認は、原則的に疑われている司法への他の場合とはまったく異なる強いコントロール権限の要請に均衡点を見いだす。フォルストホフの「機能規範」と「コントロール規範」の区別、[50]すなわち立法者への憲法に沿った拘束の度合と憲法裁判での審査権のそれより非常に狭い射程の区別は、一般法律には当てはまり、司法国家的手続きでのその具体化や内容決定は、レレッケの思索の結果とは逆に、排除される。しかしフォルストホフはその区別をまさに措置法律に対しては取り消すことにより、それを同時に純粋な消極的機能に限定された司法による実効的コントロールに服せしめるのである。法律の積極的内容決定はしかし、結局のところ行政の裁量に委ねられたままとなる。それは法律が一般性の要請に対応すればするほどより広い余地を得るのである。フォルストホフは立法者に要求される形式的な憲法の拘束に対立して、行政の行為が実質的法原理を志向するよう定める。その法原理の意味は「個別の事例においてそのときどきの事情からのみ見いだされるべき」ものという。[51]すると結局、フォルストホフの司法国家の発展に対する批判が向いていた、法律の場合々々に応じての実現の決疑論への解消は、ただ行政のレベルへと移されただけだということになる。ルーマンの理論は法の実定性を形式的な一般化原理と捉えるが、それは行政や司法の決定機関による特殊化のための概要を示すだけのものであった。それら決定機関はこの特殊化を状況の変化にも適応させておこなわなければならないのである。[52] レレッケの法律概念は、法的実定性を開かれた司法手続きのなかではじめて出現するものとした。これらに対しフォルストホフの理論によれば、法律は事態に応じてその実定化をただ行政の行為のなかでのみ得るのである。これらいずれの理論においても、法的決定は法律から適用機関へと移されており、フォルストホフの理論の法律実証主義的道具立てにもかかわらず、具体的状況法への転換は明らかなのである。

そのような法律の行政裁量への広範な委譲の社会的機能は、ボン基本法の社会国家規定を見れば明らかになる。フォルストホフの極端に形式主義的な憲法解釈はただ、社会的内容を無視した、しかし「法律による自由の確保のための法技術的な技巧システム」として積極的なものと表現される法治国家性のみを残し、[53] まさに現代国家において最も重要な任務である、公共的「生存配慮」が実定法の規律から除外されつづけるのである。それは社会国家的な憲法条項の立法による具体化と考えうるのに。憲法の実際の形成という任務から外された行政の行為は一貫して、「所与の状況という現実」[54] に立ち返ることから得られる固有の実質的法原理を志向する。技術的・形式的憲法と非技術的・実質的行政法というフォルストホフの二元的観念は、[55] 立法者によってなされる憲法の現実化に対し行政行為の概念を解き放つ。このなかで、規制されるべき対象の固有法則性が最も強力に主張されるのである。

しかし、フォルストホフが立法による社会形成をそもそも承認している範囲においても、その「事物の本性」へのつなぎ止めが繰り返される。憲法と立法の関係を定めるさいにこの意図はまったく明らかになる。司法のたんに消極的な任務に対応して、フォルストホフの憲法理論は立法者をたしかに憲法に拘束している。しかし、そこに憲法の執行が委任されているのではない[56]。この微妙な区別は、彼が法律実証主義的な規範は規範であるという同一視に明示的に復帰しているにもかかわらず、まさに社会国家原理という内容的な憲法の指示から法的実定性を剝奪し[57]、基本法（一条三項）で明らかにすべての基本権に認められている直接の法的効力――それは立法者をも義務づける――を社会的プログラム規定に対しての「除外条項[58]」であってただ古典的自由権にとってのみ妥当する「特別規定[59]」であると解釈しなおすというこころみに対応している。この選択的実証主義という観念は、実定的憲法を、それが立法による「自由と財産」への個別介入に対する防御に役立つ限りでしか、真剣に捉えていない。他方でそれは同時に、社会国家的な憲法の指示から免除された立法者に、それが個別事例を規律する限りでであるが、社会固有の「自ら構想する」権力を委ねるのである[60]。もちろん、不可逆的な社会国家的発展に鑑みて、社会形成を導く原理の性格が憲法には否認される以上、憲法はたんに「自ら構想する」立法者だけではなく措置をおこなう立法者にも不十分な教示しか与えない。独自に構想する法律は、「適切な」、「妥当している」正義の観念に一致する生活領域の秩序として、まったく前政治的に描かれる。他方、措置法律の審査も、その基準を憲法の自由保障から取りだすだけでなく、それを越えて自由な財産保障への憲法適合的に許容される（!）侵害にも目的適合性のコントロールを及ぼすのである[61]。法律への「適切性」や目的適合性要求は、憲法の正義要請ではなく、所与の社会構造やそれと一致している「正義観念」、あるいは生産の客観法則性による調整を求めている。同時にフォルストホフが「独自に構想する」あるいは「法的」法律と措置法律の境界を一般的および具体的規範の間に引くのではなく、個別の法律自身のなかに移していることは、その法理論の基本的意図を表わす。つまり、たしかに立法による社会形成と経済計画という現代の現象への限定的適応は供給するが、しかしたとえば社会経済的プロセスに社会的正義への発展を負わせるのではなく、逆に社会的要請や、民主的コントロールによってふたたび引き起こされうる危機や誤った方向への発展に抵抗してそのプロセスの固有法則性[62]に加勢するような「法律命令」のみを許容するのである。

実定法を司法形式の手続きの機能性に拘束したり、あるいは動的なシステム安定化のための恒常的修正可能性へと向けるような手続き理論において、法的に規制されるべき対象の固有法則性への訴えは、その——フォルストホフの観念とまったく類似した——前提を、法律の憲法の指示からの解放に見いだす。レレッケの理論は実定法律を、法適用手続きにおいてはじめて内容が定められるような空虚な形式におとしめるから、もはや法律は憲法規範の個別化という意味で憲法から導かれうるものではまったくなくなり、逆に憲法が、開かれた手続きとしての法律の概念から定められ、この基準によって審査される。[63]こうして憲法自体が（裁判）手続きに解消されることからは、社会国家的に重要な憲法の実定化にとって広範な帰結が生じる。連邦の立法者による実定法律が「何が具体的に人間の尊厳だと考えられるべきか」を定めるのではなく、中心的基本権の内容とは「各個人が具体的に自らの尊厳だと理解しているものであって、さらにはこの観念が開かれた手続きで実現される可能性のことである」と言わなければならなくなる。[64]実定的憲法の司法国家的決疑論への解消は、こうしてまったく奇妙にも、フォルストホフの憲法の法律技術的形式的構造という主張と同じ結論を導くことになる。つまり、社会国家的憲法にもかかわらずそこには法治国家的装いだけが残され、人間の尊厳の一般的現実化のためにおこなわれようとするときどきの介入に対抗して、具体的個々人がそれを使って自分の自由の範囲を区切る。すべての諸個人は状況の「あるがまま」[65]に委ねられることになる。レレッケはもちろんこのような基本権の防御的限界づけ機能でがまんしているが、フォルストホフの形式的法治国家とか社会国家原理の憲法レベルからの除去という議論はさらに「自由に成長する」行政の解放にも仕えている。両理論の個人主義・自由主義的意図と計画資本主義的意図の相違はここに示されている。とはいえ、レレッケの司法形式での法の具体化への訴えは、ほとんど裁判官王国の法創造的主観性を志向してはいない。憲法でも超実定的価値でもなくつねに「まったく開かれた現実」（上記参照）による法律への審査の要求においては、社会プロセスの固有運動への法の恒常的適応が求められている。フォルストホフの理論との区別はここではただ、国家による介入を付随的助成ではなくまったく消極的なものとだけ考える、社会経済的固有法則性の伝統的理解をとっているという点にのみ存在するだけとなる。

ルーマンの憲法理解は、あらゆる基本権的評価が、何よりも社会国家原理と人間の尊厳の保障に関連する限りで、産業社会構造の内在的合理性と衝突してしまうというフォルストホフの懸念と共通している。[66]高度に複雑な状況をドラスティックに縮減するという義務をルーマンが明示的に認めているところの立法的決定は、この縮減をまさに「定立されたあるいは解釈しうる規範や目的」への着目からおこなうのではなく、システム内在的構造と一致しておこなわないといけない、とされる。[67]こうした立法者の実定憲法からの免除は、非常にあいまいなかたちで、社会的諸領域の政治的セクターの発展に対する限界づけを繰り返すことになる。たとえルーマン理論が国家と社会の二元論を時代遅れとみなすことを前提にし、(68)およそ政治権力は紛争観念からたんに誘導をおこなうコミュニケイションへとずらすことで中立化しうると考えているとしても、(69)彼の基本権解釈は高度産業化状況の下でより高められてはいないとしても減少してもいない、社会経済的自由領域の確保の要求への注目をやはり含んでいる。たしかに、システム的制度的憲法解釈は伝統的市民的理解による個人主義的自由保障を広い範囲で時代遅れだと考えており、(70)現代社会での基本権の機能として現存するシステム分化の維持を明示している。このような視角からは、「自由保障」は、コミュニケイションの機会の保障としてのみ現われるが、その保障はコミュニケイション参加者のために守られるのではなく、コミュニケイション・システム自体の存続に仕えるべきだとされる。(71)しかし、こうして基本権が個人から社会のサブシステムへと移されることによっては、憲法理論の現代社会の進展する分化への適応、つまり自由な競争から組織資本主義への発展への適応しか果たされない。他方で基本権の伝統的限界づけ機能は社会的分化の保障という要請のなかで維持されている。

基本権的憲法規範の社会的実現に対して、複雑なシステムというルーマンの理論はまったく逆のテーマを設定している。機能的な社会分化とサブシステム形成によるそれへの（限定的な）構造的対応は、相互の影響付与とコミュニケイションとは衝突しない。それらはむしろ全体システムの動的安定化にとっての前提である。そうではなく、それぞれのサブシステムにとって異質な構造原理の転用と衝突するのである。このような前提からは、たとえば、男性と女性の一般的平等は家族のレベルに転用されるべきではない。あるいは、まったく個人の成功機会に委ねられている人間の尊厳の保障は、国家的侵害に対する保護規定から社会的相互依存状況のコントロール基準へと拡張されるべきではない。そして、政治的憲法からは経済秩序についての帰結はまったく導けない。[72] ルーマンは政治的「全体憲法」の説明をわざと避けており、[73] 彼の説明の強調点は政治サブシステムの構造原理――それは、ボン基本法が妥当している限り、社会的および法治国家的民主主義としてしか描きえない――と経済の内在的構造原理との間に要請される基本的差異を示すことに置かれている。[74] 社会国家的に重要な基本権の「第三者効力」、その社会経済領域への適用、その結果としての経済セクターの民主化、こうしたことはルーマンの理論には全体社会の脱分化と映らざるをえない。それは、現代産業社会において政治的決定セクターが潜在的に全能となりつつあるという同時期の傾向と一緒にして、全体主義的だと疑われるのである。ルーマンの理解によれば、基本権の機能はまさにそうした社会の「全体主義的」脱分化からの防御に置かれるべきだとされる。このことは結局、基本権がそれ自身の社会的実現に対する防御に仕えなければならないというパラドキシカルな結果を生むことになる。

分化した経済システムの、憲法による正義要請やシステムにとって異質な政治セクターの介入からのこのような解放は、フォルストホフと同様ルーマンにおいても、自らが自らを規律する経済の復活と理解されているわけではない。経済の固有法則性の要請は、ここでも選択的な原理を含んでいる。それは、政治的な、たとえば立法による考えうる介入から、社会的憲法要請の具体化として「事態に合っていない」目的設定を経済プロセスに対して課するようなものだけを排除する。つまり、不可避的に高まった国家と経済の相互依存についてのルーマンの洞察は、それぞれのシステムに内在的な構造原理の相互尊重への厳しい要求と結びついているのである。この要求は、もちろん、「市場に沿った」政治的決定の要求や政治の経済への要求の最小限化に止まっているのではなく、[75] 最終的には「経済の優位」を社会システムの他のすべての要求に対して打ち立てるまでにいたる。(76) 全体社会的目的設定としてのボン基本法の社会国家条項の政治セクターによる実現(77)に代えて、経済が社会的発展方向について決定的に規定する。経済計画の不可避的必要性が経済的支配者たちの必要と一致しなければならないということがこうして明らかになることによって、(78) 同時に実定法の発展方向の指針も決定される。ヨゼフ・H・カイザーの同様に「自由な」計画理論は、次のような問いから出発している。「経済的なこと、あるいは経済的であるべきことが、法的に妥当するという事態は、どのようにして生じるのであろうか(79)」。ルーマンの同趣旨の解答は、すべての法的問題設定における経済の優位の要請をおこなうことで、法の実定化に不安をもつ必要のないため(80)の前提条件を定式化しているのである。

このように、実定法の発展の目的設定についての新実証主義的理解のなかには「社会的現実化から技術的現実化」への移行(81)が反映している。すなわち、実定法はもはや社会的正義要請の社会経済的現実のなかでの達成のための道具と理解されうるのではなく、逆に固有法則をもつ技術的経済プロセス（およびそれと一体化している支配的利益）の表現とだけ考えられる。そうすると、法の恒常的修正可能性も、手続き理論はそれを法的実定性の構成要素だと強調しているのだが、非常に限定的な意味しかもちえないということになる。ワイマール期の法律実証主義の意識のなかでは、加速した修正立法もまだ、社会的配分をめぐる民主的闘争のそのときどきの状態を社会計画による状況に応じた介入として再現する法手続きとして考えることができた。これに対し、新実証主義的手続き理論が原理的修正可能性という概念で示すのは、技術的経済的プロセスのそのときどきの状況にのみつねに新しく自らを適応させるような法の状況被拘束性にすぎない。ワイマール期に由来する実定法律概念の相対的開放性はまさに、実質的憲法要素のイデオロギー的固定化を避けることで、民主的法定立手続きでの社会的要請の実現を妨害しないものであった。この開放性は、新実証主義の法的修正可能性概念の縮小によって破壊され、実質的憲法原理やボン基本法の社会国家原理について進歩的に民主的内容決定をおこなうことは否定される。伝統的法実証主義の意思概念をシステム概念で代替するという要求によって、(82)民主的意思形成手続きのなかでの法的諸要求の明確化可能性自体まで消失してしまう。(83)それには、システム適合的な法的決定への「システム信頼」(84)をも同時に生産するような、事実おこなわれている手続きの統合機能が取って代わる。ワイマール期の法実証主義は、法の理念的前提という観念には批判的距離をとりながら、それでも法の価値合理主義的正当化の要求を民主的手続き概念において維持していた。新実証主義の手続き概念こそがはじめて、完全なイデオロギー批判の末に、皮肉な結論をもたらしたのである。この理論は、イデオロギーを、システム安定化とコンセンサス樹立にどれほど有益な機能を果たすかという基準で恣意的に道具化する。(85)そうして、法を正当化する手続きを、技術的経済的プロセスにおける法の従順な機能性の永久の確保へと縮減してしまい、法の名宛人のコンセンサスを暗黙の喝采へとおとしめてしまうのである。

ここで述べてきたさまざまの新実証主義理論がそれぞれどの政治的機関に法定立の優先権を認めているにせよ、そして民主的立法府による立法独占の相対化主張の程度がどの程度異なっているにせよ、それら現在の法理論に共通する契機は、状況に合わせられた法が社会経済の構造や進行の固有法則性に広く同一化されるという点に見いだされる。つまりは、法的実証主義から社会学的実証主義への後退である。

第8章　現代における法イデオロギーと社会の現実との関係について

法の実践的次元とイデオロギー的次元との関連は、法イデオロギーとその社会的基体との関係がどのような歴史的位置にあるかということと無関係ではない。まさにこの点にかんして、社会発展の初期市民社会段階と比べると非常に目立った変化が生じており、それが現代の産業資本主義的システムの創出をも規定している。法がそのイデオロギー的次元において現存の社会秩序を正当化しただけではなく、同時にそれを超越していたために、初期市民社会には法の「実践的」な一次元がなお存在していたのだとすれば、現在探究しなければならないのは、法や法についての理論的な反省が社会的基体に対して直接的に順応するという傾向のなかで、そうした実践的な次元が破壊されることはないのかどうか、ということである。

I

これまで多くの研究がなされてきたことであるが[1]、初期市民社会の法の本質的な機能は、社会経済的な過程が独自に発展することのできる枠組み条件を保証するという点にあった。初期市民社会の抽象的で一般的な法は、細かな部分の調整を回避することによってこの過程を調整した。この法は広範な私的自律の領域を許容し、とりわけ契約内部の取り決めがもつ法的な性格を、国家によるサンクションの付加を通じて承認し、結局のところ外的な介入を防いだのである。これによって初期市民社会の法は、法的予期の形式的な確実性を媒介とする経済的関係の計算可能性を保証した。人間による支配ならぬ「法の支配」という公準、および「法の前の平等」という公式は、恣意的な干渉から経済的な合法性を規範的に保護するものとしての法の秩序化機能を含意している。だが同時に、これらのブルジョワ的法原理は、隠蔽のイデオロギーでもあった。それは、抽象的で一般的な法の下にそのすべての名宛人が平等に服従することで社会的な不平等効果が産みだされ認知されるという事態、法構造のなかに設定されている国家の非干渉が、実際には経済的な特権享受者に有利な干渉として作用するという事態を覆い隠すものであった。

しかしまさにこのイデオロギー的な要素のために、権利の主張と社会の事実性との間の齟齬が保持され、その結果として市民的法形態の内的な進歩性が生まれた。法律の超然とした一般性——有名な箴言によれば、それは貧者にも富者にも等しく、橋の下で寝ることやパンを盗むことを禁じている——は、市民権を実質的に剝奪された人々にも最小限の権利の保証を約束しただけではない。この権利の形態は、経済的な搾取からは無理にしても、恣意的な支配からは彼らを守った。こうしたなお静態的な権利の保証を超えて、イデオロギー的な平等要求と現実の社会的不平等との間の矛盾から、市民的法形態のうちに設定されており、かつそれを超えるような本来的な進歩が産みだされた。形式的な権利の平等が実質的にも実現されることを要求するなかで、改良主義的労働運動は初期市民社会の法イデオロギーを額面通りに受け取り、その実現を求めた。つまり彼らは、この形式の法それ自体にすでに、制定された権利内容が万人に平等な権利として含意されている、という前提から、ブルジョワ層の政治的民主主義には、プロレタリアートもこの民主主義を自らのものとするべきであるという要求が含まれていると結論づけた。[2] そのためこの労働運動は、議会における立法過程に影響を及ぼすことにより、これまで立法過程に服従していた人びとに対してもその権利を実現することをめざした。つまり、リベラルな法治国家から社会的法治国家への法律による合法的転換を図ったのである。[3]

イデオロギー的な権利要求を社会的な実践に転化させようというこうしたこころみは、ドイツにおいてはまず、ワイマール共和国の建国と発展に結びついた。賃金協約自治制［Tarifautonomie］の法的な認知、社会的立法や企業での労働者の経営参加の法的保証といったことが、ワイマール共和国の最初の数年のうちに実現したが、これはまさしく、市民的法形態が社会主義的な権利要求を取り込めることをはっきりと示すものであった。何といってもドイツはとくに政治的民主主義の導入が遅れてしまったために、こうした変化はたちまち市民以外の利害にも資することとなった。このことは市民的な法理解に決定的影響を及ぼした。法適用の平等だけでなく、法定立過程への参加の平等も実現したという意味で初期市民社会イデオロギーのいう法律の一般性が達成されたときには、[4] 法律のこうした民主的な生成と正当化が形式的な法構造の本質である、と考えたのは辛うじて社会主義的な法理論家・憲法理論家だけであって、ブルジョワ理論家はもはやそのように考えてはいなかった。[5] ブルジョワ理論家の関心はいまや、例の一般性のもっぱら実質的な内容の局面に移っており、彼らは立法者の役割を内容的に一般性のある法律に限定するよう要求していた。(6) こうした要求によって、やがてある時点で、強力に分出した社会的諸集団の利害や、経済的な危機管理という意味での国家による永続的な特別の介入を必要とする問題は、議会の民主的なコントロールによる社会的過程の制御を失った。そしてそれは独立した官僚による偽りの決定に委ねられてしまったのである。こうした状況のなか、ワイマール期の法律実証主義の民主的な進歩性は、まさに初期市民社会的な発想に固執することによって成り立っていた。それは法定立審級を可変的なものとみなさず、審級の民主的組織形態の度合からそこでの決定の実質的な正しさを推論するものであった――それらの決定が、民主化された立法者の「特別指令」を措置法の形式で表わすことが多くなってもそうであった。一九二〇年代には、政治セクターによる全体の管轄への発展がこのセクターの民主化と同時に起こったのであるが、まさにこの時期に社会主義的な理論家たちが法律実証主義に関心を寄せていたのに対して、多数のブルジョワ法学者たちは逆に実質的な憲法論的・法理論的なアプローチに逃げ場を求めた。この事実は、政治的民主主義という条件のもとでブルジョワ的な法形態が内面的には進歩的であることの証拠である。憲法学説におけるこうした立場の変化は、ワイマール憲法にも当てはまる矛盾を示しているのであって、マルクスはこれをブルジョワ憲法の本質であると記している。「この憲法は、憲法がその社会的奴隷状態を永久化するつもりの諸階級に、つまりプロレタリアート、農民、小ブルジョワに、普通選挙権を与えて、政治的権力をもたせている。そしてまた、この憲法が、その旧来の社会的権力を認可している階級、つまりブルジョワジーからは、この権力の政治的保障を奪っているのである。この憲法は、ブルジョワジーの政治的支配を、民主的な諸条件のなかに押し込めているが、その民主的な条件はいつでも敵階級を勝利に導き、ブルジョワ社会の基礎そのものを脅かしている。憲法は、一方の階級には、それが政治的解放から社会的解放に進まないことを要求し、他方の階級には、それが社会的復古から政治的復古に戻らないことを要求している」(7)。

ドイツのファシズムにおいてこの矛盾は明確に止揚されたが、それによって同時に、現存の社会の権力配分に基づくあらゆるイデオロギー的な権利の次元が平準化されてしまった。ドイツのブルジョワジーの大部分、および彼らとともに指導的地位にあるブルジョワ法理論・憲法論者はナチスのシステムに順応した。その結果、市民層の利害は、もっぱら形式的な権利の確実さだけを保証する法秩序においては、もはや内容的に保護されているとは感じられないということ、そしてまた、市民層の法的利害のかつての保証人としての議会は、形式的法と政治的民主主義に内在するダイナミズムが顕在化するにつれて当てにならなくなってしまうということ、そうしたことが証明されたのである。ワイマール共和国という形式的法治国家は、少なくとも限定された仕方ではあれ、社会主義的な要求に対して柔軟であることを示したが、一方のナチス・システムは、支配的なブルジョワ法理論によって、内容的な法的安定性の新たなる担い手と呼ばれた(8)。前者から後者への移行によって、法の形式的な構造がおのずから市民層にとって有利なものであるという、オーソドックスなマルクス主義のテーゼは反証されてしまったのである。

形式的な法を媒介として社会的諸利害を政治的諸決定に変換するというやり方は、ナチス・システムによってことごとく阻止されてしまった。だが自分たちが経済の給付能力に依拠する以上、ナチス・システムはその専横的支配の勢力範囲を、経済の固有法則性へとどうしても向けないわけにはいかなかった。そこで彼らは、権限を十分にもたない利害関係者の権利貫徹のみを妨害して、他方最も力のある経済集団には、政治的決定セクターとの法の外部での協力という新しい形態を認めたのである。ワイマールという形式的法治国家においてはまだ実現できた、多元的な集団による社会的配分をめぐる闘争を、ヒエラルヒーに沿って段階づけられた影響力のチャンスの体系内で鎮静化させる——ドイツのファシズムはそのようなスケールの大きいこころみだったのである。[9] 社会の諸集団に対して経済過程での事実的な力の程度に応じて段階的権限を認める、という主張が新しい法理論によってなされたが、この理論の本質は正当化の直接性という点にあった。たとえばカール・シュミットが自己の理論の制度的アプローチに従って展開した「具体的秩序思考」は、社会の「再封建化」の動きをトミズム的な自然法のカテゴリーによって捉え、ナチスが「各人に彼自身のものを」との原理に沿って抽象的な権利の平等を破棄したという事実を追認したのである。[10]

古典的なブルジョワ的法イデオロギーがもっていた解放的要素がこのように解体するのと同時に、法の実践的な次元も衰退した。公共的な立法や司法の機能が経済的な自己管理機関に広範な委任をおこない、そのために経済および職業集団の内的な諸決定がもはや正規の裁判権によって吟味できなくなるにつれて、法はもはや事実上の社会的な権力行使の矯正策として作用することができなくなった。雇用市場と公権力とが機能結合したシステムにおいて賃金労働者があらゆる権利保証を剝奪されたのと同様に、個人企業家は、自身の経営組織の強制成員として、そこで生じる最も優勢な利害や、法的にサンクションを受ける集団決定によって促進された経済の集中化の犠牲になったのである。[11] 同様にして、直接的な政治的権力行使の矯正策としての法は失われてしまった。通常裁判権の管轄は、政党裁判権、警察裁判権およびその他の政治的特別裁判権から切り離されることなく縮減されてしまった。その限りにおいても、実定法に「無制限な解釈」[12]を加えるようにとの司法への政治的指導は、司法が政治的権力のたんなる執行機関としてしか機能しなくなるという結果をもたらしたのである。こうして、リベラルな自己理解に対するナチスのシニカルなイデオロギー批判は、法や法理論の領域において、法と事実的な権力とがきわめて広範に同一化したシステムを産みだした。そこでは、社会における敵対状態を決着させるための形式法の規制メカニズムがもつ動態的な要素だけでなく、恣意的な支配に対する静態的な防護も失われてしまったのである。

II

現在の連邦共和国で展開の兆しが見える法理論は、次のようなことがらを指摘している。すなわち、ファシズムはリベラルなブルジョワ的法構造のイデオロギー次元を平準化したが、この平準化はもはや後戻りのできないものだった。あるいはむしろ、この点から見ればドイツのファシズムは、長期にわたる社会的傾向を最も極端なかたちで表わしたにすぎないとみなせる、と。ただし、ここに示唆されているファシズム期とそれ以後のドイツの発展の連続性は、政治的支配の形態というよりむしろ経済的権力行使の組織化に関連している。それにドイツの法理論がもつ客観的な社会的機能の連続性は、ときにはなおリベラルなこともある現代の理論家の主観的な政治的意図について、それほど多くのことを語らない。にもかかわらず、存続している現実そのものを規範的なものとして把握しようとする支配的な傾向が、ひとつのイデオロギー批判の手法を示している。それは、現行法のうちに沈澱している初期市民社会的な権利要求を、社会の現実に対して批判的な態度をとっていくための規制的な原理とは理解せず、その逆に、法理論の真理内容を社会の現状と一致する度合に従って規定する。現代のこのようなイデオロギー批判的なリアリズム、そこにはヴェルナー・マイホーファー[13]の法存在論やニクラス・ルーマンのシステム機能的法理論[14]などの実に多様な理論アプローチが収斂している。彼らは、社会政策的な諸決定が実際ほとんど民主的な立法手続きによって下されず、あるいは現行憲法の公準の実現としてはまず理解できないことに応じて、規範的構造を平準化するのである。こうした形式のイデオロギー批判は、これまでの不可逆的な発展を暗黙のうちに引き合いに出す。つまり、ビスマルク時代の保護貿易主義的な産業化から、第一次世界大戦とファシズム期の経済の組織化を経て、連邦共和国の危機管理における国家官僚と経済官僚の協調へといたる展開においては、初期市民層による構想に反して、議会の立法はほとんど行政による決定の遅ればせの批准にまで衰退し、規範的な公準は徐々に経済の固有法則性および効率という規準に圧倒されるようになったではないか、というのである。

目下のところ、現実主義的なイデオロギー批判はまず何よりも、連邦共和国の現行憲法が初期市民層の権利要求を継承し、そこから社会国家の公準のうちに実質的な諸結果を引きだしているという点に対して向けられている。あらゆる「価値の専制」に対するカール・シュミットのキャンペーン[15]に倣って、支配的な憲法理論が対抗しているのは次のような憲法解釈に対してである。それは、ボン基本法の基本権に、たんに排除・分離の権利としての性格のみならず、法の諸原理としての性格をも認めるものであり、この原理の実現要求は社会の根本的な民主化の意味で成し遂げられるべきだと主張している[16]。このような基本権解釈に最初に不信の念を抱いたのは、エルンスト・フォルストホフであった。その解釈は産業社会の諸構造の内在的な合理性に抵触するのではないか[17]、というわけである。そして後にニクラス・ルーマンも同様に、この解釈からは社会の発展のいかなるプランも導くことができない、と考えた[18]。フォルストホフが、「真の」法律とはある生活領域の、流布している正義観念と合致する「適切な」秩序であると言い換え、措置法——それは憲法上も許されている——に対してその合目的性の制御を要求するとき[19]、立法の目標を定めると考えられるのはもはや憲法ではなく、自身に呼応する正義観念を伴った所与の社会構造、あるいは生産の即物的な合理性だということになる。

立法者を社会のさまざまな固有法則性に従属させるという目的のために、立法者から憲法を免除してしまうこうした発想は、エルンスト・フォルストホフのようなカール・シュミット学派の学者に限ったことではない。立法の決定には、高度に複雑な決定条件を強制的に劇的な縮減へと導く力があることを、ニクラス・ルーマンもまた明確に示している。彼によれば、この縮減はたとえば「確立し、かつ解釈可能な規範や目的」に依拠してではなく、システム固有の構造と一致するかたちでなされるという[20]。かくて社会の全体構造の目標観念としては時代遅れになってしまった基本権は、ひとつの新たな機能、つまりたんに固有法則的なシステム安定化を助長する機能をもっているにすぎない。ルーマンの機能主義的システム理論によれば、基本権はもはや個人の自由権とは考えられない。つまり産業資本主義的な条件の下で、個人のチャンスの平等にとって実質的な前提という意味での帰結を是非とも必要とするはずの自由権ではないのである。むしろ、現代のテクノクラシーからの要求に対してリベラルな理解がイデオロギー的に適応する過程で、基本権は現存のシステム分化の保証としてしか解釈されなくなり、そのことによって個人から社会の諸サブシステム領域へと移されてしまったのである[21]。もしルーマンの言うように、基本権がそれぞれのシステムにとって異質な構造原理の伝達を妨害するのだとすれば、たとえば男女平等の権利という憲法原理（基本法第三条第二項）は、家族というサブシステムに伝達できないことになる。また人間の尊厳の保証（基本法第一条）、それはもっぱら私的な成功のチャンスにのみ委ねられたままだが、これを国家の介入に対する保護規定から社会の依存関係をコントロールする規準へと拡張することもできない。さらにそもそも、社会的・法治国家的民主主義という政治的諸原理から、経済サブシステムの組織のための結論を導きだすことができないということになる。[22] それゆえルーマンの理論では、あらゆる社会領域の民主主義化は、システムの分化の「全体主義的」な解消にしか見えないのである。ルーマンの理解によれば、基本権の機能はそのような分化の解消を防ぐことにあるべきだというのであるが、それはつまるところ、基本権が社会においてそれ自身の実現を阻むことに貢献せねばならないという、逆説的な帰結を意味しているのである。

法治国家の憲法がもつ機能についてのルーマンの規定は総じて、憲法の正義原理あるいは政治セクターという異質なシステムの介入から、分化した経済システムを解放するのにも役立っている。ブルジョワの憲法構想の中心概念に、ルーマンは近代のシステム要求へのイデオロギー的な適応を持ちだす。つまりもはや代表や参加が憲法の基本となるカテゴリーなのではなく、反省［Reflexion］が新たなカテゴリーだというわけである。[23] だが反省という概念によってルーマンが要求するのは、社会のそれぞれの部分システムが、自己規定の過程において、他のシステムの環境としての自身の適性を同時に配慮することなのである。[24] 憲法のこのような機能規定を経済システムとの関係においておこなうなら、それは政治システムにとって、憲法のいかなる具体的な内容規定よりもまず「経済の優位」を承認することを意味するだけである。[25] もし政治システムが、こうして自己の環境との友好関係のなかでしか正当化されないとなれば、結果は明白である。そのとき政治システムは、あらゆる民主的な構造原理とともに、憲法においてはたんなる経済システムに連結した制度にすぎないことになってしまう。

このように経済過程の内在的合理性が憲法の合理性規準に優先させられることは、民主的な法定立過程をどう評価するのかという問題にまずもって大きく影響を与える。カール・シュミットは、社会計画という課題に直面したときの機能不全という観点からワイマールの議会主義を批判したが、ルーマンの主張はこれと明瞭なアナロジーをなしている。[26] つまりルーマンは、選挙によって定められる議会システムの短い時間周期と、社会計画ないし決定過程に要するより長い時間との間には齟齬があるというのだ。[27] すでに述べた法律の一般性という契機、それには法定立の民主的正当化が少なくとも議会選挙というかたちで必要なのだが、ルーマンのこの議論においてもこの契機は、テクノクラシーの要求とそのなかで貫徹している支配的な経済的利害を前にして、効力をなくしてしまうのである。[28] 計画の民主的なコントロールではなく、計画の効率を求める声に優位を与えていることによって、ルーマンは今一度、制限と介入についてのブルジョワの倒錯した思考——それは経済の永続的な制御要求のもと、もはや行政介入に対してではなく立法者の規制に対して向けられる——を明瞭に示しているのである。

国家による経済への干渉は全体としては望ましいものの、このうち経済過程に対して「ふさわしくない」社会的規制を課するようなものは排除されねばならない、とされる。これに対応してルーマンは、法律の内容に対しても構造的な要求を突きつける。法の発展が、いずれにせよ存在する社会変動の条件と全体として適合的であるというだけでなく、法の変化は社会の個々のサブシステム相互の両立可能性にも配慮しなければならない、というわけだ[29]。人種平等に向けた立法改革がシステムと適合するのは、雇用市場や近隣住民の共同体がそれに合わせた態度を取るときだけである、という例をルーマンは挙げている。そこから読み取れるのは、憲法の公準ひとつを立法によって実現するときでさえ、つねに既存の経済的諸要素を承認せねばならない、ということである。ルーマンは「社会に適合した法概念[30]」を法学が作り上げなければならないというが、その要求によって概念化されるのは、支配的な社会的諸関係への法の降伏という事態なのである。

一方には経済規制の必要、他方には望まれざる社会形成的な介入に対するテクノクラシーの防衛、この二つが同時に存在するのが、進歩を遂げた産業資本主義である。この同時存在によって、法と経済的固有法則性との関係に新たな次元が付け加わることになる。初期資本主義において、最小限の法的な枠組み条件が最大限の経済的自己規制を保証していたと言えるとすれば、さしずめ現在の発展は、行政による大規模な経済過程の制御、およびすべての社会領域の法制化によって特徴づけられる。だが議会による立法行為の大半は、国家と経済の官僚機構の協働によって内容を定められるさまざまな法律の後追い的な批准に限定されているので、経済活動の固有法則性はまさに詳細な法的制御を媒介として回復されることになる。利害関係のある経済的な専門知識が立法に影響することで、現代の著しい法制化過程にひとつの傾向が生まれている。それは初期市民層の法イデオロギーを社会的実践によって実現させることを阻むものである。法構造が幅広く経済構造に同一化させられてしまうことによって、イデオロギー的な要求と社会における事実性との間の裂け目は、事実性の側に引き寄せられるかたちで埋められてしまうのである。

しかし、最も進んだブルジョワ法理論は、そのような同一化過程に置かれている法が解放的・社会実践的機能を喪失するどころか、テクノクラシーによる社会計画の規制メカニズムとしてさえ不適格になっている、という観察に無関心ではいられない。法が社会の現実をきわめて精密に写し取るようになり、それによって法システムは、複雑性と分化をいっそう高める社会との強固な結びつきによって、見通しのきかないほど専門分化した法領域や個々の規制へと分断されてしまう。まさにそのために、法は社会的諸関係の相互依存状態をもはや写し取ることができないのだ、とルーマンのテーゼはいう。[31] しかし、計画が自然発生的な社会の分化を統合によって制御するべきものである限り、それが上述のような相互依存へと向けられれば、法と社会計画との相違は非常にはっきりする、というわけである。[32] かくて、法と現実とを平準化する最悪の帰結として、テクノクラシーによって正当化された権力機能に対する法的規制を一切放棄するような徴候が見られるのである。

現代社会における法の意義の衰退、というこの診断は、一見すると連邦共和国の司法国家としての著しい発展ぶりと矛盾しているように思える。たしかに、憲法裁判権の広範な権能を認め、全体として司法に強い地位を与えたボン基本法の決定は、たんなる法律により高位の合法性[33]をあらかじめ付与することによって、純粋な合法性思考と民主的立法者の「主権」に対する不信感を十分に含んでいた。しかし、国家行為に対する司法の形態による大幅なコントロールは、法が自立的に機能することを保証しているように思われた。それに対して現在では、司法による判決には少なくともその客観的機能において、むしろ法に特有な合理性に対する侵食の進行を追認する傾向があり、そのことは最上級審の法実践においても示されている。労働裁判所は、企業および労働者の代表間の具体的訴訟に対して「国民経済の損害」の回避を考慮して判決を下し、国家によって制定された権利、あるいは賃金協約自治制によって生まれた権利を、「社会的適切性」原理の名のもとに、支配的な経済利害に基づいて相対化してしまう。だが問題はそれにとどまらない。ほとんどすべての分野の判決において、「公的な利害」や「全体の利害」といった公共の福祉条項が、厳密な法律上あるいは憲法上の個別規定に対立するかたちで自立化させられる。立法機関を犠牲にした司法の権能の拡大は、状況にみあう法適用やそのときどきの利益均衡を可能にするとされる。けれどもこれは、経済的にみて即物的な合法性が、不確定で一般的な法概念のなかに挿入されるという代償と引き替えにおこなわれるのである。

連邦憲法裁判所でさえもそうである。大きな議論を巻き起こした最近の判決は憲法条文をかなり逸脱して独自に下されたものだが、それは「憲法の番人」から憲法を守る必要があるのではないか、という危惧のきっかけを与えてしまった。ここでもまた、法の形式的合理性を犠牲にして「経済の優位」のもとに判決するという傾向が証明されている。一九五〇年代のまだリベラルな時期には、憲法裁判所も場合によっては私経済的利害に誘導された行政官庁の侵害を退けていたし、とくに支配的な国法の解釈に対してはっきりと、基本法は「社会的市場経済」を憲法の構成要素に引き上げたりするものでなく、経済システムとの関係においては中立であることを明言していた[34]。ところが最新の判決では、このリベラルな志向は遠まわしな言い方で撤回されている。一九七五年五月二二日の判決は「過激派条例」の適用にかんするものであったが、そのなかで裁判所は、党員資格――連邦憲法裁判所はその党が反憲法的であるとはまったく言っていないのだが――を根拠として公務員志願者を拒絶した行政当局の行為に賛同したばかりか、憲法だけに認められている政党禁止の専権を自ら放棄してしまったのである。同時に、この判決によって連邦憲法裁判所は、連邦共和国の各州で支配的となっている処置、すなわち憲法の個別の条項にはなんら背いていないにもかかわらず、経済システムの変革に努力したというだけで志願者を拒絶する処置に、暗黙のうちにお墨付きを与えているのである。志願者らが求めた「自由で民主的な基本秩序」(基本法第一八条)の擁護は、経済の現状の護持に転倒してしまったのである。[35]

つまり、行政裁判所で支配的な裁判においてはもとより、連邦憲法裁判所で行政官庁に対して認められた活動においても、「自由で民主的な基本秩序」はもはやあらゆる憲法律の総和ではないのだ。それは、あいまいに言い換えられた「超合法性[Superlegalität][36]」として、個々の事例で国民に対し予測不可能な要求をおこなえる、実体化された憲法体制を指すのである。しかし、そのようにしてひとつの不確定な法概念に縮減されることで、憲法は社会の事実性との同一化を逃れることができない。それゆえ、憲法をたんなる法律の上位に置くという、司法国家の実践において貫徹している傾向は、立法機関を経済的生産の内在的合理性規準に拘束するテクノクラシーのやり方とほとんど区別がつかないのである。二段がまえの合法性と、(憲)法と現実との平準化、この二つが同時に存在することは、現代の発展において一見するとパラドックスと思われる事態に対応している。すなわち一方における司法の権能の拡大と、他方における司法機能の客観的後退——行政官庁に対する憲法裁判権の断念もこれを証明している——とがそれである。「二段がまえの」判決によって、司法は経済の固有法則性のたんなるエイジェントになってしまうのである。

司法国家の発展の表現として理解できる現代の法理論のアプローチは、法に特有な合理性の破壊を承認している。「事物の本性」という概念によって、ヴェルナー・マイホーファーの法理論は所与の社会構造を最高の法源にまで高め、法学や司法による解釈に留保されたものとしてこれを立法権の介入に対して免疫する。初期市民社会の観念によれば、司法は法律に密着して実定法の実現に奉仕すべきだと考えられたが、法適用を法律にではなく「事物の本性」と同一視される法に結びつけよ、という要求によって[37]、司法はまさにかかる実定法の実現から解放されることになる。しかし立法機関からの解放によって、司法は直接的に現実の社会的諸関係に従属させられる。マイホーファーは「事物の本性」を、あらゆる社会的生活領域に内在する秩序および正義だと理解している。それは、売り手と買い手、家主と店子、医者と患者といった社会的属性の担い手としての人間が、その属性に対応する社会的な地位や状況との一体性から逃れえないことを表わしている[38]。「事物の本性」という原理に従って裁判することを義務づけられている司法にとって、もはや法の前の平等は通用しない。司法による身分法の適用は、近代の生産過程における機能分担に応じてヒエラルヒー的に分化した社会の現実構造を強化するのである。

社会的身分によって法的な位置を理論的に固定しようというマイホーファーの企ては、すでにカール・シュミットの「具体的秩序思考」がそうであったように、初期市民層の法イデオロギーを「再封建化された」産業資本主義——そこでは経済的権力の位置と政治的権力の位置を区別することがいっそう困難である——の要求に徹底して適応させようとするものである。もっとも、トミズムの自然法理論を借用しているにもかかわらず[39]、マイホーファーは法を、存在の諸段階からなる静態的な秩序の統一性とは考えない。したがって、ひとつの自然法が生成しそれによって事象論理的な構造がそのつど新たに規定されるというマイホーファーの概念のなかには、特殊なダイナミズムをもつ近代社会の安定化メカニズムについての理論的な反省しか見あたらないのである。だが法的な役割の担い手を標準化することでマイホーファーが意図したのは、とりわけリベラルな平等の公準を大幅に撤回してしまうことであった。「汝の欲せざることを他者は汝に仕掛けるであろう……」という等価交換の黄金律は、原理的に同等の競争者からなる、たとえばホッブズ的な市場道徳の基礎にあるものだが、これがマイホーファーの具体的な自然法思想のなかにも見いだされる。ちょうどそれは個々人の主観的格律を、一般的な法則となる可能性に適合させようとするカントの場合と同様である。しかしこのマイホーファーの場合、平等、一般性どちらの原理も決定的に変化しており、両者は分裂したものとしてしか捉えられていない。黄金律と定言命法は一般的な行動法則として「いかなる者にも『いつでもあまねく』当てはまる[40]」ものではもはやなく、「ある役割ないし状況にあるものには誰にでも」当てはまるにすぎないのである。これでいかに動的な理解ができるように見えても、考えられているのはせいぜいのところ封建社会の法にも含まれている程度の抽象性と平等な措置の水準にすぎない。マイホーファーは明らかに、スコラ主義最盛期の具体的な自然法思想の再生を意図している。それは啓蒙の抽象的な自然法理論に対抗しようとするものだが、まさにこの退行においては、近代社会の社会的・法的な構造転換へのイデオロギー適応を意味するのである。一般的な法原理を必要性と「人間の本性」から引きだし、社会の未来の組織化をそこへ方向づけること、ここに初期市民層の理論の相対的に進歩的な契機が存在する[41]のであるが、現代の法存在論はもはやそれをしない。逆に法存在論は、社会的諸関係とさまざまの地位を所与の「事物の本性」へと実体化し、そこから法的に重要となる身分特殊的な人間への行動要求を取りだすのである。これによって、法イデオロギー的リアリズムの本質的な観点が特徴づけられる。すなわち、形式的平等への要求が社会における実際の支配関係を覆い隠すばかりでなく、現代社会に特有の分節化、つまり包括的な制御と計画の過程における状況に条件づけられた機能および身分の配分システム、これ自体が明言された法原理となるのである。ここにおいて法理論は、初期市民社会の法形態のなかでなされた一般的な法内容の実現要求と、法の名宛人の現実の不平等とを媒介しようという努力を放棄してしまい、法秩序の個別化という事態の出現——それははじめから法の名宛人の不平等と結びついている——を直接模写するにすぎなくなる。

法を「一次元的に」処理したり、法のイデオロギー的要求を社会的現実のなかへ撤収したりする同種の傾向が、マイホーファーの憲法についての省察を規定している。同時にマイホーファーの憲法理論は、リベラルな民主主義体制下での現代の憲法状況の客観的な矛盾を反映してもいる。憲法と憲法現実との慢性的な二項対立が消えないのは、一方で個人の解放という実際には果たされていない初期市民社会の法原則が保存されているのに、他方では事実的な社会経済的権力集中が分節化された産業資本主義的構造のなかで暗に進行しているためである。リベラルな法治国家と社会的民主主義というボン基本法がうたっている憲法公準を、マイホーファーは、存在する事実性を越えて未来の法発展すべてが向かわねばならない「具体的なユートピア」と理解している[42]。このことはさしあたり、前述の二項対立が社会的現実の変容によって止揚されることを期待させる。加えてマイホーファーは明らかに、マルクスの「社会的ユートピア」という中心的な憲法原則が、民主的な解放要求の必然的な帰結であると解釈するのに骨折っている。これは、マイホーファーがラディカル・リベラルの立場にいるという、連邦共和国において長らく定着していた評価の誤りを示すものである。この理論が現実問題に向けられた場合の論証の構造を観察してみるならば、別の判定が可能である。憲法の目標規定はつねに、一般的な公準を「現実的で実現可能な構想」へと変換する意図のもとで、経験的に記録されうる社会の進化傾向と連動させられるべきである、とマイホーファーはいう。[43] これは、解放要求がそのつどの経済的な枠組み条件の制約に服さねばならないということに他ならない。すると社会国家という「ユートピア」が統合原理に退化し始めるのみならず、教育機会の均等あるいは女性の就業権という意味での両性の平等資格などの憲法公準も、そのときどきの産業社会の要求のために保留されることになる。こうしてマイホーファーは、ついには憲法公準すら所与の現実構造に還元し、憲法の使命から法発展を切り離してしまうのである。これによって、つねに開かれている未来との関連において人間の現存在に内属しているという「企投としての性格」、それが法にも与えられることになる。[44] だがこうした法理論の構想に従った場合、強く分化していると同時にきわめて動的で未来志向的な社会の要求にはたして法は応えられるのか、という疑問が残る。

注目すべきことに、近代社会における法の独自の機能に対する否定的な評価という点では、ルーマンの法機能主義やマイホーファーの法存在論のように相対立する理論的アプローチが接近している——法の形式的な合理性に背を向けたあとはそれぞれ異なった解決へと向かうにしても、である。ルーマンとマイホーファーは初期市民層の法要求を社会的現実のレベルで平準化し、立法による革新に対して特別な秩序あるいはサブシステムへの社会の分出を対置する。しかしマイホーファーが自律的な社会の地位領域の内部構造、すなわちその「事物の本性」によって立法機関は失敗すると考えるのに対して、ルーマンの場合には、あらゆる法の変更は社会のサブシステムの相互両立可能性を尊重しなければならないとされる。ルーマンのいう両立性原理は内在的な本質規定をすべて雲散霧消させてしまうもので、個々の機能システムの機能規定は「内的にではなく」他律的に、それぞれのシステムの環境を顧慮して発達するとされる。それゆえマイホーファーのアプローチとは違って、社会における相互依存に志向するような社会形成的な介入や計画は認められるが、立法者のイニシアティブを媒介として民主的な内容を採用することは拒否される。ルーマンは法の機能と立法者を犠牲にして行政の権能を拡大するが、マイホーファーは立法者を拒絶したことで、自律的な社会秩序を司法によって防衛するという立場にとどまっている。けれども、近代社会の動的な未来志向の観点に立つならば、両者いずれの場合でも、社会的な発展は立法による調整から切り離されているということになる。

政治的民主主義という条件のもとで形式的な法構造がもつ解放的ポテンシャルを考慮すれば、社会発展に対する法の機能の否定的な評価が、まさに現代のブルジョワ法理論家によってなされていることは驚くに当たらない。近代社会における形式的法の客観的に後退した機能についての分析的な言明と並んで、これらの理論家たちの関心は明らかに、現代の法と憲法構造に組み込まれた初期市民社会的法秩序の平準化に向けられている。国民国家の境界を無意味にする経済過程の国際化のなかでの社会的計画への要求を配慮して、ブルジョワ法理論家のうち最も保守的な層はテクノクラシーによる解決を選択する。すなわち、国民国家的な政治組織が古びてくるにつれて、ついには政治そのものやその民主的な組織形態までが時代遅れである、と説明されるのである[45]。これまでの憲法のモデルがこうした過程に順応できないがゆえに、その妥当性がことごとく消失したというテーゼにいたるわけだ[46]。法構造の規範的な予期設定は、動態的な計画過程に見合う柔軟性に欠けるという理由で学習可能な予期スタイルに変換され、ひいては計画過程そのものの構造に作り替えられてしまう[47]。これらの法理論は紛れもなく大きな社会的リアリティをもっており、さまざまの選択肢を示すだけでなく、同時に実際の発展傾向を分析してもいる。まさにそれゆえに、近未来の包括的な社会の発展過程のなかで民主的革新を実現するチャンスが実際には失われるのではないかという懸念が生まれてくる。ここではっきりと姿を現わしているのは、マルクス主義的言明を逆転させ、国家と法の解放的ポテンシャルが実現する前に、そのブルジョワ版の「死滅」をもたらそうとする企みがおこなわれてきた［法理論の］展開なのである。

第9章　上部構造としての下部構造、あるいは「現実的」法理論

現代のブルジョワ法理論は、あらゆる反対にもかかわらず存在しつづけており、それどころかますます現実的になってきている[1]。オスカー・ネークトの、後期資本主義システムにおけるブルジョワ的法理論の発展は「論理的にも実際にも不可能」であるというテーゼ[2]は、何より現在の支配的な法発展とその社会的条件についてのまったく的確な分析から導かれた。過剰な法律と恒常的修正立法という傾向が伝統的ブルジョワ法システムを破壊し、前ブルジョワ的・封建的状況に対応するような「法の崩壊」へと追いやってしまい、結局資本主義から発生するがそれによっては満足させられえない、伝統的法制度への要求の圧力が増大している、と彼は言う[3]。「巨大な継ぎ接ぎ細工」へと転落したブルジョワ的法システムというものはもはや明らかに観念できないのであるから、ネークトによれば、その法哲学的意味づけも不要となる。

実際、現在の法発展の法理論的表明からはたしかに苛立ちが見て取れる。巨大な完結的法典編纂の時代が終わったという事実[4]は、規範の一貫性の問題についてのパーソンズの説明のなかに無意識に反映している。というのは、その理論は、非常にさまざまな社会的連関や役割のなかでの個々人の行為の法的

規律に対応した規範の交差・矛盾の現実的分析と、規範システムの理念的要請との間を揺れ動いていたからである。[5] ところがルーマンによれば、非常に可能性に富んだ社会における問題解決メカニズムの変化から考えて、憲法理論・法理論にとって「自らの可能性条件への問い」は完全に開かれたままとなっているのである。[6]

現在の法理論の完全な不可能性というネークトの終末論的言明には、むろんより広い前提があった。それをより正確に見てみよう。エンゲルスによって述べられた「法発展の経緯」は、ネークトにあってはある一点において中断している。エンゲルスは近代国家の法のなかに、それが経済状況の表現とともに「自分自身と連関する」表現でなければならないという原理的矛盾を指摘した。同時にエンゲルスは、経済状況につねに新たに出現する敵対関係が法への転換によって恒常的に法システムと調和されなければならないという点に、法発展の原動力を見いだした。[7] こうして法発展のひとつの定式化がなされたのだが、それは自由主義的な資本主義という局面にしか当てはまらないのである。この時代には、抽象的一般的規範の完結的システムがまだ法の総体であった。ネークトによれば、内部矛盾を抱えない法の新秩序を生みだすことが現在不可能となったという事態は、すべての法発展の終末を示す。そこから先では法はもはや概念化しえないと言う。しかしこのテーゼは、パシュカーニスの狭い法観念をさらに上回るほど限定的な自由主義的資本主義の法概念の絶対化に因る。[8] そうではなく、現在の法現象の考察は、ネークトによって示されたすべての法発展のではないにしても自由主義的資本主義の法発展のこの終末から、まさに出発しなければならない。法秩序の「再封建化」の発生が本当に古典的な法制化の目的の崩壊に基づいているのか、それとも実はそれは、破壊された法システムが今日仮に機能できるとした場合よりもより強い全体社会の安定化をもたらしているのではないか、が問われなければならない。さらには、今日法的システム形成の圧力から解放された法理論的イデオロギーの機能変化を何より探究しなければならない。かつての法システムと生産基盤の矛盾の増大は、あらゆる発展段階に当てはまる法規範の論理的無矛盾性の要請からこそ生じていたのだが[9]、今日このような要請が時代遅れになったということもけっして法的イデオロギーの終焉を意味しているのではない。まったく逆に、このように変化した状況において法規範と法理論は自らの社会的基礎にかつてより近づいたのではないか、すなわち正当化の新たなる直接性という傾向において「現実的」特徴を備えているのではないか、が問われなければならない。

I

ヴェルナー・マイホーファーに代表される現在の法存在論、ニクラス・ルーマンの法機能主義、そしてたとえばエルンスト・フォルストホフのような新実証主義——これは古典的法実証主義とは名前しか同じではないのだが[10]——は、以下の契機において共通する。すなわちそれらは、ブルジョワ的法安定性をもっぱら法の形式的合理性に結びつけることや自ら完結した矛盾なき法システムという観念をとっくに捨て去った。そのときどきの社会的状況における「事物の本性」への存在論的訴え、社会的サブシステムそれぞれの特殊な構造原理の保障への法規範の縮減、あるいは「物事の現実」「事物論理的構造」を状況に応じてめざすことにより広範な国家の活動領域を形式法の妥当領域から除外する新実証主義。

これらは、現在の法理論的こころみに共通する、社会的特殊秩序の固有法則性という新たな議論の出発点への転回を示している。[11] 初期ブルジョワ的法形式のなかで設定された法内容の一般的実現という要求と法の名宛人のなかでの現実の不平等とを媒介するという努力を、法理論は放棄した。[12] それにより、法理論は、はじめから法の名宛人の不平等を織り込んだ法秩序の特殊分化の出現を直接に模写することになる。

以下でマイホーファーの法存在論について示すように、これらの法理論は、マックス・ヴェーバーの考察[13]以来詳細な社会学的分析のなされてきた産業資本主義システムにおける社会的・法的分裂プロセスと連関している。役割理論やシステム理論は、統制資本主義における社会的組織化の結果としてブルジョワ的主体の存在が困難になったことやさらにはそれが完全に消失したことを反映している。[14] 実際、自律的契約当事者として平等な権利をもった行為者というフィクションは、利益の組織化が以前から存在していた社会の異質性を白日の下にさらし、社会的紛争を政治制度に直接にもち込んだことによって崩壊せざるをえない。互いに分化した利益の特殊性は、国家機関の多元的統治の増大によって自らを再生産する。それは議会の構造変化にも当てはまり、そこではあらゆる利益団体が「自ら自身の立法府」をもとうとする。[15] さらに何よりも「部局生産の最大化」への傾向、行政組織の脱集権化、政府と行政の計画任務においての国家官僚と団体官僚の絡み合い、[16] そして裁判権の特殊化の増大にも当てはまる。[17] 民法典からの特殊法秩序の分化[18]は法決定機関の制度的転換と結びついており、諸団体や非常にさまざまの社会的組織、あらゆる種類の経済機関・施設・組織の自律的法定立権限によって、完全な法の分裂という事態にまで深刻化している。だが、国家による法独占と自立化した法的特殊秩序との関係はまったく未解決のままなのである。[19]

このような、ワイマール期に強く生じ[20]ナチス・システムにおいて最も徹底した姿を現わした[21]法発展は、自らの内に二律背反性をもっており、随伴する法理論的思索もそれから逃れることはできない。ナチスの法組織の極端例、そこでの法定立機能の完全な分裂、どんどん恣意的に特殊任務のために作られ互いに重なり合う権限を与えられていた機関への法定立機能の委譲、経済的「自己管理組織」へのその委譲[22]、特殊裁判権や身分的名誉裁判権から会社自身の裁判権にまで及んだ過剰性[23]、「民法典の粉砕」への実行され計画されたさまざまのこころみ[24]——これらは「具体的秩序思想」に典型的な法理論的現われを見るような法組織である。[25]これらのこころみにおいては、権限のジャングルのなかで無統制のまま機能するような政治権力の解放とともに、経済的編成の意図も実現された。そして後者はファシズム後の時代にも意味を有しているのである。それは、実際の経済的権力地位の分裂した法状況のなかでの法的承認であった。経済・職業団体での内的法決定を一般的に適用できる法によって審査できる外的上訴裁判機関がナチスに欠けていたことは、オットー・キルヒハイマーが示したように、個々の強制的構成員を集団内でそのときどきに最も強い利益へと引き渡すことになった。個々の企業家もそのような集団決定で促進される経済的集中の犠牲となった。機能団体システムにおいて、賃金生活者は雇用者の力や国家の強制権力からのいかなる法的保障も奪い取られた。[26]ナチスによる法の分裂化は、「すべての者に彼のものを」という原理[27]に基づく抽象的権利平等を放棄してしまうことで、ブルジョワ的法主体の消失を皮肉な率直さをもって確認したのである。

にもかかわらず、一体的ブルジョワ法システムの社会的基盤の崩壊から生じたこのファシズムの結果は、自由主義的資本主義の法地平からの飛びだしの倒錯バージョンにすぎない。労働者運動によって勝ち取られた賃金自律は形式的権利平等という幻想を克服する逆向きの端緒であった。賃金自律もまた一般法の基礎に基づく個々の契約当事者の平等な権利をもった行動を社会的集団の法的行為に取り替え、労働法の特殊秩序を一般的契約法から解放することを含意していた(28)。他の社会領域(たとえば賃貸借法を想起せよ)へのこの原理の拡大は、さらなる法の分裂を意味するであろう。そこでは、存続している法規律の特殊化・詳細化への強制というより諸利益の厳しい敵対が国家の立法者には過大な負担となり、古典的法システムのなかでは権利を奪われているすべての者の法的要求が、ただ社会的な闘争組織によって達成されるべきだということになってしまうだろう。しかし内容的な分化は、ここでは形式的権利平等を実質的にも実現しようという目的をもちえた。そのようなブルジョワ法の再政治化は、失われた法秩序の一体性を、新たな、優れて政治的な意味で再建するという可能性を含んだものでもあったのである(29)。法的部分領域のシステム的調和ではなく、私法と公法の二元論の克服全体が問題となっていた。分化した法的要求の達成のために支配に服している社会的利益を一貫して組織化することこそまさに、それまで実現していない、政治的憲法の民主的社会的原則の社会領域全体へのもち込み、すなわち「社会的全体憲法(30)」を現実化することへの要求をも意味しえたのである。

しかし、現在の状況では、国家・経済・団体それぞれの官僚の協調に特徴づけられる社会的改革政治は、つねに経済状況のデータに対応している。そこでは、抑圧された社会的利益の組織化自体、二律背反的性格をもつことになる。それは経済状況によって、一般に「労働法の機能変化」といわれる、ワイマール期の展開からすでに分析されていたプロセスを繰り返し、あるいは強化してしまう。つまり、とりわけ労働者運動の組織化はもはや利益の自己主張の表現ではなく、まさに自律の維持によって国家の役に立つことになる。国家はそれを使って社会政策的目標、[31]つまりそのときどきの経済的枠条件の制限に従う目標を達成しようとする。憲法の社会国家要請が統合形式へと堕してしまうようなこのさまざまの閉鎖的利益のシステムのなかでは、内容的法分化を通じてまさに実質的権利平等を築こうという要求[32]もまったくのアポロギーへと近づいてしまう。[33]「社会的に等級づけられた法的立場」[34]の保持が実際に社会的不平等の実質的調整をおこなっているのか、それとも逆にそれを法的に承認することになっているのか、という決定的問題は、個々人自身の自発性による社会的流動性を援用したところで、ほとんど答えられない。これこそが、現代の給付社会を身分制社会の身分法から区別するものであるというのに。[35]現在の社会の流動性の実際の上昇は、社会的立場を個々人が自発的に選択することによっているのではない。[36]ナチスの総動員プロセスが、産業社会に不可欠なそのような個々人自身の自発性のための前提を、理性の狡智によって作りだしたという――自由主義的な――テーゼ[37]は、誤っている。双方の場合に共通して、社会の流動化はそれぞれの状況に応じた経済的指導措置にまったく従ったのであり、プロセスの「材料」にすぎない個人にとってそれはたんに課せられた事態であった。このことは、ナチス・システムでの出来事を見れば分かる。たとえば、移住、そして何より統制された労働の投入、職業地位の維持・転換についてのツンフトにも似た被傭者への規制。[38]それらはもちろん今日の包括的計画プロセスにおける機能配分よりもずっとあからさまなものではあった。だが、現在の法構造の分析からも、初期ブルジョワ的法発展の「身分から契約へ」とは逆向きの傾向、すなわち新たな身分法への傾向が確認できる。[39]こうした分析はそれゆえ、現代の社会における社会的役割ゲームのなかで個人が自己実現できる可能性を示す動的役割法のカテゴリーへの固執よりもより正確に、法の内容的分化の二律背反性を記述することができる。[40] つまり役割法という概念は、新たな身分法という概念とは違い、「流動的社会」における動的なものと静的なものの実際の配分、つまり全体システムの動的安定化と個々人の行動領域についての静止状態を覆い隠し、分裂した法的地位に代えて「自由の見せかけ」を概念の次元でもう一度再生産するだけなのである。

形式的権利平等から法の内容的分化への移行は原理的に二律背反的であり、「すべての者にその必要に応じて」という原理の先取りか、あるいは現実の社会経済的権力分配の承認としての「すべての者に彼のものを」という原理への逆行か、どちらが予告されているのかという問題は未決定のまま残される。この二律背反性はまた、どのような兆候によって「法形式と法現実にふたたび一致[41]」がもたらされるかの問題も未決定に残す。法と社会基盤との乖離を均そうとするあらゆる「現実的」法理論にとって、この問題は決定的である。

II

ヴェルナー・マイホーファーの法存在論は、そのあいまいな「現実」という概念のなかに、社会の動性と静性、個人の自己実現とシステムの実現、解放と存在するものの確認というこの決着をつけられない矛盾を隠している。その社会的に促進させられた法の分裂の忠実な模写は、人間の決定とそのときどきに与えられている現実構造との和解を、つねに生成している具体的自然法、動的に自ら発展する「事物の本性」という手がかりのなかに求めている。「自己存在」における人固有の存在と公的世界の「世人」への頽落とのハイデガー的対立——ダーレンドルフの役割理論にまで保持されている対立[42]——を克服して、マイホーファーは第二の実存を「自己存在」の隣に創出する。そのなかで自らの「自己存在」が実現されるべきであるような[43]「あらかじめ示された社会形態に属すること」としての人の「としての存在」である。人は社会的属性の担い手として、たとえば買手と売手、賃借人と賃貸人、医者と患者などとして、自らの自己存在を「としての存在」のなかに見いだし、そうしてはじめて「地位を」得る[44]。こうして、彼独自の行動の構造と彼に独自の社会的状況の構造とに「事物の本性」という共通の名前が与えられるのである[45]。

そのような「事物の本性」は、あらゆる社会的地位と状況に内在的な秩序と正義として理解され、マイホーファーの「事物法則的」法理論のなかで「人間的現実」の構造へとまさに具象化される[46]。それから外れることは現実からの逸脱であり、立法の規範制定による社会形成的介入によっても不可能である。あらかじめ与えられた社会構造はこうして、そのときどきの「事物の本性」という印の下に最高の法源にまで高められ、立法者の「解決提案」も事物との一致という留保の下でのみ妥当するとされる[47]。法適用が「法律」ではなく「事物の本性」と一致する「法[48]」に拘束されるという要求により、秩序と「地位[49]」の一体化としての法構造、社会的所在と集団への帰属の法的確定はもはやどこからも疑問に付されない。いわばこの法理論構成においても、一般的法原則の援用を可能にする外部の控訴機関が欠けているのである。全体的法決定をおこなう機関は、それ自体が集団内での法原理を執行する機関だと考えられる。現在の法存在論のカール・シュミットの「具体的秩序思想[50]」とのあけっぴろげな関係は、まさにこの意味からも理解されるべきである。それが地位によってそれぞれ特殊な法的原理を社会的「事情」から導くのは、それぞれの職業集団の法を「『規則』からではなく具体的地位状況から獲得する」カール・シュミットの手続きと類似している。それが法的な役割の担い手を規格化するのは、カール・シュミットの秩序思想に定住していた「具体的な典型的役柄像」の反復のように見える。さらに、トマス主義的自然法理論を「再封建化した」法構造固有の観念のために横領する点でもカール・シュミットと共通である。[51]むろん最後に述べた観念はもはや本質段階と存在段階の静的な秩序の一体化として考えることはできない。事物論理的構造を場合に応じて新しく定めていくような生成する自然法の概念には、現代社会の特殊な動的安定化メカニズムについての理論的考慮だけがはたらいているのである。

マイホーファーの社会的立場に応じた法的地位の測量学は、初期ブルジョワ的法の要請の広範な撤回を意図している。「他者からされるのを望まないことは他者にもするな」という等価交換の黄金律――それはたとえば原理的に平等な競争者どうしというホッブズの市場道徳の根拠にもなっているが[52]――は個々人の主観的格率を一般法則となる可能性に適合させるというカントと同様にマイホーファーの具体的自然法思想にも見いだせる。しかし、平等と一般性という両原理は決定的に変化させられている。それらはもはや分割されたものとしてしか考えられない。黄金律や定言命法は一般的行為法則として「『いかなる所でもいかなるときでも』すべての者にあてはまるわけではもはやな」く、「その役割あるいは状態にある者にとって」のみ妥当する。[53]それゆえに、たとえ動的な見せかけを伴ってはいても、抽象性と平等取り扱いは封建社会の法に内在していた程度にしか考慮されていない。[54]マイホーファーが高等スコラ学[55]の具体的自然法思想を明示的に意図して復活させていることは、啓蒙の抽象的自然法とは逆行するものであり、この退行こそまさに、現代社会の社会的法的構造転換へのイデオロギー的対応を意味しているのである。現在の法存在論は、もはや一般的法原理を「人間の本性」やその諸要求から導き将来の社会組織をそれに対応させようとする——この点に初期ブルジョワ理論の相対的進歩性があった[56]——のではなく、逆に社会の状況や地位を所与の「事物の本性」へと具象化し、そこから法的に重要で地位に応じて特殊な人間への行為要求が獲得されるのである。法理論的現実主義の本質的要素がこうして明らかになる。もはや形式的平等の要求が現実の社会的支配関係を隠蔽するのでもない。逆に、現在の社会の特殊な分裂や、包括的指導・計画プロセスのなかでの状況に応じた機能・地位配分のシステムが、それ自身公然と法原理であると表明されるのである。このように、進歩した産業資本主義社会はその法的要求やその理論的反映において、「一次元化[57]」つまりイデオロギーの社会的現実への撤収という一般的傾向を示すのである。

現在の法理論が、イデオロギーが現実のまったくの重複へと退化するというプロセス[58]、つまりは「下部構造」がほとんど「上部構造」としてふたたび登場するというプロセスに加担している以上、法形式と社会的基盤の差異を均してしまうこととの二律背反性は、ブルジョワ法理論を、社会と法との関係についてのマルクス主義的考えにとくに近づけることになる。ルカーチが後期ブルジョワ的イデオロギー形成に着目して確認したように[59]、その理論は、まさにその「現実的視角」によって、自らの立場を守ろうとすればマルクス主義的解釈のこころみを受け入れるよう強制されてしまうのである。そのような対応は、たんなる準拠・引用[60]やえせマルクス主義的なイデオロギー宣伝による資本主義構造の表面的正当化[61]に限られてはいない。ブルジョワ法社会学の有名な格言は、法発展にとっては立法者の「意思」は決定的ではなく、その中心は立法でも法学でも裁判でもなく「社会自身のなか」にあるとか、法発展の経緯は財産秩序を所有に化体された経済的秩序にできる限りきっちりと適応させることを目的としている[62]、とかいったものであるが、それらはマルクス主義法理論からも生じうるものであるし、より最近の、たとえばストゥーチカの作品には実際ほとんど同じかたちで現われている。他方、こうしたアナロジーからは、ストゥーチカは、自身の理論発展のなかにブルジョワ法思想を受容して同時にその機能を変化させた、と評されることになる[63]。——もっともストゥーチカ自身は、それほど「誠実」で「見た目は革命的」な、生を法に優位させるブルジョワ理論も、たんに良き臣民の空虚な言葉にすぎないのではないかとの不審の念を抱いている[64]。実際には、ストゥーチカはマルクスとエンゲルスの法理論的こころみに直接依拠して純粋にマルクス主義法理論を導きえた。だが彼は直ちに、下部構造と上部構造の区別をなしているという非難に対する弁明をおこなわなければならなくなる[65]。この点でのストゥーチカとマイホーファー[66]の驚くべき一致について言うさいには、それらの間の内容的含意の真っ向からの対立も明示しておくことがふさわしいと思われる。

まず、マイホーファーが法理念をあらかじめ与えられた法素材[67]から構築することで法的主意主義を拒絶しているのとまったく一致して、ストゥーチカも意思理論の主張者に反対して次のように述べている。「法的概念は社会状況自体に由来しなければならない[68]」。財産関係は現存する生産関係の「たんなる法的表現」であるというマルクスの定式化と結びついて、また商品保持者たちの商品に関連する法的に媒介された関係についてのマルクスの有名な説明の解釈によって、ストゥーチカは、一方で経済関係を排他的に事物的関係とし他方で法的関係を意思関係として両者を対立させる考えをすべて否定している[69]。それをストゥーチカは下部構造・上部構造の連関を機械的に分割するものだとして批判するのである。[70] 事物間の諸関係が現実には人間間の関係であり、純粋に経済的な種類の人間間の関係もすべて行為者の意思によって媒介される。だが同時にその法的・意思的関係の内容はまさに経済関係によって与えられる。そうだとすると、ストゥーチカによれば、法は一面的に上部構造の現象としては理解できない。逆に、法は下部構造と上部構造とを包み込む関係として、その中心点においては下部構造に分類されるべきだとされる。[71] これに対応して、ストゥーチカにおいては法の三つの形式的側面が分けられる。具体的法形式（I）、これは具体的経済関係と同一である。抽象的法形式、つまり法律（II）。それから法イデオロギー（III）、これは上部構造に属する。そして、あらゆる面での媒介連関を強調しつつも、具体的法形式に「無制限の優越性」が認められる。[72] 立法者の自由意思は、それゆえ、法学者身分の自己欺瞞に由来するのであって、同一事態の量的繰り返しからの法律の成立という事実が法律固有の性質を表わしているのである。それはすなわち確証されたもの、すでに実存するものの法的承認である。[73] 規範と事実のすべての差異、法律という抽象的法形式の経済関係という具体的法形式からのすべての逸脱において、立法による規律の無力さが改めて示される。ストゥーチカの「上部構造理論の経済的再生産」[74] はこうして、革命前の法発展すべての観念について妥当する。

マイホーファーが下部構造と上部構造の関係の固有の観念においてマルクス主義法理論のこころみを摂取し、ただその「一面性」のみを批判的に放棄することを明示的に要求していることは、[75] 皮肉にも自らの理論にはね返ってくる。それは、まさにこの批判において、一面性という罪を犯してしまうのである。マルクス主義法理論の完全な誤解と実際の論争線設定の誤りによって、マイホーファーは、「社会の下部構造が排他的に経済関係に限定されることによって生ずる、社会の上部構造への法の一面的帰属」と戦うことになり、にもかかわらず次のような考えを示すことになる。「法は規範として、第一に社会的存在の一部分である。つまり社会のなかでの実際の法の使用。と同時に法は社会的意識の一部分でもある。つまり社会のなかでの実際の法的確信」。[76] マイホーファーの「一面性」批判は、それ固有のテーゼが一見ストゥーチカのこころみの反復と見えてしまうほどに、空虚なものである。ストゥーチカの用語法によれば、マイホーファーの言明は次のようになる。法は形式Iとして同時に形式IIと形式IIIでもある、と。——下部構造の経済関係への排他的限定という点にかんして言えば、ここでもマイホーファーの批判は実際のマルクス主義の理解の繰り返しである。マイホーファーがマルクス主義法理論に帰している経済的偏狭性は、彼にあっては、人間の自然に対する関係から法概念を導くことと誤解されている。そうしてここでも彼は、誤った論争線設定から、法と社会の関係の探究は「人間を自然との関係においてではなく人間との関係において」考察しなければならないということに固執してしまう。[77] しかし、生産関係からの具体的法形式の発展というストゥーチカの理論も、同じことを言っているのである。彼は有名なマルクスの言葉を解釈して、次のように明記している。社会関係においては「(ブルジョワ的学問とは違い) 生産と交通だけ「が理解されるべきである、「それはつまり、生産や交換をおこなう人間どうしの相互関係である。『生産関係の全体が社会の経済的構造を、現実の下部構造を作っている』。ブルジョワ的無知だけが、生産関係と生産力とを混同する。後者は生存競争における人間の外的自然に対する関係に該当するのである」。[78] 人間間の作用関係をとくに法的に重要な関係として強調するマイホーファーは、結局無意識にストゥーチカの説明と一致してしまうのであり、ストゥーチカ自身がマイホーファーをブルジョワ的無知という非難から解放することすらできたであろう。

しかし、マイホーファーは人間間の交換関係、「としての存在」のコミュニケイション面をまったく所与の社会的現実の構造に具象化してしまう。これにより、彼はその「前法的」由来をまったく一面的に断ち切ってしまうのである。人間間の交換関係を孤立化させること――パシュカーニスも承認したような[79]――はたしかに、人間間の依存性から抽象化され自然物の支配と所有にのみ目を向ける純粋な物権法というようなイデオロギー的観念から彼を守っている。だが、マイホーファーは法関係それ自体をもはや先占と労働の自然のプロセスに還元させず、人間関係自体を物象化するのである。人間間のコミュニケイション関係がもはや生産力の発展には影響されえない「事物の本性」として現われる。それゆえ、「非本質的」変化を別にすれば、「事物の本性」は「同一事の永劫回帰」の世界での「歴史的無条件性」の下での人間の行動の地位に応じて特殊化された基本的模範となる。[80]

社会的存在および社会的意識の一部分というマイホーファーの法理解と、(生産関係としての)下部構造および上部構造としての法というストゥーチカの法観念とは一見したところ非常に類似しているが、より詳しく見れば非常な差異がわかってくる。マイホーファーの法と社会の「差異」に着目したイデオロギー批判手続きからは、彼の存在および意識の概念が、自らの主張とは異なり下部構造と上部構造の概念とはまったく一致しないことが明らかになる。マイホーファーは法と社会の間の社会学的差異とイデオロギー的差異とを区別するが、これにより、彼の批判手続きは社会的存在と社会的意識とのそれぞれ分離された領域の内部でのみおこなわれることになり、[81]存在と意識の関係自体は触れられなくなる。したがって、生産力が「前法的」領域として排除されるとともに、もはや具体的法関係としての経済関係の現実の下部構造もまた無視される。社会学的差異という概念からも、規範的法とたんに事実上の法名宛人の逸脱（中絶禁止立法の場合のような）との差異が得られるだけである。イデオロギー的差異概念ははじめからさまざまの法的確信の間の矛盾に限定され、素人と「権限ある」法律家との法意識の間の矛盾と同じことだとされる。[82] しかし、まさにマイホーファーが「現実の下部構造」から遠ざかっていることこそ、彼の理論の「現実主義」を強めているのである。彼は、内的イデオロギー批判を、[83] 実際の行動内部および法的確信内部における差異と同一性を求めてぐるぐる回りするだけの手続きだと捉えており、実際の社会関係をそれ自身のイデオロギー的要求で計測するという手続きだとは考えていない。それゆえ、現存する関係についての異議申し立てはおこなわれない。人間の自然との関係が排除されることにより、唯物論的イデオロギー批判として生産力の発展に着目して法関係としての生産関係を疑問に付するということは放棄される。さらに、イデオロギー的要請の社会関係のなかでの実現を求めるような、自然法に媒介されたイデオロギー批判も断念される。初期ブルジョワ理論——たとえば権利平等の要請——が現存事態との差異のなかにまだ有していた真理主張の契機をマイホーファーが破壊するとき、彼自身の理論は真理要求をも現実のなかに取り戻すのである。こうして批判の前線設定の向きは逆転する。規範的法、——それは上部構造に属するのだが——はその社会的機能においてそれ自身の理念の視点から批判されるのではなく、「まったく別の方向で」疑問に付される。それは法の素材自身に照らして「確証」あるいは「反証」される。つまり、現実との一致によって真理性を得るのである。[84] こうしてマイホーファーの手続きは自らをイデオロギー批判と称しているにもかかわらず、カール・マンハイムの知識社会学的方法へと転化するのである。[85] マイホーファーが上部構造の定式の現実との不適合をそのイデオロギー性、もしくは――明らかに心理学的傾向を示すものであるが――その幻想的性格[86]を示す基準として導入するとき、彼は社会現実を価値中立的帰責客体だと示している。[87] マイホーファーは借用した下部構造・上部構造シェーマを転換させ、真理と現実とを同一化し、[88] 事物論理的社会構造を「現実のなかで生じた価値」「存在において現実化した当為」として理解する。[89] これは、現実の観念的意味づけという点において、マンハイムの知識社会学が陥った運命と一致する。それは、より高度な領域で純粋の精神連関が保持されているという考えへの異議申し立てをおこなったが、にもかかわらず結局、「マルクス主義の武器庫からいくつかのものを持ちだしただけでふたたび彼方へと立ち戻る[90]」。マイホーファーの現実概念はそれ自体が規範的なのである。

マイホーファーによって打ちだされた法と社会の社会学的およびイデオロギー的差異が結局現実と事実性［Realität und Faktizität］との独特の対立へと導かれるのは偶然ではない。[91]「ヘーゲル的論法」から距離をとることで、[92] 実際の諸関係とこの諸関係の現実の構造とのつねにありうる矛盾が確認される。その矛盾を埋めるためには、つねに「たんなる事実性を思想的に超える」ことが要求されることになる。それは「現実的法学」が任務として示さなければならない[93]具体的予見という意味をもつ。経済プロセスに発するあらゆる動揺から社会現実を静的に保持することは、きわめて動的な概念と結びついているのだ。現実的法学は自らを本質的に「未来学」であると理解している。[94] しかし、超越的イデオロギー批判で乗り越えられなければならないとされるたんなる事実性は、社会と法の広範な分化・分裂から生じた社会的機能不全現象全体の同義語であることが判明する。現実の側からは事情に応じて特殊な「事物の本性」の内在的正義構造として記されるものが、事実性の側からは、多様化したイデオロギーと法的利害をもった異質な組織集団の妨害競争による、多元的社会の自己規律の永久のブロック化の危険だとみなされる。[95] 社会的「位置づけ」は、特定の役割と状況の事実性として考える限りでのみ、[96]（全体的イデオロギー概念としての意味で）「立場への被拘束性」による意識のそのときどきの「遠近法的歪曲」としての特殊イデオロギーの異常肥大の原因となる。[97] 社会的状況のこの事実性の背後にある存在論的・人類学的な現実の根本構造、[98] つまり「事物の本性」として見れば、それはあらゆる遠近法的歪みが修正されるべき基準となる「イデオロギーの循環の外部に位置するアルキメデスの点」をまさに示すとされる。[99]

マイホーファーの現実の二重化は、組織資本主義の状況での社会の分裂の昂進に鑑みた古典的・自由主義的な統合メカニズムへの信頼の減少を反映しているが、しかし執行権力的な自立した指導機関を頼みとはしていない。立法府は特殊利益やイデオロギー的ブロック化の純粋な事実性に引き渡されてしまった機関であるとして批判されており、[100] もはや現存する分裂の機能不全の結果を静的に登録する機械としてのみ登場することができる。それは多様化した利益を承認するのである。しかしながら法学は、おのずから正しい現実構造の優れた弁護人として、まったく非イデオロギー的機関として機能する。[101] それには「自由に浮遊する知識人」としての役割が与えられる。それは、政治への専門知識を使った助言をおこない、「生産的総合」によって[102] 意識の遠近法的歪曲を放棄することができる。[103] 動的なシステム安定化として利益不均衡を統合するという任務は、こうして、ほとんど司法による和解のように構成される。それはむろん、裁判学から立法学に変身するという法学の要求に従って、[104] 古典的な立法の領域に侵入するのである。これが、マイホーファーの伝統に依拠した、法律に対する法の優位の主張の新たな、そして制度的に言って重要な、側面なのである。

自分自身規範的な現実という観念は、マイホーファーの憲法規範と具体的法発展の関係についての解釈全般にとってさらに広範な帰結を導く。同時にここでは、「未来学」としての法学の二律背反的性質が明らかになる。マイホーファーは、自由主義的法治国家や社会的民主主義の憲法要請のなかに、いまだ果たされない未来への「先行企投」、法的な「具体的ユートピア」を見てとる。すべての将来の法発展は、それをめざして現存する事実性を超越しなければならない。[105] マイホーファーによれば、このユートピアでは社会の未来の組織の予想がもはや「人間の決定」によって実現されることになるが、その「人間の決定」は、「事物の本性」に発する具体的法思想のなかでは、むしろ歴史的には時代遅れになった啓蒙の自然法から受け継がれた残留カテゴリーだとみなされていた。それがマイホーファーの憲法理論上の議論のレベルでは逆に正しい社会発展の目標設定として現われるということには、現在の憲法状況の客観的矛盾が反映されていると言える。憲法と憲法現実というつねになされてきた二元論は、基本的に、個人の解放という実際には果たされない初期ブルジョワ的法原理を保持することと、分裂した産業資本主義構造における実際の社会経済的な権力集中を弱めることのなかで維持されている。マイホーファーが初期ブルジョワ的な解放の要求を未来に投影することは、その二元論を社会的「現実状況」の転換という論理を使って放棄するという意図を予期させうる。とりわけ、彼の法的要請および社会国家的要請の言い換えとして、マルクスの「社会ユートピア」が民主的解放要求の必然的結果として明示的に求められるのだから。こうして、彼の主張する「未来学」は、規律原理を慎重に構築しつつも、同時に、政治的民主主義と非民主的社会領域、公法と私法の二元論を完全に放棄するような社会組織の状態を意図しているといえる。つまるところマイホーファーは憲法が「法秩序の一体性」を作りだすということを前提にしている。[106]

にもかかわらずマイホーファーの未来学は現実的法学なのだ。事実性を超越する過程には、人間の決定に沿う憲法の要請のうち、「現実の構造」に対するものではなく「人間的観念」に対するものだけが存在する。[107] 人間の決定は、つまるところ「具体的実存の弁証法」[108] のなかで進退窮まることになる。人間の媒介されなければならない主観的および客観的本質決定はその弁証法によってまったくばらばらにされる。人間は「社会諸関係の調和体」であると同時に自らのまったく独立した「決定」の産物でもある。それゆえ人は自らの生産の生産物である。[109] だが、歴史的自己決定の「先行企投」にもかかわらず人間的実存を原理的開放性のなかで孤立化することは、主体を所与の客観性へと引き渡すことになる。「事物の本性」と「人間の決定」との弁証法は、客観的現実構造の側で閉ざされる。[110] 自己実現とシステム実現の同様の弁証法も、人間の動的産業社会プロセスへのそのときどきの状況に応じた順応として問題となる。それは、憲法の要請と現実の構造の関係のなかで明らかになる強制的流動性という特徴をもつ。法の進化が具体的憲法ユートピアの先行企投を志向する一方で、現実的法学は「逆向きの」手続きを開始する。それは、一般的要請を「現実的で現実化可能な観念」へと翻訳するもくろみをもって、憲法の目的規定を経験的に確認されるべき社会の進化傾向と同一化して管理する。[111] このことが意味するのは、解放要求をそのときどきの経済的枠条件の制限に従属させなければならない、ということに他ならない。社会国家の「法制化されたユートピア［juridifizierte Utopie］」がここでは統合原理へと縮減し始めるだけでなく、教育機会の平等、性の平等といったマイホーファーによって主張される特別の要請にとっても、これに対応する帰結が生じる。平等な教育機会や、たとえば女性の職業への権利の進化的実現は、そのときどきの産業社会の必要という留保に従属するのである。[112]

現実社会および法の発展傾向を、内在的に自己実現する解放の要求の視点から推定することからは、現実という概念に当然規範的意味が付着する。ここでは「存在において現実化する当為」が現われる、とされる。[113] さらには、現実がそれ自身未来の総体となる。そこにおいてのみ「存在するものとして歴史的に出現した存在としての当為」は認識されるべきだとされる。[114] ところが、マイホーファーの発展の客観的なりゆきの信頼は、特有の決断主義的契機によって達成されるのである。カール・マンハイムに関連づけて、歴史的事実性のなかで出現するが歴史の彼方で自己を実現する「存在論的、人類学的根本構造」自体が、「生成しつつある絶対者」の動的な契機と考えられ、それはそのときどきに新たにおこなわれる「総合」のなかでのみ規定できる。[115] マイホーファーは一方で、抽象的思索に対する社会的現実の具体的分析――「社会的現実が歴史的に実際に（それ自身によって）私たちにどのように示されるか[116]」――の要求をおこない、他方で「『人間の恣意』から独立した発展経過という歴史形而上学的前提[117]」すべてを拒絶している。彼はそれらの間を揺れ動いている。それは彼の理論の批判者にも再生産されている。マイホーファーが存在と当為を「事物の本性」によって媒介しようとするとき、それは存在理解が十分な実体性を含んでいないから失敗すると批判される。[118] 他方、プーランザスの「法的存在論」概念は、マイホーファーの存在と当為の媒介のこころみには「事物の本性」の弁証法的性格が実際に明らかにはされていない、という。なぜなら、この媒介は「事実」と「価値」が人間実存――その存在論的構造は「行動の実践的自由のそれそのものである[119]」――の先行企投のなかでそれに従って構築されるような「行動論理」の意味ではおこなわれていないからである。マイホーファーの進化概念の双方の契機は、実際、次に示すようにそれらが別々の法領域に関連してもたらす帰結においてばらばらになるのである。

憲法要請をそのときどきに特殊な「事物の本性」としてあらかじめ与えられた現実構造へと縮減し、そうしてそれを非現実化してしまうことにより、ボン基本法妥当下での裁判においても「事実」上示されているとおり、[120] 法発展が憲法の指示から広く解き放たれてしまい、つねに開かれている未来という観点からして人間の現存在すべてに内在しているとマイホーファーが述べるのと同一の「企投的性格」が法に与えられることになる。[121] 今や、現存する社会経済の機能不全が状況に応じた恒常的指導を要求するような領域での法発展は、場合に応じて新たな「総合」を決断主義的に作るという契機を放棄することは明らかにできない。ところがマイホーファーは、刑法の発展を、ますます増大する合理性へと歴史が不可逆的に動いていることに依存させている。[122] しかし、この想定は非常に問題性の大きいものとならざるをえない。マイホーファーが自らの法理論的こころみの進歩的でもある意図を明らかにするのは、他ならぬ刑法の発展について――そしてそれのみ――なのだ。マイホーファーが所与の進化目的と本質規定を現実の内的発展の地平へと還元してしまうことは、法のほとんどすべての領域では古典的解放要求の放棄を意味するが、逆に刑法では、それは時代遅れの倫理的価値秩序から導かれるような人の行為への静的要求の撤回を含意するのだ。マイホーファーの倫理刑法についての連邦通常裁判所判決に対する批判や、彼の刑法改革へのオルタナティヴ提案への参加は、その証拠である。マイホーファーの普遍的に定式化された理論が、まったく刑法の、とくに倫理刑法の分野からしか説明例を引きだせないということは、[123] その一般的意図が見込み違いであることを根拠づける。未来学としての法学というマイホーファーの提案を強く援用することは、[124] その二律背反的性格を誤解しているか、その一般的には保守的な機能を過小評価している。

全体として、マイホーファー理論における現実の内容は現在の社会に生じた構造転換の適切な考慮としてあるのであって、提案された問題の解決としてあるのではない。「事物の本性」という概念には、社会の対立の脱政治化と、妥当している憲法原則の事実上の浸食が反映している。脱政治化は分裂した諸集団利益の事物論理的「総合」による統合のなかで生じるのである。彼の理論は部分的に二律背反的性格をもっているので、「より良き自由民主党」の際だった代弁者という政治的選択肢をも含むことができ、社会を人間的なものにする努力を所与のシステム条件に結びつけ、自由主義的刑法観念から既存の経済的力配分が害されない限りにおいてだけ社会的に不必要な抑圧を撤廃する。現在の社会における正当性の弱体化は、マイホーファー理論のマルクス主義の立場との意識的および無意識的一致に反映されている。だが、法と社会的基盤、「下部構造」と「上部構造」の区別をなくしてしまうことからは、両者の相違が完全に明らかとなる。マイホーファーが未来へと投射するのは、そのときどきの現実の法への翻訳としての具体的法発展のなりゆきであるが、ストゥーチカによればそれは先史時代の段階の特徴なのである。革命法律のなかでの経済の客観的発展傾向についてのストゥーチカの意識的予見に対応するのは、マイホーファーによる進化傾向推定と、真の現実の保守的ユートピアとしての先行企投なのである。

第10章　法制化、脱法制化、および諸制度の機能転換

　法制化と脱法制化にかんする現在の議論をひとわたり概観してみる限り(1)、表面的には安定しているように見えるのだが、それは、法制化の増大と政治的諸制度の権力の拡大との間に、単純な因果連関が成立している、という仮定が存在しているからである。布告的な性格以上のものをもつほとんどすべての新しい法規範は、刑事訴追から福祉国家的な給付行政事務にいたるあらゆる領域の国家行為において、それを遂行する官庁を拡張するという結果をもたらす。この事実は、先ほどのテーゼを批判の余地なきものにしているように見える。古典的な法治国家的権力分立が変わることなく存続する、という前提に立ったその最も単純素朴な理解のなかで意味されているのは、立法機関としての議会の生産性が向上すれば、執行府および司法府にとって権限規範の数と範囲が拡大するということ、そしてそれゆえ社会における紛争処理の官僚制化と司法化の増大は「法律の洪水」に由来するということである。この意味での国家および制度の肥大に対する批判は、最初から、法の増大［Verrechtlichung］と法律の増大［Vergesetzlichung］とを同一視しているのである。

　それ自体問題をはらんだテーゼの、このように単純化されたバージョンに対しては、すでに次のよう

な異論が提起されている。すなわち、法律による規制をやめれば行政や司法が何もしなくなるといった結果がもたらされるのではなく、一方では、行政自体による規範産出とそれに伴う行政的権力領域の自律的な強固化が生じ[2]、他方では、ますます分化した裁判官法の成立につながるのだ[3]、と。「執行」機関あるいは「法適用」機関での法定立機能が拡大しているという、異論の余地のない事実は、立法レベル以下の水準での法制化過程の規模と、古典的法治国家における諸制度相互の関係の変化とにかんする論拠を提供しているのである。

しかし、法、政治的諸制度、および社会の生活諸領域の現代における諸関連をより詳細に規定することは、量的に増大した法の特殊な性質に着目してはじめて可能になる。最近の議論では[4]、法制化の量的な観点、すなわち規範の量（「規制量」）の純然たる増大と、規制なき領域を犠牲にして生じる法的に規制された領域の増加（「規制の密度」）といった点と並んで、法制化の質的な観点として、とりわけ、ひとつの法題材（「規制の深さ」）の内部でのさらなる個別要件の分離の進行によるいっそうの詳細化と特殊化とが論じられている。こうした質的な観点にかんしては、現代の法の精密さがますます高まっているという印象が成り立ちうるかのようである。しかしこのような見方は、法の脱形式化という重要な趨勢――それはマックス・ヴェーバーがはやばやと診断を下して以来[5]、二〇世紀において絶えず高まってきた傾向である――を見落とすものである。それにかんして目下のところ重大なのは、きわめて不確定な法概念や一般条項や目標規定が、まさに社会的に形成された国家の最重要の法題材――たとえば計画法、社会法、環境法などの――にまで浸透していることである。脱形式化へのこうした傾向は、今日の法の精緻化と規制強化の傾向と単純な並行関係――たとえばそれぞれの領域特有の相違というような意味で——にあるわけではない。さらに付け加えるならば、個別具体的な適用事例のなかで必要に応じて法律の個別規程を根底から覆すためには、たったひとつの不確定な法的公式を、その他の最大限詳細な規制のなかに組み込みさえすれば十分なのである。目下広まりつつある法律とは名ばかりものに見られる精緻さと不確定性のこうした結合は、政治諸制度に対してそのつど二つの形式の法適用を選択させ、それによって、国家装置を法律によって拘束するという正当性にかかわる仮象を放棄することなく、政治制度の行為遊域を拡張するのである。

政治的諸制度の、法に対する相対的独立性——それは法の脱形式化によって可能になったのであるが——は、次のような観点のもとではきわめて重要な意味をもつ。すなわち、現代の法の圧倒的多数が国家装置そのものに向けられているということ、そして、国家を対象としない法規範も、さまざまな組織と個人の間の関係を規制しているということがそれである。[6] 以下の探究の中心的テーゼは次のようになる。すなわち、法はそもそも社会的および個人的な行為領域をきわめて間接的にしか規制しない、しかしもっぱら政治的諸制度の内部組織にのみ用いられる法でさえも、その環境領域への間接的な展開に関与しているのであると。それゆえ、ある特定の法構造の諸帰結を、政治制度の現在の機能状態、制度の交換関係の変化、および制度内部の組織（とりわけ行政）との関連で調査するだけではなく、政治制度と法との結合の相対的な解除が社会的諸制度と個人の行為領域に及ぼす影響についても検討する。そのさい、法制化と脱法制化をめぐる議論で支配的な仮定とは逆に、厳格な形式をもつ法ではなく、脱形式化された「柔らかい」法が、「コミュニケイション的な」構造に対するシステム的なメカニズムの優越や、社会への管理主義的浸透を助長している、という点について、現在の典型的な個々の法律に基づいて立証が試みられる。

法の脱形式化は、政治的な諸決定の民主的なコントロールや正当性にかんするすべての問題を変えてしまう。現行法が一般の人びとの間であまり知られていない、というのはほぼ全般的に言えることだが、それでも、議論を呼ぶような法改正の場合には、立法手続きが進行する間、公開の場でおこなわれる論争に対して非常に多くの注目が集まることがありうる。そのため、政治的選挙メカニズムがもつ選択性にもかかわらず、法定立への民主的なコントロールはきわめて微かながらもなお維持されているのである。しかしこうした、立法者への民主的なコントロールによる国家行為の最小限の民主的正当化ですら、法が国家装置をますます拘束しなくなるような構造をとるようになれば、何の意味もなくなってしまう。民主的な意思形成過程の影響力のなさ、もしくはルーマンがシステムの安定性条件として示した、政治的な正当化の調達と行政的な正当化の利用との間の切断は[7]、本質的に法の脱形式化によって確固たるものになっている。この切断に直面して、民主的意思形成過程そのもののなかに組み込まれた正当化の欠如を修復したり、国家の諸制度におけるコミュニケイション構造に対して改革計画を立てたりするのでは、もはや十分ではない。法構造と正当性問題との間の連関をあいまいにする政治学的な制度分析は、「西側民主主義」という市民宗教の産出に協力したり、あるいは批判的な意図でもって表面的な権限の転位——たとえば議会と行政の間での——に、つまり一九世紀の問題に心を奪われたりする危険にいとも簡単に陥ってしまう。社会科学の知識をもった法律家が、法構造から帰結する国家行為の正当化の欠如をより早く認識し、それぞれの立場に応じて、国家装置の自己正当化という考え方や代償的参与モデルで応答したのは、うなずけるところである。以下では、さまざまな解決策の提案のうち、法定立の脱中心化と社会化という意味のもの、つまり「法の内部でのオルタナティヴ」について詳論することに、より多くのスペースを費やす。「法に対するオルタナティヴ」については、現代の国家および経済の権力ポテンシャルを目の当たりにしてなされる、あらゆる脱法制化要求がもっているアンビヴァレンツのために、比較的距離を置いて論じることになる。とりわけ、法的な授権規範から完全に独立した近代国家の暴力資源の投入は、極端なケースにおいてさえ、どちらかといえば妨害にあいやすい――巨大な官僚制的手段によって運営されていたナチスのユダヤ人殺戮機関は、たった一度の法的定式化すら示さずにおくことができたし、またそうしなければならなかった――という事実が示しているのは、ラディカルな脱規制要求に対しては、あらゆる諸前提を明らかにすべきだという話にすらなりかねない、ということである。そういうわけで、以下の探究は主として、目下支配的な法制化そのもののなかに埋め込まれている脱法制化の傾向を対象とするものである。

I　現在の法制化過程における脱法制化と政治制度の機能転換について

近代の立憲国家の政治制度が形式的法によって構築されていることについては、ルーマンがきわめて精確に――ブルジョワ法治国家の民主的な含意についてはあいまいにしているにせよ――分析している。[8]政治制度の伝統的な実質的・自然法的基礎づけが効力を失うようになると、政治制度は法の実定化の渦に巻き込まれる。近代社会の政治的・法的統合は、まず最初に制度化をおこなう手続きがあり、その後はじめて実質的な法的決定と結びつくという「再帰的な」制度化を通じて遂行される。[9]「規範設定の規範化」の水準においては、法を制定する制度、（間接的に）法を適用する制度、そして法を執行する制度が、主としてそれら制度の決定活動の内容にかんする条件を構造化する組織法と手続き法を通じて構成される。[10]すべての法が原理的には任意に変更可能であるという状況で、諸制度がこのように安定的に配置されているのは、ルーマンにならって言えば、制度化をおこなう決定前提と実質的内容にかんする決定そのものの間にこのような分化があり、そして決定手続きどうしの分化があることに起因する、ということになる。進行中の決定プロセス（たとえば立法や刑事訴訟手続きのそれ）においては、このプロセスの「ルール」（たとえば連邦議会の議院規則、立法や刑事訴訟手続きについての憲法規定）について同時に決定されることがあってはならない。進行中の裁判手続きにおいては、立法手続きによって絶えず変化すべき法規範が変えられることがあってはならない。[11]このことによって、法治国家の制度化のシステム的な安定性条件が、すべての社会的諸関係と法的決定のダイナミズムの増大という文脈で示されるのである。しかし、リベラル‐民主主義的な政治的制度の今日の機能転換を規定しうるような、その特殊な機能様式にはまだ名前が付けられていない。

古典的法治国家の制度化は、立法が他のすべての国家機能に対して絶対的に優越しているということのうちにその構成的原理を有していた。初期市民社会の権力分立図式は、主権の分割ではなく、立法と同一化した（人民）主権を含意していた。一般意思［volonté générale］の表現としての法律によって、支配を遂行する国家装置は被支配者の意思に従属するというわけだ。[12]これには前提となる法構造があったが、それはいずれにせよ二〇世紀にはもはや存在していない。「立法の優位」は、その内容の明確さが司法と行政のプログラムに実際に反映しているところにのみ存在した。[13]革命時の立法者によって司法に申し渡された解釈の禁止は、司法が内容的に明確な法の意味論的遊域を考慮に入れることすらしないならその限りですでに幻想である、ということになると、法律による司法の強力な拘束という一九世紀の法実証主義的なドクトリンのもとでさえ、法からの逸脱を容認しつつ、法が裁判官によって社会の発展過程に順応させられるという形式が貫徹することになる。そして二〇世紀においてその形式は、法学的方法の手段全体が司法の公式の自己プログラミングへと拡大するのに伴って、もはや法の長期的な順応ではなく、状況に即して法を動態化させるという目的へと転化したのである。[14]それゆえに、司法は政治的な制度である。つまりそれは、固有の能力によって、とりわけ早期にかつ徹底的に、法による規範化に対して独立し、そして最後には司法による審査権の擁護ないしは、(アメリカを例外として)二〇世紀においてはじめて普及した憲法裁判所による規範のコントロール――このコントロール自体は、個々の合憲規定によってプログラムされるわけではない[15]――において、かつての「主権者の」立法機関を飛び越えた政治的制度なのである。

この発展は、変化を遂げつつある法律構造そのものによって支えられ、強化された。一般条項、不確定的法概念、そして「公共の福祉」公式の浸透[16]は、立法過程のレベルでも社会政策的［gesellschafts-politisch］決定をおこなうチャンスの低下、そして衝突する法的利益を調整するか、あるいはたとえ限られた期間であれ、絶えざる改正立法によってそのつどの優先順位によって内容的に明確な法的決定を実現するチャンスの低下の現われである。こうした調整および決定活動は、自動的に法適用機関および執行機関へと転移させられてしまう。法の不確定性の増大は、民主的にコントロールされた立法者の指導を受けつけないという、支配装置に固有の傾向を促進し、古典的な権力分立図式のヒエラルヒーを逆

転させてしまうのである。(17)

さらにさしあたって司法にかんして言えば、司法は法律のなかに体現された法の不確定性によってだけでなく、超実定的な評価と法的諸原理に対する、新たな方法的自己理解によって媒介された独自の使用によって、(18)社会政策的な諸決定をそのつどの個別ケースそのもののなかで下せるようになる。今日の裁判を強く支配している「相当性(19)」という「法の上位にある原理」や「比較衡量」の手続き(20)によって、司法は、競合する社会的諸利害を場合によっては調停したり、交互に最適化したり、状況に応じてプラグマティックに優先順位をつけて一面的に扱ったりする。言い換えると、近代的制定法の開かれた構造のなかでは延期されるようなすべての決定を、下すことができるようになる。司法はまた、その決定をさらにもう一度延期するか、あるいは予測された社会的効果が発生するよう強制する決定も可能にする。たとえば、共同決定法(21)の合憲性についての判決理由のいくつかの部分は、そのように理解することができる。(22)もはや法によって媒介されていない司法の活動は、たとえば「企業」と経済全体の「機能能力」が、決定規範として公然と登場するような諸決定のなかに、最も明瞭なかたちで現われている。(23)

司法の権能領域を民主的な正当化なしに拡大することは、特殊ドイツ的な憲法の伝統に根拠をもつ司法への信頼に応えるものである。一九世紀ドイツの立憲主義においては、「国民を代表する機関」は、市民的・社会的目的のための法を決定する制度としてはまだ手段化されえなかった。こうした事情に支えられて、司法の機能様式はいわば議会主義を補償するものとなったのである。司法には、官僚主義的な官治国家に対抗して社会的な諸利害を代表することが期待された。さらに今日でも、現代の法制化と脱法制化をめぐる議論に対する最も進んだ態度決定においてさえ——別のところで用いられるアングロサクソン的な言い回しに脱線するなら——、司法は国家の支配装置としてではなく、社会の規範形成過程の代理者として登場するのである。[24] それに対応して、法によってはまだほとんどプログラムされていないこうした制度に、自己抑制の用意があることへの期待は高いのである。

公的行政の領域には、前述の諸問題すべてが潜在的なかたちで存在する。その場合、立法に対する行政専門家集団の圧倒的な関与が古典的な権力分立の考え方を虚構にしてしまう、という周知の事実からしてすでに、法律による拘束に対する行政の独立とみなすべきではない。[25] 行政によって練り上げられた法律が、議会による修正手続きおよび監視統制手続きを経て、その後に行政行為の審査点検の標準として用いられる限り、法律による行政のプログラミングはまだ保証されている。このプログラムは、社会国家による持続的な法制化推進一色の時代に[26]、現代の行政を名宛人とするような法規範の特殊な構造によってはじめて、疑問を投げかけられることとなる。それは今日では、行政行為の「限界」としても「基盤」としても作用することができないという不確定性のなかにある。

逆説的ながら、積極的に社会的形成をおこなう国家の規制的政治がまさに、法の強制的性格を後退させるような法律構造と結びついている。社会的過程の外的枠組み条件を保証することに限定されたリベラルな体制の国家行為は、その法規範のなかで、正確に画定された事態への予測可能な結果を厳格に予告するが、他方で社会的な影響力の実現を意図した社会国家の行為は、定式化された目的にかんしてより多くの行為のオルタナティヴを許容するような、目的志向的な法を選好する。規制的な法が条件的プログラミングから目的プログラミングへと転換するなかで[27]、まず公的行政の行為遊域の拡大が起こる。それは行政の環境連関と内的構造に対して、少なからぬ帰結をもたらさずにはおかない。

典型的には、給付国家の政治領域で、たとえば計画法や社会法においてきわめてオープンに定式化された法律が普及する[28]。それゆえ、連邦建築法と都市建築促進法はそれぞれ第一条に、建築の基本計画の立案にさいして考慮されるべき、ないしは再開発や新規開発措置によって実現されるべき目標公式のカタログを掲げている。たとえば「健全な住宅事情と労働事情および居住民と労働者の安全に対する公共的要請」、「教育施設の利益」「環境保護の利益」「自然保護の利益」「経済の利益、エネルギー・暖房・水道供給の利益、および農林業の利益」「交通の利益」等々である。ただたんに連邦建築法から例示的に抜きだしたにすぎないこれらの文言が示すとおり、目標公式はたんにきわめて不確定的で補足を必要とするだけでなく、相互に矛盾してもいる。行政に対して、「公共の利益と私的利益を相互に公正に『比較衡量すること』」が任されているのである（連邦建築法第一条第七項、これに対応するものとして都市建築促進法第一条第四項）。さらに行政は公衆に対して「適切な方法で可能な限り早期に」情報を提供せねばならず、そして「市民がいかなる方法と方式で、どういう空間的範囲にどのくらいの期間参加するべきであるか」を規定「『することができる』」とされる（連邦建築法第二条のa第二項および三項）。法律が行政に対して容認している「比衡衡量」の自由の大きさが、同時に組み込まれている手続き規範によって最後には住民参加の新たな自由として、ないしは法律による行政の拘束という失われたやり方を補償するものとしての行政の民主化として効果を現わす、といったようなことは、その手続き規範にも含まれるあいまいさから考えて疑わしい（これについては後で述べる）。別の行政領域でのもう少し細かな手続き規則の場合ですら、さまざまな利害関係者にとってのコミュニケイションのチャンスが不均整であることは、いわゆる「予備折衝[28a]」にかんする経験的研究によって証明されている。——

最後に、社会扶助にかんする法のなかで、受給者に「人間の尊厳に適った生活の遂行を可能ならしめる」（連邦社会扶助法第一条第二項）という高尚で明白な目標公式と、「義務上の自由裁量による社会扶助の形式と程度」（同法第四条第二項）の官僚主義的な決定とが結びついていることについて言えば、ここでもまた、権利要求の明確さの欠如と脱形式化のうちに、官僚主義的行為の自立化の原因が存在しており、この場合、自立化は紛れもなく当事者個人の行為能力を犠牲にして強まっているのである。

環境法の規制領域のように扱いの難しい分野では、行政は、強力な経済的諸利害と、最も一般的なものから局所的なものにいたるさまざまな環境利害との間の大きな対立に直面する。そのため行政が有する「比較衡量」の手段は、むしろ切れ味の悪い武器になってしまうのである。まさにこのテーマにおいても、典型的なまがいものの法律が幅を利かせている。それらは最も重要な規定のなかで何も規定せず、却って——連邦環境汚染防止法がそうであるように——一方では環境に悪影響を与える企業などに課せられるべき義務を、そのつどの「技術の状態」（連邦環境汚染防止法第三条第六項および第五条）で縛り、他方では、法規命令によって汚染等に対する技術的な要求や限界値をそのつど「関係諸団体」へのヒアリングに基づいて確定し、行政規則を公布するための多数の権限を連邦政府に与えることを明言している（同法第七条、二三条、三二条〜三五条、四三条、四八条）。この場合法律の中心的な——しかしこれまたきわめてあいまいな——規制は、比較可能な他の法的題材においてと同様、実質内容上の規制にさいして産業にかんする専門的知識の助力を確保するための交渉上の地位を授与することにある。[29]このレベルでおこなわれる諸決定の貫徹は、決定適用の状況において「技術の状態」という不明確な法概念を再度用いることで弱められてしまう。それは行政の交渉遊域を拡大するとともに、産業の規定力[30]

の向上をも可能にする法概念である。

環境法の貫徹にあたっては、当局の側の厳密な適用ではなく、「遵守されるべき規範の程度と時点についての交渉が法律執行に影響を与えており」、それゆえ当局よりも企業のほうが自己の目標を実現しやすくなっている。[31] 一般的に観察されるこうした事実は、十分な根拠でもって証明されたように[32]、環境法の規範構造そのもののなかにすでにはめ込まれているものである。産業界の利害関係者から立法過程への影響力の行使は、規範を「稀釈化［Verwässerung］」すること、「利害同調的な管轄省庁」に地歩を固めること、議会での審議後になされる行政のプログラミングのため、できる限り広範なコントロール水準（連邦および各州）を操作できるような議決を引きだすこと、これらに集中する。汚染源の企業が、その情報上の優位や所在地の選定による潜在的威嚇、そして雇用創出にかんする論拠を楯にとって意のままにしようとする強大な交渉権力は、彼らの利害関心が、法律以前のレベル――そこではすでにあらかじめ彼らの脱規制化戦略が活発化していた――での行政との具体的な協調プロセスにあることを説明するものである。

規制的政治の最重要領域における法律構造は、最も強力な経済的利害が関係し、なんら憚ることなく権力を発揮できるような場においては最も脱形式化された法規範が好んで投入される、というフランツ・ノイマン[33]の古典的な主張が正しいことを証明している。ノイマンのテーゼをより一般的に定式化し、それをここで扱っている法的題材や当局と利害関係者とのそのつどのコミュニケイション過程に関連づけてみると、内容の不確定的な法が、社会的な権力の落差の内部に作りだされるどのような位置であれそれらをすべて記し定めていることが確認できる。社会扶助法における不明確な法概念が、当事者の行為能力をそれ自体として、また対当局という点でゼロにまで落としてしまえば、白地状態の環境法においては、行政の行為遊域が現実には産業界の行為遊域である――その一方で、そこでは第三の当事者の利害関心は構造的に冷遇されてもいる――ことが明白になる。規定上の形式を無視した［unformal］法による事実上の社会的権力諸関係の二重化は、法の実効性にかんする研究によって実際に確証されてもいる。[34] 立法の改革における実行力不足の原因を究明する改革政治的なパースペクティヴに立脚するならば、[35] とりわけ履行の不足という概念を相対化しなければならないという認識に到達する。[36] なぜならば、ある法律において目的とされた効果が発生しなかった場合にこそ、その法律に内包されていることがほぼ履行されたというようなことがしばしばだからである。つまり履行を妨害するような利害関心が、そのプログラムの脱形式化された部分に同時に組み込まれているのである。

現在の典型的な法規範が実行可能でないという事実は、「執行」諸制度の対外的諸関係ならびに内部構造にとって広範囲に影響を及ぼす。まず、法律規程の内容上の開放性［Offenheit］（それは、これまで蓄積されてきた組織規定や手続き規程が特殊であるなどということではない）にかんして言えば、それらは行政と立法の間の関係だけでなく、行政と司法の間の関係をも変えるものである。行政の「法律による拘束」という公式に対する幻滅が高まるなかで、プログラムをおこなう決定とプログラムされる決定との分化の解消、ひろく政治と行政の分化の解消が構想されているのである。[37] 行政が立法府による厳密な予備決定から大幅に解放されると、競合する社会的諸価値を前にして、状況ごとに変化する選好にかんする絶え間ない自立的な決定としての「行政独自の政治」や行政内部のオポチュニズムが力を発揮するようになる。[38] しかし、拡張された行政の行為遊域は、たんに強力な社会的利害によって部分的に占領されているだけではなく、行政裁判によっても占領されている。行政裁判は計画法の目的公式や主旨原則を、当局によるその「解釈」や「適用」——たとえばある自治体による建築の基本計画において経済、自然景観保護、交通の利益をどのように考慮するか——が、十分にチェック可能であるような、不確定的な法概念として扱う[39]。それによってたとえば、「包摂的な」思考の復活が図られているというわけではない[40]。なぜならこれらの法的な諸概念が包摂をまったく許容しないからである。だがそれらはまた、狭い包摂構想を超えた行政裁判のコントロールの規準として投入することももはやできない。何といってもやはり、行政裁判所の業務が近代法の最も重要な規制領域で司法の性格をもつことはまずないからである。オープンな法が行政も行政裁判もプログラムしない限り、行政裁判はもはや「行政の適法性」を吟味する審級としては機能せず、むしろ法の内容的充塡をめぐって行政と競合関係に入る。立法者によっておこなわれていない政治的諸決定を、事例の状況に応じて行政と行政裁判所が双方の間で押しつけ合ったり、相互に横奪し合ったりする。それはいずれにしても、裁判所が自らの法治国家コントロール機能を犠牲にして、行政機能そのものをますます多く引き受けている状況である。

この文脈では、連邦共和国のきわめて「司法国家的な」システムにおいて司法に固有の機能が減退しつつある、というパラドックスがすでに生じている[41]。司法が行政行為のたんなる補完物へと発展していくこと——それは、マックス・ヴェーバーが早い時期に卓抜な予測で示したところである——は、外見上はそれが際だっている憲法裁判権にも当てはまる。憲法の基本権を「客観的な価値秩序」へと——個別ケースの事情に応じてその秩序の構成要素を相互に、そして「法益［Rechtsgüter］」にまで拡張された単純な諸法律と「比較衡量」しつつ[42]——変換することによって、連邦憲法裁判所は、憲法の個別規定に対してだけでなく、片や自身に都合よく作られた価値秩序との関係においても高度な自律性を獲得するのである。個々の基本権や法律を価値や法益へと変容させることによって規範の領域を拡張すれば、この最上級審は、その境界と内容をそのつどの状況次第で規定することが可能になる。[44] 個別のケースのなかではじめてその順位序列が確認されるある価値のシステムに拘束されていると主張することによって、[46] この最上級審はあらゆる自己拘束を回避する。[45] しかしそれによって連邦憲法裁判所はまさしく、ルーマンが現代的行政——それは法律による条件的なプログラミングから解き放たれ、「政治」[47] に向かって越境するような行政である——の中心的戦略として描いた、かの「諸価値のオポチュニスティックな処理」を実行することになるのである。

価値 - 裁判［Werte-Judikatur］のヴェールに隠れて、連邦憲法裁判所は自身の活動を行政の行為に近づけるだけでなく、行政の行為の諸原則をすべての政治的機関に対して一般化し、法構造全体を行政に適合的なかたちに一変させてしまう。このことはもちろん多くの個別の論証図式においていっそう明瞭になる。そこでは、連邦憲法裁判所による行政「適合的」な判決実務はつねに、自身に都合よく憲法による規制を免れることから始める。つまり連邦憲法裁判所は、立法者を名宛人とする基本法の「開放性」を、司法がその欠落を充塡すべき「不備」[48] へと転換し、法律の合憲性審査において、憲法規定の「可能な語義」によってはどのみちもはやカバーできないような基準に立法者を従わせるのである。それはたとえば、憲法裁判を絶対的に支配している「相当性」原則に当てはまる。それは個々の憲法規範から導きだすことができないので、連邦憲法裁判所は法治国家性の原理から演繹しているのであるが、[49] 元来は行政法に由来するものである。相当性原則が行政法において、警察権介入の裁量の余地を合理化する機能をもつ――どのように自由を制限する場合でも、多くの適切な手段のなかから最も自由を尊重するものが選ばれるべきであるという意味で、目標と手段の間にふさわしい関係を要求することによって――のだとすれば、これを立法に応用した場合にはきわめてアンビヴァレントな性格を帯びることになるだろう。すなわち一方で――というのは堕胎罪にかんする判決においてだが――、連邦憲法裁判所は、相当性という基準のもとで法益の保護の効果を上げるために、立法者が刑法の最も厳しい手段を用いるように仕向けながら[50]、他方では、たとえば立法による所有権への介入の場合のように、自由を制限する立法者の介入を「最後の手段［ultima ratio］」としてのみ認める――そのさい、憲法裁判所は、行政収用のために発展させられた原則を合法収用へときわめて明確に転用している[51]――という具合である。憲法裁判所が自身に都合よくしつらえたコントロール基準を用いて発展させた決定の自由は、反対に、立法者を下位の行政官庁の活動範囲に押し込めてしまう。法律の合憲性ではなく、相当性を審査することになれば、憲法の枠内での政治的目的にかんする民主的に正当化された決定を立法者から奪い、憲法から連邦憲法裁判所が演繹した目的設定に立法者を従属させることになる。そのとき、手段の選択――これまた行政に典型的なことだ――については、立法者に「裁量の余地」[52]が認められるというわけだ。

法構造の全体が行政適合的なものへと転換されるにあたっては、最上級審の裁判がきわめて重要な寄与をなしている。憲法裁判において相当性原理が支配的であることからしてすでに、現代の最も重要な法題材において条件プログラミングから目的プログラミングへの交替が生じていることを映しだしているのだとすれば、個別のケースに定位した価値の比較衡量のなかには規範的な法の位置の解体――それは動態的な行政行為の状況依存性に即応するものだ――が内包されていることになる。法全体の柔軟化は、社会変動への法の単純な適応[53]をはるかに超えて、あらゆる個別の法的決定そのものを時間的要因に対してオープンにする。ニクラス・ルーマンは、古典的な法概念を前提にしつつ、「われわれの時代の重大な諸問題が法律問題化させにくいこと［Nichtjuridifizierbarkeit］」という芝居がかった公式のもとで、「法と社会的計画の」根本的な「相違」を確言し[54]、法を規範性から認知性へと原理的に転換することを要求した。そのさいルーマンは、問題は「（そのように転換された――マウス）法が社会的計画や計画に沿った行動制御の機能そのものを担いうるかどうかではなく、こうした機能がむしろ社会の他のいずれかの場においてますます充足されなければならないような状況に、法がどれだけ順応させられうるかである[55]」ということを明らかにした。それゆえ、近代法の柔軟化がすでに、社会形成的な行政の行為が本質的に法以外のコミュニケイション形式に奉仕している事実を証明するものであるというのなら、司法は目下のところ、法の徹底した脱形式化によって、法律によるプログラミング全般からの行政の独立を確保してやっていることになる。

片や政治的諸制度によって促進され、片や法律そのもののなかで構想されるという脱規制化傾向の相互強化においては、近代の行政法内部に普及している手続き規範が特別な意義を有している。手続き規範は、法プログラムの実質的内容上の不確定性とともに、公的行政の内部構造の根本的な変化の表現であって、それは同時に、社会的環境に向けて行政の境界が突破されることを含意している。マックス・ヴェーバーは、生起しつつあった近代法の脱形式化についてすでにきわめて精確に診断していたのであるが[56]、官僚制的行政スタッフを伴う合法的支配のモデルのなかではまだ、堅固な形式的規則に従って厳格にヒエラルヒー的組織化が貫徹した行政構造の実在を仮定していた[57]。これに対して現代では、いずれにせよヒエラルヒー的な業務履行の構造は「経験的にはむしろ限界事例を描いたものである」し、行政の執行審級のシステムにおいてはしばしば水平的な結合が支配的であったり、[58]ないしは社会の諸組織とのコーポラティズム的なネットワークが典型的であったりするが、[59]このことはまさに、法の発展にかんするマックス・ヴェーバーの分析と関連づけうるのである。マックス・ヴェーバーが指摘した社会的利害の分化に伴う近代法の個別化の増大による法形式主義の弱体化について、彼自身が見届けたのは、その制度的な帰結にかかわる「個別裁判と個別的な特別手続き」の拡大にいたるまでであった。[60]組織化された社会的諸利害の個別化と断片化はしかし、とりわけ近代的行政にも写し取られたのである。行政が社会的な諸問題と諸要求を高度に特殊化され分割されたやり方で処理せねばならなくなったことで、古典的な行政構造にコーポラティズム的な交渉による取り決め・協定が折り重なり、[61]ついには公的行政そのものが社会的諸利害の代表となる機関の集塊[62]として記述されうるにいたる。断片化された国家行政と社会の重要な部分領域との間の境界が突破されると、法の実質的内容の確定性によって社会的諸関係への行政による「介入」の計算可能性を保証していたはずの古典的な法治国家のコミュニケイション形式は、その機能を阻害される。最も強力な社会的利害集団は、国家行為のこの種の計算可能性を放棄することができる。なぜなら彼らはそのつどの国家と民間による「履行同盟[63]」に自ら参画し、そこではじめて、履行されるべき法の内容一般が確定されるからである。

公的行政と、強力なあるいは闘争力のある社会的諸利害との間の関係が、介入から協調へと移行することで、行政法における現実の「手続き思考の無敵の進軍[64]」が生じても不思議ではなくなる。実質的内容についてのプログラミングを欠いているところへ、交渉によってコンセンサスを取りつける過程に対する規制が登場する。しかし「ポスト介入主義的」な法[65]は、より広い公共圏からの遮蔽や、「どんな問題についてどのようなかかわりをもってどの集団が交渉すると見積もればよいのか[66]」について説明不足を容易に引き起こすような特殊な条件――そうなれば近代行政法の手続き規範も厳密なものである必要はなくなる――のもとで機能する。そのつど交渉上の立場を与えることそのものが、多数の交渉すべき問題のひとつとして組み入れられる。内容と手続きの制御にかんする法規範が際限なくオープンであることは、たしかに、同時に規範適合的かつ合目的的に行為するというオッフェ[67]の仮定した困難から近代的行政を解放するし、その限りで「機能的」であるといえる。しかし、このような法構造および行政構造に対して、社会的な諸問題の処理を脱国家化することや、社会の自己調整の制御[68]ないしは集権化された支配形式一般[69]の解体に向けて法の機能を後退させることへの希望を繋ぎうるかどうかといえば、それはたいへん疑わしいものに思えるのである。

II　社会的な自己調整のチャンスとしての、法の手続き化あるいは脱形式化？

グンター・トイプナーは、現代における法の発展にかんするきわめて精緻な分析と接合させることで、いま述べたような希望をふくらませる。近代の法制化の推力における古典的な形式法の転換は、二つの異なった発展傾向、すなわち法の「実質的な［material］」定位と「再帰的な［reflexiv］」定位への移行[70]によって特徴づけられる、とトイプナーは考える。現代の法構造の混在状況において、形式法の実質化は、かつてはインフォーマルであった、あるいは市場によって調整されていた社会的プロセスに、目的に定位した法——現実の法制化プロセスに固有の現象としては、非常に多くの内容を盛り込まれ、直接的な行動制御をおこなうような法が登場する——による社会国家的な介入がおこなわれることに対応している。これに対してトイプナーは、社会的利害集団が参画したうえでの国家的演出による交渉システムの形成と関連した組織規範、手続き規範、権限規範の普及を、新たに浮上してきた法の再帰的定位の表現として特徴づける。法のこうした再帰性は、ルーマンの用語法をトイプナーが翻案したものによれば、手続きのプログラミング[71]、それゆえその内部で具体的な決定一般がはじめて取り決められるような決定構造だけをたんに規制するメタレベルに法が撤退することにある。もし法のこの機能様式が新しいのだとすれば、トイプナーに対しては次の一点についてのみ、異を唱えなければならない。すなわち、その機能様式は、中心的な政治的制度化の「ルールのシステム」にだけ結びついているわけではもはやなく（今日ではそこでまさしく、たとえば憲法裁判における実質化が発生している）、古典的法治国家的な一連の諸機関内部で実質的内容にかんする決定プログラムが登場した位置にまでさらに移動しているのである。いまやここで、社会における法の名宛人が手続き的な規定を通じて法的決定に参加することによって、（より詳しく表現するなら）政治的決定と法的規制の脱中心化と社会化のための発展のチャンスが、実際に再帰性のレベルの低下でもって示されているのである。

自律的で自己調整的なプロセスの間接的な制御にのみ「法が自己制限すること」[72]は、しかしながら、同時に調整的法の危機からの逃げ道であるとも理解される。調整的法は、社会的生活諸領域への直接的な政治的介入にさいして「調整のトリレンマ」[73]に陥る。それは政治、法および社会的な生活領域のそれぞれの自己言及的な構造を無視することによって生じる。ここで調整的法と社会的生活領域との関係に限って言えば、トリレンマは次のことにある。すなわちある生活領域のそのつどの自己制御と自己保存の境界を超えるようないかなる介入も、「取るに足らないものであるか」あるいは「社会的生活領域の統合を破壊するような作用を及ぼすか、あるいはさもなければ調整的法それ自体に破壊的な作用を及ぼす結果となる」ということである。[74]トイプナーはいわば、法の実効性にかんする研究の諦念的な洞察を体系化することによって、たとえば新保守主義的な脱規制化戦略のようなものを擁護しているのではなく、法の調整的な機能をより抽象的な制御の形式と結合しているのである。つまり法の使命とは、さまざまに異なる自己調整的な諸システムの部分的合理性を相互に同調させること、すなわち制御の両立可能性条件を示すこと、要するに社会的な自己制御の制御へと撤退することなのである。[75]トイプナーお気に入りの、実質化された法から最も広い意味での手続き法への原理的な転換は、権威主義的・社会国家的な形式による社会的再分配、ケア［Betreuung］、治療化［Therapeutisierung］を、当事者たちが自身の欲求と利害とを自ら定義できるような交渉システムに置き換えるという、きわめて大きな利点をもっているのかもしれない。

しかしながら、このパースペクティヴの民主的だが依然として補償的な合理性は、狙いとする手続き法の形式的で「強制的な」性格に依存している。交渉力を法的に強化し、それによって社会的な権力格差と情報の非対称性を補おうとする目標が成功するチャンスについて、トイプナー自身は「どちらかといえば懐疑的[76]」だと判断している。とはいうものの、そのような懐疑のきっかけはむしろ、「融通の利かない法規則」が再帰的法のレベルにおいても拒否されるような場合のほうが多いだろう。[77]それゆえに（そしてそれゆえにのみ）、トイプナーの優れた着想は、ネオコーポラティズム的な交渉過程において目下実践されているような手続き法と同じ弱点を抱えるのである。あいまいな規制は、現実の社会的な権力関係のなかでの位置が、手続きについての交渉における位置のなかへもう一度複製されるという事態を惹き起こす。トイプナーが中心的なものと考える機能、つまり社会の諸システムの部分的合理性を実体化するのではなく相互に同調させ、つまり支配的な経済システムに対抗して他の社会的な部分システムの合理性に力を発揮させる機能[78]を再帰的法に割り当てることは、抑圧された交渉上の地位を「強制的な仕方で」法的に強化することによってのみ、はじめて実現されうるのではないだろうか。形式的でない手続き規制によってであれば、部分的合理性の一種の両立化が貫徹されうるかもしれない。そのことをルーマンは非常に率直に定式化している。「大学での（意思）決定プロセスが民主化されるのは、大学病院での患者の治療看護がそれに適応させられうるときだけであるし、人種間の平等が図られるのは、雇用者市場や隣近所の住民共同体がそれに適応させられるときであるし、重罪・軽罪を目の当たりにして兵士が命令服従拒否できるのは、軍の権威構造がそれに適応させられうるときだけである」[79]。要するに、権力をもった社会の部分システム、とりわけ経済システムの特殊な「合理性」に適用した場合には、再帰的法の脱形式化であっても、きわめて問題を含んだ法的決定の社会化の一変種に終わるかもしれないのだ。

さらにリスクをはらんでいるように見えるのは、一般条項のなかにも法の再帰的な発展のチャンスが存在する、というトイプナーによる追加的仮定[80]であり、それはすでにラデーアの中心的な構想と出会うものでもある。そもそも一般条項と手続き規範とが法の再帰性にとって機能的に等価であると理解できるということは、手続き法の構想のなかですでに前提とされている原理的な脱形式化をもう一度裏づけていることになる。トイプナーによれば、一般条項が社会の自己制御プロセスの「シミュレーション」を法の内部で許容することによって、[81]さまざまな社会的部分諸領域に由来する矛盾し合った予期構造を調整し「両立化する」ことを可能にする限り、それは法の社会化および再帰的な制御のための手段として機能できる。そのシミュレーションが正当性を欠いていることについては、トイプナーも見誤ってはいない。しかしながら、そのことによって社会化のテーゼが阻害されていることについては見落としている。たとえいかなる一般条項が特徴的な仕方で社会の行動範型を指し示したとしても、近代社会における行動予期の断片化に直面した行政と司法がそれを適用するということは、その調整にかんしてそのつど政治的な決定をおこなっていることを意味する——それは、およそ国家の諸装置が自らの特殊な政治的権力資源を(その「自己言及性」を顧慮せず)、社会的な問題状況を処理することによって獲得するのと同じことなのである。

同じような留保は、ラデーアの考え方の基礎にもある。そこではすでに、行政手続きにおいて社会的諸利害からなる仮構の市場をシミュレーションすることが、[82]政治的諸機能を社会化するというテーゼの中心的なモティーフとしてあらかじめ用意されている。現代の行政構造にかんするラデーアのきわめてリアリスティックな分析は、ひとつの発展のパースペクティヴに基づいており、そのまったく非現実的な希望は、まさしく行政法の脱形式化に繋留されているのである。ラデーアによれば、行政に向けられた比較衡量命令は、行政行為の実質的内容面でのプログラミングを断念する他の形式と同様に、法律による一方的な命令から「妥協の言語」への法の転換を示している。それは、社会的な諸利害を柔軟に協調させ、断片化した政治的行為システムと行為領域を均質化するという意味で機能する。[83]現代の過度に複雑な環境の諸条件のもとでは、いかなる法的決定・行政的決定もその結果作用を見通すことができないという状態に直面するという、[84]議論の余地のないほど明白な事実を前にして、ラデーアは的確にも、法をプロセス的に構造化すること――履行の文脈のなかで持続的な自己修正を認めるような――の必要性を強調する。[85]しかし、この構想の難点は、法のそのようなプロセス化もしくは手続き化［Prozessualisierung oder Prozeduralisierung］のためにラデーアが定式化している特殊な条件にある。それは、法的な一般条項と比較衡量公式が普及するなかでこそ、国家に集中化した諸決定の逆行性が際だってくることであるという。一般条項や比較衡量公式が社会の価値の地平を指し示すことによって、国家行政は「公共的利害」を独自に定義する権能をもはや与えられず、公共的利害を一歩々々定義していく社会的プロセスを制度化するように仕向けられるというわけだ。[86]しかし、ラデーアがいうような、公共の福祉の解釈者からなる開かれた社会は、参加の規制をまったくせずにやっていくことになる。公共的な法と公共的な利害は、まったく異なる方法でプロセス化することができる。手続きを状況に応じて配置することによってであったり、[87]「行政のために行為する人びとの思考のバランスの良さを制度化すること」[88]によってであったり、さまざまなリアリティ構造を事態に関係なく送り込むことによって――つまり「何が法であるかは、個々の行政装置に対してその環境がもたらす可能性の条件によって規定される」[89]というわけだ――であったりする。国家行為が規制領域の諸構造に乗り上げて座礁したくなければ、それに注意を払わねばならないというのはずっと以前から事実である――社会化のテーゼは結局のところ、これ以上のことは何も述べていない。「社会的に承認された価値（諸）関係[90]」によるオープンな比較衡量命令の制限に基づいて行政官のバランスの良さを期待しても、そのような価値関係が実在するわけでなく、そのつど決定によってはじめて作りだされるものであることによってこの期待は裏切られる。最後に、参加のチャンスが柔軟さを維持しているような手続きは、公共的な利害の定義を社会化するというよりもむしろ、社会的諸利害にとっての参加のチャンスを国家化するというべきであって、そのチャンスは、そもそも国家の情報需要および正当化需要次第で決まる「公共的利害」に応じてはじめて与えられるものなのである。残されているのは、「社会的に重要な諸勢力(91)」を国家が顧慮することであるが、それら諸力の持ち分に応じた公共の福祉の規定には、もちろん長い歴史がある。ネオコーポラティズムによるネットワーキングという現代の条件のもとで、社会的重要性というこれまで問題視されてこなかった概念が直接に指し示すのは、「コーポラティズムによるブロック形成(92)」であり、それは「重要な」インサイダーたちが、自分たち以外の社会を犠牲にし、政治的な協定を手段として了解し合うことを容認してしまうのである。

現代の法制化と脱法制化をめぐる議論に対する批判的な論考においても、広がりをみせている法的な脱規制化に対する評価は高い――それが政治的諸制度と社会的権力の独立を不可分なかたちでかつ同時に促進することに適しているにもかかわらず、である。このような評価における無邪気さは、とりわけ、ナチスの法構造についての研究が依然として不十分であることから説明できる。たとえばラデーアは、連邦共和国における行政法のパラダイム転換が六〇年代半ばに生じたと見積もれるかのごとく錯覚しており(93)、現代の行政法の中心的な諸原理がナチスにおいてすでに貫徹されていたことを見落としている(94)。ナチスにおけるおよそすべての法分野における法構造の柔軟化と動態化への大きな発展の推進力は、ただたんに固有の政治的テロルの装置――それはもともと法なき空間において、あるいは政治的な特権秩序の文脈で作動したものである——の機能と結びついていたわけではなく、政治的審級と経済的な自主管理機関との間の「正常な」コミュニケイションを保証していたのである。[95] 経済団体とコンツェルンをナチスの中心部の経済計画組織に組み入れることは、政治的諸機能、とりわけ法定立の機能までも諸団体や経済官僚たちに大幅に委任することと結びついていた。[96] そのため、中心化と脱中心化、政治的制御と社会的自己制御の間の密接な連関は、まさにナチスにおいても明白なものとなっていたのである。[97] 断片化した経済的諸利害は「協定」を必要とする。一方それとは逆に、イデオロギー的・政治的には極度に自立的であったナチス・システムですら、経済的状況からの寄与に依存していた。協定の必要と状況への依存というこの二つは、ここでもやはり、あらゆる法的決定を状況即応的に修正するオープンな状態を保証するような「弱い」法形式によって接合されたのである。目下扱っている、国家と法の中心的な機能を社会化するという諸テーゼは、法的な一般条項のたんなる実在と、「重要な」社会的諸集団の参加の下での法的決定の脱中心化を引き合いに出すのであるが、そのテーゼのいかがわしさは、歴史的な比較をしてみれば明々白々である。というよりもむしろここでは、ドイツの歴史に由来する、執行権に対する猜疑心が今なお当を得ているかどうか、あるいは「法制化は今日、控えめながらも徐々に信頼によって置き換えられうるのかどうか[98]」といったことについての考察があまり洗練されていないがために、自ら難点を露呈していると言うべきだろう。

とはいえ、法治国家の制度化が不可逆的に浸食されていくことからどのような結論を引きだすべきなのか、という問題を拒絶することはできない。多くの規制領域の複雑性を前にした立法のレベルで、もはや内容上確定的な法的決定を下せないという事実は、現代社会においてはもはや解消することができない。それは、断片化した国家諸装置と社会的な権力集団を法律による拘束から解き放つことと関連しているが、この解放を、集権化した規制からの救出として言祝ぐことは、保守主義的なアナーキズムの徴候としてだけならありうることかもしれない。法の内容が公共的な関心から遠ざけられた履行プロセスのなかではじめて規定されるようになるのに応じて、法定立の民主的なコントロールが代替するもののないまま失われることを、保守的アナーキズムなら甘受するというのだろう。法の手続き化と「学習可能性」が、たんに行政と司法の機能条件や、細分化した社会的部分領域の状況即応性だけに接続されている限り、また手続き化や学習可能性が依然として草の根民主主義的な意思形成および学習過程に媒介されていない限り、法と国家の機能の社会化について語ることはできない。現代の状況のパラドックスは、社会の規範形成プロセスの自律化の実現に向けて一歩一歩進んでいくたびごとに、付帯的にその手続き様式を法制化する必要があるという点にある。このことは、賃金協約自治制［Tarifvertrags-autonomie］が広く社会的に一般化する場合や、行政の民主化に対するより限定された——履行代理機関［Implementationsagentur］の法定立的機能から導出された——要求にも当てはまる。[99]（分かちがたいものとなった）立法と行政を民主化するという意味での参画の構想が、社会的な闘争能力の度合いに応じたインフォーマルな参加という現実によってその矛盾を論証されてしまうものであるとすれば、[100]実体法の不確定性を手続き法の精緻化によって補償することが不可欠となる。

民主的な徴候のもとでの「再帰的［reflexiv］」法の発展というのは、今日支配的な傾向とちょうど正反対の姿であると言えるだろう。極度に断片化し、地域的にも分化している社会的諸利害を、それでもなお集権的な内容の法的決定によって統合しようとすることがますます不可能になっていくなかで、行政に都合の良いように立法者をさらに無力化しようという提案が勢力を強めている。半公式的な、ないし連邦省庁による構想は、内容上新たな法律的規制を一般的な指令に制限し、これに特別な根拠づけを強制したり、その必要性を審査したり、省庁がこれに拒否権を行使したりすることを目的とする。それによって行政にさらに広範な規制権限を委ねようというわけである。[101] しかし、逆方向の民主化要求は、別の形式による中央の脱調整化を主張するだろう。それは、実質的な法的決定の放棄を、内容の不確定性の増大によってではなく、手続き的法の確定性への大幅な撤退によって実現するものである。すると、実質的内容にかかわる規範形成プロセスの領域での社会的自律性は、交渉上の立場を法律により授与されることで守られるかもしれない。つまり最も間接的な形式の国家による制御――それは同時に、民主的コントロールと一般の公共的関心にさらされてもいる――によって。[102] ただし、民主主義の名のもとでの分散的法発展というのは、法システムの統一性による社会的統合というフィクションとの訣別を含んでおり、とうの昔に始まっていた、領域および集団特殊的な法の部分集合――それらが両立可能なものであるのかについてはほとんど何も言うことができない――の産出を継続するものである。仮に人間の頭のなかではもはや思い描くことができないとしても、そもそも社会のシステム的な統合は実在しているのだ、というシステム理論の希望は、おそらく間違いなく、かの「古きヨーロッパの」思考の在庫品に属するものであって、そうした思考は、社会の部分領域とそこにそのつど帰属させられる規範の部分集合とのたんなる並存状態への発展が可能であるという事実を前に、置き去りにされる他はないのである。

「再帰的な制度化」という原理を社会の規範形成プロセスにまで拡張適用することは、ルーマン的な構想の決定的な変更を含んでいる。ルーマン的な図式においては、「規範制定の規範化」と規範制定それ自体との分化（上記参照）は集権的な政治的制度化の内部構造を表わしているのだが、ここではそれは、政治と社会との分業を意味している。すなわち、手続き的な決定前提を政治が整備することと、可能な限り広範に社会が諸決定を引き受けることとの分業がそれである。しかし、集合的な学習プロセスに応じてルール・システムをも修正することが原理的には可能であっても、進行中の決定手続きにおけるルールの非任意性は、本質的な意義を——「システムの」安定性という理由からであるよりはむしろ、民主的・法治国家的な合理性から——もっている。ルールを状況に応じて柔軟化せよという幾多の提案に対して[103]、具体的なケースにかんしては手続き規範を不変項にしておくべき、説得力ある法治国家的な根拠が存在する。（処罰を課するような）内容のある法規範が、個々の人物や集団を任意に差別したり恣意的に処断することを阻止できるのは、その規範が不特定多数の未来のケースのために定式化されているに違いないからであるが、それと同じように、手続き規範に対して最小限の公正の基準となることを期待できるのも、その規範が成立した時点では、その基準に従って地位の割り当てがおこなわれるべき個別具体的な社会的利害闘争が未知である場合に限られるのである。

司法の民主化（ないしは司法へのオルタナティヴ）にかんする議論——それらは、現代の司法の脱専門家支配と脱法的プログラム化とから結論を引きだそうとしているが——の広大な領域に、これ以上足を踏み入れることはできない。司法の機能について熟考してみたところで、裁判管轄権が強力に分出しているために、統一的な問題設定と結びつけることはほとんどできそうにない。だからたとえば、もし憲法裁判権と行政裁判権を直接的に法の再帰的発展へと接続することができたとしても、刑事司法は、分かり切った理由からそうすることはかなわないだろう。インフォーマルな交渉および法の具体化プロセスによって今日特徴づけられている領域への社会的参加が決定的なものとなっているという意味で、手続き法による行政の民主化が貫徹されている限りは、行政裁判権は、法の目標公式の充足とさまざまな独自の計画決定の達成をめぐって現在巻き込まれている行政との競合から解放され、純粋に法治国家の統制機能――目下の文脈では「ルール」の遵守に該当する――へと回帰することができるかもしれない。憲法裁判権については、行政に適合的な価値裁判への傾向が支配的ななかで、いずれにせよこれを単純に憲法の権限領域へと還元することが重要となろう。それらの権限は、憲法が定式化している「決定諸前提」にかんしては政治的プロセスにコントロールされているが、政治的決定そのものの延長上にあるわけではない。憲法と立法の関係のなかにすでに構想されている法の再帰性は、これに反して、憲法司法によって破壊されている。憲法司法の、実質的内容面での法の発展をめぐる立法者との永続的な競合は、手続きをめぐる憲法紛争の問題での自制〔self-restraint〕と奇妙な対照をなしているのである。同様に、立法による手続き規制と社会的な規範制定との関係のなかにある、法の再帰性の次の段階も、高度に集権化された司直の専門家支配体制として振る舞う憲法裁判権のために挫折を余儀なくされるであろう。

刑事司法は、オルタナティヴを構想する人びとが好んで取り上げる対象である。ここでは示唆的に述べることしかできないが、目下のところ刑事司法に割り当てられている社会的紛争の帯域幅の広さ――保険システムによって劇的要素を除去することのできる所有権侵犯から、金銭的な損害賠償ができないあるいは不適切であるようなケースにいたるまで――を考えると、いずれにせよきめ細かに分化したさまざまな発想が不可欠であろう。行政を名宛人とする調整的な法、たとえば計画法の規制領域とは対照的に、刑事法の規制領域では、参加者の被害が大きければ大きいほど、社会的な自己調整のチャンスがそれだけ小さくなるように思われる。ここでの紛争への近さは、その情況と原因にかんする情報をどれだけ得ているかということとしばしば反比例する。「近隣関係法廷［Nachbarschaftsgerichten］」という考え方――近隣なき社会に直面しての、司法の社会化全般を表わすひとつのメタファーであるが[104]――にかんしては、ここで扱っている主題全般との関係で言えば、二つの点で問題があるように思われる。近隣関係法廷は社会的な規範と価値イメージを基盤として運営されるべきであり、個別のどの紛争事例においてもこの規範を明確化し、新たに主題化することに寄与するべきである。このように法と道徳の分化および法定立と法適用の分化を解消することは、その構想についての反権威主義的な自己理解を押しのけて貫徹してしまいかねないような、ある程度の抑圧を惹き起こす可能性がある。刑事司法の部分領域の社会化がどのようなかたちで成功したとしても――それは私法による紛争調停への転換を意味することになろうが[105]――、それに反して、「(犯罪) 行為者」に対する一般的な法治国家的保護保証は維持せねばならないであろう。刑事司法は、社会的な価値の方向づけの変異性と多様性とは対照的に、法規範――まさに実体法の法規範ですらも――の状況非依存性と規定性に存するのだから。現代の方法的自己理解の特徴を有する支配的な刑法実務においても完全には保証されておらず、むしろ要求すべきであるのは、もちろんこの法治国家の諸原理のほうなのである。

III 法形式と政治的・行政的決定メカニズム、そして社会のコミュニケイション的に構造化された行為領域および諸制度との関係について

しかしながら刑法と刑事司法の例は、法と政治的諸制度、社会的生活諸領域、そして個人的圏域の間の関係についての、より幅広い、そして基本的な観点へと通じている。政治的諸制度のそれぞれ特有の法形式と特有の機能様式との間にある密接な連関は、法がそもそも第一義的には国家装置を構造化し、きわめて間接的にのみ社会的領域や個人的領域に影響を及ぼすものだという仮定を許容するものである。それゆえ、現在の法制化と脱法制化にかんする議論のなかでは、社会と個人への法の影響作用がかなり過大評価されているように思われるのである。このことは、その要求をあらゆる個々人、すなわち「法に服すべきもの」に向けている刑法にさえ当てはまる。国家の司法を社会的な規範に遡及することで解きほぐそうとする熟慮の長い伝統のなかで、自由法論は自らの問題含みの要求を、次のような正しい指摘でもって根拠づけたのである。すなわち、いわゆる「法の名宛人」はいずれにせよ、自分たちが終始一貫知らないでいる国家によって制定された法に定位することなどなく、内面化された社会の規範に対応した「自由な法」に従って生きているのだ、と。[106] 現行の国家法の大部分を一般人が知らずにいるということ[107]——それは目下焦眉の「法律の洪水」現象というだけでなく、明らかに永久に自然なことだと思えるのだが——は、国家による抑圧が直接的かつ排他的に法律によってもたらされているという、[108] 法についてのある種のオルタナティヴな神話を反駁するものである。知りもしない法によって直接的に行動が制御されているという主張[109]は、国家による暴力がおよそ法律による授権に依拠しているのだという仮

定と同じくらい意味のない話である。だが市民の側に法についての無知が広がっていることは、法的確実性に対して初期の市民が掲げた要求の本来の意図を明らかにしてもくれる。政治的な制定による内容上の恣意性はさておき、「公的に告知」されないうちは、法律なしに支配されることも、法律を適用されることもあってはならない、ということ、それはたんに情報請求を根拠づけるだけではなく、国家による法定立の自己関係性を通じた政治的権力行使に対する構造的な制限を意味するものである。――国家の秩序は「それが法律に対する市民の忠誠にどれほど基盤を置くものであるかに応じて正当的である[110]」のではなく、国家の秩序がそれ自身としてどれだけ法律による拘束に基づいているかに応じて正当と言える――重要なのは自らの正当化だというわけだ。すべての個々の市民による「抽象的な法服従」というのは、個人の日常的な行為の方向づけに国家の諸制度の法的なプログラミングを接続する、周知のフィクションなのである。

国家法についての無知は、まさにハーバーマスが「生活世界的」と定義し、目下の法制化プロセスとの関連で「植民地化」にさらされているとみなした領域にとりわけ典型的である（原著II巻五二二ページ以下）。ハーバーマスのテーゼはこうである。「社会文化的な生活世界」の諸圏域は、その全体で「コミュニケイション的な日常実践」の文脈を形成するが（原著II巻二〇六ページ以下）、資本主義的な近代化の途上で、メディアによって制御される経済と国家のサブシステムが貨幣的および官僚制的手段を用いてそのシンボリックな再生産に介入することにより、了解の過程から言語に依存しない制御メディアへと転極させられ、そのさい社会統合からシステム統合へのこうした転換が、「法制化の過程というかたちをとる」（原著II巻五二一、五二四ページ）のだ、と。ハーバーマスのテーゼは非常にきめ細やかである。そのため、近代法の攻撃性が人倫と習俗に基づいていた社会の諸制度を単純に破壊し、政治的な支配によって置き換えたのだという[11]、法制化の内容にかんする批判と取り違えられる可能性はない。それにもかかわらず、近代法が国家の諸制度のうちにその第一の名宛人を有しているという事実をあいまいにしていること、そして目下支配的となっている法構造に十分な光を当てていないこと、この二つのために、重要なアプローチにいくつかの不整合が生じてしまっている。

ハーバーマスの法制化批判は、前近代的な社会的諸関係への素朴な賛美や法の機能に対する一次元的な評価から遠ざかっている。伝統的な生活形態の破壊と、ポスト伝統的生活世界の物象化とを区別することによって（原著II巻五〇一ページ以下）、ハーバーマスはコミュニケイションによる社会化の展開を際だたせて見せる。それは、「植民地化」が、つまりシステムの命令のもとでの包摂が浸食を開始しうる以前に、生活世界の内在的な合理化を伴って生じるものである（原著II巻四九一ページ）。だから生活世界が支払う法制化のコストは、分出したディスクルスの編成のなかで「近代的な了解形式」がすでに前提としているコミュニケイションによる社会化の条件を基準として計られる（原著II巻二八六ページ、五一八ページ）。これに対応して、法はたんなる生活世界の破壊としてではなく、法制化の重要な推力のなかでまさに、生活世界が市場のシステム・メカニズムと絶対主義的支配に対抗してその要求を貫くための手段として登場する（原著II巻五二七ページ）。そうした点からハーバーマスは、市民の自由の領域への介入にさいして、行政の適法性原理によって政治的支配の立憲化をもたらし、最終的には立法の民主化そのものへと導く法制化の推力を「明確に自由を保証するもの」と称している。だがその一方で彼は、現実の社会国家による法制化の一部の領域においてしか、「自由の保証と自由の剝奪のアンビヴァレンツ」を確認していないのである（原著II巻五三〇ページ以下）。

生活世界的に構造化された領域――そこには、社会国家による法制化の途上にあって、法による自由の確保に引きつづき延びる線と「植民地化」へと延び始めた線の交点が形成される――のプロトタイプとして、ハーバーマスは古典的な社会制度である家族を、その現代の構造という点から分析している。ハーバーマスによればこの領域の法制化は、一方では女性と子どもの基本権を保証するために「家族内の自然発生的で、経済的根拠をもった家父長制的な権力関係」を修正することを意味するのだが、他方ではしかし、官僚制の介入と裁判所によるコントロールの途を開くことによって「家族内の諸関係を形式化すること」でもあるのだ（原著II巻五四〇ページ以下）。ところでここには、自由を保証するというパースペクティヴにかんしても、自由を剝奪するというパースペクティヴにかんしても、家族に対する法の直接的な影響の過大評価があるように思われる。たぶん家族は、生活世界的に構造化されたすべての領域のなかでも、最も強く「自由法的な」規範によって支配されており、国家の法定立による影響が相対的に最も小さいところであろう。家族法の規範が家族の成員たちによって気づかれるのは、典型的にはその家族がすでに崩壊してしまったあとになってからのことである。婚姻法はたいていの場合、離婚法としてしか重要性をもたない。国家の諸制度がこれらの法規範に則って動くのは事後的、つまり家族のコミュニケイションが断絶したのち相談が寄せられる時点でのことなのだ。

家族構造の長期にわたる歴史的な変容に対しても、法のこのような後追い的な遅れは当てはまる。家族の解放的および脱連帯的発展は明らかに、家族の法制化のアンビヴァレンツよりも、資本主義的な近代化の直接的な影響によるところが大きい。近代化の最初の推力とともに生じた抽象的一般的な法よりもむしろ、生産単位としての家族の経済的な機能が失われたという事実が、何よりもまず、家族成員の個人化を惹き起こした。今日では、家族内の女性の地位は、職業に従事することによって独自の経済的生活基盤がどれだけ得られるようになるかによって決まるし、子どもの地位は、その教育が小家族の中心的な課題となったという事実に依存している。「家父［pater familias］」の権威主義的な強権は、法を変えることによって直接的に相対化されるのではなく、彼がもはや経済的経営単位の長ではなく、再生産と社会化のための一機関のメンバーであることによって相対化される。「実質的な」家族関係の伝統的で生活世界的な規範が近代化のプロセスによって疑問視されるようになってはじめて、無反省に「ずっと昔から」おこなわれてきたやり方からの逸脱に対して暴力で応えることはもはやなくなり、合意可能な行動規範についての家族内のコミュニケイション形式を見いだしうるような状態がともかくも生じうるのだ。その限りで、コミュニケイション的行為の転換——伝承されてきた個別的な価値志向から、生活世界の合理化の文脈における言語的な合意形成過程へという——にかんするハーバーマスのテーゼ（原著II巻二六八ページ）は、まさしく家族にも適用することができる。だがそもそも家族内でコミュニケイションがおこなわれるにせよ、体罰が加えられるにせよ、あるいは暴力がふるわれるにせよ、それに対して法が直接的に影響を及ぼすことはほとんど不可能である。婚姻関係における暴力について刑事犯罪構成要件を創設せよというアクチュアルな要求も、最後の親密圏までも法制化するというパラドックスに悩むというよりはむしろ、この領域では法の効率が不十分なことに苦しんでいる。婚姻内の自らの生活保障のためのオルタナティヴをもたない女性は、離別することの潜勢的な威嚇効果に基づく固有の闘争能力を欠いているし、またそもそも国家装置による権威主義的な保護を要求する可能性というものをもたない（そして、感情的な隷属があればいずれにせよ、国家による干渉は助力とならない）。家族内部における女性の人格権の激しい侵害から、社会に存在する最も抑圧された労働が主婦の義務とされているという単純な事実にいたるまで、そのどれをとっても、家族の法制化による変化を期待することはほとんどできそうにない――しかしその一方で、家族内のいま現にある諸関係を「形式化すること」を恐れるべきではない。旧来の家族の権力関係を変えることはむしろ、ハーバーマスがシステム的なものと判定しているような社会の領域を法制化するという迂回路を経て可能になるのかもしれない（これについては後述）。家族のなかでの女性の従属状態は、依然として労働市場における女性差別によって制御されているのである。

特殊近代的な家族発展にみられる脱連帯化現象も、社会国家的な法制化による影響であるよりもむしろ、そのきっかけであると考えられる。社会の徹底的な資本主義化と大家族の解体の進展に伴って、社会的扶助の責務は、伝承されてきた社会的保護容器から脱落して全体社会のテーマとなる。この場合、福祉国家の諸制度の構築は、社会の諸制度の機能転換の後に続くものであって、給付行政と大家族から解き放たれた「給付資格保有者」との間の関係を法制化するにいたる。社会国家の法が、「実質的な」秩序の解消に対応するのにむしろ苦労していることは、たとえば失業者支援の法に見て取ることができる。この法は、私法によって確保されている扶養料支払い請求のかたちをとった家族の連帯を――それゆえ反事実的に――想定しているのである。

社会の生活世界的な領域に発生する窮境を官僚制的・社会国家的に処理すると、生活世界のさらなる浸食破壊が惹き起こされる、ということには疑問の余地がない。しかし、法がこの連関のなかで実際にどんな役割を果たしているのか、という点についてはさらに精査する必要がある。ハーバーマスは、社会国家的行為の物象化効果が「ある特定の種類の法制化」のせいであるという。つまり、社会的参加の保証が、構成要件をまさに明細化するような抽象的な市民的法という手段を用いてもたらされるという事実のせいであると(原著II巻五二四ページ、五三一ページ以下)。ハーバーマスによれば、生活世界は、具体的な生活状況ではなく官僚制的な給付履行の条件に合わせて裁断されている法の「暴力的な抽象化」に服従させられることによって植民地化される(原著II巻五三二ページ)。このテーゼにおいては、形式合理的な法が不屈にも妥当しつづけること、マックス・ヴェーバーが描いたような官僚制的な構造が長期にわたって存続しつづけることが想定されている。しかしながら、さまざまな社会保障給付システムを整理してみると、まったく異なった段階の法制化や互いに逆方向の官僚制的行為のスタイルが並存していることに気がつく。たとえば、自由裁量を許さない社会保険のシステムのなかで高度に細分化された法が極度に圧縮されたり、一般条項と不確定的な法概念によるオープンな規範化が社会福祉のシステムのなかにさらなる裁量の余地を帰結したりといった具合である[112]。要するに、ハーバーマスが一般的なものとして想定している、条件付随的法の「もしかくかくならばしかじか」という構造による抽象化が支配的なのは、典型的には、相対的に特権を有するクライアントのいる社会法の領域内だけなのである。もし法的に規定された保険事故が発生したならば、行政は何の条件もつけずに給付をおこなわなければならない。この給付が貨幣の形式をとることは、官僚制が生活世界の領域に新たな領土を獲得することを意味するわけではなく、当事者がその生活世界的文脈とともに、貨幣というメディアによってとうの昔から経済システムに連結されていたという事実を、たんに継続するだけのことである。

ハーバーマスは、社会国家の行政とクライアントとの間の関係を、後期資本主義社会における「生活世界の植民地化のモデルケース」(原著II巻四七六ページ)であると述べているが、きわめてさまざまな形態の社会保障給付履行を考慮すれば、形式合理的法の抽象性が植民地化を促進する、などという話にはならないことを銘記しておくべきである。その反対に、法規範が「柔軟」であればあるほど、そしてそれが官僚制とクライアントの関係によってより具体的に仕立てられていればいるほど、生活世界に行政が浸透する度合いがそれだけ高いのである。社会保険という特権化された法においては、給付はきわめて抽象的な方法で保険事例の発生に依存しているだけであるが、たとえば失業救済法や社会扶助法では、その一般条項があってはじめて、受給者の必要性、品行方正、そして生活態度を行政の条件に合わせる用意などについて具体的に審査する行政のコントロール・メカニズムが始動するのだ。失業救済法における要求可能限度条項の不確定性[113]や社会扶助法の完全な変則性こそが、社会国家行政とクライアントの間のきわめて「具体的な」関係を可能にし、そのようにして生活世界の植民地化を容易ならしめているのである。抽象的な金銭給付請求権であれば、官僚制に対して距離を保つこともできるが、社会扶助受給者への具体的な現物支給——申請のときにシャツやパンツが必要だということになればそうなる——は、「扶助受給者の人物」「その必要の種類」「個別事例の特殊性」(連邦社会扶助法第三条)を、つまり私的圏域の最後の一隅までをも、給付行政の判定と介入とに服従させることになる。

したがって、ハーバーマスが言うように、かつては自由を保証するものとされていた「市民的形式法の構造は、この形式法という手段によって私的恣意の領域だけを否定的なものとして除外するべきではもはやなく、……給付を肯定的なものとして保証するべきである場合には、ディレンマを抱えることになると推察される」べきではない（原著II巻五三五ページ）。むしろはっきりと示されているのは、まさしく権威主義的・社会国家的なコミュニケイション形式が支配的なところにおいてこそ、市民的形式法の構造はそれ自身を変化させており、「脱法制化」[114]とでも評価されうるような解体プロセスに支配されていると言えるであろう。社会国家的な法制化推進の途上で政治的諸制度と官僚制的諸装置の専横を発揮させたのは、形式的法の抽象性ではない。国家行為の多くの領域で、形式的法を状況適応的な具体性へと転換させたことにその原因があるのだ。きわめて具体的な判断や決定を許しているのが、たとえばあらゆるところに浸透している「全人格の評価［Würdigung der Gesamtpersönlichkeit］」という公式である。この公式は、補償的な意図で一貫して用いられているわけではけっしてなく、アウトサイダーを治療的な基準に服従させたり、刑事裁判の被告人を規律化させたり、公務員に採用する場合ですら女性を差別したりすることに同時に寄与しているのだ。たとえば刑事訴訟手続きにおいて裁判官が、犯人の「志操」「前歴」「個人的および経済的状態」、結局は「犯人の人格」全体（刑法典第四六条、四七条）との関係で量刑する場合に得ている大きな遊域は、それがたとえばブレーメンでの法曹教育の目標イメージどおりに用いられていることを保証するものではない——被告人の屈従や協力の度合いに応じて懲戒的に適用することでさえ、しようと思えばできるのだから。最近ではこの「人格の総合評価」は、判事職への任用における公式の適格性要件を補完するものとして、著名な上級地方裁判所長たちによって推奨されている。曰く、女性が司法試験において「平均的に男性よりも高得点」を取っているという状態を、女性の職業遂行に阻害的な「多重負担」を考慮することによって是正するためであるという[115]。社会国家的な法制化と結びついた具体化の傾向こそがアンビヴァレントなものであることは、実に明白なのである。

法の機能様式をめぐる議論のなかで用いられる「抽象的」および「具体的」というカテゴリー——それは左翼の法制化批判に共通した特徴であるように見える——は、具体的な使用価値と抽象的な交換価値との間の区別を指し示すような連想に覆われている。しかし、リベラル市民社会的な形式法の抽象化は、ハーバーマスが前提とする（原著II巻四六九ページ以下）ように、生活世界が資本主義的近代化を通じて直接的に服する抽象化とそのまま重なり合っているのではなく、政治的な諸制度の構造化という迂回路を経てしか社会に影響を与えない。ハーバーマスが言うところの、経済システムの分出に付随して生じ、その貨幣メディアを制度化するような最初の法制化推力（原著II巻二六五ページ）ですら、きわめて間接的な仕方でしか作用しないのである。たしかに古典的な私法は、経済的な適法性に一般的な妥当性を付与することによって、純粋にシステム的な統合メカニズムを実際に是認し、その力を発揮させるような内容を含んでいた（原著II巻二七七ページ）。けれどもそれは、私法が国家の諸制度に契約締結者の自律性を承認するよう義務づけ、国家の法律による補充的な介入を、計算可能でありかつ経済システムの自己制御と両立可能であるように保つことによってであった。古典的な私法は、まさに経済システムの固有法則性を保証している限りにおいて、非-法制化の格好の実例モデルである。契約の内容は国家の立法者によって規定されるのではなく、自律的な私法の諸主体によって取り決められるのであり、国家の裁判所はこのことに基づいて裁判をおこなうのである。契約法の実質化を伴う社会国家的法制化によってはじめて、国家の立法者との比較における「私法社会」の第一次的な規制権限に終止符が打たれるのである。[116] だが古典的私法がすでに法制化であるとみなしうる限り、そこには経済の固有法則性に対する修正が含まれている。つまり何でもカネで片が付くというわけではないということである——私法にも「許されざる行為」についての一節は含まれているし、たとえば債務履行にかんする法[Haftungsrecht]の諸規定などもある。それゆえ、私法が「法制化」である限り、それは貨幣メディアと同期して作動するのではなく、逆方向のベクトルを有するのである。

しかし、生活世界の植民地化は「法制化というかたちをとる」というハーバーマスの中心的なテーゼは、法、とりわけ抽象的な形式法がシステム的な諸構造と密接に結びついているという仮説に基づくものであり、それどころかある場合にはその仮説と完全に重なる場合すらある。ハーバーマスは一方において、伝統的社会における法規範をなお、「セカンドオーダーの行為規範」であると述べている。それは、規範によって規制された日常的コミュニケイションにおいて了解が機能しない場合に、コンセンサスの第二の補助的なレベルを確保するものであるという（原著II巻二五九ページ）。そしてその点でハーバーマスは明らかに、生活世界の内在的合理化の途上で生活世界から分裂し、そしてのちには生活世界に悪影響を及ぼすようなシステム的な社会領域の解放をただたんに可能にするだけの法を、社会統合の形式であると評価しているのである（原著II巻二七七ページ）。だがその一方で彼は、社会国家的な法制化の文脈では、形式的な法的諸関係とシステム統合とを同一視するにいたる。「生活世界の合理化は、社会統合を言語に依存しない制御メディアへ転極することを可能にし、またそのことによって（強調マウス）形式的に組織化された行為諸領域の分離を可能にする」（原著II巻四七〇ページ）。「いまやわれわれは、近代法の諸形式のなかではじめて構成された諸関係を、形式的に組織化されていると称する。それゆえに（強調マウス）、社会統合からシステム統合への転換は、法制化のプロセスというかたちをとることが予期されるのである」(原著II巻五二四ページ)。なるほどハーバーマスは、現実の法制化プロセスにかんしても、法をすべてシステムの制御メディアの側へ手渡してしまうのではなく、「制度」としての法と「メディア」としての法を区別している。この区別は、法規範の異なる正当性認定の観点によるものであり(この点については後述)、法制化過程が「生活世界の先行する諸制度に接続して、社会的に統合された行為領域を法的に成形し尽くすのか、それともシステム的に統合された行為領域にとって構成的な法的諸関係を濃密化するだけであるのか」(原著II巻五三六ページ以下)によるものである。けれども、まさにこうした法の機能の準領域特徴的な区別こそが、問題をはらんでいるのだ。

この区別の根拠は、やはり同じように領域特徴的な、システムと生活世界の区別一般にある。経済と国家は「規範から自由な」、貨幣や権力といった制御メディアによって統合された領域として、一括してシステム的なものであると性格づけられている(これらの領域を構造化する法は、システム的なメカニズムとしてのみ承認される)。その一方で、私的領域と公共圏は、コミュニケイションの実践を通じて生活世界的であることが証明される(原著II巻二二九ページ以下、二五七ページ、五一三ページ)。しかし、このような硬直した分類を維持することはほとんどできない。むしろ実際に示されうるのは、社会的部分領域のすべてが――たしかにきわめて異なった割合でではあるにせよ――コミュニケイション的な様相とシステム的な様相のどちらも持ち合わせているということである。家族で農業を営む場合の仕事の流れにおいても、すべてに資本主義が貫徹する以前ですら、システムの強制による「暗黙=無言[Sprachlosigkeit]」や支配の位相なしで済ませられることはほとんどない。だがとくに重要なのは、その逆に、典型的なシステムの領域もコミュニケイションなしに存在することはないということだ――

部分的にはまさに法によって規制されているのだから。労働関係が民法規範に順応させられると、労働領域で労働力が単純に自然増大するといったことはもはやなく、契約を締結するときにはじめて、仕事のノルマや労働条件、賃金支払いといったことについてのコミュニケイション一般が始まるのである。古典的な私法の段階では、たしかに労働契約が生産者に対する企業家の頑強な支配を貫徹させ、生産者は労働市場のシステム強制に直接的に従属していたのであるが、そのことはまさに、上述したような契約の非法制化から結果したことである。契約の自由と労働法の成立に社会国家が介入する――その和解的な効果は別として――ことによってはじめて、いずれにせよ純粋にシステム的な諸構造の修正が実現したのである。ちなみに、産業分野での諸関係の法制化の程度がドイツあるいは連邦共和国における発展の場合よりも低い社会においては、労働組合の闘争能力と労働者の生活水準は、景気変動や合理化の危機に、つまりシステムのメカニズムにはるかに大きく左右されやすいということが言える。[117] 憲法で保証された賃金協約自治制や労働組合のストライキの自由を、「社会的妥当性［Sozialadäquanz］」や「相当性」のような公式――法律による規制がないのだから――によってシステム的な諸構造に繋ぎ止めることは、たとえば連邦労働裁判所による脱形式化的な裁判を待ってはじめて可能になったのである。安定化をはかる裁判が実際におこなわれている場合の労働組合のスト権に対して、法改正によって（雇用促進法第一一六条）介入しようとする目下のこころみも、「よりシステム適合的な」決定を可能にし、もっとも字義通りの意味での脱法制化として影響するような、きわめて不確定的な法概念の適用によって特徴づけられる。

だからたとえば一九七六年の共同決定法などは、ますますもってシステムの制御メディアであるとは言えないだろう。なぜなら、その規制領域は、経済システムの典型的な現象形態、つまり法的に「構成された」ある一定規模以上の資本会社をカバーするものだからである。(広範ではないにせよ)比較的詳細に被雇用者の共同決定権を明記した組織規範の強制的性格と形式主義においてもまさに、この法律は、おおむねシステム命令に支配されている領域に、「生活世界的な」防火線を切り開くのである。この問題にかんしても、共同決定法の根底にある立法者の予測、すなわち「企業の活動力や全体経済にとって不都合な結果」が生じないであろうという予測が、経済的規制領域の「状況適合的」で証拠の十分な主張に基づいており、したがって現時点ではこれに異議を唱えるべきではないという観点から、この法律の合憲性が肯定されるようになるのは、連邦憲法裁判所による憲法解体的な判決を待たなければならなかったのである(118)。ここでもまた、脱形式化的な裁判によってはじめて、ある法律のコミュニケイション的な企図がシステム的な命令に包摂されているのだ。

ハーバーマスが挙げる第二の巨大なシステム領域である国家も、けっして例外なくシステム的に統合されているわけではなく、実質的内容にかんする規範も、たとえば行政法のように国家の諸制度を構造化している組織規範も、システムの制御メディアと等置することはできない。ここでとくに問題として表面化してくるのが、ハーバーマスが(一貫して)「形式的に組織化されている」ことと「システム的である」こととを同一視していることである。これはひとつの語法であって、少なくともシステム理論そのものはこれを共有していない。まさに生活世界を擁護するという関心のもとに、ハーバーマスがずっと固執しているルーマンの理論のシステム・パースペクティヴからすると、形式法はどのような役割を担うべきなのかについて、簡単に跡づけてみることができる。すでにルーマンの初期の彫琢された一般組織理論では、ある行為システムにおいて形式化された行動予期の占める割合がきわめてわずかであることが強調されており、[119] 形式性一般に帰せられるのは特殊な行動予期だけであり、全体としての社会システムではないとされている。[120] そして後の著作のなかでルーマンは、簡潔に次のように定式化している。すなわち、「あるシステムの形式構造は、明確に規定することができ、相互に統合することができ、サンクションを加えることができ、そしてとりわけ当該システムの主要な社会的機能を確保するものであるさまざまな行動予期の基本骨格から選びだされた、それ自身のみでは存続しえないような一面的なものである。この一面性から帰結する問題の埋め合わせは、形式的には非合法的なものにまで達しかねないような、インフォーマルな予期と行為によっておこなわれなければならない。こうした補償があってはじめて、ある組織はシステムとなる」[121] と。さて、ルーマンの場合もやはり——後者の定式化が示唆しているとおり——、形式主義が組織に、インフォーマル性がシステムに、そのまま帰せられているというわけではなく、形式主義とシステムは、非常に間接的ながらも連関している。行動予期の形式化ないし一般化は（そのさい、法的な規範化が問題となる限りにおいても）、たしかに「システム形成の媒体」[122] であると、つまりここで言えばシステム境界の定義と成員資格の規制にかんする諸システムの構成条件であるとみなされる。けれどもシステムの継続的な再生産においては、形式的な規制がそもそも行為の状況を直接構造化するかどうかという問題は、この状況の先行的構造化そのものに左右される。[123] つまり、実際の情報処理、すでになされている決定連鎖による現実の接続強制、あるいはたとえば事務手続き規程に反して確立された「コネクション構造」[124] といった「本来の」システム的なメカニズムに依存するのである。

とはいえ、ルーマンが実際に法と貨幣を二つまとめて、政治的権力の「技術的拡散」という意味で機能する福祉国家の「メディア」[125]であると称する場合でも、両者のメカニズムの原理的な矛盾対立がつねに仮定されてはいる[126]。しかしそもそもルーマンが法をこのような意味で、扱いやすいように、国家権力の発動のさいの技術的効率のメディアであると機械的に定義することができるためには[127]、それ以前に、法からその規範的な性格、それどころか法的な性格を剝奪してしまわなければならない。このことは、自由を保証し、生活世界を保護する機能があるとハーバーマスがはっきり述べていた法的題材に当てはまるだけではない。これらのケースでルーマンは、法が「構造として不可欠なもの」であり、そのことはどんな場合も諸システムの構成条件にかかわる[128]、という自らの基本想定といずれにせよ矛盾することになる。これが当てはまるのはたとえば、「主観的法を法であると強調することが、どれほどたやすく構造問題をゆるがせにすることになりかねないか[129]」という警告である。ルーマンの考えでは、法が法としての性格を放棄してしまった場合にのみ、あるシステムの構造として機能しうることは明らかである。同様に基本権は、そのシステム的な意義を示すために、個人の自由権あるいは人格権からそれぞれの反対物に転換させられなくてはならない。たとえばルーマンによると、「労働および職業の自由」は、「労働任務への各人の割り当てを市場に適したかたちで合理的に組織化する[130]」という機能を有する。そして私有財産の保証は、人格に帰せられるのではなく——ちなみに、そんなことをすれば「ただちに共産主義へと」いたるであろう[131]——、「経済システムの機能遂行能力のために[132]」経済システムへの参加を保証することである、と解釈できるのだという。ルーマンは、基本権全体がシステム分化の維持を保証するものであると解釈することによってしか[133]、基本法のなかの自由権のうちにあると推測される、「個人がその人格を涵養し、ますます緻密に編み込まれた憲法の網の目への公共的な関心を高めていく」[134]危険を払いのけられない。ルーマンはまた、基本法の法治国家的および手続き的な規定一般を幅広く扱っているのだが、[135]これも全体としては、「網の目の密な」憲法の逆機能性から政治的支配のシステム的メカニズムを防衛することにつながる。

だがとりわけ興味深いことに、システム的な行為領域でメディアとして機能する法の典型であるとハーバーマスが特徴づけた行政法について、まさにルーマンも同様の作動をするとみなし、行政システムのメカニズム一般と両立可能な状態を保持しようとしている点である。行政内部の関係について言えば、公式構造と事実的な構造との間の対立は、法の高度な「融通性」によってのみ架橋することができる[136]——ルーマンはそのことを明らかにしただけではない。ルーマンによる「政治的・行政的計画に特有の『法との違和』[137]」についてのリアルな分析もまた、行政行為の社会的な影響にかんしては、次のような劇的なテーゼにいたる。すなわち、どのような介入についてもその影響結果の連鎖反応を同時に予測できない場合に、どの程度の社会的制御が必要かを考慮すると、法は基本的かつ全般的に、規範的な予期の様式から認知的な予期の様式へと転換させられなければならない。それは、持続的な事後的制御の学習過程の妨げにならないようにするためであり、結局は「法的に規範化しえないもの」のより広い領域を一切触れずに残しておくためである、[138]と。行政の決定スタッフ内部では周縁的な位置にある法律家たちの論証方法を、ルーマンは皮肉を込めて特徴づけている——曰く、彼らに対しては「何がおこなわれるべきかについて、それがうまくいくかどうか分かる以前に言わなくてはならない」[139]。このことと、客観的には下降している法律専門職一般の意義[140]やドグマーティク的法律学の衰退についてのルーマンの評価[141]

からまたしても明らかになるのは、現在の諸システムのなかでルーマンの理論が法に対して指定した、難しく微妙な位置価である。法的妥当の領土的限界とは対照的な、システム的に構成された世界社会の発展可能性との関連で、いずれにせよルーマンは次のような疑念を表明する。すなわち、「規範的で政治的・法的な諸メカニズムに拘束されることは、人類の発展にとって、さらなる進化が接続しえないような誤った特殊化だったのではないか(142)」、と。ますます複雑性を高めるシステム構造が生みだされた近代という文脈のなかで、(形式)法の逆機能性が強まること、これがルーマンの法理論の中心的なテーマである。

ルーマンによる冷ややかなシステム・パースペクティヴの絶対化から、まさに「生活世界」を利する帰結が読みとれる。すなわち、しばしば嫌疑をかけられる強制的な形式法が、システム的な諸構造の本当の敵対者だということである。それは、政治的諸制度それ自体における決定の流れに当てはまるだけでなく、程度の差こそあれ生活世界的に構造化されている社会の部分諸領域と政治的諸制度との相互作用に対しても重要な影響を及ぼす。この相互作用にかんして言えるのは、ハーバーマスがシステムと生活世界をそれぞれ特殊な領域として区別することが純粋に守勢的性格をもっているということである。この区別はたんに、国家や経済からのシステム的なメカニズムの直接的な介入によって生みだされる生活世界の脅威にだけ注意を向けており、「もともと」システム的に自立していると定義される領域(原著第II巻五三六ページ)はあきらめて放置してしまう。ハーバーマスは明確にこう定式化している。「メディアとしての法は「多かれ少なかれ機能的なものである。しかし生活世界の地平の外部で、法的規範化は自由を保証する性格なのか、それとも自由を減ずる性格のものなのかについて問うことはナンセンスである」と（原著第II巻五三八ページ）。だが、経済あるいは国家の内的構造を規定する法規範がどのような性格をもつのかということは、まさに生活世界のパースペクティヴからきわめて重要なものとなりうるのである。だからたとえば賃金協約システムの存在には、家族の構造が、もっぱら生き延びるための闘いによって――初期資本主義時代のように――規定されるのではなく、コミュニケイションに対して開かれるというチャンスが内包されているのである。だからたとえば労働市場を規制するような（それなりのサンクションを装備した）「強制的な」反差別法があれば、女性に対する極端な形のコミュニケイションの断絶状況を「生活世界的な」意味で変えることができる、というような副次的効果を発揮しうるのではないだろうか。

組織規範や内容にかんする法規範が、政治的諸制度そのもののなかでどれほど顧慮されるかということは、生活世界的にみるとなおいっそう重要であり、そのことはそれ自体、これらの規範の構造に左右されている。だからそうした内容にかんする法の変更――立法者の意図においては生活世界的な諸構造の防衛と強化を目的とするような――は、行政装置が組織規範によってはまだ実際に構造化されれず、「法律の執行」に適合させられずにいればいるほど、行政装置のなかへと呑み込まれて消えてしまう。そしてそのこと自体、内容にかんする改正法がオープンに定式化されていればいるほど、容易に起こるのである。官僚制の反抗的な態度に対する「革新的」政治家たちの苦情や法の実効性にかんする研究の諦念的な認識は、このディレンマを照らしだしている。社会福祉行政とそのクライアントとのかかわりにおいてもまさに、議論の余地のないほど明確な法的要求ですら、自己言及的システム的なメカニズムや行政内部の刺激構造［Anreizstrukturen］――それらは形式法に基づく行政組織に対して逆行的である――の基準に従って処理される。その結果、具体的な生活連関のなかで生じてくる窮境は、それ自体選択的な社会法のなかで十分見込まれている場合でも、行政によってまったく顧みられない、ということになるのである。

ハーバーマスが社会法の特別なパラドックスと記していること、つまり社会法が形式法的に構成されたシステムに関係づけられていると同時に、インフォーマルな生活世界の文脈内部の行為状況にも関係づけられているということ（原著第II巻五三九ページ）、これは近代法一般に当てはまる基本構造である。このような視点は、政治的諸制度のその影響領域に対する関係にとってとりわけ重要である。近代の実定的に制定された法規範を社会的支配の伝統的な形式や制度に結合しなおすことはもはやできないがゆえに、まさに政治的諸制度の法による規制と社会の法的な規制との間の連関は構成的になる。だから近代法は、政治的諸制度の構造化を通じて社会的行為領域を構造化するのである。政治的諸制度の法的制御の方法そのものは、法定立一般に実現可能性がどのくらいあるのかを決定するだけではなく、とりわけ生活世界の領域における自由の程度についても決定するのである。法の性格が強制的で形式主義的なものであればあるほど、政治的諸制度がその社会的な環境とのコミュニケイションにおいて用いる恣意は、むしろ制限されたものとなりうるし、国家装置の自己言及的システムのメカニズムが国家の決定プロセスに関与する割合は、フィルターにかけられてむしろ小さくなりうるだろう。こうした連関によってはじめて、グスタフ・ラートブルフの定式化[143]が説得力あるものとなる。すなわち、近代法のアンビヴァレンツはその内容の側面にあるということ、しかし厳密な法形式は「つねに被抑圧者たちに役立つ」ということ、これである。

国家行為、とくに抑圧的なそれは、ナチス・システムにおける最も過激なテロルの領域が示しているように、法的なプログラミングなしでもおこなわれうるがゆえに、法の二重の性格、すなわち国家行為に対して実質的内容にかんする授権を表明すると同時に法形式によってそれを制限することのうちには、第二の観点を優越させる狙いが組み込まれているのである。法形式の特殊な機能に鑑れば、二〇世紀における法の構造変動は根本的な意義を有している。法の脱形式化——それはまさに社会国家による法制化の推力とも結びついているのだが——は法の授権というパースペクティヴを高度に自律化させ、政治的諸制度を桎梏から解放することを可能にした。その解放は、古典的な法治国家のパースペクティヴからは想像もできないことであった。しかしながら、政治的諸制度による自己抑制は、すでに示したような、多方面から要求されている「法的自己抑制［legal self-restraint］」とはまったく正反対のものになってしまっているのである。

Ⅳ　「自由の制度」と法の正当化の様式

法の強制的な形式的性格が、いわば政治的制度に対して強制され課せられた、近代法の要素である、という認識や、この連関を、現代の法の脱形式化傾向に対して自由を保証するものとして堅持せよという要求も、もちろんそれ自体としてはまだ守勢のままである。そのような欠くことのできない最小限の保証を超えてさらに、「自由の制度」（原著第II巻四八四ページ）というハーバーマスの概念に結びつけられた意図を引き継いでいくことが必要であろう。ハーバーマスが正当にも近代社会に欠落していると称するものを具体化することは、コミュニケイションによる社会の自己制御の制度化、というハーバーマスの構想に接続しうる――ただし、根底にある正当化の企図を引き受けることなしに――であろう。そしてこの具体化は、近代の法制化のパラドックス――現行法の大半を国民は知らないこと、しかしすべての法定立の正当化として、民主的な正当化しか問題とされないということ――に対する解答を見いだすものでなければなるまい。コミュニケイション的に構造化された行為領域の法制化は、それぞれの領域内部でのディスクルスによる意思形成や決定プロセスに余地を残すため、「法治国家の諸原理の貫徹や、……行為領域外部の構造［Verfassung］の法的制度化を超えるものであってはならない」（原著第II巻五四四ページ）、というハーバーマスの要求はすでに、「自己制御の制御」という意味での「再帰的な」法の機能を先取りしたものであると解釈できる。[144] もっとも、生活世界の残存状態に制約されることなく、「システム的な」領域のなかに自律的なディスクルスによる規範形成プロセスの帯域を築き上げるような「自由の制度」は、この「外部の構造」のなかへ、経験的な条件のもとでのディスクルスのための組織規範と手続き規範を取り入れなければならないであろう。このことは、社会的な権力の非対称性（本章第II節を見よ）の補償に基づくだけではなく、法的諸決定における正当化と組織との間の原理的な連関を考慮に入れてなされなければならない。ここに、ハーバーマスの正当化の企図との相違点がある。

近代法における基礎づけ問題は、それがいまや全体としての合法性システムの根本的正当化［Recht-fertigung］に関連しているという点で、その重心を移動させたのであった。これを道徳性と合法性の歴史的分離の結果であるとハーバーマスが確言しているのは至当である（原著第I巻三五四ページ、第II

巻二六六ページ)。この連関においてハーバーマスは、近代法の規約原理を絶対化するマックス・ヴェーバーに対抗して、規約原理がすべて基礎づけ原理を参照し返していることを強調している。にもかかわらずハーバーマスはふたたび、領域特殊的なものとして、システムに結びついたメディアとしての法――その正当化のためには、法の形式による手続きを制定するだけで「十分であり」、生活世界のパースペクティヴからのさらなる正当化［Rechtfertigung］要求は「ナンセンス」であるという――と、制度としての法――それは「実質的な正当化に耐えうるものであり」かつそれが必要である。なぜなら、制度としての法は「生活世界の正当的秩序そのものに」属するからである――を区別するのである(原著第II巻五三五ページ以下)。しかし、ハーバーマスによる基礎づけ原理の展開のなかの諸要素も、基礎づけ可能な規範と不可能な規範との区別一般もともに、そのアプローチのあらゆる主観的意図に逆らって、諸制度の自由保証的性格を制限してしまう可能性がある。それどころか、基礎づけ原理のある特定のアスペクトから見れば、この危険はすでに現存の政治的諸制度にかんして存在するのである。

手続き的合理性についてのハーバーマスの理論は、いわばルーマンの「再帰的制度化」というシステム的な構想(本章第I節を見よ)を正当性理論の言語へと翻訳したものであり、そもそもそこではじめて民主的な転換がなされたものである。「現代の正当性問題にとって決定的なことは、正当化の水準が再帰的になっているということである。正当性プロセスの諸手続きと諸前提は、いまや正当化をおこなう根拠であり、正当化の妥当性はそこに依拠している。とりわけ自由で平等なものとして成立する協定の理念は、今日の手続き的正当性のタイプを規定している」(145)。しかし、ハーバーマスが手続き的な正当化原理を、政治的な決定到達への具体的な手順から、それどころか政治的手続きの制度化一般からラディカルに分離してしまったことによって、[146] ある決定にかかわるすべての人びとによる自由で平等なディスクルスという、ハーバーマスの基礎づけ原理の民主的な構造は、実際の政治的決定手続きの構造に対してなんら影響を及ぼさないままなのである。「もしすべての当事者たちがディスクルスによる意思形成——自由かつ平等な——に参加することができるならば、社会の基盤となる諸制度や政治的な基本決定はすべての当事者たちによる強制なき同意に到達するであろうという推測を基礎づけられるような配置編制を見いだすことが重要である」[147]。これによってハーバーマスの正当化理論は、カントがたんに応急手段として定式化しただけのモデル構成の復活を含意している。歴史的に実現された政治的支配の形式は、国家契約の理念に内包されている正当化原理、すなわち人民の自己立法——この理念に由来する「拘束力」はそれをめざしたものである[148]——にまだ合致していない。そうである間は、すべての法律の状態が、その法的適合性と正義の「試金石」であるとみなされる——「あたかもすべての法律が、全人民の統一された意思にその源を発することのできたものである（かのごとく）」[149]。カントにおいてはたんなる間に合わせであるものが、ハーバーマスの場合には正当化の原理そのものからの必然的な帰結となっている。それゆえハーバーマスが、（任意に組織化された）手続きを通じた重要性の低い正当化の彼岸に、基礎づけによる強い調子の正当化を要求するとき、彼は自ら規約原理と基礎づけ原理を互いに引き離しているのである。

　このことに対応するかたちで、ハーバーマスは、手続きによる正当化理論の長い伝統から民主的なバージョンのそれ——立法手続きの民主的組織化の度合いから、法律の「正しさ [Richtigkeit]」と正当性とを推論する——を完全に除外してしまう[150]。それに代えてハーバーマスが提示する手続き概念は、マックス・ヴェーバーによって産みだされ、たんに形式的な正しさ［Korrektheit］によって、そして実際には循環的な法形式性によって規定されたものである（原著第I巻三五八ページ以下）。あるいはハーバーマスは、ルーマンの手続き概念という否定的な事例を引き合いに出す。[151] ハーバーマスの仮定するところでは、ルーマンの手続き概念は、民主的な構造を含意するわけでもないし、かといって手続きによる正当化を法的な手続き規範化と結びつけるわけでもない。[152] そこでは正当化は、手続き参加者や決定受容者の逆方向の予期や利害を、現実に再構造化したり選択的に「細工」したりすることによって、進行中の決定手続きのなかで調達される副産物であると定義されている。完全に質の低下した手続きによる正当化を隔離することによってはじめて、そこから分離された基礎づけによる正当化という構想が説得力あるものとなる。

法学的な議論においてハーバーマスの理論が活用されている多数のケースに見られるように、一方であらゆる経験的な手続きに先行する手続き的な正当化の原理の存在を際だたせ、それと法定立の民主的正当化を通じた法の正当化とを対抗させれば、エリート主義的な結論を伴う漁夫の利を得ることができる。すでにカントの応急手段から分かるように、基礎づけによる正当化は、立法をおこなう啓蒙された君主や大学の哲学部のメンバーたちの頭のなかでも起こりうる。より現代的なやり方が、民主的な手続きから切り離されたディスクルス的基礎づけによって、裁判所に対して独自の正当化基盤を調達するようなモデル構成である。[153] この正当化基盤は、裁判所が自らの決定を法律によるプログラミングに対して独立させることを可能にし、「行政官の思考のバランスの良さ」（本章第II節を見よ）を、すべての当事者が行政手続きに実際に参加することの等価項として通用させる。逆説的なのは、そのような帰結が、国家の諸制度をさまざまな制約から解放するという現在支配的な傾向をすべて強化してしまうことである――制約から解放されるとはいっても、国家制度に対してはなお、法の拘束に媒介された民主的なコントロールが少なくとも痕跡程度には課せられるのではあるが。

それにもかかわらず、ハーバーマスの理論はこの種のまったく無造作な利用に対して抵抗する。まず最初にハーバーマスは、政治的諸決定の正当化原理と組織との分離を、方法的なものとして理解してほしいと主張している。この意味で、「ディスクルスの概念を合意理論の文脈で採用するという問題と、ディスクルスを制度化するという問題は区別されなければならない[154]」。「ディスクルスは制度ではない。それは対抗制度そのものである[155]」という言明は、規範的な概念に対してのみ当てはまる。協同的な真理探究の手続き――それはコミュニケイション的行為を一時中断して、そこで問題となった妥当性要求を、あらゆる相互作用の強制から自由な形式のなかで吟味する[156]――は、実は「反事実的な」規定を必要とする。ディスクルスの政治的制度化の問題については、ハーバーマスは、「ディスクルスは、所与の状況において、どのようにすれば意思形成の組織原理として貫徹させられうるのか[157]」という問いを少しも妨げていない――ただし、具体的な論究のなかでは、組織の問題を、制約となる現実原則の側に位置づけているのだが[158]。ディスクルスと組織の相違は、政治的制度化のレベルにおいても残されたままなのである。

とはいえたしかに、ハーバーマスのディスクルスについての原理そのものには、民主的な組織に置き換えることのできないような要素が含まれている。ディスクルスへの参加者に対する要求があまりにも高いのである。言明の真理、ないし行為規範の正しさは、理想的発話状況における他のすべての人びとによる潜在的な同意に左右される、とハーバーマスが言うとき、彼はたしかに、実際の基準を、発話者の人格的特徴のなかにではなく、対称的なコミュニケイションの構造のなかに——そこには同意する人びとがいなければならない——設定する。[159] その点でここにはなお、経験的な条件のもとでのディスクルスへの転換のために、微かな声も聴き取られることを保証するはずの組織への指し示しがあると言えるかもしれない。しかし全員による同意の潜在性によって、現実にはエリート主義的結論にいたってしまう一連の論証の出発点が設定される。実際にはつねに「若干の人びと」による同意しか得られないため、他の「能力ある」判断者には誰もが同意しなければならない、なぜなら彼の判断能力の程度によって、さらなる同意が得られる度合いが高まるから、というふうに真理の条件は限定されてしまうのである。[160] ディスクルス参加者の能力は、「理性性」[161]と「帰責能力」によって、普遍的な妥当性要求に定位する能力[162]のことであるとはっきり限定されている。求められているのは、自らの「情動に屈したり、直接的な利害に従ったりすることなく、道徳的な観点から争いを公平に判断し、合意によってこれを調停する」ような「合理的な……人」なのである（原著第I巻三九ページ）。理性と禁欲、公正と利害からの離隔との理想主義的な連関は、反事実的に仮定されている理想的発話状況にも当てはまる。しかし経験的な条件のもとでのディスクルスについては、理想的発話状況のモデルと、裁判の倫理・弁論——それは、少なくともあるディスクルスの形式をとらねばならない——、あるいは党派的争いから超然とした判事による判決の根拠づけとの結びつきは、周知のとおり利害に縛られた立法手続き——草の根民主主義的なものであれ、議会主義的なものであれ——との結びつきに比べればそれほど強くない。だから実際ハーバーマスは、最初は否定していたのだが[163]、のちには裁判手続きをディスクルスの「特別な事例」

であると認めている（原著第I巻六二ページ、注63）。これに対して、「交渉による妥協案の取り決めは……一般に、厳密な意味でディスクルスによる妥当性要求の実現にではなく、一般化することのできない諸利害の調整に」役立つ（原著第I巻六一ページ）というハーバーマスの論述は、ワイマールの保守主義が（「理性的なるもの」の）「代表」と（個別的な利害の）「代理」との差異を用いて現実におこなったような[164]、そして法適用の合理性によって法定立の非合理性を補償せよ、という法律学的方法論の主張[165]の根底に依然としてあるような、立法手続きに対する評価を許容してしまう。その規範的な彫琢のなかで、合意を見いだすことからの離隔を原則とするディスクルス理論は、正義の専門家支配を正当化する意図による価値転換——とりわけ連邦共和国の司法国家的発展の途上で確立したようなそれ——に対しては無防備である。それどころかその一方で、ディスクルス理論は、制度化されえないような民主的ディスクルス・モデルを描くことによって、自らとは対蹠的な、正当化そのものを制度化に従属させることを優先させるようなシステム理論と軌を一にする——「受容の想定可能性[166]」という点で——ことになるのである。

ハーバーマスが法規範一般をごくわずかしか基礎づけできず、基礎づけする必要がないものと考えているのは、彼の正当性モデルの構造に由来することである。「制度としての法」というキーワードのもとで、ハーバーマスが典型的な題材と称するのは、憲法の基礎、刑法および刑事訴訟法の諸原理、そして「道徳に近い」犯罪構成要件（原著第II巻五三六ページ）に対するすべての規制であり、これによってハーバーマスは、近代法の大半を任意の制定に委ねるのである。理性的なディスクルス参加者による利害からの離隔は、彼らによって吟味された行為規範が「すべての当事者に共通な利害を表現し、それゆえ一般的な承認を……受けるに値する」（原著第I巻三九ページ、強調は原文）ための条件であった。しかし、諸利害の一般化可能性をディスクルスのなかで吟味しても、近代社会にはきわめてわずかしか一般的な利害というものが存在しない、ということ以外はほとんど明らかにできない。高い理想主義的な正当化要求を前にして、法の大半が任意のものであるというのは、満足すべき帰結ではない。普遍主義的な正当化［Rechtfertigung］モデルは、近代社会における諸利害の極端な個別化と道徳の多元化に手出しをしても失敗するだけである。結果の計算や欲求の解釈の観点によって「道徳的なものの自律性を脅かすことなく」普遍主義的な倫理のなかに「唯物論的な観念が受け入れられ（う）る」（原著第II巻五八六ページ）、とハーバーマスがたとえ強調しても、具体的な欲求が断片化し局在化することによって、かの普遍主義は疑問に付されるのである。たとえば、騒音公害からの自由についての地域的な利害は、普遍化することができない——だからといってその利害に正当な資格を認めることに支障があるわけではないが。この利害はしたがって、普遍主義的な扮装（環境一般の危険）をして登場せざるをえない。すると産業界の利害関係者たちは、人類に暖と光を供給するという動機を主張することができる、といった具合である。そうしてすべてのことが、専門家支配体制による「価値の衡量」を通じてまとめて管理運営されていくのである。

近代社会のさらなる発展にとって、これよりはるかに重要なものとなっているのは、道徳の多元化である。世界中で激しい飢餓と国家によるテロリズムが未曾有の難民の群れを動かせば動かすほど、自由な社会はそのことによって、自らが多文化的であることをはっきりと認識できるようになるだろう。このことは、それぞれ独自の道徳規準をもつさまざまな輸入宗教の再活性化傾向と相俟って、社会における相互に普遍化不可能なものこそが、協調性や交換や平和共存のゲームのルールを必要としているということを意味している。ハーバーマスが正当化を「最終的な根拠」にではなく、諸根拠の正当化［Rechtfertigung］のための手続き的な条件に基づかせていることは正しい。けれども、現在の社会における諸関係のもとでは、ハーバーマスの考察はより徹底化されなければならない。民主的な手続き性は、もはや妥当性根拠の説明という目的にとっての手段ではありえず、いわば自己目的化する。なぜなら、それ自身が自由の実現なのだから。

民主的な正当化と法は、現在では法定立の脱中心化によってしか調達することができない。そのことは、古典的な民主制理論および法治国家理論が定式化しているとおり、民主的な手続きを通じた正当化にも当てはまる。ルソーとカントは両者同じように、法律が市民の自律性を保証し恣意を排除するのは、すべての人がすべての人について同じ決定を下す場合である、という前提から出発する。[167]この公式は、たびたび誤解されているように、「同一的な［identitär］」民主制のモデルと結びついているのではなく、さまざまなタイプの民主制と法治国家を包括するような、法律の民主的正当化と内容的一般性と平等な適用を通じた自由の保証の構想に結びついているのである——そしてこの点に、ルソーとカントの差異は存する。しかしこうした法律の民主的な一般性は、手続き的倫理の普遍主義と同様に、現代の社会状況のもとでは挫折する。社会の分化、国家による詳細な調整、および法制化の強度は、法律の一般性を正当化するための三つ組の前提のすべてが消失するほどにまで高まっている。このような状態で法律の特殊化が進むと、その結果として、ますます多くの法律がいっそう少ない数の最終名宛人に、しかもまちまちの強度でかかわることになり[168]、そして当事者にすら分からないような法律が、ますます増えていくことになるのである。

　それゆえ、中央の政治による法定立の民主的正当化が可能なのは、現実に「すべての人びとにとって」当てはまる実質的な内容のある題材についてだけであり、ディスクルスの平等の条件を定式化するべき、社会的な規範定立の手続きを規範化する場合だけである。規範一般をふたたび正当化による吟味に対して開こうとすれば、多くの実質的な法題材にとって考慮に値するのは、当事者自身による脱中心化された法定立という形式である。この形式においては、国家の法を自己調整的な社会的諸領域の「外部の構造」に限定せよというハーバーマスの要求と、「再帰的」法というトイプナーの構想が調和する。ただし、（本章の第II節で述べたような理由から）国家による実質的内容をもつ法定立を断念するには、社会の規範形成プロセスのための強固な形式を有する手続き法による補償措置が欠かせない。しかしながらこの場合、ハーバーマスが生活世界の中核領域とみなしている私事性という社会の制度について言えるのは、内側から破壊されてしまう場合を除けば、内容的な法規範も手続き的な法規範も、私事性の領域へは到達しえないということである。近代法は、私事性の領域に対しては依然として、ハーバーマスが伝統的社会全般に典型的だと述べた（原著第II巻二六五ページ）関係にある。すなわち、法はたんに「メタ制度」として、ファーストオーダーの制度がうまくはたらかない場合の「賠償保証」を引き受けるにすぎない。これに対して、これまでシステムのほしいままにされてきた社会の領域に「自由の諸制度」を構築するためには、その領域の規範形成プロセスを法制化することが決定的に重要であろう。すると必然的に、「人為的で」「二次的な」制度が問題となるはずである。――民主主義の名のもとで法定立を国家と社会が分業すれば、その結果、それぞれの個別の当事者による社会の自律的な学習プロセスが、さまざまな内容をもった部分的法秩序の調和の実現という思想を無用にすることは疑いない。産業界における民主的な規範定立は、教育システムにおける民主的な規範定立に対して、いわば盲目であり、逆もまたそうである。おそらく、すべての社会的部分諸領域がまさしく両立しないことのうちに、自由の本質的な様相が存在するのである。

付論　ワイマール共和国における国民主権の変容について

人民主権という理念は初期市民社会のユートピア[1]と切っても切れない関係にあるが、そのようなユートピアは、これまで一度も実現されたことがなく、二〇世紀には侵食作用にきわめて激しいかたちでさらされることになった。現在、このような展開は、丸山眞男氏[2]が彼の鋭い分析のなかで浮き彫りにした段階に到達したかのように思える。「である」社会の構造と「なす」社会の構造との対置のなかで、とりわけ丸山氏は、人民主権原理が現在において有する問題性を、さまざまな根拠から西欧工業社会にも該当するかたちで、叙述した。彼によると、日本国憲法の第一二条は、動態的な原理としての、すなわち自らの権利を保持するための国民の不断の活動としての国民主権を前提としているが、一方、国民は政治実践のなかで主権者であることに安住してしまい、したがって権利を行使しないで「権利の上に眠ってしまい」、その結果権利を喪失してしまう危険を冒しているのである。彼の指摘は、ドイツ連邦共和国で優勢になりつつある危険をも表現している。このことは、ドイツ連邦共和国――そこでは人民主権が完全に否定されているか、あるいは今日の政治ならびに経済システムの諸条件に対して機能主義化しているが――において支配的な法、憲法、社会、民主主義理論にも当てはまるし、この原理が記憶の彼方に去りつつある一般的な社会意識にもまた当てはまるのである。ワイマール共和国という時代はこのような展開のなかでとくに重要な時期を意味し、今日のように特殊な形態で人民主権原理が抑圧されるきっかけとなったというテーゼを以下で展開してみる。まず現在、人民主権がどのような空位状態になっているかを例を挙げて指摘してみたい。

I

ドイツ連邦共和国を席巻している法および憲法理論の一例として、マルティン・クリーレは自らの中心テーゼを次のように述べている。「憲法国家においては主権者は存在せず」、とくに民主主義的な主権者も存在しない(3)。基本法の「人民」は憲法によって付与された(微々たる)権限に基づいてのみ活動する。したがってこの「人民」には、法的には何にも制約されないという、主権者のもつ本質的徴表が欠けているのである。人民が憲法制定権力と呼ばれる限りで、このような権力は憲法を基礎づける権力として憲法に先行するが、憲法制定という一回限りの行為においてのみ現実化することができ、その後消え去るのである。したがってクリーレによれば、人民は制定されるべき憲法との関係で主権を有するだけであり、制定され妥当している憲法との関係では主権を有さないのである。この意味でドイツ連邦共和国で支配的な憲法理論は、「人民」を不十分な権限しか付与されない「国家機関」としてのみ認識し、「国家機関」としての機能は本質的には政治選択においてしか発揮されないのである。憲法理論と同様に、関連する民主主義理論(4)においてもまったく並行するかたちで、人民主権はただ「民主主義の前提」

として、すなわち民主主義的な憲法国家のいわば論理的な前提としてのみ現われる。人民主権はただ民主主義的正当性に必要な象徴的な条件を意味するにすぎず、民主主義的正当性自身をもはや意味しない。それとともに人民主権は、存在するさまざまな政治制度が、どれだけ民主化を果たしているか、そしてそれらの政治制度によって担保されたかたちでどれだけ人民の意思が貫徹しているか、その程度を測るさいの直接の基準たることを終えるのである。同時に民主主義的発展の動態的原理としての人民主権は排除される。存在するさまざまな政治制度の総体は、現実化された民主主義として、そして――丸山氏の言う意味での――「である」というカテゴリーにおける民主主義自身として把握される。

このような憲法上のさまざまなテーゼはさらなる帰結をもたらすが、それはドイツ連邦共和国の政治システムにとってとくに典型的なかたちとなる。人民主権の代わりに、存在する憲法自身が、政治的行為の正当性を与える本来的な基盤となるのである。政治的行為は、――憲法に基づいた手続き規定の枠内で、そして自由権によって限界づけられた自律的な行動領域の内部で、展開される――民主主義的な意見あるいは意思形成過程の成果によって委任されているのだとは理解されない。民主主義的な手続きにより「前もって合意されている［vorkonsentiert］」(5) 憲法内容を直接に執行したのだと理解されているのである。民主主義的な意思形成は徹頭徹尾、憲法解釈によって取って代わられ(6)、連邦憲法裁判所は、二者択一的な解釈のこころみに対する専門家支配的な権限に従って、憲法解釈にかんしてつねに決定権を維持している。同時に、憲法は社会発展の動態にそのつど適応していなくてはならないということによって、憲法解釈になお余地が残されていることが正当化される。一八世紀のヨーロッパの民主主義理論が、この問題に鑑みて、人民は永遠に有効な憲法制定権力として自らの憲法を変える権利をつねに所有しておらねばならない、となお固執していたとするならば、人民主権にかんするこのような本質的な観点は今日、連邦憲法裁判所によって簒奪されてしまっているのである。

ニクラス・ルーマンのシステム理論は根本的に人民主権のカテゴリーを否認する。そこでは意思という概念――それはなんらかのかたちで主権（概念）を用いずには考察することができないのであるが――は人民から政治システムに移されている。[7] システム理論的に言うと、この場合、意思はあるシステムによる「外部情報に対する内部情報の優遇」を意味するにすぎない。このような定義を政治システムの内部分化［Binnendifferenzierung］にかんするルーマンの考察との関係で観察するならば、そこから豊富な所産が生まれる。ルーマンによれば、政治システムの内部では狭義の「政治」、すなわち選挙や政党政治と、行政、立法、司法における決定スタッフを包括する「行政」との間を境界線が走っている。そのさい、狭義の政治は、政治的決定の実質的な中心の「前地［Vorfeld］」を形成しているにすぎず、一括した「正当性の調達」に使用される一方、行政は自由に「正当性の使用」をおこなうことができる。[8] 民主主義により近いもろもろの過程に対する行政システムの自律性は、精確には行政の「内部情報」を外部情報に対して優遇することに存している。行政システムの境界において、行政は政治的「前地」での具体的な利害関心の表明や意思表示を漉しだし、決定活動にさいして自らを民主主義的なコミュニケイションや合意算出から解放することができる。そのような民主主義的な正当性の調達が内容にかんする政治的決定活動に対して影響を与えないままにとどまるというかたちで、ルーマンの理論においては、一八世紀には同義語であった人民主権と政治的正当性という言葉が離合するのである。おそらく意思や主権に敵対的であろうルーマンの理論は、実際、行政システムにおいて決定主権［Entscheidungssouverānität］を独占している一方、「基盤となる［basal］」主権として、前もって作られた政治‐法形式による決定への、社会的準拠あるいは非準拠のみが問題となる。[9] 政治的な決定過程自身に目を向けると、ルーマンの言う民主主義的な主権者は徹底して「公衆［Publikum］」へと堕落しているのである。[10]

残念ながらルーマンの理論による問題の捉え方がもつ豊富な事実内容を否定することはできない。現代工業社会が発展すればするほど、実際すべての政治的決定過程は複雑化し、分離［ausdifferenziert］し、編み合わされていき、その結果このような決定の主体、意思主体あるいは主権主体はもはや見いだされえないのである。しかしマルクーゼが示したように、現代における支配の匿名化は少なくとも支配の縮小にはつながらず、支配の効率を高める結果となった。マルクーゼは、個人の同一性形成に例をとって、人格的支配との対質を経てはじめて主体の自律性の諸構造が発達しうることを明確にした。[11] 同様に歴史的に見て、人民主権原理は目に見える君主主権と対決してはじめて発展してきたのである。しかしマルクーゼによれば、現在人民は「行政客体」に変わってしまっている。なぜなら現在では支配の行使が目に見えなくなっており国民の独立意識も消え去っているからである。このようなかたちで「民主主義的形態をとった権威主義的支配が作りだす[12]」大衆の駆動力と支配装置の目標設定とは誤った調和状態にいたる。「大衆は、自由社会を築くさいにその主権的合理性を基盤にする必要のある『人民』とは一致しない[13]」というマルクーゼのテーゼは、むろん一定の条件下で妥当するのである。その条件とはマスメディアと意識産業の全体的支配であり、集合的主体が人民主権には備わっておらねばならないという前提である。それらの諸前提は、マルクーゼを大衆に対する厄介な、むしろエリート主義的な攻撃へと導く。[14] この意味での大衆は、全体として操作され、したがって――ルーマンの言葉で言えば――外部情報に対して優遇しうるどのような内部情報をも意のままにすることのできない集団ということになる。

しかし批判的公共性の現代における再生とあらゆる類の市民組織の成立は、集合的操作の彼岸に、分散的な自律的コミュニケイション関係が打ち立てられ、基本的な利害関心が社会の具体的な部分領域において多元的に組織されうることを示す。「人民」をただ集合的主体にすぎないと捉えると、それは「大衆」への退化に抵抗力がないように見える一方、「人民」を多重的に構成され組織分化された集まりとして捉えてそもそもはじめて、それは自らに固有の情報、コミュニケイション、そして行為能力を獲得する。抵抗権をめぐる現実の討論は、明らかに代表制的‐民主主義的であるシステムが存在しているという条件下でも、憲法に基づいて「国家機関としての人民」に割り当てられた権限を越えた行為欲求が表現されることを示す。人民主権原理の記憶が一般的な社会意識から喪失されていることは、人民主権原理の動態的観点を考慮したとしてもこのような欲求が明確化されないという点に最も明確に表明される。まさに公共的意識と支配的な――司法国家的な――憲法ドクトリンとの間の誤った収斂が存在するがゆえに、草の根民主主義的な新たな欲求も、自らを正当化するという目的のために、抵抗権――前民主主義的な組織形態や封建身分的な社会化に由来する法制度――に逃避してしまう。

人民主権による正当化と抵抗権による正当化の違いは、たんなる用語法上の違いにとどまらない。抵抗権のもつ封建身分的な血統はその近代的な用法のなかに明確な跡を残している。中世の抵抗権はひとつの法制度でさえあったのであり、したがって制度化され法典化され司法化されうる機能を意味し、原理的に処分不可能な法秩序にとりわけ準拠していたのである。このような抵抗権を拠りどころにして、生起しつつあった絶対主義的革新に対して、旧特権が防御された。このような伝統主義的‐保持的な意図は、さまざまな現代的現象に見うけられる。たとえば、固有の文化的同一性を守るための反植民地抵抗運動やアメリカ合衆国における黒人の公民権運動、あるいは独裁における破壊された合憲状態を回復するための抵抗が挙げられよう。またたとえば、ドイツ連邦共和国基本法の第二〇条四項に後から盛り込まれた抵抗権は、存在している憲法の防衛にもっぱら関係しているのである。このような保持的な意図はみな、高度の民主主義的な合理性をもっていることが争いえないとしても、民主主義の欠陥は、このように、存在しているものを防衛することに自らを限定していることにあるのである。啓蒙の合理的自然権は、存在している憲法の番人に、そして永遠に有効な憲法制定権力に「主権をもつ人民」を同時に任命したが、このような自然権に比して、現在のような抵抗権の使用は明確な退化を意味している。

多くの市民運動の価値保持的な潮流を示唆した上で、技術革新に対する自然な生活基盤の防衛との関係のなかで現代社会を十分に説明する以上に、現代社会と啓蒙思想やその憲法構想との間の距離は、明らかに大きい。近代以前の抵抗権が復活したことは、マックス・ヴェーバーが早くから診断していたような、現代社会の「再封建化」とも関係しているように思える。[15] 社会的な問題状況の分権化［Partikularisierung］は、今日ではまたその局所化［Regionalisierung］も、現在、政治的な決定構造のなかにさらにより明確に現われている。そのような政治的決定構造の特徴は、ネオコーポラティフな交渉システムのなかで、複雑な社会そして国家組織がどんどん分散され再編成されることに見られる。古典的な人民主権原理のもつ普遍性は、このような発展傾向と実際交錯している。そのような原理自身を前近代的な法制度と交換する代わりに、変容した社会構造に適合させる、というこころみは怠られているが、そのようなこころみは同時に人民主権のもつ動態的革新的モメントをも犠牲にする。西欧工業社会の再封建化は、丸山氏が日本で優勢な民主主義理解に対抗して、断絶していない封建主義的伝統に基づいて分析した発展に譲歩しているように思える。抵抗権が復活するなかで、新しい民主主義的な「なす」という行為欲求が、それ自体「である」という論理に由来する術語に表現される。

II

前述された問題にかんして、ワイマール共和国の状況は社会民主主義的な国法理論家ヘルマン・ヘラーの批判的言及によって次のように特徴づけられる。「われわれ憲法法律家が『国家権力は人民に由来する』という定式に対してどういったことを言う術がないかは、たしかに注目すべきことだ。[16]」法理論という抽象レベルにおいても同様の像が結ばれる。ワイマール期の討論のなかで個人的に筋金入りの民主主義者であったハンス・ケルゼンは、このような意図を理論的に基礎づけることができなかった。なぜなら彼は主権概念をそもそも国内の法秩序の理論化から排除したからである。方法の純粋性というケルゼンの公準に従うなら、国内主権は社会学的な観察方法によってのみ解明されるのであるが、主権概念はケルゼンのこのような公準を犠牲にする。ケルゼンによると、君主あるいは人民主権の理論は「特定の利害集団の支配要求」のみを表現する。[17]ケルゼンはそもそも法主権と国家主権を一致させるかたちで、[18]主権の国内における「場所」についての問いを回避し、法の民主主義的な由来を明らかにするすべての基準を――価値相対主義的に――失してしまう。彼によると、法学的観察は人や集団ではなくただ法規範だけを主権を有するものとして同一化することができるので――主権を有する権力は法規範の主権から導出されたものだとしてのみ考えられるが――ケルゼンの法理論では、実定法を基礎づける前提として、人民主権の代わりに最高の「根本規範」が置かれる。規範ヒエラルヒーという独特の解釈に従って、ケルゼンは著名な唯一の法実証主義者として憲法裁判所において一般法の吟味をおこなった――それはまさに民主主義化された立法者に自制を求めるために、保守的な体系批判者のみがその当時占めていた地位であった。さらに、主権概念の脱人格化と脱主体化は、法内在的に、同様の問題にかんするルーマンのシステム理論による論及と同じ結果をもたらすことになる。すなわち、主権は、脱人格化や脱主体化によってはけっして排除されず、民主主義的な基盤から個々の国家装置に移動するのである。

ワイマール時代の他の法実証主義者たちが人民主権という問題を論ずるのは次のような条件下のみであった。彼らはケルゼンの結論を避け、行政あるいは司法によるいかなる決定手続きに対しても議会による法定立を優先させるのである。なぜなら民主主義的に選ばれた立法権は民主主義的な主権者に最も近いからである。しかし、同時代にたとえばゲルハルト・アンシュッツやリヒャルト・トーマが見いだした[19]ワイマール憲法のこのような徹底的な（自由主義的な）防衛は、結果として議会主権に行き着き、憲法制定権力のさまざまな観点をテーマにしない限りで、制度化されていない形態の人民主権を考慮せずにおいた。ヘルマン・ヘラーもまたこのような観点の下、法実証主義に算入されうる。何と言っても彼は主権という問題に国内的観点全般の下でも論文を記したワイマール時代のまったく希有な学者の一人である。非常に急進的なかたちで、彼はケルゼンに反して国家による法定立を意思行為として、決定として、そして主権の本来的表現として、規定した[20]。一八世紀の自然権では首尾一貫して立法者と民主主義的主権者とが同一視されたが、彼の理論ではふたたびそれらが同一視された。ケルゼンが法を主権の上位に置いたのとは異なって、逆に主権から法を導出するかたちで、彼は人民主権全般の法学的結論を理論化することができる。彼によると、専制的国家では統治者が被治者に社会学的にあるいは社会論理的に結合されている一方、人民主権原理に基づいた国家においてのみ、このような結合は法学的なものになる。このような後者のシステムにおいては、憲法の機構論部分全体は、このような法学的結合を守り「すべての国家権力は人民に由来する」という定式を保証すること以外の意味をもたない。[21]それとともに民主主義的な憲法国家の論理は、すべての法的な手続き命令が、それ自体法的に拘束されない人民意思の貫徹に使用されることに、——誤った実践に反対するかたちで——固執しているばかりでなく、実際に存在している民主主義的な制度化の吟味基準を獲得することにもなった。たしかに結果として、（人民）主権を法の上位に置くヘラーのやり方は、集合的主体としての人民意思の概念になお沿っている代表制原理によって中立化される。ヘラーによれば、多数決原理や代表制を用いて「統一性としての人民は多数性としての人民を支配する」のである。その限りで、統一性をつくりだす議会は、一般意思が同時に代表され、実存していると少なくとも考えられるべき審級［Instanz］として現われる。[22]それとともに、国家機関主権をはっきりと除外したヘラーの理論もまた、議会の主権に通じているのである。

ワイマールで大きな集団をなしていた伝統保持的な国法理論に特徴的なのは、人民主権原理に言及する価値を何も見いださず、矛盾を伴って分析された民主主義的システムの基本に平等概念を置くことである。このような理論的こころみにおいて、たとえばエーリッヒ・カウフマンにおいては、民主主義の構成要素としての平等は、それが一八世紀においてもったどのような普遍的内容からも区別され、いずれにせよすべての社会的実質化を避けようとする現代社会の分化に、非常に独特な方法で適合されるのである。同時に平等は、民主主義的な手続き原理との古典的な結びつきから身を離すのである。全体的に見て、平等原理のこのような保守的な変容は、平等を討論や立法への平等な参加として捉える手続き的な把握がもはやなされず、すべての討論や法決定に先行する、社会の実質的秩序自身として平等が把握されていることを意味している。[23] 実際に存在している、社会の分離は、あらゆる民主主義的立法の内容にかんする尺度となっている。いまや平等原理は、平等なものは平等に、そうでないものは不平等に取り扱い、生活関係の内部秩序がこのように分化していくなかで、生活関係がもつ「事物の本性」に適合していくことを立法者に要求する。[24] そこで平等は、「適合した［gerecht］」分化に変貌し、民主主義的な立法者の有する、社会形成しているのだという主意主義的態度を「である」論理に戻すのである。「すべての者に存在しているものを」という原理にふたたび結合されたかたちで、分配的正義として平等を解釈するならば、同時に立法の改良方法としての機能も果たす、司法形式のパターナリズムが基礎づけられる。

民主主義的原理のたんに保守的ないかなる解釈換えに比べても、カール・シュミットはずっと過激な立場に立つのである。なぜなら彼は初期市民社会の主権概念全般がもつ動態的局面に取り組み、このような観点を反革命的意味で用いているからである。カール・シュミットが「保守革命」という着想で人民主権を変容したことが、同時に、現在人民主権が完全に抑圧される最初のきっかけとなった。カール・シュミットの着想の特殊性は、何はさておき、人民主権の「起草された［verfaßten］」、制度化された局面を無視し、人民主権を人民という憲法制定権力と同一視することに存在する。彼はこのような憲法制定権力を永遠に有効なものとして把握する。「憲法に基づいて制定されたすべての権能および権限は憲法制定権力に基づいている。しかし憲法制定権力そのものはけっして憲法律によってこれを構成することはできない。人民、すなわち国民［Nation］は、すべての政治的現象の根源として存続し、つねに新たな形態で表現され、つねに新たな形式や組織を生みだすが、それ自身はけっして自己の政治的実存を究極的な組織化に従属させることのないすべての力の源泉である[25]」。「憲法制定権力は一度それが行使されることによって処理され排除されるものではない。……憲法に並んで、そしてその上位にこのような意思が存在する[26]」。カール・シュミットは他の保守革命の主張者たちとともに、かさぶたになった［verkrusteten］いかなる幹部寡頭制に対しても、外見上は自発的なかたちで抗議をしたが、法的に拘束された「人民[27]」をすべての既成の政治的審級と争わせて、人民自身を「国家機関」に馴化することに彼は抗議をする。カール・シュミットのこのような人民概念は——簡単に示すことができるように[28]——民族［völkisch］神話に拘束されない。しかし彼にとっては、組織されないもの自身のモメントが存在論化されることが構成的なのである。

カール・シュミットは一九世紀の憲法理論から「人民」のまさに合理的な消極的概念規定を受け継いだ[29]。それによると「人民」は「統治しない、官庁ではない[30]」人びとなのである。しかし、彼は、国家機関との関係のなかで、人民が定形をなさないことを人民自身のもつ肯定的な本質的特性とみなすかたちで、このような消極的な規定から実質的に転回する。それによれば、組織され形成されたものはすべてもはや人民ではない。政党政治組織、労働組合組織そしてそもそもすべての社会組織、組織された市民運動は人民を歪曲し限定しているのである。人民とは、カール・シュミットの言い回しによれば、

「基本的に……組織されていない、定型化していない勢力」なのであり、「組織されていない大衆」なのである。[31] カール・シュミットの動態的で脱形式化された人民主権の着想は、人民をいわばその非限定性へと限定するのである。ヘルマン・ヘラーは結局人民という憲法制定権力を無視したが、彼が、憲法に基づいて形成されたすべての国家機能を定型化されない人民意思に再結合しようとしたとするならば、カール・シュミットはこのような関係を厳密に断ち切るのである。カール・シュミットの「本来的な」人民は、いかなる日常的な政治決定にも立ち入れないままである。人民は憲法に基づいた権力の前にあり、それ自身、憲法制定という非凡なテーマへと「特殊化される」のである。それゆえカール・シュミットの保守的なアナーキズムは、具体的なすべての人民投票［Plebiszit］的な手続き――それをワイマール憲法は人民の決定そして人民の熱望として意のままに使うのであるが――をも議会主義システムの組織機能主義を高めるものであると断罪する。[32] 彼によるならば、人民は非定形的な喝采のなかでのみ「その政治的実存にかんする根本的な問いに対してイエスかノーかを」言うことができるのである。[33]

カール・シュミットが組織された／憲法に基づいた権力と組織されていない／憲法以前の権力とをはっきりと区別することは、彼の人民主権の概念にとって構成的である。そのような区別は、彼が政治権力の行使を規定するさいにも繰り返され、そこではじめて彼の意図は明確なかたちでさらなる展開を見せる。外見上は限定されていない人民に、議会システムという憲法に基づいたまったく限定された統治権力が対置される。そのような統治権力は憲法に基づいた権力として、具体的な人民意思には結びついていない。その代わりにそれだけいっそう、そのような権力は、自らの権限を導きだす先となる（ある特定の意味での）憲法と結びついている。そのさい周知のとおり、カール・シュミットはとくに議会には狭い限界を認める一方、ライヒ大統領にはより広い余地を認めた。ワイマールの法実証主義とは対照的に、カール・シュミットは、立法権はそもそも憲法に基づいた権力にすぎず、憲法を制定する権力ではないという事実から、立法権はワイマール憲法第七六条がたしかに委託していた万能の憲法改正権限を欠いていることを導きだした。このような論証はカール・シュミットが恐れた「冷たい社会化」や議会による合法革命に対して向けられ、一般の立法行為をも制限する。たとえば君主収用にかんする法案に対して、法律による直接収用は法治国家の審級順序を破るものであり、したがってただ、限定されていない憲法制定権力が支配している革命的状況においてのみ可能であり、憲法に基づいた状態では不可能であることを、ある鑑定のなかで主張する。(34) このように見ると、カール・シュミットが動態的に人民主権を強調したことは、立法者の権限に対して、憲法のなかのまさに市民的に規定されている核心的な存立基盤を静態的に守ることにのみ役立っている。

それに対して、カール・シュミットによると、ライヒ大統領もまたたしかに憲法に基づいた権力にすぎないが、例外事態権限（ワイマール憲法第四八条）に基づいて「憲法の番人」として指名されている。このような機能にかんして、カール・シュミットのおこなった、憲法制定権力の基本的な根本決断としての「憲法」とたんなる「憲法律」との区別が決定的な意義をもつ。ライヒ大総領は、存在している「憲法」を守るために、実定‐法的な「憲法律」を失効させることができる。彼が最終的に守らねばならないものは、人民という憲法以前の権力が関係している内容自身と同じように、想像を絶するくらい不確定でありつづける。「政治的実存にかんする基本的な問題」のみが重要なのである。憲法律的なすべての個々の規定はその背後に退かねばならない。それによってすでに、ライヒ大統領の権限は広く、限定されていないが、それはカール・シュミットの定義によれば[35]なお「委任的独裁」の領域にあり、したがって存在している憲法に基づいて正当化されるのである。ライヒ大統領への憲法に基づいた権限割り当ては外延をもたないものであることから、カール・シュミットは憲法制定状況――そのような状況は招来されるべき憲法に基づいて原理的に正当化されるライヒ大統領の「主権的独裁」を同時に基礎づけるのであるが[36]――の「残留物」をなお導きだす。「憲法の番人」が同時に、その上に立つ主権者に昇進する、委任的独裁と主権的独裁とのこのような結合のなかに、「保守革命」の典型的なプログラムが定式化されている。憲法に基づいた機関は、憲法制定権力のもつ非限定的な全権を、存在している憲法の市民的核心の存立を安定化するという目的のために維持する。[37]しかしこのような手続きのなかに、このような安定化の邪魔になる、憲法律の法的地位すべてが昇華しているのである。

カール・シュミットの人民主権の理論はそもそも、「民主主義的な基礎に基づいた独裁」を正当化する機能をもっている。そのさい、この理論は、啓蒙の人民主権概念に今日まで影を落としている方法で、一八世紀のフランスの民主主義理論を用いている。とくにカール・シュミットのシェイエスとルソーの受容が問題となる。カール・シュミットがおこなった憲法に基づいた権力と憲法制定権力の間の区別（その代わりに彼もまた、たいていフランスの概念を用いたが）は明らかに憲法適合権力［pouvoir constitué］と憲法制定権力［pouvoir constituant］というシェイエスの理論を拠りどころにしている。シェイエスはフランス革命前夜にフランス市民階級の既成権力に対する要求を表現するためにこのような区別を導入した。三部会における投票方法についての国王と第三身分との争いは、憲法に基づいた権力ではなく、ただ国民［Nation］全体という憲法制定権力のみが決定することのできる、憲法自身についての争いであるということになる。[38] シェイエスによれば、すべての憲法は、人民という主権的権力がそのような政体に委任される条件を規制するのである。それゆえたんに委任されたにすぎない権力は「委任のもろもろの条件に基づいて、何かを変える[39]」ことはけっしてできないのである。したがって、いかなるささいな憲法改正にかんしても、憲法はただ政府のみを拘束するのであって、けっして主権を有する人民を拘束しないというシェイエスの中心命題が妥当するのである。たしかにこのような理論は、革命状況のなかで定式化されるのであるが、カール・シュミットが例外事態に魅了されたことが暗示しているようなかたちで、この理論が革命状況に結びついたものであるというわけではけっしてない。それに対して、疑うことなくリベラルの急先鋒であったロックは、すでに、きわめて類似した着想をもっていたといえる。彼は、政治権力の行使の合法性について永遠に判断を留保する。[40] 人民の憲法以前の権利に、人民主権の最も根源的な表現として固執する。明らかにシェイエスの初期の理論にも、ロックの理論にも共通の意図が存在しているが、そのような意図は大幅な操作を伴うことによってはじめてカール・シュミットの着想に移し入れることができるのである。

カール・シュミットの初期市民社会の民主主義理論の読み方は、もっぱら次のような意図によって規定されている。その意図とは、独裁固有の理論のためにジャコバン派の前衛主義を利用する目的で、初期市民社会の民主主義にかんする基本的な理論構成をまったく逆方向のジャコバン派の革命の実践と一致させることである。カール・シュミットの強引な解釈は、今日まで有効であり、真正の人民主権概念を排除し、その空席をつねになお占め続けている。カール・シュミットの初期シェイエスやその他の一八世紀の民主主義理論家にかんする誤った評価は、そもそも、最も素朴な意味での人民主権が君主主権の代わりにすわり、君主主権がもつ絶対主義の遺産を相続した[41]、という基本的な想定から生まれている。――そのような想定は、フランス革命理論の保守から左派リベラルにいたるまでのすべての解釈に存在しているトポスにまで昇進している主張である。カール・シュミットのテーゼは、君主あるいは人民主権の概念を基盤に置く非常にさまざまな決定構造を誤認している。たしかに両主権とも同様に処分不可能な法秩序から法の実定化への移行を前提としており、したがって内容的に拘束されていない決定に基づいて法を基礎づけている。しかし、民主主義的な決定のもつ主意主義的態度は次のような事実によって手続き的合理性を獲得するのである。すなわち、法定立手続きの民主主義的な組織形態は、当事者の討論なしに済ますことはできず、民主主義的な制定法が意味論上、普遍性をもつには、社会的な生活領域への恣意的な介入を妨げるために、審級順序に法治国家的に段階をつけることが前提になるのである。民主主義的な主権者はたしかにすべての法を任意に定立し変更することができるが、彼は決定手続きの分離 [Ausdifferenzierung] によって限定される。憲法制定という行為において、制定法の具体的な企図を知らずにその手続き条件が確定され、民主主義的な立法手続きにおいて、個々のケースをどのように規制すべきか知らずに、ただ行政的あるいは司法的決定の枠となる一般的条件のみが決定される。決定手続きの各レベルにおいて、そのときどきにおいて先行している手続きという、所与のものが拘束している。そのような所与の手続きは具体的な決定に合わせて作られてはいないが、その限りで「民主主義的絶対主義」が強硬手段に訴えることを不可能にするのである。

そのさい、カール・シュミットが影響力をもつかたちで仮定したように、法治国家の権力分立は人民主権原理とけっして対立しない。その結果彼によれば、「憲法律」の定める権力バランスの取り方はいずれも、「憲法」の定める政治的な基本決定との関係で、フランス・ナシオンの民主主義的な統一性と不可分性にとってきわめて「相対的な」性格しかもたないのである。[42]権力分立は手続きに則した合理化に役立つばかりでなく、民主主義のもつ主意主義傾向の効率化にも役立つ。ロックからルソー、シェイエスにいたるまで、権力分立はそもそも人民主権の不可分性を保証する手段である。初期市民社会の権力分立図式はけっしてさまざまな国家権力の地位が等しいことを示すのではなく、国家権力のヒエラルヒーを示すのであって、その頂点には立法者が立っている。なぜなら、立法者は（急進民主主義的な着想では）民主主義的主権者と一致しており、あるいは（代表‐民主主義的な理論では）民主主義的主権者に最も近い位置にあるからである。そのさい、すべての国家行為が厳格なかたちで作業分割され法形式性をもつことは、制定法に定式化される人民意思の下にそれらの行為を置くことを目的としている。まさに権力分立は、劣った地位にある国家装置に人民主権が流出することを防ぐのである。

初期市民社会の人民主権原理に対して、前衛的独裁の理論に照らして異議を申し立てようとするカール・シュミットのこころみは、個人主義的で同時に手続き的な自由権概念とこのような人民主権原理との結合に鑑みても、失敗している。人民主権の自然権による基礎づけは、その自由主義的解釈のみならず、――シェイエスやルソーのような――急進民主主義的な解釈においても、民主主義的な組織形態を根源的な、前国家的なもろもろの人権から導きだしている。[43]しかしながら、これらの権利は、内容に先立って与えられたものという意味での民主主義的な立法過程に対してけっして優先していない。所有権の不可侵性さえ、シェイエスにおいては、もっぱら所有者の法定立過程への手続き的参加によって保証される。ルソーにおいては、そもそも自由と平等という民主主義を基礎づける原理は民主主義的過程と重なるのである。もろもろの法決定はすべての当事者の自由で平等な参加という手続き条件の下でのみ正当化される。カール・シュミットのおこなった解釈換えは、これらの手続き的原理を実質化している。(44)所有権は脱個人化されたかたちで経済過程の存立を保証するものへとその地位を上げる（そこではシステム理論的なパースペクティヴが先取りされている）。(45)そして所有権はそれ自身立法権による干渉から完全に脱している。平等は、前もって社会が等質的である――それはそもそも、内容にかんする目標設定としてすべての決定に先行しているのであるが――という意味で理解される。そして平等はカール・シュミットが重視したような政治的統一性の存在と最終的に重複する。それに対応して、カール・シュミットによれば、このような「政治的実存」もなお「憲法制定に先行」することになる。(46)初期市民主義社会の理論では、「なす」という手続き的諸カテゴリーが、相違するさまざまな利害を合意形成し統一化する自律的手続きを基礎づけていた。総じて、カール・シュミットの理論は、こういった「なす」という手続き的カテゴリーを、すべての民主主義的意思形成にとって侵すことのできない「である」というもろもろのカテゴリーに変えるのである。このような形態になってはじめて、「なす」というカテゴリーは、前もって合意された内容にかんする直接の専門家を作りだすことができ、政治的統一の代弁者に独裁的全権を付与することができる。カール・シュミットがワイマール憲法のたんなる「機構論的」構成部分(47)に対してその基本権部分を絶対化したことは、すでにこのような論証論理に適合していた。

市民的な独裁理論をマルクス主義的な独裁理論の状況に合わせるというカール・シュミットのプログラム(48)は、ジャコバン主義的なテロルばかりでなく現代の「民主主義的な基盤をもつ独裁」すべての、たとえば「プロレタリア独裁」の出発点として、ルソーの理論をとくに指名した。カール・シュミットの解釈は、一八世紀の最も首尾一貫した草の根民主主義的な理論が、今日まで二〇世紀のすべての「全体主義的民主主義」の先取りであるとみなされることに寄与する。(49)たしかに、ルソーについての誤解はすでに彼の同時代人において始まっており、一方むしろカントは適切なルソー受容をした唯一とも言える例外である。しかし、カール・シュミットにおいてはじめて、二〇世紀において現在にいたるまでルソーの理解をまったく不可能にしている解釈型式すべてが集められることになる。そこでは彼の意図は正反対に曲解され、民主主義的地位に嫌疑をかけるためにしばしば利用されている。ここで若干の例を簡単に考察してみると、そこでは、個人に対して独立している集合的主体の流出であるとして一般意思をもつ神話化することが、卓越した位置的価値を確保している。(50)カール・シュミットは、「自然な正しさ」をもつ一般意思と、全体意思という経験的に確定されるべき投票結果とのルソーの著名な区別を引き合いに出す。彼は、「徳の高い少数者」が一般意思の代弁者として全体意思に反対することができるという意味で、一般意思が事実上の民主主義的な合意算出から独立していると想定するのである。その限りでルソーの一般意思のもつ自由のパトスが、まさに独裁の正当化に用いられ、自由の専制を基礎づけるということになる。(51)それに対してルソーの一般意思の規定は、擬人化された決定主体の「実存的な」実情をけっして指し示さない。一般意思の「自然な正しさ」は、「理性の法則」あるいは「自然法則」との同一性のなか以外には存在しない。(52)ルソーの一般意思と全体意思との対置は外ならぬ自然法と実定法との周知の区別を含んでいる。そのさい一般意思のもつ「理性的なるもの」は、「すべてのもの」の立法への参加にかんする、すなわち制定法の名宛人と制定法の対象にかんする、制定法意思の一般性という、一般意思の手続き的な基準のなかにある。(53)たしかに、ルソーによると、制定法の根本的に民主主義的な由来は、自由と理性の不可欠ではあるが十分ではない条件である。意見の一致さえも、投票結果がなお一般意思自身の徴表であるということを保証しない[54]。その限りでルソーは、自由に敵対する経験的諸条件の下での経験的合意に比して、「実践的問題の真実を明らかにする能力」と規範的正当性の概念に固執する[55]。自然法と実定法の、一般意思と全体意思のどのようなヒエラルヒーにおいても、「法」と民主主義的な法定立手続きとの対置が存在し、それはカール・シュミットの理論を事実上規定し、シュミットは誤ってルソーにそれをなすりつけた[56]。しかし、このような対置をどれも、ルソーは力を込めて回避する。ルソーは、一般意思の内容にかんする基準を指示しなかったし、民主主義的な意思形成過程の成果から独立した一般意思の内容を指示することのできる審級を指摘することもなかった。彼は、一般意思は譲り渡すことができないと一貫して固執し、したがって「正しい」決定に対して、誤った多数者の結論を明確に優遇した――「なぜならたとえ人民が好き好んで自分自身に害を加えるとしても、誰がこれを妨げる権利をもっているのか[57]」。そういったかたちで、ルソーは、民主主義的な徹底した首尾一貫さをもって、いかなる独裁の正当化も、またいかなる形態の世間一般のエリート支配や正義の専門家支配も明らかに排除した。

カール・シュミットは、さらに、個人の全体的な把握や個人の私的な利害関心を――つねに調達されている――一般意思によって完全に排除するという、影響力をもった論証図式を、ルソーの理論に投影した[58]。それに対して、ルソーが、異なった利害関心のなかの共通なものとしてのみ一般性を規定し[59]、それゆえ明らかに、共通意思のもつ最も限定されたかたちの射程をテーマとして扱っていることを示すのは（あるいは明確に概観することは）非常に簡単なことである。ルソーの理想国家にはごく少数の法律[60]

しか必要でないことは、[61] 共通でないものをすべて国家的制御の埒外に置く、このような意図を証明する。ルソーの構想は権力分立というものをまったく許さない、[62] という主張もまたこのような性格をもっている。事実ルソーは権力分立をけっして拒否せず主権の分割を拒否していた。[63] したがってここで彼は自由主義的な自然権理論の主要な主張者たち、とりわけジョン・ロックと一致している。[64] したがって、厳格な権力分立、たとえば立法権と行政権の分立はまさに、主権は分割されずに立法権の手のなかに、そして同時に人民の手のなかにあり続け、行政権によってはけっして簒奪されないことを保証すべきであるということになる。[65] 逆に人民を一般的な立法にのみ限定することは、個々のケースの恣意的な処理を避けることになる。[66] ルソーはこのような原理のゆえ、統治形態としての「民主主義」は——彼の言い回しでは行政権限と人民の手にある主権的な立法権限との一体化は——望ましいものではなく、潜在的に暴力的なシステムであると説明する。そうであるからこそ、彼にとって権力分立原理は本質的なものとなるのである。[67]

カール・シュミットのおこなった解釈の誤りは、彼自身の目的のために民主主義理論の兵器庫の装備を変えたことであり、彼の解釈はそのために用いられていることは明白であるが、そうであるからこそ、彼の解釈は、ドイツ連邦共和国が新たに民主主義を打ち立てるにさいして、現代の独裁という歴史的経験ととくに融合されることで、支配的でありつづける。象徴的に言って、カール・シュミットの理論というよりはカール・シュミットによって誤用されたルソーの理論が、新しい自己理解の消極的な準拠点になってきた。ワイマール共和国の崩壊は民主主義的統制のシステム内在的な欠陥ではなく、逆にワイマール憲法のもつ人民投票‐民主主義的なモメントの慎重な関与に関係しているのである、とすることは過去の誤った「克服」に属する。それに対応して、ボン基本法の審議においては、草の根民主主義的な手続きは好機を得ることがないままであった。そのような不信はそのうえ、政府の確固たる地位と裁判による立法の規範統制によってのみ避けられるとされる、議会のあらゆる「絶対主義」に対して向けられた。そこでは全体として、民主主義的な手続きが引き起こす、絶対主義的と思われている帰結に対してカール・シュミット的な手段を用いて戦いが挑まれていた[68]。現在にいたるまでドイツ連邦共和国における政治的決定は民主主義的な合意算出に基づいては正当化されていない。そのような正当化は、前もって合意された内容として、憲法裁判所の広範な解釈活動の途上で基本法から取りだされる基本権委任[69]に基づいてなされるのである。カール・シュミットが基礎づけたような、憲法の「機構論」部分に対する基本権部分の絶対化は、今なお支配的である。このような枠組み条件に適合して、冒頭で言及した所見が成立する。すなわち、新しく発生して来たドイツ連邦共和国の草の根民主主義的運動もまた、人民主権それ自身に異議を申し立てているのではない。それは、支配的な憲法解釈の代わりとなるもろもろの憲法解釈と競合状態に入っているのである。まさしくそうであるからこそ当然、そのような運動は、憲法に基づいた管轄権限としての、連邦憲法裁判所の憲法に基づいた権限に絶望的に従属したままなのである。

原　注

第1章

(1) たとえばUlrich Scheuner, *Die neuere Entwicklung des Rechtsstaats in Deutschland*, in: Ernst Forsthoff (Hrsg.), *Rechtsstaatlichkeit und Sozialstaatlichkeit*, Darmstadt 1968, S. 461ff.; Franz Schneider, *Die politische Komponente der Rechtsstaatsidee in Deutschland*, in: *PVS* 9 (1968) 330ff. Ernst-W. Böckenförde, *Entstehung und Wandel des Rechtsstaatsbegriffs*, in: ders., *Staat—Gesellschaft—Freiheit*, Frankfurt / M 1976, S. 65ff. 連邦共和国との別の関連を示すものとしてRoland Meister, *Das Rechtsstaatsproblem in der westdeutschen Gegenwart. Funktion und Wandel der bürgerlichen Rechtsstaatsideologie in Deutschland und der Weg zum demokratischen und sozialen Rechtsstaat in der Bundesrepublik*, Berlin (Ost) 1966, bes. S. 27ff. et passim.

(2) 萌芽的にはこの見解はすでにHermann Heller, *Rechtsstaat oder Diktatur?* (1930), in: ders., *Gesammelte Schriften*, Leiden 1971, S. 445ff. (449) に見られる。同様のものとして次のものがある。Franz Neumann, *Rechtsstaat, Gewaltenteilung und Sozialismus* (1934), in: ders., *Wirtschaft, Staat, Demokratie. Aufsätze 1930-1954*, Frankfurt / M. 1978, S. 124ff. (126). さらに次のものを参照。Erich Angermann, *Robert von Mohl 1799-1875. Leben und Werk eines altliberalen Staatsgelehrten*, Neuwied 1962, S. 208; Ernst-W. Böckenförde, *Gesetz und gesetzgebende Gewalt. Von den Anfängen der deutschen Staatsrechtslehre bis zur Höhe des staatsrechtlichen Positivismus*, Berlin 1958, S. 179. Roland Meister, *Das Rechtsstaatsproblem in der westdeutschen Gegenwart*, a. a. O., S. 29f. ですら、比較可能な側面からロベルト・フォン・モールを「進歩的」思想家として評価している。——同様にモールは、一般的で支配的な見解からすれば不可欠であるところの、一般的規範としての法治国家的法律という

定義の保証人であるように見える。たとえば次を参照。Carl Schmitt, *Verfassungslehre*（1928）, Berlin 1957, S. 141, Franz Neumann, *Der Funktionswandel des Gesetzes im Recht der bürgerlichen Gesellschaft*（1937）, in : ders., *Demokratischer und autoritärer Staat*, Frankfurt / M. 1967, S. 43.

（3） かなり単純化しているものとして Franz Schneider, *Die politische Komponente der Rechtsstaatsidee in Deutschland*, a. a. O., S. 348 :「ドイツ的法治国家思想の第三期は，シュタールからワイマール共和国の末期にまで及ぶ」。Roland Meister, *Das Rechtsstaatsproblem in der westdeutschen Gegenwart*, a. a. O., S. 31ff. も参照。原理的な側面からのものとしては Herbert Marcuse, *Vernunft und Revolution*, Neuwied / Berlin 1962, S. 318ff.——このようなシュタールへの評価の点で異なるのが Ernst-W. Böckenförde, *Gesetz und gesetzgebende Gewalt*, a. a. O., S. 170 und Anm. 8 ; dazu unten.

（4） Vgl. Anm. 3. Ebenso : Fernando Garzoni, *Die Rechtsstaatsidee im schweizerischen Staatsdenken des 19. Jahrhunderts, unter Berücksichtigung der Entwicklung im englischen, nordamerikanischen, französichen und deutschen Staatsdenken*, Zürich 1952, S. 88ff. また Axel Görlitz, *Verwaltungsakt*, in : ders.（Hrsg.）, *Handlexikon zur Rechtswissenschaft*, München 1972, S. 504ff. も参照のこと。

（5） *BVerfGE* 1, 18.

（6） *BVerfGE* 1, 15 LS 4, 18 LS 28, 32.

（7） *BVerfGE* 34, 287.

（8） Vgl. Helmut Ridder, *Die soziale Ordnung des Grundgesetzes. Leitfaden zu den Grundrechten einer demokratischen Verfassung*, Opladen 1975, S. 144ff.（149）.

（9） *BVerfGE* 7, 92 ; 20 331.

（10） たとえば Hans-J. Kersten, *Das Bundesverfassungsgericht und der Schutz des Rechtsstaates*, Hannover 1971, S. 7.

（11） たとえば Ernst Forsthoff（Hrsg.）, *Rechtsstaatlichkeit und Sozialstaatlichkeit*, a. a. O.

（12） Roland Meister, *Das Rechtsstaatsproblem...*, a. a. O., S. 225 u. ff. ——ＤＤＲの法治国家理論の総括として、ここでは次のものだけが考慮される。Klaus Sieveking, *Die Entwicklung des sozialistischen Rechtsstaatsbegriffs in der DDR. Eine Studie zur Auseinandersetzung mit dem Rechtsstaatsbegriff in der SBZ-DDR zwischen 1945 und 1968*, Diss. Berlin 1973.

（13） Roland Meister, *Das Rechtsstaatsproblem...*, a. a. O., S. 268.

（14） Vgl. Carl Schmitt, *Was bedeutet der Streit um den Rechtsstaat?* in : *ZgStW* （1935） 189ff.

（15） 次の著作のタイトルでもある。Heinrich Lange, *Vom Gesetzesstaat zum Rechtsstaat*, Tübingen 1934.

（16） Carl Schmitt, *Der Begriff des Politischen* （1932）, Berlin 1963, S. 46 ; ders., *Staat, Bewegung, Volk*, Hamburg 1933, S. 43.

（17） この点については個別的にはIngeborg Maus, *Bürgerliche Rechtstheorie und Faschismus. Zur sozialen Funktion und aktuellen Wirkung der Theorie Carl Schmitts*, München 1976.

（18） Dazu unten.

（19） Immanuel Kant, *Die Metaphysik der Sitten*, Werkausgabe Bd. VIII, hrsg. von Wilhelm Weischedel, Frankfurt/M. 1977, S. 431f.

（20） A. a. O., S. 423. 強調は原文。

（21） Ebd.

（22） So Ernst-W. Böckenförde, *Entstehung und Wandel des Rechtsstaatsbegriffs*, a. a. O., S. 69.

（23） Kant, a. a. O., S. 441f. ——この点についてはとりわけIring Fetscher, *Immanuel Kants bürgerlicher Reformismus*, in : ders., *Herrschaft und Emanzipation. Zur Philosophie des Bürgertums*, München 1976, S. 176ff.

（24） Kant, a. a. O., S. 437.

（25） A. a. O., S. 438.

（26） Emmanuel Sieyes, *Was ist der dritte Stand ?*, in : ders., *Abhandlung über die Privilegien. Was ist der dritte*

Stand ?, hrsg. von Rolf H. Foerster, Frankfurt / M. 1968, S. 55ff. (109ff.).

(27) Kant, *Über den Gemeinspruch : Das mag in der Theorie richtig sein, taugt aber nicht für die Praxis,* in : *Werkausgabe,* a. a. O., Bd. XI, S. 153.

(28) Vgl. Dazu Richard Saage, *Eigentum, Staat und Gesellschaft bei Immanuel Kant,* Stuttgart 1973, S. 125. 上記のテクストを引き合いに出している。

(29) Vgl. Ulrich K. Preuß, *Gesellschaftliche Bedingungen der Legalität,* in : ders., *Legalität und Pluralismus,* Frankfurt / M. 1973. ここでは、「高次の合法性と低次の合法性」というカールシュミットの区別と「合法性を超えた憲法［superlegalité constitutionelle］」という概念に拠りながら（Carl Schmitt, *Legalität und Legitimität* [1932], in : ders., *Verfassungsrechtliche Aufsätze aus den Jahren 1924-1954,* Berlin 1958, S. 309 und 311）、そして、「二段階の合法性」というオットー・キルヒハイマーの概念に拠りながら（Otto Kirchheimer, *Legalität und Legitimität* [1932], in : ders., *Politische Herrschaft,* Frankfurt / M. 1976, S. 10）、この二段階の合法性という要素は市民的法秩序の徴として、体系的に論じられている。後述。

(30) Kant, *Grundlegung zur Metaphysik der Sitten,* in : *Werkausgabe,* a. a. O., Bd. VII, S. 57f., 59.

(31) A. a. O., S. 86f.

(32) この連関をさらに詳しく述べたものとして Theodor W. Adorno, *Negative Dialektik,* Frankfurt / M. 1966, S. 209ff. (bes. 251ff.).

(33) このような側面の下では、「法律からは誰も離れてはならない」というコッタの命題は、別の意味をもつことになる。つまり彼は民主的な意図から、統治する者と統治される者を同じやり方で法律の下に置くのではなく、法律上要求される放棄は一般的な放棄としてのみ耐えられるがゆえに、法の形式による抑圧メカニズムからは誰も逃れられないという、法仲間の相互の警戒心をあらかじめ見越しているのである。Friedrich Cotta, *Handwerker-und Bauernkalender des alten Vaters Gerhardt,* zit. Nach Roland Meister, *Das Rechtsstaatsproblem...,* a. a. O., S. 14 Anm. 9.

(34) Kant, *Die Metaphysik der Sitten,* a. a. O., S. 437.

(35) Ebd.

(36) 明文ではっきりとそれが示されているのは Robert von Mohl, *Die Polizeiwissenschaft nach den Grundsätzen des Rechtsstaates*, Bd I (1832), 2. Aufl. Tübingen 1844, S. 4f. —— Vgl. Carl Th. Welcker, Art. *Gesetz*, in : Carl von Rotteck / Carl Th. Welcker, *Staatslexikon oder Encyklopädie der Staatswissenschaften*, Bd. 6, Altona 1838, S. 726ff. (732).

(37) Mohl, a. a. O., S. 729.

(38) Welcker, a. a. O., S. 732.

(39) A. a. O., S. 731f.

(40) Vgl. Martin Kriele, *Einführung in die Staatslehre*, Reinbeck 1975, S. 109. ここではもちろんクリーレは——よきドイツの伝統に立ちつつ——議会の主権を「法の支配」学説の帰結とは承認していない (III ff., bes. 114ff.)。逆に、次の論文では、議会の主権の原理への同様の反感がみられる。Fernando Garzoni, *Die Rechtsstaatsidee im schweizerischen Staatsdenken*, a. a. O., S. 26. ここでは、「立法府の法的限界づけと制限は必然的に法治国家に含まれる」という側面から、イギリスはこの意味で法治国家たりえない、とされている。

(41) ヘーゲル的意味でのこの概念的区別は、モールによってはもはやはっきりとは用いられていない。Vgl. z. B. Mohl, *Encyklopädie der Staatswissenschaften* (1859), 2. Aufl. Tübingen 1872, S. 324ff.

(42) Mohl, *Die Polizeiwissenschaft*..., a. a. O., S. 10.

(43) A. a. O., S. 4.

(44) Hans Boldt, *Deutsche Staatslehre im Vormärz*, Düsseldorf 1975, S. 245.

(45) S. bes. Mohl, *Das Staatsrecht des Königreiches Wittemberg*, Bd. I, (1829), 2. Aufl. Tübingen 1840, S. 66ff. 一八一九年の憲法に実定法的に依拠しつつ発展させられた、憲法契約の一般的意味について。

(46) ポリツァイ活動の目標設定についての、モールの徹底した定式化。S. z. B. *Polizeiwissenschaft*..., a. a. O., S. 11.

(47) Mohl, *Das Staatsrecht des Königreiches Wittemberg* (zit. : *StrKW*) Bd. I, S. 186, 531ff. ——Dazu Ernst-W.

Böckenförde, *Entstehung und Wandel des Rechtsstaatsbegriffs*, a. a. O., S. 69; Hans Boldt, *Deutsche Staatslehre im Vormärz*, a. a. O., S. 240.

(48) モールにおける市民の能動的参加と市民的自由とのこのような関係について、適切に説いているのは、Ernst-W. Böckenförde, *Entstehung und Wandel des Rechtsstaatsbegriffs*, a. a. O., S. 69.

(49) Vgl. Anm. 2.

(50) Dazu: Franz Neumann, *Der Funktionswandel des Gesetzes im Recht der bürgerlichen Gesellschaft*, a. a. O.――Hans-J. Blank / Joachim Hirsch, *Vom Elend des Gesetzgebers. Versuch über die Möglichkeit und Unmöglichkeit demokratischer Gesetzgebung in der kapitalistischen Gesellschaft*, in: Gerd Schäfer / Carl Nedelmann (Hrsg.), *Der CDU-Staat*, Frankfurt / M. 1969, S. 143ff.

(51) Mohl, *StrKW*, Bd. I, S. 193.

(52) A. a. O., S. 195.

(53) A. a. O., S. 67f.

(54) Paul Laband, *Das Staatsrecht des Deutschen Reichs*, Aufl. Tübingen / Leipzig 1901, Bd. II, S. 63f.

(55) Georg Jellinek, *Gesetz und Verordnung*, Freiburg i. Br. 1887, S. 115.――Erich Angermann, *Robert von Mohl...*, a. a. O., S. 145 はモールのこの法律概念の解釈に対する異議を述べているが、それは詳細な根拠を挙げることはできておらず、明らかに、実証主義的法治国家概念における「落ちこぼれ」という批判からモールを守るという目的に役立っている。Angermann, S. 191ff. も同様。

(56) Mohl, *StrKW*, Bd. I, S. 95.

(57) A. a. O., S. 199.

(58) A. a. O., S. 195.

(59) 非常に当を得ているものとして Ernst-W. Böckenförde, *Gesetz und gesetzgebende Gewalt...*, a. a. O., S. 182f. それにもかかわらず、ベッケンフェルデが主張しているように、モールによれば法律とは「つねに［……］一般的な、つまり抽象的な規範である」というのは不可解である。

(60) Mohl, *Die Polizeiwissenschaft...*, a. a. O., S. 33ff.

(61) 全体的な立憲的法治国家理論のためにすでにこれを説いているものとして Erhard Denninger, *Staatsrecht I*, Reinbek 1973, S. 98ff.――ここで本質的には議会の構成が問題になっている点が、モールの後の政治的立場を物語っている。立憲体制から議会主義への彼の転換は、一般選挙権の導入の瞬間にふたたび後退してしまう。Vgl. dazu Hans Boldt, *Deutsche Staatslehre im Vormärz*, a. a. O., S. 260.

(62) Mohl, *StrKW*, S. 68. 強調は原文。

(63) A. a. O., S. 91.

(64) A. a. O., S. 392f. ; 327.

(65) A. a. O., S. 393 et passim.

(66) A. a. O., S. 73 ; Anm. 7 zu S. 68.

(67) Ernst-W. Böckenförde, *Entstehung und Wandel des Rechtsstaatsbegriffs*, a. a. O., S. 69f.

(68) Vgl. Anm. 47.

(69) Vgl. bes. Roland Meister, *Das Rechtsstaatsproblem...*, a. a. O., S. 47, ここでは次のような誤認がある。すなわち、モールによる政治論争に対する司法の形式での調停と、二〇世紀に始った、立法者に対する司法府の優位との間にはなんら結びつきはない、というのである。

(70) 行政裁判権はそれ自身として執行府の制御を受けるだけではない。モールの国家裁判所の構想は、締結された憲法契約に対する、君主と等族との間での侵害のさいの仲裁機関として、具体的なヴュッテンベルクの憲法状態を基に産みだされた構想であり、事実的には執行府に対抗するものである。というのも、たんに理論からすれば、そのような憲法侵害は「いずれか一方の側に由来する」はずであるが、憲法侵害の事実的な力は執行府の側にのみあるからである。Mohl, *StrKW*, S. 66. 以下の注も参照のこと。

(71) これは、Hans Boldt, *Deutsche Staatslehre im Vormärz*, a. a. O., S. 240 が等族の制限された機能と並んで引き合

いに出しているように、一切の政治的紛争を権限問題に変換してしまう、社会の領域と国家の領域の厳格な区別といったものではないのであるが、モールの「政治の司法化」の根拠ではある。

(72) Mohl, *StrKW*, S. 352ff.; 323.

(73) この一元的国家構想こそは、まさにボルトのモール解釈の中心的観点のように見える。Hans Boldt, *Deutsche Staatslehre im Vormärz*, a. a. O., S. 324 et passim.

(74) Mohl, a. a. O., bes. S. 534f.

(75) Ebd.

(76) Ebd.

(77) Mohl, *Encyklopädie der Staatswissenschaften*, a. a. O., S. 328.――モールのこの定義こそは、とくにヘルマン・ヘラーを、モール法治国家理論を「実質的」法治国家理論として実証主義的に評価する元祖としたのであった。Vgl. Anm. 2.

(78) Mohl, ebd.

(79) Mohl, *Die Polizeiwissenschaft...*, a. a. O., Bd. I, S. 8, 4.

(80) A. a. O., S. 7 und Anm. I.

(81) Ebd.

(82) A. a. O., S. 4f.

(83) A. a. O., S. 17f.

(84) A. a. O., S. 23 Anm. 7.

(85) Vgl. dazu Eike Henning, *Zur Dialektik von Pluralismus und Totalitarismus*, in: *Der Staat* 7 (1968) 287ff.

(86) Kant, *Metaphysik der Sitten*, a. a. O., S. 434.

(87) Mohl, *Polizeiwissenschaft...*, a. a. O., S. 265ff.

(88) A. a. O., S. 275.

(89) A. a. O., S. 344ff.

(90) A. a. O., S. 115ff.

(91) Hans Maier, *Die ältere deutsche Staats- und Verwaltungslehre* (*Polizeiwissenschaft*). *Ein Beitrag zur Geschichte der politischen Wissenschaft in Deutschland,* Neuwied / Berlin 1966, S. 265. ヴェルナー・コンツェの研究を参照している。

(92) このようなモールの市民階級のエゴイズムについて次のものも参照。Erich Angermann, *Robert von Mohl...,* a. a. O., S. 203f. もっともここでアンゲルマンは、まったく話を転倒してしまっており、このエゴイズムを法治国家の形式的構成要素のひとつの現われであると見ている。しかしそうしたエゴイズムは、形式的要素としてはまったく、ここでモールにより論じられた具体的な区別を導入することができるものではない。

(93) Erich Angermann, *Robert von Mohl...,* a. a. O., S. 207.

(94) Hans Maier, *Die ältere deutsche Staats- und Verwaltungslehre...,* a. a. O., S. 273.

(95) Mohl, *Polizeiwissenschaft...,* a. a. O., S. 274f.

(96) Dazu z. B. Erich Angermann, *Robert von Mohl...,* a. a. O., S. 107f.

(97) Mohl, *Encyklopädie...,* a. a. O., S. 325.

(98) Friedrich Julius Stahl, *Die Philosophie des Rechts,* Bd. II: *Rechts- und Staatslehre auf der Grundlage christlicher Weltanschauung,* Abt. 2: *Die Staatslehre und die Prinzipien des Staatsrechts,* (1837), Darmstadt 1963 (Nachdruck der 5. gegenüber der 3. Auflage von 1956 unveränderten Auflage), S. 2f. und S. XXIX. (zit. *Phil. d. Rechts*, II, 2).

(99) シュタール理論の妥協的性格を説くものとしてとくに次のものがある。Herbert Marcuse, *Vernunft und Revolution,* Neuwied / Berlin 1926, S. 318; und Peter von Oertzen, *Die soziale Funktion des staatsrechtlichen Positivismus,* Frankfurt / M. 1974, S. 72, 74.

(100) Stahl, *Phil. d. Rechts,* II, 2, S. 200ff.

(101) Dieter Grosser, *Grundlagen und Strukturen der Staatslehre Friedrich Julius Stahls,* Köln / Opladen 1963, S. 83. もっともここでグロッサーは、個人の領域という構想について、国家と社会についての、徹底した初期自由主義の分離という周知の想定を共有しているように見える。

(102) Vgl. bes. Stahl, *Phil. d. Rechts,* II, 2, S. 3f. ここで、立憲原理あるいは法治国家原理についての、シュタールによる新しい定義は、「本当の意味での」という強調表現が付されている。

(103) Stahl, a. a. O., S. 137f.

(104) 法実証主義の評価と機能については次のものを参照。*Aspekte des Rechtspositivismus in der entwickelten Industriegesellschaft,* in : diesem Band, S. 205ff. [本訳書二三〇頁以下]。

(105) Vgl. Anm. 3.

(106) A. a. O., S. 135 et passim.

(107) A. a. O., S. 136.

(108) A. a. O., S. 145f.

(109) A. a. O., S. 51f.

(110) A. a. O., S. 139.

(111) Ebd. 強調はマウス。

(112) A. a. O., S. 138.

(113) Carl Schmitt, *Tyrannei der Werte,* Stuttgart 1960 のタイトルから。

(114) Stahl, a. a. O., S. 1ff.

(115) Stahl, *Philosophie des Rechts,* Bd. II, Abt. 1 : *Die allgemeinen Lehren und das Privatrecht,* Darmstadt 1963（vgl. Anm. 98), S. 218（zit. *Phil. d. Rechts,* II, 1).

(116) A. a. O., S. 220.

(117) A. a. O., S. 222, und *Phil. d. Rechts* II, 2, S. 156 und Anm.

(118) *Phil. d. Rechts* II, 2, S. 198.
(119) *Phil. d. Rechts* II, 1, S. 223.
(120) A. a. O., S. 224.
(121) *Phil. d. Rechts* II, 2, S. 155.
(122) Ebd.
(123) Vgl. dazu Christian Graf von Krockow, *Soziologie des Friedens,* Gütersloh 1962, s. auch ders., *Herrschaft und Freiheit. Politische Grundpositionen der bürgerlichen Gesellschaft,* Stuttgart 1977, S. 20ff.
(124) これに対して Otto Volz, *Christentum und Positivismus. Die Grundlagen der Rechts- und Staatsauffassung Friedrich Julius Stahls,* Tübingen 1951, S. 107ff. の解釈は、次のようなものである。つまり、シュタールはたしかになんら抵抗権を許容していないが、極端な事例においては、政府に対する能動的な抵抗の倫理的義務を許容している、とするのであるが、これは、シュタール理論とキリスト教自然法論との結びつきを証明しようとする無益なこころみであるように見える。
(125) *Phil. d. Rechts,* II, 2, S. 519.
(126) この点適切なのが Otto Volz, *Christentum und Positivismus,* a. a. O., S. 115ff. である。ここではまさしく次のことが認識されている。つまり、シュタールが自然法という超実定法の妥当性ではなく、その直接の適用可能性を否定している限りにおいて、シュタールの「実証主義」は本来の法実証主義と一致しうるものではない (119)。そのためフォルツは、シュタールの「超合法性」は制度化を欠いているという解釈にすでに接近している。
(127) *Phil. d. Rechts* II, 1, S. 221.
(128) *Phil. d. Rechts* II, 2, S. 157.
(129) A. a. O., S. 386f., 195.
(130) A. a. O., S. 385., 195.
(131) Dieter Grosser, *Grundlagen und Struktur...,* a. a. O., S. 81.

(132) Stahl, *Phil. d. Rechts* II, 2, S. 161 ; vgl. auch 207.

(133) Ulrich Scheuner, *Die neuere Entwicklung des Rechtsstaats in Deutschland,* a. a. O., S. 486.

(134) Stahl, *Phil. d. Rechts* II, 1, S. 223 ; II, 2, S. 158.

(135) *Phil. d. Rechts* II, 1, S. 224.

(136) *Phil. d. Rechts* II, 2, S. 92 et passim.

(137) A. a. O., S. 189.

(138) A. a. O., S. 143, 188, 192 ; vgl. auch S. 4.

(139) A. a. O., S. 192.

(140) *Phil. d. Rechts* II, 1, S. 38.── Herbert Marcuse, *Vernunft und Revolution,* a. a. O., S. 320は、シュタール理論のこのような意図に注意を促しているが、しかし──法実証主義と社会学的実証主義の周知の混同のために──この意図を、シュタールの法実証主義の証拠として援用できると信じている。

(141) 法実証主義と社会学的実証主義の関係について次のものを参照。*Aspekte des Rechtspositivismus in der entwickelten Industriegesellschaft,* in diesem Band, S. 205ff. ［本訳書二三〇頁以下］。

(142) Vgl. Herbert Marcuse, *Vernunft und Revolution,* a. a. O., S. 324.

(143) Stahl, *Phil. d. Rechts* II, 1, S. 243.

(144) Helmut Ridder, *Das Bundesverfassungsgericht. Bemerkungen über Aufstieg und Verfall einer antirevolutionären Einrichtung,* in : Peter Römer（Hrsg.）, *Der Kampf um das Grundgesetz. Über die politische Bedeutung der Verfassungsinterpretation,* Frankfurt / M. 1977, S. 70ff.（75ff.）は、一九世紀のいまだ制度化されていない「潜在的な裁判官の審査権」を引き合いに出しつつ、ドイツ憲法裁判権の一五〇年にわたる潜伏期について語っている。

(145) So z. B. Ernst-W. Böckenförde, *Entstehung und Wandel des Rechtsstaatsbegriffs,* a. a. O., S. 74f.

(146) Vgl. zum folgenden : Peter von Oertzen, *Die soziale Funktion des staatsrechtlichen Positivismus,* a. a. O., S. 196ff., 214ff., bes. 329ff. ; und ders., *Die Bedeutung C. F. von Gerbers für die deutsche Staatsrechtslehre,* in :

Staatsverfassung und Kirchenordnung. Fg. f. Rudolf Smend z. 80. Geb. hrsg. von Konrad Hesse u. a., Tübingen 1962, S. 183ff.

(147) Rudolf von Gneist, *Der Rechtsstaat und die Verwaltungsgerichte in Deutschland,* 2. Aufl. Berlin 1879.

(148) Otto Bähr, *Der Rechtsstaat,* Kassel / Göttingen 1864.

(149) Otto Mayer, *Deutsches Verwaltungsrecht I,* (1895), München / Leipzig 1924, S. 58.

(150) So deutlich a, a, O., S. 62.

(151) A. a. O., S. 64f., 68.——連邦憲法裁判所の論述とは反対に、マイヤーの場合、「法的に優位な価値［rechtliche Mehrwertigkeit］」はもっぱらたんなる立法者の活動に置かれている。S. 65.

(152) A. a. O., S. 70 Anm. 12.——オットー・マイヤーのこの例についても、「法律実証主義の（意思の）基盤」へは次のものがすでに注意を向けている。Erhard Denninger, *Staatsrecht 1,* a. a. O., S. 99.

(153) Jürgen Habermas, *Naturrecht und Revolution,* in : ders. ; *Theorie und Praxis. Sozialphilosophische Studien,* Neuwied 1969, S. 52ff. は、この二つの類型の自然法を対比的に取り上げている。

(154) Richard Thoma, *Rechtsstaatsidee und Verwaltungsrechtswissenschaft,* in : *JöR* 4（1910）196ff.（214）.

(155) A. a. O., S. 201f., 204. 強調はマウス。

(156) Ders., *Der Vorbehalt der Legislative und das Prinzip der Gesetzmäßigkeit von Verwaltung und Rechtsprechung,* in : Gerhard Anschütz / R. Thoma（Hrsg.）, *Handbuch des Deutschen Staatsrechts,* Bd. II, Tübingen 1932, S. 221ff.（233）.

(157) Vgl. auch ders., *Zur Ideologie des Parlamentarismus und der Diktatur,* in : *ASWSP* 53（1925）212ff.

(158) ワイマール共和国における法治国家論議の発展については、本稿の枠内では細かく追跡することはできない。Vgl. zum folgenden : Ingeborg Maus, *Bürgerliche Rechtstheorie und Faschismus...,* a. a. O.

(159) ここでは Ernst Fraenkel による、司法の自由法的・反形式主義的傾向の批判という文脈での、法実証主義と労働運動の連関についての分析だけを参照。*Zur Soziologie der Klassenjustiz,* in : ders., *Zur Soziologie der Klassen-*

justiz und Aufsätze zur Verfassungskrise 1931-32, Darmstadt 1968, S. 1ff. あるいは Franz Neumann の厳格に法実証主義的な基本権解釈を参照。*Die soziale Bedeutung der Grundrechte in der Weimarer Verfassung* (1930), in : ders., *Wirtschaft, Staat, Demokratie. Aufsätze 1930-1954,* Frankfurt / M. 1978, S. 57ff. あるいは Gustav Radbruch の法実証主義に対する哲学的基礎づけを参照。*Rechtsphilsophie,* 5. Aufl. Stuttgart 1956.

(160) Hermann Heller, *Staatslehre* (1934), 3. Aufl. Leiden 1963, S. 249ff.—— ders., *Der Begriff des Gesetzes in der Reichsverfassung* (1928), in : *Gesammelte Schriften,* Bd. 2, Leiden 1971, S. 203ff., ders., *Rechtsstaat oder Diktatur?* (1930), a. a. O., Bd. 2, S. 445ff. (451).

(161) Ders., *Der Begriff des Gesetzes,* a. a. O., S. 226.

(162) A. a. O., S. 212ff., 220f.

(163) Ders., *Die Souveränität,* in : *Gesammelte Schriften,* Bd. 2, a. a. O., S. 31ff.

(164) Ders., *Rechtsstaat oder Diktatur?* a. a. O., S. 461, 452ff.

(165) So Gerhard Anschütz, *Die Verfassung des Deutschen Reiches vom 11, August 1919* (Kommentar), (14. Aufl. 1933), Bad Homburg v. d. H. 1965, zu Art. 76. 同様にあまり制限を伴わないものとして Richard Thoma, *Das verfassungstranzendierende Reichsgesetz,* in : Gerhard Anschütz / R. Thoma (Hrsg.), *Handbuch des Deutschen Staatsrechts,* Bd. II, a. a. O., S. 154.

(166) Carl Schmitt, *Der Begriff des Politischen,* a. a. O., S. 16.

(167) Erich Kaufmann, *Die Gleichheit vor dem Gesetz im Sinne des Art. 109 der Reichsverfassung,* in : *VVDStRL* 3 (1927) I ff. (5f).

(168) たとえば徹底しているものとして Roland Meister, *Das Rechtsstaatsproblem...,* a. a. O.

(168 a) Erich Kaufmann, *Die Gleichheit vor dem Gesetz...,* a. a. O., S. 20.

(169) A. a. O., S. 9ff.

(170) A. a. O., S. 17.

(171) A. a. O., S. 15.――興味深いのは次のことである。つまり、反対に、ワイマールの法実証主義は、シュタール法治国家理論の反対の要素、つまり形式的要素をもっぱら志向していたのである。次のものだけを挙げておく。Richard Thoma, *Rechtsstaatsidee und Verwaltungsrechtswissenschaft*, a. a. O., S. 198f., 201.

(172) Gustav Radbruch, *Rechtsphilosophie*, a. a. O., S. 290.

(173) Carl Schmitt, *Unabhängigkeit der Richter, Gleichheit vor dem Gesetz und Gewährleistung des Privateigentums nach der Weimarer Verfassung. Ein Rechtsgutachten zu den Gesetzentwürfen über die Vermögensauseinandersetzung mit den früher regierenden Fürstenhäusern*, Berlin / Leipzig 1926.

(174) Vgl. Ernst Fraenkel, *Zur Soziologie der Klassenjustiz*, a. a. O., S. 25.

(175) たとえば先に触れた、モールの法律概念を参照されたい。

(176) Carl Schmitt, *Verfassungslehre*, a. a. O., S. 138ff., 142; ders., *Unabhängigkeit der Richter*..., a. a. O., S. 20ff.

(177) Ders., *Unabhängigkeit der Richter*..., a. a. O., S. 14.

(178) Vgl. Franz Neumann, *Der Funktionswandel des Gesetzes*..., a. a. O., S. 58f.

(179) Carl Schmitt, *Der Hüter der Verfassung*, Tübingen 1931, S. 91, 94.

(180) S. bes. Carl Schmitt, *Legalität und Legitimität*, a. a. O., S. 335.

(181) Ders., *Grundrechte und Grundpflichten* (1932), in ders., *Verfassungsrechtliche Aufsätze*, a. a. O., S. 181ff. (230).

(182) Ders., *Verfassungslehre*, a. a. O., S. 30ff.

(183) Ders., *Legalität und Legitimität*, a. a. O., S. 344f.

(184) A. a. O. S. 299, 308f.――Vgl. Anm. 29.

(185) たとえば次の箇所でのカール・シュミットの定式を見よ。A. a. O., S. 309.

(186) Ders., *Die Diktatur. Von den Anfängen des modernen Souveränitätsgedankens bis zum proletarischen Klassenkampf* (1921), München / Leipzig 1928, S. XVII ff.

(187) Ders., *Verfassungslehre*, a. a. O., S. 112.

(188) Ders., *Legalität und Legitimität,* a. a. O., S. 311.

(189) Ders., *Politische Theologie. Vier Kapitel zur Lehre von der Souveränität,* (1922), München / Leipzig 1934, S. 19f., oder : ders., *Der Hüter der Verfassung,* a. a. O., S. 75f.

(190) たとえばKarl Marx, *Die Heilige Familie,* in : *Werke,* hg. von J.-J. Lieber / Peter Furth, Darmstadt 1971, Bd. I, S. 667ff. (767) の定式は、「教条主義的」自由主義を引き合いに出す。その初期の代表者ギゾーは、カール・シュミットの議会主義批判に強い影響を与えた。

(191) Vgl. u. a. : Otto Koellreutter, *Der nationalsozialistische Rechtsstaat,* in : *Die Verwaltungsakademie,* Beitrag 15 (1933). —— Carl Schmitt, *Der Rechtsstaat,* in : Hans Frank (Hrsg.), *Nationalsozialistisches Handbuch für Recht und Gesetzgebung,* München 1935, S. 3ff. ; Ders., *Was bedeutet der Streit um den Rechtsstaat?,* in : *ZgStW* 95 (1935) 189ff. —— Hans Frank, *Der deutsche Rechtsstaat Adolf Hitlers,* in : *Deutsches Recht* 4 (1934) 120ff.— Roland Freisler, *Der Rechtsstaat,* in : *Deutsche Justiz* 5 (1937) 151ff.

(192) Roland Meister, *Das Rechtsstaatsproblem..,* a. a. O., S. 80.

(193) Heinrich Lange, *Vom Gesetesstaat zum Rechtsstaat,* Tübingen 1934.

(194) この理解は政治的指導グループの側でも支配的である。s. bes. deutlich : Hermann Göring, *Die Rechtssicherheit als Grundlage der Volksgemeinschaft,* Hamburg 1935, S, 7.

(195) ナチス体制についてのエルンスト・フレンケルの分析におけるこの中心概念について次のものを参照。*Der Doppelstaat* (1940), Frankfurt / M. 1974.

(196) Vgl. Franz Neumann, *Ökonomie und Politik im 20. Jahrhundert,* in : ders., *Demokratischer und autoritärer Staat,* a. a. O., S. 248ff., (255).

(197) Vgl. oben bes. zu Robert von Mohl.

(198) ナチス体制への法実証主義の親和性というテーゼとの対決についてIngeborg Maus, *Bürgerliche Rechtstheorie und Faschismus...,* a. a. O., S. 37ff. S. 37 Anm. 74 et passim.

(199) Vgl. Uwe Brodersen, *Gesetze des NS-Staates,* Bad Homburg v. d. H. 1968, S. 14.

(200) ナチス的「法律」の非形式的構造は、形式的実証主義の制約を受けたナチスにおける司法統制のテーゼを主張している論者によって、部分的には認識されている。この矛盾がとくに明瞭なのは Hermann Weinkauff, *Die deutsche Justiz und der Nationalsozialismus,* Stuttgart 1968, S. 92ff. である。ここでは最終的に次のことが認められざるをえない。すなわち、裁判官による言葉そのままの厳格な法適用に基礎を提供するような法律などというものは存在しないのであり、むしろナチスの法律は、それが欠缺をもつという性格のゆえに、「個別的な価値の実現なしには適用することなどできなかった」(93) のである。――裁判官に対するまぎれもない非形式的な指示について類似の指摘がなされているのは Hubert Schorn, *Die Gesetzgebung des Nationalsozialismus als Mittel der Machtpolitik,* Frankfurt / M 1963, S. 21.

(201) So Helmut Seydel, *Die zwei Begriffe der Rechtssicherheit,* in: *Deutsche Rechtswissenschaft* I (1936) 84 ff. (85).

(202) Vgl. Carl Schmitt, *Fünf Leitsätze für die Rechtspraxis,* hrsg. vom Presse- und Zeitschriftenamt des Bundes nationalsozialistischer deutscher Juristen, Berlin 1933.

(203) Vgl. Bernd Rüthers, *Die unbegrenzte Auslegung. Zum Wandel der Privatrechtsordnung im Nationalsozialismus,* Tübingen 1968.

(204) Vgl. Otto Kirchheimer, *Staatsgefüge und Recht des dritten Reiches* (1935), in; Ders., *Von der Weimarer Republik zum Faschismus: Die Auflösung der demokratischen Rechtsordnung,* Frankfurt / M. 1976, S. 152 ff. (154f.).

(205) たとえば次を参照。Bernd Rüters, *Die unbegrenzte Auslegung,* a. a. O., S. 313f. もっともリュータースは、法理論的な論証構造のこのような連続性からさまざまな社会的秩序観念に対する中立性が生まれたのだ、と推論している。

(206) Vgl. Anm. 198.

(207) Erhard Denninger, *Rechtsstaat,* in: Ders. / Klaus Lüderssen, *Polizei und Strafprozeß im demokratischen Rechtsstaat,* a. a. O., S. 72.

(207a) これに対して Erhard Denninger は、憲法の規範的効力の維持を考慮しつつ、立法者と憲法裁判権との関係を通じて「助長されがちな、憲法の代表民主制的要素と司法的 - 法治国家的要素との分裂」を警告している。*Staatsrecht I,* a. a. O., S. 117.

(208) Hans-J. Kersten, *Das Bundesverfassungsgericht und der Schutz des Rechtsstaats,* a. a. O., S. 7.

(208a) この区別は、Ulrich K. Preuß, *Gesellschaftliche Bedingungen der Legalität,* a. a. O., においてはなおざりにされている。連邦共和国における二段階の合法性にかんするプロイスの強靱な分析は、通説を有利に扱いすぎている。

(209) *BVerfGE* 1, 18 LS 27.

(210) Roland Meister, *Das Rechtsstaatsproblem...,* a. a. O., S. 139.

(211) *BVerfGE* 1, 15 LS 4.

(212) *BVerfGE* 34, 287.

(213) *BVerfGE* 34, 286.

(214) たとえばカルロ・シュミート（SPD）は反駁されていない。s. Parlamentrischer Rat, *Verhandlungen des Hauptausschusses,* Bonn 1948 / 49, S. 46；決戦投票についても同様に、a. a. O., S. 748.

(215) Dr. von Mangoldt（CDU）, a. a. O., S. 47.

(216) たとえば反駁されていないのが Dr. von Mangoldt（CDU）, ebda.

(217) Konrad Hesse, *Grundzüge des Verfassungsrechts der Bundesrepublik Deutschland,* 4. Aufl. Karlsruhe 1970, S. 80.

(218) Vgl. Helmut Ridder, *Die soziale Ordnung des Grundgesetzes,* a. a. O., S. 149.

(219) *BVerfGE* 1, 18 LS 28；2, 403；25, 290.

(220) この概念は別の文脈で論じたことがある。Ingeborg Maus, *Bürgerliche Rechtstheorie und Faschismus,* a. a. O., passim.

(221) *BVerfGE* 23, 133.

(222) *BVerfGE* 7, 93.

(223) Erhard Denninger, *Rechtsstaat,* a. a. O., S. 74.

(224) A. a. O., S. 73 ; s. auch ebda., S. 9, 12f.

(225) Ernst-W. Böckenförde, *Entstehung und Wandel des Rechtsstaatsbegriffs,* a. a. O., S. 83 でのこの概念を参照。

(226) Martin Kriele, *Theorie der Rechtsgewinnung, entwickelt am Problem der Verfassungsinterpretation,* 2. Aufl. Berlin 1976, S. 226 ; vgl. auch ders., *Einführung in die Staatslehre,* a. a. O., S. 105.

(227) Ders., *Einführung in die Staatslehre,* a. a. O., S. 105.

(228) Helmut Schelsky, *Den Rechtsstaat nicht abwiegeln,* in : ders., *Der selbständige und der betreute Mensch. Politische Schriften und Kommentare,* Stuttgart 1976, S. 137.

(229) A. a. O., S. 138.

(230) Hans H. Klein, *Bundesverfassungsgericht und Staatsraison. Über Grenzen normativer Gebundenheit des Bundesverfassungsgerichts,* Frankfurt / M. / Berlin 1968, S. 11.

(231) 明らかに問題なのはH・H・クラインである。彼について日刊紙において（*Göttinger Tageblatt* vom 20. 7. 1973, S. 3――zitiert nach Günter Frankenberg, *Angst im Rechtsstaat,* in : *KJ* 10［1977］353ff.［368 Anm. 58]）次の発言が伝えられている。曰く「連邦憲法裁判所を上述のようなやり方で［それが政治的決定に向けられている、あるいは立法権限それ自体を取り込んでいるとして――マウス］責める者は、［……］法治国家の敵であるという嫌疑を受けざるをえない」。

(232) So sinngemäß Emmanuel Sieyes, *Abhandlungen über die Privilegien,* a. a. O., S. 25. Vgl. auch Art. 5 der *Erklärung der Menschen- und Bürgerrechte* von 1789.

(233) Vgl. dazu bes. Ulrich K. Preuß, *Gesellschaftliche Bedingungen der Legalität,* a. a. O., S. 22f. et passim.

(234) Wolfgang Zeidler, *Betrachtungen über die Innovationsfähigkeit der Rechtspflege am Beispiel der preußischen Justizgeschichte,* in : *DÖV* 28 (1975) 797 ff. (798).

(235) Charles de Montesquieu, *Vom Geist der Gesetze,* Tübingen 1951, S. 217.

(236) ナチスの意思刑法［Willensstrafrecht］の影響について次を参照。Otto Kirchheimer, *Staatsgefüge und Recht des Dritten Reiches,* in : ders., *Von der Weimarer Republik zum Faschismus,* Frankfurt / M. 1976, S. 162.

(237) Vgl. Günter Frankenberg, *Angst im Rechtsstaat,* a. a. O., S. 353ff.

(237 a) フォルストホフについては，部分的にすでに別の観点から論じたものとして次のものがある。Ingeborg Maus, *Bürgerliche Rechtstheorie und Faschismus,* a. a. O., S. 134ff.

(238) S. bes. Ernst Forsthoff, *Die Umbildung des Verfassungsgesetzes,* in : ders., *Rechtsstaat im Wandel. Verfassungsrechtliche Abhandlungen 1950-1964,* Stuttgart 1964, S. 147 ff. ; ders., *Die Bindung an Gesetz und Recht,* a. a. O., S. 176ff. ; ders., *Rechtsstaat oder Richterstaat?* in : ders., *Rechtsstaat im Wandel. Verfassungsrechtliche Abhandlungen 1954-1973,* 2. Aufl. München 1976, S. 243ff.（bes. 250f.）.

(239) Ders., *Der introvertierte Rechtsstaat und seine Verortung, in : Rechtsstaat im Wandel,* 1. Aufl., a. a. O., S. 213ff.（213f.）.

(240) Ders., *Die Umbildung des Verfassungsgesetzes,* a. a. O., S. 148, und : *Zur Problematik der Verfassungsauslegung,* in : *Rechtsstaat im Wandel,* 2. Aufl., a. a. O., S. 153ff.（173, 169）.

(241) Ders., *Die Umbildung des Verfassungsgesetzes,* a. a. O., S. 174.

(242) たとえば次の研究における，フォルストホフの法治国家構想についての見解を参照のこと。Ulrich Scheuner, *Die neuere Entwicklung des Rechtsstaats in Deutchland,* a. a. O., S. 465 Anm. 12, 504 あるいは Hans Gerber, *Die Sozialstaatsklausel des Grundgesetzes,* in : Ernst Forsthoff（Hrsg.）, *Rechtsstaatlichkeit und Sozialstaatlichkeit,* a. a. O., S. 340ff.（343Anm. 8.）.

(243) Forsthoff, *Begriff und Wesen des sozialen Rechtsstaates,* in : ders., *Rechtsstaat im Wandel,* 1. Aufl. a. a. O., S. 27ff.（37）.

(244) A. a. O., S. 51

(245) A. a. O., S. 49

(246) A. a. O., S. 54f.

(247) Vgl. bes. Wolfgang Abendroth, *Zum Begriff des demokratischen und sozialen Rechtsstaates im Grundgesetz der Bundesrepublik Deutschland,* in : Ernst Forsthoff (Hrsg.), *Rechtsstaatlichkeit und Sozialstaatlichkeit,* a. a. O., S. 114ff.——この問題について総じて次のものを参照。 Hans-H. Hartwich, *Sozialstaatspostulat und gesellschaftlicher Status quo,* Köln / Opladen 1970.

(248) Vgl. Hans-H. Hartwich, *Wirtschaftsdemokratie und die Theorie vom sozialen Rechtsstaat,* in : Sonderheft 2 der *PVS* 11 (1970) 274ff. (276f.).

(249) Forsthoff, *Begriff und Wesen des sozialen Rechtsstaates,* a. a. O., S. 51, 55.

(250) Ders., *Die Umbildung des Verfassungsgesetzes,* a. a. O., S. 156.

(251) Ders., *Begriff und Wesen des sozialen Rechtsstaates,* a. a. O., S. 31.

(252) A. a. O., S. 39f., 55.

(253) Ders., *Die Umbildung des Verfassungsgesetzes,* a. a. O., S. 159.

(254) Der., *Begriff und Wesen...,* S. 42.

(255) Vgl. Konrad Hesse, *Der Rechtsstaat im Verfassungssystem des Grundgesetzes,* in : Ernst Forsthoff (Hrsg.), *Rechtsstaatlichkeit und Sozialstaatlichkeit,* a. a. O., S. 557ff. (565 Anm. 24). ここでは次のことが指摘されている。すなわち、フォルストホフは基本法の法治国家原理を基本法の形式的要素に還元することによって、「妥当している実定法という基盤から」離れてしまっている、と。

(256) Forsthoff, *Begriff und Wesen...,* S. 38.

(257) Ders., *Die Umbildug des Verfassungsgesetzes,* a. a. O., S. 147.

(258) Ders., *Begriff und Wesen...,* S. 39.

(259) Ders., *Über Maßnahme-Gesetze,* in : ders., *Rechtsstaat im Wandel,* 1. Aufl., S. 78ff. (87f.).

(260) A. a. O., S. 93ff.

(261) 別の文脈ではあるが a. a. O., S. 91 Amn. 15.

(262) Ulrich K. Preuß, *Gesellschaftliche Bedingungen der Legalität,* a. a. O., S. 23ff., 28ff.

(263) 「価値自由」な憲法概念とは反対に，行政活動はまさに「価値実現」として定義されている。 s. E. Forsthoff, *Lehrbuch des Verwaltungsrechts,* Bd. 1, Allgemeiner Teil, München / Berlin 1950, S. 68ff.

(264) A. a. O., S. V.

(265) A. a. O., S. 59.

(266) Vgl. Alexander Hollerbach, *Auflösung der rechtsstaatlichen Verfassung?* in : *AöR* 85 (1960) 241ff. (246).

(267) Forsthoff, *Anrecht und Aufgabe einer Verwaltungslehre,* in : ders., *Rechtsstaat im Wandel,* 1. aufl., S. 129ff. (138f.).

(268) Richard Bäumlin, Art. *Rechtsstaat,* in : *Evangelisches Staatslexikon,* Stuttgart / Berin 1966, Sp. 2041ff. (2046) におけるドイツ的法治国家伝統に対する批判を参照。

(269) Forsthoff, *Der introvertierte Rechtsstaat...,* a. a. O., S. 222.

(270) ここではルーマンの分析は，若干の局面に限定されざるをえない。この対象については，とくに著者としてさらに考察を期したいと考えている。

(271) Niklas Luhmann, *Politische Verfassungen im Kontext des Gesellschaftssystems,* in : *Der Staat* 12 (1973) 1ff., 165ff. (179f.).

(272) Ders., *Rechtssoziologie,* 2 Bde. Reinbek 1972, S. 89. とりわけ価値体系的な基本権解釈については次のものを参照。 Ders., *Grundrechte als Institution,* Berlin 1965, S. 28f. ; ders., *Politische Verfassungen...,* a. a. O., S. 20.

(273) So bes. ders., *Positivität des Rechts als Voraussetzung einer modernen Gesellschaft,* in : *Die Funktion des Rechts in der modernen Gesellschaft,* in : *Jahrbuch für Rechtssoziologie und Rechtstheorie,* Bd. I, Bielefeld 1970, S. 175ff.

(274) Ders., *Politische Verfassungen...,* a. a. O., S. 1f.

(275) S. insgesamt : ders., *Grundrechte als Institution,* a. a. O.

(275 a) Dazu Ulrich K. Preuß, *Gesellschaftliche Bedingungen der Legalität,* a. a. O., S. 108ff.

(276) *Rechtssoziologie,* a. a. O., S. 261 における，民主制は「それ自体としては価値ではない」というルーマンの明文での言葉を参照。

(276 a) Ders., *Rechtssoziologie,* a. a. O., S. 236f.

(277) Ders., *Funktionen der Rechtsprechung im politischen Systems,* in : ders., *Politische Planung,* Opladen 1971, S. 46ff.

(278) Ders. *Rechtssoziologie,* a. a. O., S. 242.

(279) Ders. *Politische Verfassungen...,* a. a. O., S. 2.

(280) Vgl. Friedhelm Hufen, *Verfassungstheorie und Systemtheorie,* in : *AöR* 100 (1975) 193ff. (215). ここではすでに，ルーマンによる憲法と規範テクストの同一視，さらにこれと結びついた，社会科学と憲法学との方法論上の相互排斥が指摘されている。

(281) Luhmann, *Politische Verfassungen...,* a. a. O., S. 7.

(282) Ders., *Grundrechte als Institution,* a. a. O., S. 181.

(283) Ebd.

(284) このことを最終的に分析したのが Karl Marx, *Judenfrage.*

(285) Luhmann, *Grundrechte als Institution,* a. a. O., S. 42.

(286) Ders., *Legitimation durch Verfahren,* Neuwied 1969, S. 82 Anm. 1. ここでルーマンは，ドイツの法治国家的伝統の手続き構想を「非政治的参加」として把握しているが，これによって彼は非常に精確に，彼自身の手続き理論の帰結を語っている。

(287) A. a. O., S. 30.

(288) A. a. O., S. 29 ; *Rechtssoziologie,* a. a. O., S. 259ff.

(289) Ders., *Rechtssoziologie*, a. a. O., S. 64ff.
(290) A. a. O., S. 31ff.
(291) A. a. O., S. 261.
(292) Ders., *Legitimation durch Verfahren*, a. a. O., S. 156.
(293) A. a. O., S. 18ff., 148.
(294) Ders., *Positivitität des Rechts*, a. a. O., S. 182.
(295) Ders., Legitimation durch Verfahren, a. a. O., S. 156.
(296) Vgl. Bernd Willms, *Niklas Luhmanns Funktionalismus und das Problem der Demokratietheorie*, in: ders., *Funktion, Rolle, Institution. Zur Politiktheoretischen Kritik soziologischer Kategorien*, Düsseldorf 1971, S. 11ff. (37). ここでは、この連関は肯定的に論じられている。
(297) この点をよく示しているのが、ルーマンの手続き理論における、もっぱら価値に向けられた批判である。たとえば Friedhelm Hufen, *Verfassungstheorie und Systemtheorie*, a. a. O. は、憲法を「価値の配分」として捉える（S. 227f., 238）が、このような見解に対して、ルーマンは、民主的正当化からの手続き概念の解放を批判するよりもむしろ、憲法という所与の「価値」との関連でこのような手続きが行き着く帰結（234f.）に対する無関心を批判している。——さらに B. Blanke / U. Jürgens / H. Kastendiek, *Kritik der Politischen Wissenschaft*, Frankfurt（M）/ New York 1975, S. 296 は、ルーマンは「一九四五年以後の政治理論が非常に苦労して作り上げた実質的法治国家概念を解体してしまっている」と批判している。
(298) Jürgen Habermas in: ders. / Niklas Luhmann, *Theorie der Gesellschaft oder Sozialtechnologie*, Frankfurt / M 1971, S. 243f. には、ルーマンが手続きによる正当化を手続きの法的形式性、つまり純粋な合法性によって基礎づけているという誤解が紛れ込んでいる。——ハーバーマスのこのような見解に対する批判については、すでに次のものが適切に指摘している。Hans Joachim Giegel, *System und Krise. Kritik der Luhmannschen Gesellschaftstheorie*, Frankfurt / M 1975, S. 170 Anm. 75.

(299) Luhmann, *Legitimation durch Verfahren,* a. a. O., S. 28f., 193. 196.

(300) Martin Kriele, *Einführung in die Staatslehre,* a. a. O., S. 38.

(301) Luhmann, *Soziologie des politischen Systems,* in : ders., *Soziologische Aufklärung* 1, Opladen 1970, S. 154ff.（159）は、合法性の正当化の問題について次のように言う。「したがって、専断的な政治的支配は法的に許されるのか、許されるとすればその条件はどのようなものか、という近世政治哲学の根本問題は、次のように言い換えられねばならない。つまり、その社会的環境において拘束力ある決定の創出に機能的に特化し、分化した政治システムは安定化されうるのか、そうだとすればその条件はどのようなものか」と。（強調はマウス）――この問題について的確な言及のあるものとしてB. Blanke / U. Jürgens / H. Kastendiek, *Kritik der Politischen Wissenschaft,* a. a. O.

(302) Luhmann, *Gesellschaftliche und politische Bedingungen des Rechtsstaates,* in : ders., *Politische Planung,* a. a. O., S. 53ff.（62）.

(303) Ders., *Politische Verfassungen...,* a. a. O., S 8ff. ; *Rechtssoziologie,* a. a. O., S. 245 ; *Funktionen der Rechtsprechung im politischen System,* a. a. O., S. 48f.

(304) Ders., *Politische Verfassungen...,* a. a. O. S. 11.

(305) Dazu Franz Neumann, *Der Funktionswandel des Gesetzes...,* a. a. O., S. 46.

(306) Luhmann, *Rechtssoziologie,* a. a. O., S. 245.

(307) Ders., *Gesellschaftliche und politische Bedingungen des Rechtsstaates,* a. a. O., S. 62.

(308) Ders., *Grundrechte als Institution,* a. a. O., S. 155.――Dazu Hans Grünberger, *Organisation statt Gesellschaft? Über den Stellenwert formal organisierter Sozialordnung in der Gesellschaftstheorie Niklas Luhmanns,* in : *Gesellschaft. Beiträge zur Marxschen Theorie 3,* Frankfurt M. 1975, S. 198ff.（211）.

(309) Vgl.――mit Nachweisen ―― B. Blanke / U. Jürgens / H. Kastendiek, *Kritik der Politischen Wissenschaft,* a. a. O., S. 299f.

(310) Luhmann, *Grundrechte als Institution,* a. a. O., S. 14ff.

(311) So z. B. a. a. O., S. 148ff.

(312) Vgl. u. a. Carl Schmitt, *Fünf Leitsätze für die Rechtspraxis*, a. a. O., S. 1.――すでにB. Blanke / U. Jürgens / H. Kastendiek, *Kritik der Politischen Wissenschaft*, a. a. O., S. 293 und Anm. 22. は、このようなルーマンの構想とカール・シュミットの客観的政治概念との類似性を指摘している。しかしこの類似性はそれ以上のものであり、カール・シュミットの政治概念は、社会的問題状況の選択における政治部門の「独自性」をすでに志向している。

(313) Carl Schmitt, *Der Begriff des Politischen*, a. a. O., S. 24 ff. ; und bes. : ders., *Der Hüter der Verfassung*, a, a, O., S. 79.

(314) Vgl. B. Blanke / U. Jürgens / H. Kastendiek, *Kritik der Politischen Wissenschaft*, a. a. O., S. 300.

(315) Hans J. Giegel, *System und Krise*, a. a. O., S. 76.

(316) A. a. O., S. 78 ――ギーゲルは、ルーマンが政治システムの環境に対する唯物論的分析を放棄していることを明らかに認めてはいるが。もちろんルーマンによれば、政治システムは、すべての社会的コンフリクトを自ら「処理する」必要はないのであって、むしろそうしたコンフリクトを、社会的環境から縮減されたものとして引き受けることができる。

(317) Luhmann, *Grundrechte als Institution*, a. a. O., S. 150.

(318) So bes. präzise : ders., *Funktionen der Rechtsprechung im politischen System*, a. a. O., S. 46.

(319) Ders., *Politische Verfassungen...*, a. a. O., S. 172ff.

(320) A. a. O., S. 179.

(321) A. a. O., S. 181.

(322) A. a. O., S. 12ff.

(323) Carl Schmitt, *Der Hüter der Verfassung*, a. a. O., S. 91, 94.

(324) Luhmann, *Politische Verfassungen...*, a. a. O., S. 4, 180 u. Anm. 89 ; ders., *Lob der Routine*, in : ders., *Politische Planung*, a. a. O., S. 113ff.（122）.

(325) Ders., *Politische Verfassungen...*, a. a. O., S. 166ff.

(326) A. a. O., S. 21.――Hans Grünberger, *Organisation statt Gesellschaft?* a. a. O., S. 217 は、ルーマンが憲法の除外機能を強調できるのは、憲法テクストを志向しているからなのだ、と説いている。しかしこれには次のように反論しなければならない。すなわち、まさに憲法テクスト――ルーマンはこの脈絡において具体的には基本法を引き合いに出している――は、ブルジョワ的要素と社会国家的要素の妥協というその性格からして、ルーマンが憲法の機能的特定化に当たって憲法テクストをそのよりどころにしうるというグリュンベルガーのテーゼの根拠をほとんど提供するものではない。しかもこの機能的特定化は経済システムの優位を顧慮し (216)、社会システムとりわけ経済秩序を国家の干渉から保護するものである (217)。――さらに、反論となりうるものとして、投資援助法［Investitionshilfegesetz］にかんする一九五四年七月二〇日の連邦憲法裁判所の判決がある。反対にルーマンは規範テクストに対抗するこの機能的特定化を、その社会学的憲法概念によってはじめて取り戻したのである。

(327) Luhmann, *Positivität des Rechts...*, a. a. O., S. 190.

(328) Ders., *Rechtssoziologie*, a. a. O., S. 241.

(329) Ders., *Positivität des Rechts...*, a. a. O.

(330) Ders., *Rechtssoziologie*, a. a. O., S. 303, 324.

(331) A. a. O. 324.

(332) Ders., *Positivität des Rechts...*, a. a. O., S.201.

(333) Ders., *Rechtssystem und Rechtsdogmatik*, Stuttgart 1974, S. 49ff.

(334) Ders., *Rechtssoziologie*, a. a. O., S. 329, 218.

(335) Ders., *Politische Verfassungen...*, S. 21.――ここでも、基本権の「価値の下落」は産業社会的構造の合理性と衝突する、というフォルストホフの懸念は当たっている。Ernst Forsthoff, *Die introvertierte Rechtsstaat...*, a. a. O., S. 222.

(336) Luhmann, *Grundrechte als Institution*, a. a. O., S. 23, 37, 71ff., 106, 115, 196ff.

(337) Ders., *Politische Verfassungen...*, S. 21f.

(338) A. a. O., S. 176.

(339) Ebd.

(340) フォルストホフは、「既存の意味での憲法に未来はあるか」という懐疑的な問いに、次のようなテーゼで答えている。すなわち「現代の憲法問題は、実は行政の問題なのだ」と。*Die Umbildung des Verfassungsgesetzes*, a. a. O., S. 174, und: *Anrehct und Aufgabe einer Verwaltungslehre*, in: ders., *Rechtsstaat im Wandel*, 1. Aufl., a. a. O., S. 129ff. (131).

(341) Luhmann, *Rechtssoziologie*, a. a. O., S. 338.

(342) A. a. O., S. 332.

(343) A. a. O., S. 333.

(344) A. a. O., S. 333ff. 336. フォルストホフは、産業過程において国際化の次元が増大しつつあることから、まったく類似の結論を導きだしている。s. *Zur Problematik der Verfassungsauslegung*, a. a. O., S. 11.

(345) Luhmann, *Rechtssoziologie*, a. a. O., S. 333ff. und 343ff.

(346) A. a. O., S. 341.

(347) Ders., *Die Funktion des Rechts: Erwartungssicherung oder Verhaltenssteuerung?* in Beiheft 8 des *ARSP* (1974) 31ff. (40, auch 42).

(348) Ders., *Rechtssoziologie*, a. a. O., S. 339.

(349) Ulrich K. Preuß, *Gesellschaftliche Bedingungen der Legalität*, a. a. O., S. 92, 21ff. プロイスの研究についての詳細な論評はここではおこなうことはできない（前掲注208aを参照されたい）。批判されなければならないのは、一九世紀の法治国家理論の発展についての本稿の成果を基にすると、とりわけ、二段階の合法性は「当初から」ブルジョワ憲法の一般的構造メルクマールとして変わらぬ機能をもつというプロイスのテーゼ（9 et passim）であり、法律の内容的一般性の物神崇拝化である。だがこの物神崇拝化は——少なくともプロイス自身がドイツの発展に認めざるをえないように——歴史的な現実が対応しているわけではないが、その一方で、法律の民主的要素はその成立の一般性にのみ存するにすぎない。まさにこの後者の要素こそは、法治国家の機能変遷の解明にとって核心的な意味をもっている。プロイスへの批判については次のものも参照。Thomas Blanke / Christoph Sachße, in: *KJ* 8 (1975) 30ff.

(350) Luhmann, *Politische Verfassungen...*, a. a. O., S. 18. — Vgl. ders., *Die Funktion des Rechts : Erwartungssicherung oder Verhaltenssteuerung?* a. a. O., S. 42. ここでは、法の外部に独立した計画領域を確立することを考慮しつつ、このことが法律ドグマーティクの概念装置の「高度な抽象性」を要請するのだ、という考察がなされている。

(351) すでにマックス・ヴェーバーにおいて、社会的要求をブルジョワ法に統合するとブルジョワ法の形式的合理性を傷つけてしまうという懸念が見られる。*Wirtschaft und Gesellschaft,* Tübingen 1956, S. 648.——これに対して次の詳細な議論も参照。Otto Kirchheimer, *Über den Rechtsstaat,* in: ders., *Politische Herrschaft,* a. a. O., S. 122ff. (128).

(352) Vgl. Wolfgang Abendroth, *Zum Begriff des demokratischen und sozialen Rechtsstaates im Grundgesetz der Bundesrepublik Deutschland,* a. a. O., S. 136.

第2章

* 論文の初版は、カール・シュミット審問を活字化したものとして、ロバート・ケンプナーの手によって、一九四七年四月三日に出版された。その表題は、この審問中の一節と関連しており、ナチス体制内部における、「ナチス」からのブルジョワ形式の錯覚的な独立を対象にしている。s. Robert M. W. Kempner, *Das Dritte Reich im Kreuzverhör,* München, Esslingen 1969, S. 293ff. (299).——この小論は、その後二種類に特化したカール・シュミット研究の導入的な役割を果たしている。

(1) 最初の重要な著作である一九一二年の *Gesetz und Urteil*（第二版はミュンヘンで一九六九年に出版）から、一九七〇年にベルリンで出版された *Politische Theologie* II までを指す。Vgl. im übrigen die Bibliographien von Piet

Tommissen in den Festschriften f. C. Schmitt von 1959 und 1968.

（2） このような解釈の極端な例として、K・シュルテスの *Der Niedergang des staatsrechtlichen Denkens im Faschismus,* Weimar 1947. が挙げられる。そこでは、「ドイツ国法の気まぐれ［Chamäleon des deutschen Staatsrechts］」に対する、カール・シュミットの「際限のない日和見主義」の諸相が列挙されている。とくに、彼の一九二八年の国法論は、ナチス台頭期においてワイマール憲法国家を過去のものとして認識したものとして解釈されている。これに対して、H・ホフマンの大著 *Legitimität gegen Legalität,* Neuwied / Berlin 1964 においては、カール・シュミット理論の継続的で内在的な法理論的発展が浮き彫りにされている。このような評価に対する批判については、本書九三ページ［本訳書九六頁］以下を参照。

（3） これについては、とくに以下を参照：*Unabhängigkeit der Richter, Gleichheit vor dem Gesetz und Gewährleistung des Eigentums nach der Weimarer Verfassung,* 1926；*Verfassungslehre* 1928；*Grundrechte und Grundpflichten*（1932）, in：*Verfassungsrecht1. Aufsätze* 1958.

（4） S. bes.：*Über die drei Arten des rechtswissenschaftlichen Denkens,* 1934.

（5） S. z. B. *Verfassungslehre,* S. 226ff.

（6） C. Schmitt, *Hugo Preuß,* S. 25.

（7） *Politische Theologie,* 1922, S. 19f.；*Der Hüter der Verfassung,* 1931, S. 75f.

（8） Vgl. zur Begriffsbildung：H. Heller, *Rechtsstaat oder Diktatur?,* 1930, S. 9；W. Abendroth, *Zum Begriff des demokratischen und sozialen Rechtsstaates im GG der BRD,* in：*Antagonistische Gesellschaft und politische Demokratie,* 1967, S. 109ff.；J. Habermas, *Strukturwandel der Öffentlichkeit,* S. 242ff.

（9） *Politische Theologie*（1922）, S. 20；*Der Begriff des Politischen,* 1932, S. 46；*Staat, Bewegung, Volk*, 1933, S. 43.

（10） *Der Rechtsstaat,* in：Hans Frank（Hrsg.）, *Nat. soz. Hb. f. Recht und Gesetzgebung,* 1935, S. 13ff.

（11） *Der Wert des Staates,* S. 80ff.

（12） *Gesetz und Urteil,* S. 72ff.

⒀ *Wert des Staates,* bes. Einleitung.

⒁ Vgl. O. Kahn-Freund, *Der Funktionswandel des Arbeitsrechts,* in: *ASWSP* 67 (1932), S. 146ff.; J. W. Hedemann, *Die Flucht in die Generalklausel,* 1933, bes. S. 17ff., 48ff; Fr. Neumann, *Der Funktionswandel des Gesetzes,* in: *Demokratischer und autoritärer Staat,* 1967, S. 31ff. (65f.).

⒂ *Die Diktatur,* 1921; *Politische Theologie,* 1922; *Die Diktatur des Reichpräsidenten* 1924.

⒃ 決断主義という概念については、とくに以下を参照。Chr. Graf v. Krockow, *Die Entscheidung,* 1958. ここでは、カール・シュミットの無内容な決断概念は、実際に表出している社会的対立の解消を避けている、と解釈されている。

⒄ *Zur Frage der Souveränität* (1944), in *Politik und Verfassung,* 1964, S. 57ff. (92f.).

⒅ H. Freyer, *Herrschaft und Planung,* 1933, S. 22.

⒆ *Hüter der Verfassung,* S. 91.

⒇ Vgl. Fr. Neumann, *Ökonomie und Politik im 20. Jh.,* a. a. O., S. 255.

(21) Vgl. Sp. Simitis in der Einleitung zu W. Friedmann, *Recht u. sozialer Wandel,* 1969, S. XII.

(22) E. Fraenkel, *Die Krise des Rechtsstaats und die Justiz* (1931), in: *Zur Soziologie der Klassenjustiz,* 1968, S. 42ff. (48ff.); Fr. Neumann, *Funktionswandel,* a. a. O., S. 60.

(23) *Legalität und Legitimität* (1932), in: *Verfassungsrechtl. Aufsätze,* S. 333ff.

(24) So. O. Bauer, *Der Faschismus* (1936), in: W. Abendroth (Hrsg.), *Faschismus und Kapitalismus,* 1967, bes. S. 154.

(25) Zur Darstellung und Kritik s. I. Fetscher, *Zur Kritik des sowjetmarxistischen Faschismusbegriffs,* in: *Karl Marx und der Marxismus,* 1967, S. 218ff.

(26) S. *Mitteilungen des Vereins zur Wahrung der gemeinsamen wirtschaftlichen Interessen in Rheinland und Westfalen* („*Langnamverein*“), Heft 21, Jg. 1932, bes. S. 2.

(27) A. a. O., S. 13ff. (30f.) Vgl. dazu H. Ridder, *Zur Verfassungsdoktrin des NS-Staates,* in: *Kritische Justiz* 2

(1969), S. 221ff.

(28) *Begriff des Politischen,* S. 24f., 68f. ; *Legalität und Legitimität,* S. 340.

(29) E. Fraenkel, *The Dual State,* 1941, S. 208 ; zur im folgenden erwähnten Selbstbegrenzung der Prärogative vgl. bes. S. 57ff., 171ff.

(30) Vgl. W. Sörgel, *Metallindustrie und Nationalsozialismus,* 1965.

(31) Vgl. Fr. Böhm, *Die Ordnung der Wirtschaft als geschichtliche Aufgabe,* 1937, S. 75ff.

(32) S. etwa : *Demokratie und Finanz* (1927), in : *Positionen und Begriffe,* 1940, S. 85ff.

(33) Vgl. dazu die Diskussion : D. Grosser, *Die nationalsozialistische Wirtschaft* ; T. Mason, *Der Primat der Politik* ; E. Czichon, *Der Primat der Industrie,* in : *Das Argument,* Nr. 32, 41, 47.

(33 a) C. Schmitt, *Völkerrechtliche Großraumordnung mit Interventionsverbot für raumfremde Mächte,* Berlin 1941, S. 4f.

(34) S. C. Schmitt, *Der Nomos der Erde,* 1950, S. 57ff.

(35) ＋＋＋*Die formierte Gesellschaft,* 1965, S. 15f.

(36) E. Forsthoff, *Rechtsstaat im Wandel,* 1964, S. 27ff.

(37) H. Schmitt, *Der Nomosbegriff bei C. Schmitt,* in : *Der Staat* 2 (1963) ; S. 81ff. (bes. 107f.).

第3章

(1) 以下に所収の Piet Tommissen による文献リスト双方を参照。*Fs. f. C. Schmitt zum 70. Geb.*, hrsg. von Hans Barion, Ernst Forsthoff, Werner Weber, Berlin 1959, S. 273-330 ; および *Epirrhosis. Fg. f. C. Schmitt*, hrsg. von Hans Barion, Ernst-Wolfgang Bökenförde, Ernst Forsthoff, Werner Weber, Berlin 1968, Bd. II, S. 739-778.

(2) カール・シュミットの補足的な説明については，*Legalität und Legitimität,* in : *Verfassungsrechtliche Aufsätze aus*

den Jahren 1924-1954（*VA* と略), Berlin 1958, S. 350.

(3) Ebd.

(4) *Legitimität gegen Legalität. Der Weg der politischen Philosophie Carl Schmitts,* Neuwied / Berlin 1964.

(5) A. a. O., S. 175 に注釈。

(6) Christian Graf von Krockow, *Die Entscheidung. Eine Untersuchung über Ernst Jünger, Carl Schmitt, Martin Heidegger,* Stuttgart 1958, S. 94 Anm. 3.

(7) たとえば Peter Schneider, *Ausnahmezustand und Norm,* Stuttgart 1957.

(8) たとえば Jürgen Fijalkowski, *Die Wendung zum Führerstaat,* Köln / Opladen 1958.

(9) H. Hofmann, a. a. O., S. 7ff. の指摘を参照のこと。

(10) A. a. O., S. 11.

(11) Ebd. und S. 9.

(12) Carl Schmitt, *Der Wert des Staates und die Bedeutung des einzelnen,* Tübingen 1914.

(13) A. a. O., S. 74f.

(14) A. a. O., S. 79f.

(15) A. a. O., S. 81.

(16) A. a. O., S. 85.

(17) A. a. O., S. 84 und passim.

(18) 革命的ではなく修正主義的な社会主義がブルジョワ層に対し，政治権力をファシズムへと引き渡すことを促した，とのテーゼについては以下を参照。Otto Bauer, *Der Faschismus,* in : Wolfgang Abendroth, Hrsg., *Faschismus und Kapitalismus,* Frankfurt / Wien 1967, S. 154 und passim.

(19) 3. Aufl. Berlin 1957, S. 138-157.

(20) *Der Wert des Staates...,* a. a. O., S. 78.

(20 a) *Der Hüter der Verfassung,* Tübingen 1931, S. 115ff.

(21) *Die Wendung zum totalen Staat,* 1931, in: *Positionen und Begriffe,* Hamburg 1940, S. 148.

(22) Vgl. Max Weber, *Wirtschaft und Gesellschaft,* Köln / Berlin 1964, Bd. I, S. 624ff.

(23) Vgl. Franz Neumann, *Der Funktionswandel des Gesetzes im Recht der bürgerlichen Gesellschaft,* in: *Zs. f. Sozialforschung* 6 (1937) Heft 3, 542-596 (S. 577 und passim).

(24) Max Weber, a. a. O., S. 648f.

(25) Franz Neumann, a. a. O., S. 570 und 576.

(26) *Unabhängigkeit der Richter*, *Gleichheit vor dem Gesetz und Gewährleistung des Eigentums nach der Weimarer Verfassung,* Berlin / Leipzig 1926, S. 18; *Verfassungslehre*, a. a. O., S. 152.

(27) *Der Begriff des Gesetzes in der Reichsverfassung,* in: *VVdtStRL* 4 (1928) S. 98-134 (bes. S. 106).

(28) *Legalität und Legitimität,* 1932, in: *VA* a. a. O., S. 331.

(29) A. a. O., S. 335.

(29 a) Carl Schmitt, *Der Begriff des Politischen,* Berlin 1963, S. 119.

(30) In: *VA,* a. a. O., S. 230.

(31) *Der Wert des Staates...,* a. a. O., S. 91.

(32) Ebd. S. 90f.

(33) Vgl. Erwin von Beckerath, *Wesen und Werden des faschistischen Staates,* Berlin 1927, S. 99.――同時に，カール・シュミットが本質的にイタリアのファシズムによって魅了されていたことを示す論文として，*Positionen und Begriffe*, a. a. O., S. 109ff. の彼の批評，ならびに，*Die Diktatur*, München / Leipzig 1928 第二版の序文も参照。

(34) Hasso Hofmann, a. a. O., S. 179 f. を参照。

(35) *Die Diktatur,* a. a. O., S. VIII f. und passim.

(36) たとえば，August Thalheimer, *Über den Faschismus,* in: Wolfgang Abendroth, Hrsg., *Faschismus und*

Kapitalismus, a. a. O., S. 33.

(37) Carl Schmitt, *Staat, Bewegung, Volk,* Hamburg 1935 ([1]1933), S. 42.

(38) Christian Graf von Krockow, *Die Entscheidung,* a. a. O., S. 96 und 103f.

(39) Herbert Marcuse, *Der Kampf gegen den Liberalismus in der totalen Staatsauffassung* (1934), in: *Kultur und Gesellschaft* I, Frankfurt / M. 1965, S. 22ff.

(40) Vgl. Anm. 33.

(41) *Mitteleuropa,* Berlin 1916.

(42) Carl Schmitt, *Völkerrechtliche Großraumordnung mit Interventionsverbot für raumfremde Mächte,* Berlin / Leipzig / Wien 1941, S. 4f.

(43) *Staat, Bewegung, Volk,* a. a. O., S. 43 および *Über die drei Arten des rechtswissenschaftlichen Denkens,* Hamburg 1934, S. 58ff. とくに S. 62 参照。

(44) *Über die drei Arten...,* a. a. O., S. 59.

(45) *Liberalismus, Nationalismus und bürgerliches Recht,* Tübingen 1933, S. 17.

(46) 同様のカール・シュミットへの引用については、H. Hofmann, a. a. O., S. 63.

(47) Franz Neumann, a. a. O., S. 587.

(48) *Der Wert des Staates...,* a. a. O., S. 48, Anm. I.

(49) とくに、*Staat, Bewegung, Volk,* a. a. O., S. 44 参照。

(50) Ebd., S. 32, vgl. auch 28.

(51) *Die drei Arten...,* S. 57.

(52) Ebd., S. 63f.

(53) *Zehn Jahre Reichsverfassung,* 1929 in: *VA,* a. a. O., S. 37 und 40.

(54) *Verfassungslehre,* a. a. O., S. 170ff. および *Freiheitsrechte und institutionelle Garantien der Reichsverfassung,*

1931, in: *VA*, a. a. O., S. 140ff; 本文での以下の引用はS. 149.

(55) Peter Häberle, *Die Wesensgehaltsgarantie des Art. 19 Abs. 2 Grundgesetz*, Karlsruhe 1962, S. 92ff.

(56) Vgl. Maurice Hauriou, *Die Theorie der Institution*, Hrsg. von Roman Schnur, Berlin 1965, bes. S. 65.

(57) *VA*, a. a. O., S. 171.

(58) *Das Problem der innerpolitischen Neutralität des Staates*, 1930, in: *VA*, a. a. O., S. 55.

(59) *Die drei Arten...*, a. a. O., S. 64.

(60) ユルゲン・ハーバーマスによる、ヘーゲルの『政治論集』へのあとがきを参照。Hegel, *Politische Schriften*, bes. S. 364 und 368. そこに、ここで用いたマルクスの引用が挙げられている。同様のことは、Hermann Heller, *Europa und der Faschismus*, Berlin und Leipzig 1929, S. 123.

(61) Erwin von Beckerath, a. a. O., S. 139.

(62) *Die Machtpositionen des modernen Staates*, in: *VA*, a. a. O., S. 371. 加えて、Hans Freyer, *Herrschaft und Planung*, Hamburg 1933 参照。カール・シュミット自身が、支配の契機が計画に対して絶対化され、「計画」が社会主義的な社会秩序として具体化される場合について示している。

(63) Vgl. August Thalheimer, a. a. O., S. 19ff.

(64) *Der Begriff des Politischen*, a. a. O., S. 39.

(65) 部分的に下記の表題で活字化されている。*Weiterentwicklung des totalen Staates in Deutschland*, in: *VA*, a. a. O., S. 359ff. und in: *Positionen und Begriffe*, a. a. O., S. 185ff.

(66) Vgl. Wilhelm Hennis, *Zum Problem der deutschen Staatsanschauung*, in: *Vjh. f. Zeitgeschichte* 7 (1959) S. 23. 同様の誤解は、マルクーゼにもあるように思われる。Herbert Marcuse, a. a. O., S.49. そこでは政治化にかんして述べられているが、当然ながらヘニスとは異なる評価が含まれている（とくにS. 52)。

(67) *VA*, a. a. O., S. 361.

(68) カール・シュミットによるこの著者への批評は、以下を参照。*Positionen und Begriffe*, a. a. O., S. 110.

(69) Vgl. Iring Fetscher, *Faschismus und Nationalismus. Zur Kritik des sowjetmarxistischen Faschismusbegriffs*, in: *PVS* 3 (1962) S. 59 und 62.

(70) *Totaler Feind, totaler Krieg, totaler Staat*, 1937, in: *Positionen und Begriffe*, a. a. O., S. 235ff.

第4章

(1) 不可欠なものとして、以下に所収の Piet Tommissen による文献リストがある *Festschrift für Carl Schmitt zum 70. Geburtstag*, hrsg. von Hans Barion, Ernst Forsthoff und Werner Weber, Berlin 1959, S. 273-330; *Epirrhosis. Festgabe für Carl Schmitt*, hrsg. von Hans Barion, Ernst-W. Böckenförde, Ernst Forsthoff, Werner Weber, Berlin 1968, Bd II, S. 739-778; Piet Tommissen, *Over en in zake Carl Schmitt*, Brüssel 1975, S. 127-166; *Revue européenne des sciences sociales* 16 (1978) S. 187-238.

(2) So Peter Schneider, *Ausnahmezustand und Norm. Eine Studie zur Rechtslehre von Carl Schmitt*, Stuttgart 1957; Hasso Hofmann, *Legitimität gegen Legalität. Der Weg der politischen Philosophie Carl Schmitts*, Neuwied / Berlin 1964.

(3) Christian Graf von Krockow, *Die Entscheidung. Eine Untersuchung über Ernst Jünger, Carl Schmitt, Martin Heidegger*, Stuttgart 1958; Ingeborg Maus, *Bürgerliche Rechtstheorie und Faschismus. Zur sozialen Funktion und aktuellen Wirkung der Theorie Carl Schmitts* (1976), 2. Aufl. München 1980; Jürgen Meinck, *Weimarer Staatslehre und Nationalsozialismus*, Frankfurt 1978; Volker Neumann, *Der Staat im Bürgerkrieg. Kontinuität und Wandlung des Staatsbegriffs in der politischen Theorie Carl Schmitts*, Frankfurt 1980.

(4) Vgl. z.B. Karl-Otto Apel, *Szientistik, Hermeneutik, Ideologiekritik. Entwurf einer Wissenschaftslehre in erkenntnis-anthropologischer Sicht*, in: Ders., u. a. (Hg), *Hermeneutik und Ideologiekritik*, Frankfurt 1971, S. 7ff. (38ff.). この問題のアドルノ／ホルクハイマーの把握と比較して、「客観的志向」のはじめから限定されている意味

についてはここでは示唆するだけに止める。

(5) Joseph W. Bendersky, *Carl Schmitt. Theorist for the Reich*, Princeton NJ 1983, S. Xf. ここで言及された逆の推論手続きは、たとえばベンダースキーの次の論述のなかで矛盾を露呈している。すなわち、カール・シュミットにとって、ワイマール憲法の発効とともに共和国の承認の問題が生じた。カール・シュミットは「カトリック教会のなかに案内者」をもっていた。その中枢部は新しい憲法を支持した。したがってカール・シュミットは……、という具合である(S. 27ff.)。このように単純な伝記的な再構成に誘惑され、ベンダースキーは次のように結論する。すなわち、「合法的に制定された権威に従うこと」を、「つねにシュミットの政治哲学と法哲学の根本的原則」とみなしているのである(S. 28)。このため、カール・シュミットのワイマールの議会主義批判、形式主義批判、そして合法性批判の存在が否定されるばかりでなく(その他の点では、委任独裁に対する、主権独裁の概念の優位についても同様。S. 31ff.)、一九一二年から一九七八年までの著作の変わらぬ中心的思想が誤解されている。つまり、合法的な条件の彼岸にある、超法律的な法原理によって構成される権威の条件がそれである。これについては、Ingeborg Maus, *Bürgerliche Rechtstheorie und Faschismus*, a. a. O. (Anm. 3). 伝記的な手法によって、カール・シュミットの中心的な憲法概念の解釈上の混乱を招いた悪例としては、Heinrich Muth, *Carl Schmitt in der deutschen Innenpolitik des Sommers 1932*, in: Theodor Schieder (Hg), *Beiträge zur Geschichte der Weimarer Republik* (= *HZ* Beiheft 1/1971, S. 75ff.; vgl. dazu meine Kritik a. a. O., S. 106 Anm. 113.

(6) カール・シュミット理論の連続性のテーゼは、私の研究にとって中心的問題である。Ingeborg Maus, *Bürgerliche Rechtstheorie und Faschismus*, a. a. O. (Anm. 3); dies., *Zur „Zäsur" von 1933 in der Theorie Carl Schmitts*, in diesem Band, S. 93ff. [本訳書九六頁以下]。

(7) これが、カール・シュミットを扱った拙著(注3)の中心テーゼである。Vgl. auch das Vorwort zur 2. Auflage, S. XIII.

(8) Vgl. z. B. Werner Hill, *Gleichheit und Artgleichheit*, Berlin 1966, bes. S. 264ff.

(9) A. a. O., S. 10f.――この認識は、まさにカール・シュミットにとって人民主権が中心的観点にとどまっていた、というヒルのその後の箇所でのコメント（S. 194）によっても不明瞭になることはない。というのは、ヒルは、明らかに、カール・シュミットを実質的均一性による人民主権の代替に従属させるからである。

(10) これに反して、ヘルマン・ヘラー、ゲルハルト・アンシュッツ、そしてリヒャルト・トーマのような、ワイマール共和国の断固たる支持者にして擁護者たちは、典型的なやり方で、中心的視点としての人民主権にこだわりつづけている。

(11) Carl Schmitt, *Verfassungslehre*（1928), Berlin 1957, S. 278ff., bes. 281 ; *Legalität und Legitimität* in : *Verfassungsrechtliche Aufsätze aus den Jahren 1924-1954,* Berlin 1958, S. 281ff., 284.

(12) Carl Schmitt, *Die geistesgeschichtliche Lage des heutigen Parlamentarismus*（1923), Berlin 1969, S. 35 ; *Verfassungslehre* S. 228.

(13) Carl Schmitt, *Verfassungslehre,* S. 227ff., 223f.

(14) A. a. O., S. 227.

(15) A. a. O., S. 234.

(16) Carl Schmitt, *Der Begriff des Politischen*（1927 / 1932), Berlin 1963, S. 26ff., 38f.

(17) Carl Schmitt, *Verfassungslehre,* S. 281.

(18) Ders., *Legalität und Legitimität* a. a. O.（Anm. 11）S. 284, 295.

(19) この点について詳しくは Ingeborg Maus, *Bürgerliche Rechtstheorie und Faschismus,* a. a. O.（Anm. 3).

(20) 著名な論述としては、Jean-Jacques Rousseau, *Contrat Social* II, 6 あるいは Immanuel Kant, *Die Metaphysik der Sitten,* Werkausgabe Bd. VIII, hg. von Wilhelm Weischedel, Frankfurt 1977, S. 432.

(21) In : Jürgen Habermas（Hg), *Stichworte zur „Geistigen Situation der Zeit“*, Bd. 1, Frankfurt 1979, S. 340ff.

(22) Ulrich K. Preuß a. a. O.（Anm. 21), S. 373f.（Hervorhebung im Original).

(23) Vgl. nur Ulrich von Alemann（Hg), *Neo-Korporatismus*, Frankfurt am Main / New York 1981 und : *Rechtsformen der Verflechtung von Staat und Wirtschaft. Jahrbuch für Rechtssoziologie und Rechtstheorie*, Bd. 8,

hg. von Volkmar Gessner und Gerd Winter, Opladen 1982.

(24) Karl-Heinz Ladeur, *Vom Gesetzesvollzug zur strategischen Rechtsfortbildung,* in : *Leviathan* 7 (1979) 339-375 ; ders., „*Abwägung*“—*Ein neues Paradigma des Verwaltungsrechts. Von der Einheit der Rechtsordnung zum Rechtspluralismus*, Frankfurt 1984.

(25) Ulrich K. Preuß, a. a. O. (Anm. 21), S. 340, 376 ; vgl. auch ders., *Die Internalisierung des Subjekts. Zur Kritik der Funktionsweise des subjektiven Rechts,* Frankfurt 1979.

(26) きわめてはっきりしたものとして Karl-Heinz Ladeur, a. a. O. (Anm. 24).

(27) Carl Schmitt, *Legalität und Legitimität* a. a. O. (Anm. 11), S. 296.

(28) A. a. O., S. 284.

(29) A. a. O., S. 293ff., 344f.

(30) これについて多くの文献からであるが，たとえば，Jürgen Meinck a. a. O. (Anm. 3), S. 137.

(31) Carl Schmitt, *Die geistesgeschichtliche Lage...* a. a. O. (Anm. 12), S. 13 ; *Verfassungslehre* a. a. O. (Anm. 11), S. 216.

(32) Z. B. Carl Schmitt, *Verfassungslehre* a. a. O. (Anm. 11), S. 216ff.

(33) Ders., *Die geistesgeschichtliche Lage....* S. 6.

(34) Carl Schmitt, *Legalität und Legitimität* a. a. O. (Anm. 11), S. 295 ; ebenso S. 284.

(35) Carl Schmitt, *Verfassungslehre* a. a. O., S. 237.

(36) A. a. O., S. 217.

(37) Carl Schmitt, *Die geistesgeschichtliche Lage...* a. a. O., S. 44.

(38) A. a. O., S. 9.

(39) Carl Schmitt, *Volksentscheid und Volksbegehren. Ein Beitrag zur Auslegung der Weimarer Verfassung und zur Lehre von der unmittelbaren Demokratie,* Berlin / Leipzig 1927, S. 52f.

(40) A. a. O., S. 53 Anm. 1.

(41) Carl Schmitt, *Die geistesgeschichtliche Lage*... a. a. O., S. 35.

(42) A. a. O., S. 16 ; ebenso *Verfassungslehre* a. a. O., S. 227.

(43) Carl Schmitt, *Die geistesgeschichtliche Lage* a. a. O., S. 15, 14.

(44) Vgl. Reichsbürgergesetz *vom 15. Sept. 1935.*

(45) S. Friedrich-Chr. Schroeder, *Strafen zum Heimattarif?* in : *FAZ* vom 13. 10. 1983.

(46) Carl Schmitt, *Die geistesgeschichtliche Lage*... a. a. O., S. 18.

(47) Carl Schmitt, *Legalität und Legitimität* a. a. O., S. 273.

(48) A. a. O., S. 316 ; vgl. auch *Volksentscheid und Volksbegehren* a. a. O., S. 51f.

(49) Carl Schmitt, *Volksentscheid und Volksbegehren,* S. 16ff., bes. 22.

(50) Vgl. Anm. 39.

(51) Vgl. Anm. 42.

(52) Carl Schmitt, *Volksentscheid und Volksbegehren,* a. a. O., S. 52.

(53) Carl Schmitt, *Der Hüter der Verfassung* (1931), Berlin 1969, S. 73ff., bes. 94.

(54) Carl Schmitt, *Volksentscheid und Volksbegehren,* a. a. O., S. 34.

(55) Carl Schmitt, *Verfassungslehre,* a. a. O., S. 242.

(56) Carl Schmitt, *Die geistesgeschichtliche Lage* a. a. O., S. 22.

(57) この見解はルーマンの著作全般に見られる。たとえば Niklas Luhmann, *Grundrechte als Institution,* Berlin 1965, S. 155 ; *Legitimation durch Verfahren,* Neuwied / Berlin 1969, S. 191.

(58) Niklas Luhmann, *Rechtssoziologie* (1972), 2. Aufl. Opladen 1983, S. 336.

(59) Ders., *Legitimation durch Verfahren,* a. a. O. (Anm. 57), S. 28, 193, 196.

(60) A. a. O., S. 193.

(61) Carl Schmitt, *Die Lage der europäischen Rechtswissenschaft,* in: *Verfassungsrechtliche Aufsätze,* a. a. O. (Anm. 11), S. 386ff. (402).

(62) 一八世紀の七〇年代、八〇年代はじめにおけるアメリカの個々の州の選挙権の規定については、vgl. Willi P. Adams, *Republikanische Verfassung und bürgerliche Freiheit. Die Verfassungen und politischen Ideen der amerikanischen Revolution,* Darmstadt / Neuwied 1973, S. 197ff.

(63) John Stuart Mill, *Betrachtungen über die repräsentative Demokratie* (1861), hg. mit einer Einleitung von Kurt L. Shell, Paderborn 1971, S. 66f., 143ff. und 96ff. 教育に関連した選挙権についてのミルの提案は別として、カール・シュミットによるミルの論証の受容は疑いえない。ただし、そのような提案を用いることで――「労働者が有権者の大多数を占める」(S. 150) という事実を前にして――「一方的な階級立法」の危険が回避されるとされたのであった。さて、シュミットによるミルの受容は、民主主義と財政の関係の構想の一致 (S. 148) から、(カール・シュミットの用語では)「人間性の平等」(S. 156) の拒否を経て、次のような中心的考察にまで及ぶ。その考察とは、議会の異質性 (これはミルの場合、すべての社会的利害および「国内のすべての意見の多様性」の包括的な代表の利害という点で支持されている) が、合理的な法律審議を不可能にする、というものである。ミルは、利害の妥協によって脅かされた無矛盾性と法の統一性 (S. 96f.) を次のことによって確保しようとしている。つまり、議会には法律の発議だけではなく、法案について条項別に調整する可能性と個別審議や変更の権限が与えられるのだ、と (S. 97, 99)。

(64) Carl Schmitt, *Die Lage der europäischen Rechtswissenschaft,* a. a. O. (Anm. 61), S. 402.

(65) John Stuart Mill, *Betrachtungen...* (Anm. 63), S. 96f., vgl. die Ausführungen in Anm. 63.

(66) Carl Schmitt, *Die Lage der europäischen Rechtswissenschaft,* a. a. O. (Anm. 61), S. 402.

(67) これについては、一九世紀における法治国家理論の発展についての私の分析を参照のこと。*Entwicklung und Funktionswandel der Theorie des bürgerlichen Rechtsstaats,* in diesem Band, S. 11ff., bes. 20ff. [本訳書七頁以下、とくに二〇頁以下] et passim.――カール・シュミットの同一視は、フランツ・ノイマンに引き継がれた。*Der Funktionswandel des Gesetzes im Recht der bürgerlichen Gesellschaft,* in: Ders., *Demokratischer und autoritärer Staat,*

Frankfurt 1967, S. 27ff. そして，私のカール・シュミット研究のいくつかの論述（注3）のなかでも仮定されている。

(68) Carl Schmitt, *Verfassungslehre,* a. a. O. (Anm. 11), S. 138ff., 142.

(69) A. a. O., S. 258.

(70) A. a. O., S. 229 ; s. auch 226f.

(71) Franz Neumann, a. a. O., (Anm. 67).

(72) Carl Schmitt, *Legalität und Legitimität,* a. a. O. (Anm. 11), S. 335.

(73) Carl Schmitt, *Über die drei Arten des rechtswissenschaftlichen Denkens,* Hamburg 1934, S. 21.

(74) A. a. O., S. 43.

(75) A. a. O., S. 20.

(76) Carl Schmitt, *Verfassungslehre,* a. a. O. (Anm. 11), S. 229.

(77) Vgl. Anm. 23.

(78) Max Weber, *Wirtschaft und Gesellschaft,* Bd. 1, Köln / Berlin 1964, S. 644f.

(79) フーベルト・ショルンにおけるナチス体制での非国家的立法の一覧を参照のこと。Hubert Schorn, *Die Gesetzgebung des Nationalsozialismus als Mittel der Machtpolitik,* Frankfurt 1963, S. 19. 経済機構の立法的機能については，以下を参照のこと。Hermann Krause, *Rechtseinheit und ständisches Recht,* in : *Deutsche Rechtswissenschaft* 1 (1935), S. 300ff. (320ff).

(80) その帰結については，Otto Kirchheimer, *Die Rechtsordnung des Nationalsozialismus* (1941), in : Ders., *Funktionen des Staats und der Verfassung. Zehn Analysen,* Frankfurt 1972, S. 155ff. (166ff., 136). 詳細については，Albrecht Wagner, *Die Umgestaltung der Gerichtsverfassung und des Verfahrens- und Richterrechts im nationalsozialistischen Staat,* (=*Die deutsche Justiz und der Nationalsozialismus,* Bd. 1) Stuttgart 1968, S. 223f.

(81) Dazu Franz Wieacker, *Der Stand der Rechtsprechung auf dem Gebiete des bürgerlichen Rechts,* in : *Deutsche Rechtswissenschaft* 2 (1937), S. 3ff. ; Justus W. Hedemann u. a., *Zur Erneuerung des Bürgerlichen Rechts,*

München / Berlin 1938.

(82) Jürgen Meinck, a. a. O. (Anm. 3), S. 198.

(83) A. a. O., bes. S. 186ff.——エルンスト・フレンケルの二重国家テーゼに基づく評価の修正の必然性については、Ingeborg Maus, *Juristische Methodik und Justizfunktion im Nationalsozialismus*, in : *ARSP* Beiheft 18 (1983), S. 176ff. (190ff).

(84) Jürgen Meinck, a. a. O. (Anm. 3), S. 197. この問題についてはノイマンは正しい。Volker Neumann, a. a. O. (Anm. 3), S. 161.

(85) Carl Schmitt, Vorbemerkung zur 2. Auflage von : *Die geistesgeschichtliche Lage des heutigen Parlamentarismus*, Berlin 1926, S. 17.

(86) ここで法実証主義もときに論難にさらされたことは、一九一八／一九一九年に「疑問視された、ブルジョワ階級と労働者の同権」を考慮しつつ、アンシュッツによってその弱点が明らかにされている。これにかんしては、Ingeborg Maus, a. a. O. (Anm. 3), S. 32f.

(87) Gustav Radbruch, *Klassenrecht und Rechtsidee* (1929), in : Ders., *Der Mensch im Recht*, Göttingen 1957, S. 23ff. (27).

(88) Gerhard Anschütz, *Die Verfassung des Deutschen Reiches vom 11. August 1919* (Kommentar), 14. Aufl. 1933, Neudruck : Bad Homburg v. d. H. 1965, S. 522.

(89) Erich Kaufmann, *Die Gleichheit vor dem Gesetz im Sinne des Art. 109 der Reichsverfassung*, in : *VVDStRL* 3 (1927), S. 1ff. (10).

(90) Ebd.

(91) A. a. O., S. 13f.

(92) A. a. O., S. 10.

(93) この意味において、カール・シュミットの「具体的類型存在」もまた、カウフマンに見いだされる。a. a. O., S. 20.

(94) この点について詳しくは *Die Basis als Überbau oder: „Realistische“ Rechtstheorie*, in diesem Band, S. 247ff.［本訳書二五九頁以下］。

(95) Werner Maihofer, *Recht und Sein. Prolegommena zu einer Rechtsontologie*, Frankfurt 1954, S. 17ff., 114ff.

(96) A. a. O., und ders., *Die Natur der Sache* in: Arthur Kaufmann (Hg), *Die ontologische Begründung des Rechts* (WdF), Darmstadt 1965, S. 52ff, S. 72.

(97) Ders., *Die Natur der Sache*, a. a. O., S. 71f.

(98) A. a. O., S. 53 u. Anm. 4.

(99) A. a. O., S. 79f. und ders., *Vom Sinn menschlicher Ordnung*, Frankfurt 1956, S. 86f.

(100) Niklas Luhmann, *Rechtssoziologie*, a. a. O. (Anm. 58), S. 331f.

(101) Vgl. unter I.

(102) この点については Michael Stolleis, *Gemeinwohlformeln im nationalsozialistischen Recht*, Berlin 1974.

(103) 現在の法におけるこのような公式の膨大な資料としては，Peter Häberle, *Öffentliches Interesse als juristisches Problem. Eine Analyse von Gesetzgebung und Rechtsprechung*, Bad Homburg v. d. H. 1970.

(104) ハンス・J・リンクのすでに初期の論文にある判例を参照のこと。Hans J. Rinck, *Gleichheitssatz, Willkürverbot und Natur der Sache*, in: *JZ* 18 (1963), S. 521ff. und Reiner Schmidt, *Natur der Sache und Gleichheitssatz*, in *JZ* 22 (1967), S. 402ff.

(105) So z. B. *BVerfGE* 50, 290 (332). Dazu bes. Ulrich Mückenberger, *Mitbestimmung und „Funktionsfähigkeit“ der Unternehmen. Zum Mitbestimmungsurteil des Bundesverfassungsgerichts vom 1. März 1979*, in: Wolfgang Däubler / Gudrun Küsel (Hg), *Verfassungsgericht und Politik*, Reinbek 1979, S. 49ff.

(106) Dazu im einzelnen: Friedrich Müller, *Die Einheit der Verfassung*, Berlin 1978.

(107) Vgl. Helmut Goerlich, *Wertordnung und Grundgesetz. Kritik einer Argumentationsfigur des Bundesverfassungsgerichts*, Baden-Baden 1973; Helmut Ridder, *Die soziale Ordnung des Grundgesetzes. Leitfaden zu den Grun-*

drechten einer demokratischen Verfassung, Opladen 1975, S. 76ff.; Erhard Denninger, *Freiheitsordnung—Wertordnung—Pflichtordnung. Zur Entwicklung der Grundrechtsjudikatur des Bundesverfassungsgerichts,* in: Mehdi Tohidipur (Hg), *Verfassung, Verfassungsgerichtsbarkeit, Politik,* Frankfurt 1976, S. 163ff.

(108) Carl Schmitt, *Gesetz und Urteil* (1912), 2. Aufl. München 1969, S. VII et passim.

(109) Ders., *Der Hüter der Verfassung,* Tübingen 1931, S. 20.

(110) Ders., *Fünf Leitsätze für die Rechtspraxis,* Berlin 1933, Leitsatz 4.

(111) Ders., *Die Lage der europäischen Rechtswissenschaft* (Anm. 61), S. 402.

(112) Z. B. Josef Esser, *Vorverständnis und Methodenwahl in der Rechtsfindung,* 2. Aufl. Frankfurt 1972, S. 84 et passim; Karl Larenz, *Methodenlehre der Rechtswissenschaft*, 2 Aubl. Berlin / Heidelberg / New York 1969, S. 450ff.

(113) Dazu Ingeborg Maus, *Bürgerliche Rechtstheorie* (Anm. 3).

第5章

(1) これに対して保守主義の内容的要素の継続性の証明を問題としているのは、次のものである。Heide Gerstenberger, *Der revolutionäre Konservatismus. Ein Beitrag zur Analyse des Liberalismus*. Berlin 1969 S. 10, 152ff. この研究はサークル運動に集中しているが、これは以下で展開される問題提起にとってはあまり典型的ではない。

(2) これについては、Armin Mohler, *Die Konservative Revolution in Deutschland 1918-1932*. Ein Handbuch. Darmstadt² 1972.

(3) Karl Mannheim, *Das konservative Denken*. In: Ders., *Wissenschaftssoziologie,* hrsg. von Karl H. Wolff. Neuwied / Berlin 1964 (zuerst 1927), S. 408ff. (411ff.).

(4) シラーの用語法は、保守主義の反動的 - 防衛的性質の特徴にかんしては、より詳しい説明がないままに、エルンスト・ノルテによって継承されている。Ernst Nolte, *Konservatismus und Nationalsozialismus,* in: Hans-Gerd Schumann (Hrsg.), *Konservatismus.* Köln 1974, S. 244ff. (249).

(5) Martin Greiffenhagen, *Das Dilemma des Konservatismus in Deutschland.* München 1971, bes. S. 215, 241ff.; Drs., *Das Dilemma des Konservatismus.* In: Schumann (Hrsg.), *Konservativismus* [4], S. 156ff.

(6) Greiffenhagen, *Dilemma in Deutschland* [5], S. 243f.; Ders., *Dilemma* [5], S. 189 Anm. 81.

(7) Klaus Epstein, *Die Ursprünge des Konservatismus in Deutschland. Der Ausgangspunkt: Die Herausforderung durch die Französische Revolution 1770–1806.* Frankfurt (Main) / Berlin 1973, S. 19ff.

(8) Vgl. Epstein, *Ursprünge* [7], S. 24 Anm. 7. ただし、ここで言及した時点については反動的保守主義と革命的保守主義との境界が流動化する(同書による)という、エプシュタインのテーゼにはあまり賛同できない。これについては後で述べる。

(9) カール・マンハイムはこのなかになお、保守主義と進歩主義との絶対的な境界線を見ている。a. a. O. [3], S. 426.

(10) Arthur Moeller van den Bruck, *Das dritte Reich.* Hamburg³ 1931, S. 16, 188.

(11) Ebd., S. 202, 206.

(12) Greiffenhagen [5] 以外には、Mohler, *Konservative Revolution* [2], S. 11 を参照。保守革命は、メラーによれば、フランス革命の時代に反動的保守主義、復古的保守主義、旧保守主義と同じ起源から生じている。しかし以下の書物でのメラーのコメントは矛盾している。*Deutscher Konservatismus nach 1945.* In: Gerd-Klaus Kaltenbrunner (Hrsg.), *Die Herausforderung der Konservativen.* Freiburg 1974, S. 34ff. ——ノルテは以下の書物において、保守革命を次のような発展の連続的な段階として描きだしている。つまり、進歩的な諸要求に反応しつつ、保守主義はますます多くの「左派的」要素を統合していったのであり、最後の段階ではそれがナチスとして現われた、というのである。Nolte, *Konservatismus und Nationalsozialismus* [4] ——シュヴィールスコットは青年保守主義を、真正の保守主義と夾雑物が混じった疑似保守主義との、混合として規定しているにすぎない。Hans-Joachim Schwierskott, *Arthur Moeller van den Bruck und der revolutionäre Nationalismus in der Weimarer Republik.* Göttingen 1962,

bes. S. 88ff.——ゲルステンベルガーの研究の特徴は、その主意主義的な歴史理解にある。Heide Gerstenberger, *Konservatismus in der Weimarer Republik*. In : Gerd-Klaus Kaltenbrunner (Hrsg.), *Rekonstruktion des Konservatismus*. Freiburg 1972, S. 331ff.

(13) Moeller van den Bruck, *Das dritte Reich* [10], S. 189.

(14) Ebd., S. 206, 189.

(15) Hans Freyer, *Theorie des gegenwärtigen Zeitalters*. Stuttgart 1955, S. 83ff.

(16) これについては、Ingeborg Maus, *Bürgerliche Rechtstheorie und Faschismus. Zur sozialen Funktion und aktuellen Wirkung der Theorie Carl Schmitts*. München² 1980.

(17) たとえば、Gerd-Klaus Kaltenbrunner, *Der schwierige Konservatismus*. In : Ders. (Hrsg.), *Rekonstruktion* [12] S. 19ff. (42 et passim).

(18) Hans Freyer, *Revolution von rechts*. Jena 1931, S. 25.

(19) ハンス・ツェーラーは一九二九年一〇月以降にタートの編集者を務めた。

(20) とくに Hans Zehrer, *Rechts oder Links?* In : *Die TAT* 23 II (Oktober 1931) 505ff. (515f.) 参照。以下の引用では、この雑誌のタイトルは省略する。

(21) Eugen Diederichs, *Die neue „TAT“*, 21 II (Oktober 1929), 481ff. (484ff.).

(22) Vgl. Anm. 99 und zugehörigen Text.

(23) Zehrer, *Revolution oder Restauration?* 24 I (August 1932) 353ff. (366).

(24) Vgl. Helga Grebing, *Erneuerung des Konservatismus?* In : *PVS* 19 (1978), 372ff. (383).

(25) Zehrer, *Achtung, junge Front! Draußenbleiben!* 21 I (April 1929), 25ff. (34).

(26) Nolte, *Konservatismus und Nationalsozialismus* [4] では、保守主義への「左派的」諸契機の組み入れが次第に増加することを、本質的にポピュリズム的戦略であると解している。vgl. Anm.12. 英国の発展における同様の現象としては、とくにディーツによって明らかにされたディズレーリの例がある。Heinrich Dietz, *Konservatismus in*

Großbritannien. In : Gerd-Klaus Kaltenbrunner (Hrsg.), *Konservatismus international*. Stuttgart 1973, S. 14ff.

(27) 次の、中身を正確に現してはいないが内容豊富なフリチェの書物は、ときに弱点をさらけだしている。それは、タートの構想のもつさまざまな矛盾を推定してリストアップするさいに、どうしても解消できなかった弱点である。Klaus Fritzsche, *Politische Romantik und Gegenrevolution. Fluchtwege in der Krise der bürgerlichen Gesellschaft : Das Beispiel des „TAT"-Kreises*. Frankfurt 1976.

(28) Zehrer, *Grundriß einer neuen Partei*, 21 II (Dezember 1929), 641ff. (648).

(29) Vgl. Anm. 16 und zugehörigen Text.

(30) これについては、Maus, *Bürgerliche Rechtstheorie* [16] bes. S. 81ff., 107ff., 122ff.

(31) Carl Schmitt, *Die Diktatur*. Berlin³ 1964 (zuerst 1921), S. XII ff. et passim.

(32) *** (Zehrer), *Zusammenbruch der bürgerlichen Parteien*, 22 I (September 1930), 401ff. (420).

(33) Ferdinand Fried (= Ferdinand Friedrich Zimmermann), *Der Umbau der Wirtschaft*, 24 I (September 1932), 452ff. (452).

(34) Felix Richard, *Sintflut* 12 II (Oktober 1920), 490ff. (491).

(35) Armin T.Wegner, *Die Botschaft an Asien*, 12 II (November 1920), 560ff.

(36) Fried, *Die Krise des Kapitalismus* 22 I (Mai 1930), 89ff.

(37) Vgl. *Abschnitt* III.

(38) Fried, *Der mittlere Unternehmer* 21 II (Februar 1930), 806ff.

(39) Horst Grueneberg, *Mittelstandspolitik—Staatspolitik*, 23 I (Juni 1931), 191ff. (192f., 194).

(40) Zehrer, *Die Revolution der Intelligenz*, 21 II (Oktober 1929), 486ff. (497ff., 503, 505f.).

(41) Fried, *Das Kapital stirbt ab*, 21 II (Januar 1930), 721ff.).

(42) Fritzsche, *Politische Romantik* [27] は、このように述べている。

(43) Vgl. Anm. 27.——フリチェの分析よりももっと露骨なのは、まったく旧自由主義的後継の立場に立ったホックによる小研究である。Wolfgang Hock, *Deutscher Antikapitalismus. Der ideologische Kampf gegen die freie Wirtschaft im Zeichen der großen Krise.* Frankfurt 1960. これは、中産身分指向と「組織化された経済」（64f.）の選択というタートの考え方の矛盾と思われるものの証明だけをおこなっている。――Gerstenberger, *Revolutionärer Konservatismus* [I] は、もちろんサークル運動に費やされたひとつの研究であり、タート－クライスは補論として扱っているにすぎないが、いずれにしても、強い国家における中産階級の保護をタート本来の目的だとみなしている（S. 59）。――Joachim Petzold, *Wegbereiter des deutschen Faschismus. Die Jungkonservativen in der Weimarer Republik.* Köln 1978 においては、あまり深く考えられることなく、二つの断定が共存している。つまりタートの構想は結局のところ、国家と独占集団との融合というシュタモカプ・モデル [Stamokap-Modell] になるという断定（S. 280）と、タートは中産身分の要求を持続的に考慮することを考えているという断定（S. 282）とである。

（44）タートの構想において、新たな秩序への自発的な発展途上の段階として危機が意味づけられているという点については、すでにクルト・ゾントハイマーによって強調されている。Kurt Sontheimer, *Der Tatkreis.* In *VfZ* 7（1959）, 229ff.（234f.）.

（45）Fried, *Der mittlere Unternehmer* [38], S. 823.

（46）Fried, *Das Kapital stirbt ab* [41], S. 728f. ここでの考えでは、この発展は「災い」として表わされる。しかしこれが妥当するのは、タートの基本思想に従えば、経済がまだなお国家の配下に置かれていない限りにおいてのことである。これについては後に述べる。

（47）*Der Weg der „TAT“* 24 I（September 1932）, 517ff.（523）; Fried, *Wo stehen wir?* 23 I（August 1931）, 354ff.（356）.

（48）*** (Zehrer), *Die Etappe Brüning,* 22 I（Juni 1930）, 161ff.（170）.

（49）Fried, *Umbau* [33], S. 459.

（50）Ders., *Wende der Wirtschaft.* 22 II（Februar 1931）, 848ff.（863）.

(51) たとえば Fritzsche, *Politische Romantik* [27], S. 95 はまったく的確である。援助物テーゼのこうした模倣はフリチェによってもちろん真の類推として評価されている (S. 97)。これについてはグレビンクの批判を参照。Grebing, *Erneuerung* [24], S. 382. それだけいっそう驚くべきなのは、フリチェはタートの考え方を同時に後ろ向きの中産身分的反資本主義であると言っていることである。

(52) Fried, *Umbau* [33], S. 460f.

(53) Vgl. Anmerkungen 78ff.

(54) 多くの論述にとって典型的であるのは Fried, *Das Kapital stirbt ab* [41], S. 732 である。曰く、経営者の官僚化と支配とともに「競争の理念とともに盛衰する資本主義の魂はすでに死んだ」と。つねに「古い私的資本主義」こそが攻撃の対象なのである。たとえば Zehrer, *Worum geht es?* 24 II (Oktober 1932), 529ff. (529) を参照。

(55) Fried, *Umbau* [33], S. 459.

(56) Hock, *Deutscher Antikapitalismus* [43], S. 48f. ホックはタートの資本主義分析における主意主義と進化主義との矛盾を主張している。——Fritzsche, *Politische Romantik* [27] ではごく接近した箇所において、あるところでは決断主義 (S. 60) が、またあるところでは近寄り難い自然現象への人間の介入として経済過程を理解すること (S. 61) が、いずれもタートの考え方にとって本質的なものだと述べられている。

(57) Freyer, *Revolution* [18], S. 6f., 62.

(58) Fritzsche, *Politische Romantik* [27], S. 170, 177 et passium. このなかでは、タートが目標とした国家的計画経済は、中産身分資本の利害のなかにあったと想定されている。ちなみにこの脈絡においては、フリチェが他の場合にも維持している、タートの構想の矛盾についての非難は後退してしまっている。

(59) もっともこのように述べているのは Fritzsche, ebd., S. 141.

(60) *** (Zehrer), *Zusammenbruch* [32], S. 420.

(61) Ebd., 421f.

(62) Ernst W. Eschmann, *Der Faschismus und die Mittelklassen*, 21 II (Februar 1930), 847ff. (858).

(63) Zehrer, *Rechts oder Links?* [20]. S. 533.

(64) Eschmann, *Faschismus und Mittelklassen* [62], S. 849f.

(65) たとえばこのように述べているのは，Hans Thomas (Zehrer), *Politik ohne Worte,* 22 I (Juli 1930), 241ff.

(66) たとえば Zehrer, *Revolution der Intelligenz* [40], S. 502ff.

(67) Ebd., S. 504, 498.—— Zehrer, *Rechts oder Links?* [20], S. 532.

(68) Zehrer, *Rechts oder Links?* [20], S. 531.

(69) Fried, *Die Spaltpilze,* 21 II (Oktober 1929), 520ff.

(70) Sontheimer, *Tatkreis* [44], S. 235. ゾントハイマーは正しくも，知識人の革命化のなかにタート - クライスの中心的なモティーフを見ている。

(71) Freyer, *Revolution von rechts* [18], S. 52, 46, 44.

(72) フライヤーの人民概念については以下のものを参照。Iring Fetscher, *Hans Freyer, Von der Soziologie als Kulturwissenschaft zum Angebot an den Faschismus.* In : Karl Corino (Hrsg.), *Intelektuelle im Bann des Nationalsozialismus,* Hamburg 1980, S. 180ff. (188).

(73) このように述べているのは，Franz Neumann, *Der Funktionswandel des Gesetzes im Recht der bürgerlichen Gesellschaft.* In : Ders., *Demokratischer und autoritärer Staat.* Frankfurt 1967 (zuerst 1937), S. 7ff. (32).

(74) Grueneberg, *Mittelstandspolitik—Staatspolitik* [39], S. 212.

(75) このように述べているのは，とりわけ Zehrer, *Bürgerliche Mitte, Kompromiß oder Synthese?* 20 I (Juli 1928), 279ff. (282ff.).

(76) Eschmann, *Nationale Planwirtschaft : Grundzüge,* 24 I (Juni 1932), 225ff. (226).

(77) *** (Zehrer), *Wohin treiben wir?* 23 I (August 1931), 329ff. (351f.).

(78) Vgl. Klaus-D. Krohn, *Autoritärer Kapitalismus. Wirtschaftskonzeptionen im Übergang von der Weimarer Republik zum Nationalsozialismus.* In : Dirk Stegmann / Bernd-J. Wendt / Peter Chr. Witt (Hrsg,), *Industrielle*

Gesellschaft und politisches System. Festschrift für Fritz Fischer. Bonn 1978, S. 113ff. (113).

(79) Adolf Grabowsky, *Das Problem der Parteiumbildung,* 21 II (Dezember 1929), 750ff. (754); Zehrer, *Grundriß* 28, S. 659.

(80) Petzold, *Wegbereiter* [43] は、ツェーラーの「国家主導の社会主義［Staatsozialismus］」の目的として、資本の分派化それ自体の克服を適切にも挙げているが、しかしここでは次のことを強調しなければならない。つまり、タートはけっして――ペツォルドのシュタモカプ・テーゼの意味で――独占集団の手中にある国家というものを要求していたのではなく、むしろその正反対なのである。

(81) Zehrer, *Die Situation der Innenpolitik,* 21 I (Mai 1929), 110ff. (118); Fried, *Umbau* [33], 464f.

(82) Ernst W. Eschmann, *Übergang zur Gesamtwirtschaft,* 23 I (September 1931), 438ff., 455.

(83) Ders., *Nationale Planwirtschaft* [76], S. 241.

(84) Ebd.――Ebenso Fried, *Umbau* [33], S. 461.

(85) Krohn, *Autoritärer Kapitalismus* [78], S. 122.

(86) Eschmann, *Faschismus und Mittelklassen* 62, S. 849.

(87) *** (Zehrer), *Zusammenbruch* [32], S. 417.

(88) Fried, *Der mittlere Unternehmer* [38], S. 814ff., 822.

(89) Zehrer, *Zwischen zwei Revolutionen,* 20 II (Oktober 1928), 524ff. (527).

(90) Ebd. S. 529.

(91) Franz Neumann, *Ökonomie und Politik im zwanzigsten Jahrhundert.* In: Ders., *Demokratischer und autoritärer Staat* [73], S. 171ff. (178).

(92) Zehrer, *Zwischen zwei Revolutionen* [89], S. 529.

(93) Carl Schmitt, *Der Hüter der Verfassung,* Tübingen 1931, S. 79; ders., *Weiterentwicklung des totalen Staates in Deutschland.* In: Ders., *Verfassungsrechtliche Aufsätze aus den Jahren 1924-1954.* Berlin 1958, S. 359ff. (359,

361ff.) ; ders. *Legalität und Legitimität.* Ebd., S. 263ff. (340) ; ders., *Gesunde Wirtschaft im starken Staat.* In : *Mitteilungen des Vereins zur Wahrung der gemeinsamen wirtschaftlichen Interessen in Rheinland und Westfalen* („*Langnamverein*"), Heft 21 / 1932, S. 13ff. (13, 21).

(94) Ders., *Gesunde Wirtschaft* [93], S. 32.

(95) 本節でのカール・シュミットにかんする論述は、詳細な論証をある程度は断念してしまっており、二次文献への論究はまったく断念している。この点について個別的には次のものを参照。Maus, *Bürgerliche Rechtstheorie* [16].

(96) 議会主義が計画能力を欠いていることは、議会制度に対するカール・シュミットの批判の本来の核心である。とりわけ以下のものを参照。*Der Hüter der Verfassung.* Berlin² 1969 (zuerst 1931), S. 73ff., 91.

(97) Christian Graf von Krockow, *Die Entscheidung. Eine Untersuchung über Ernst Jünger, Carl Schmitt, Martin Heidegger.* Stuttgart 1958, S. 28.

(98) Freyer, *Revolution von rechts* [13], S. 53.

(99) とりわけタートの諸論文は、カール・シュミットの憲法理論および議会主義批判に取り組んでいる。Grueneberg, *Zur Theorie des Antiparlamentarismus,* 22 I (Mai 1930), 115ff ; *** (Zehrer), *Die kalte Revolution,* 22 II (Oktober 1930), 481ff. (bes. 509ff.) ; Zehrer, *Das Ende der Parteien,* 24 I (April 1932), 68ff. ; Zehrer, *Revolution oder Restauration* [23], S. 353ff. ; Grueneberg, *Dictator ante portas!* 22 I (Juni 1930), 194ff.

(100) Vgl. Anmerkungen 9ff und zugehörigen Text.

(101) Grueneberg, *Theorie* [99], S. 119.

(102) たとえば Zehrer の****Die kalte Revolution* [99], S. 509ff. における記述は、憲法制定 [Verfassungsgebung] と憲法律の制定 [Verfassungsgesetzgebung] という、カール・シュミット理論にとって本質的な差異を正しく理解していない。

(103) Zehrer, *Revolution oder Restauration?* 23, S. 354.

(104) Fried, *Umbau* [33], S. 452.

(105) Zehrer 103, S. 360.
(106) Ebd., S. 365.
(107) 生ける憲法という目標設定を明らかにした一九三五年五月二一日のヒトラーの帝国議会の演説については、次のものを参照。Ernst Fraenkel, *Der Doppelstaat.* Frankfurt 1974, (zuerst 1941), S. 220.
(108) Zehrer [103], S. 365.
(109) Carl Schmitt, *Gesunde Wirtschaft* [93], S. 30f.
(110) これについてはたとえば、*Unabhängigkeit der Richter, Gleichheit vor dem Gesetz und Gewährleistung des Privateigentums nach der Weimarer Verfassung.* Berlin / Leipzig 1926.
(111) Carl Schmitt, *Die Auflösung des Enteignungsbegriffs.* (Zuerst 1929) In : Ders., *Verfassungsrechtliche Aufsätze* [93], S. 110ff.
(112) こうした連関をすでに解きほぐしたものとして、Max Weber, *Wirtschaft und Gesellschaft.* Köln / Berlin 1964, S. 644ff. を参照。詳しくは、Neumann, *Funktionswandel* [73].
(113) 後者については、Carl Schmitt, *Legalität und Legitimität* [93], S. 333, 335.
(114) Zehrer, *Rechts oder Links?* [20], S. 524.
(115) Ebd.
(116) Zehrer, *Situation* [81], S. 113.――また、Ders., *Zwischen zwei Revolutionen* [89], S. 529. を参照。
(117) ヘルベルト・マルクーゼはこの意味でナチスの国家諸理論を――条件付きながら――、自由主義的資本主義から独占資本主義へと移行するなかでのイデオロギー順応の諸形式であると解している。Herbert Marcuse, *Der Kampf gegen den Liberalismus in der totalitären Staatsauffassung* (zuerst 1934). In : Ders., *Kultur und Gesellschaft* I. Frankfurt 1965, S. 17ff.
(118) Zehrer, *Situation* [81], S. 116 ; ders., *Der Weg in das Chaos,* 21 II (November 1929), 560ff. (572f.).
(119) Zehrer, *Worum geht es?* 24 II (Oktober 1932), 529ff. (531).

(120) Erhard Eppler, *Ende oder Wende. Von der Machbarkeit des Notwendigen*. Stuttgart u. a. 1975 ; Iring Fetscher, *Widersprüche im Neokonservatismus*. In : *Merkur* 34 I (1980), S. 107ff. (bes. 117).

(121) このように述べているのは Eppler, *Ende* [120], S. 35f.

(122) Freyer, *Revolution* [13], S. 66.

(123) Carl Schmitt, *Volksentscheid und Volksbegehren*. Berlin / Leipzig 1929, S. 52, 54.

(124) このように述べているのはまた，Eugen Diederichs, *Die neue ,,Tat"* 21 II (Oktober 1929), 481ff. (483). このなかで，ハンス・ツェーラーへの編集者職委任後のタートの進路にかんする綱領的なスケッチがなされている。

(125) 典型的なのは今なお，Helmut Schelsky, *Der Mensch in der wissenschaftlichen Zivilisation*. In : Ders., *Auf der Suche nach Wirklichkeit*. Düsseldorf / Köln 1965, S. 442ff.——この発展にかんする詳細な論議については，たとえば，ヘルベルト・マルクーゼとのユルゲン・ハーバーマスの初期の論争を参照。Habermas, *Technik und Wissenschaft als ,,Ideologie"*. Im gleichnamigen Sammelband, Frankfurt / Main^{5} 1971, S. 48ff.

(126) 近代ドイツ保守主義のさらなる内容的要素については以下のものを参照。Helga Grebing, *Konservative gegen die Demokratie. Konservative Kritik an der Demokratie in der Bundesrepublik nach 1945*. Frankfurt 1971 ; Martin Greiffenhagen Hrsg., *Der neue Konservatismus der siebziger Jahre*. Reinbek 1974 ; Robert Lederer, *Neokonservative Theorie und Gesellschaftsanalyse*. Frankfurt / Main 1979.

(127) Habermas, *Technik* [125] 参照。もっとも「制度的枠組み」の概念はそこではさらに広く把握されている。

(128) ここで「価値保守主義」の概念が思い浮かぶであろう。しかしここではそれは導入されない。というのはこの概念は上記の理由から誤解をもたらしうるし，そのうえ，後に示すように，「価値」という概念は法と憲法の構造の領域ではどうしてもアンビヴァレントな機能を有するからである。

(129) Niklas Luhmann, *Rechtssoziologie*. Reinbek 1972, S. 249 ; ders., *Wahrheit und Ideologie*. In : Ders., *Soziologische Aufklärung* I, ^{3} Opladen 1972, S. 54ff.

(130) こうした無数の決断を貫いている論証形式の個別の証明については，ここでは断念する。この問題領域については，連邦共和国における憲法裁判の機能的条件についての拙稿が近日中に発表される予定である。さしあたり本書二八七ページ〔本訳書二九五頁〕以下を参照。

(131) Luhmann, *Politische Verfassungen im Kontext des Gesellschaftssystems*. In: *Der Staat* 12 (1973), S. I ff.; 165 ff. (12f.).

(132) Ders., *Gesellschaftliche und politische Bedingungen des Rechtsstaats*. In: *Politische Planung. Aufsätze zur Soziologie von Politik und Verwaltung*. Opladen 1971, S. 53ff. (63); ders., *Legitimation durch Verfahren*. Neuwied / Berlin 1969.

(133) Vgl. Anm. 106.

(134) Luhmann, *Legitimation durch Verfahren* [132], bes. S. 27ff., 193.

(135) Zehrer, *Worum geht es?* [119], S. 533.

(136) Luhmann, *Grundrechte als Institution*. Berlin 1965.

(137) Luhmann, *Politische Verfassungen* [131], S. 10f.

(138) Luhmann, *Rechtssoziologie* [129], S. 332f.; ders., *Die Funktion des Rechts.: Erwartungssicherung oder Verhaltenssteuerung?* In: Beiheft 8 des *ARSP* (1974), S. 31ff. (40, 42).

(139) Luhmann, *Rechtssoziologie* [129], S. 333ff.

(140) Ebd., S. 339f.

第6章

(1) まずは以下の文献を挙げておく。Stephan Albrecht, *Hermann Hellers Staats- und Demokratieauffassung*, Frankfurt / M. 1983, S. 167ff. また、Gerhard Robbers, *Hermann Heller: Staat und Kultur*, Baden-Baden 1983, S. 106ff.

(2) Hans Zehrer, *Der Weg in das Chaos*, in: *Die Tat*, 21 II (November 1929), S. 563ff. (566f.) ——この複合体に

ついては、以下を参照、*Gesellschaftliche und rechtliche Aspekte der ,Konservativen Revolution'*, in diesem Band, S. 141ff.［本訳書一四七頁以下］。

（3） その限りで適切なのは、Eike Hennig, *Hermann Heller. Anmerkungen zum Versuch einer Synthese von Nationalismus und Sozialismus,* in : *Neue politische Literatur,* 16 (1971), S. 507ff. ただし、もちろんヘラー理論におけるもろもろのアンビヴァレンツは、これから以下で、別様に規定しなければならない。

（4） Volker Neumann, *Rechts- und verfassungstheoretische Positionen der staatsrechtlichen Linken,* in : *Der Staat,* 21 (1982), S. 551ff. この論文以来、私はこの概念を使用するさいには、引用符なしで済ますことにしている。

（5） たとえば、Hermann Heller, *Europa und Fascismus* (1929), 引用は、2. Aufl. (1931) in Heller, *Gesammelte Schriften,* Leiden / Tübingen 1971, Bd. 2, S. 463ff. (S. 476) から。

（6） Hermann Heller, *Politische Demokratie und soziale Homogenität* (1928), in Heller, *Schriften,* a. a. O. (Anm. 5), Bd. 2, S. 421ff. (S. 427, 432).

（7） Hermann Heller, *Grundrechte und Grundpflichten* (1924), in Heller, *Schriften,* a. a. O. (Anm. 5), Bd. 2, S. 281ff. (286f.).

（8） Helmut Kohl, *Grundwerte heute in Staat und Gesellschaft.* 一九七六年六月一三日、ハンブルク・カトリック・アカデミーにおいておこなわれた講演。Christian Graf v. Krockow, *Grundwerte oder / statt Grundgesetz,* in Thomas Meyer (Hrsg.), *Grundwerte und Gesellschaftsreform,* Frankfurt / M. 1981, S. 15ff. (S. 15) から引用。――なお、こうしたもろもろの基本諸価値戦略に対する批判については、v. Krockow, a. a. O. 参照。

（9） Niklas Luhmann, *Grundwerte als Zivilreligion : Zur wissenschaftlichen Karriere eines Themas,* in Luhmann, *Soziologische Aufklärung* 3, Opladen 1981, S. 293ff. におけるルーマンのもろもろの考察は、全体社会と宗教システムとの関係にあまりにも強く志向したままであるために、このテーマの憲法的次元には到達しえていない。

（10） Hermann Heller, *Staat, Nation und Sozialdemokratie* (1925), in Heller, *Schriften,* a. a. O. (Anm. 5), Bd. 1, S. 527ff. (S. 537).

(11) Heller, *Sozialismus und Nation* (1925), 引用は 2. Aufl. (1931), in Heller, *Schriften,* a. a. O. (Anm. 5), Bd. 1, S. 437ff. (S. 474f.) から。――この点については、さらに、Martin Drath / Christoph Müller, Einleitung in Hermann Heller, *Schriften,* a. a. O. (Anm. 5), Bd. 1, S. XIII 参照。

(12) この点については以下が詳しい。Wolfgang Schluchter, *Entscheidung für den sozialen Rechtsstaat. Hermann Heller und die staatstheoretische Diskussion in der Weimarer Republik* (1968), 2. Aufl., Baden-Baden 1983, S. 119ff.

(13) Gerhard Robbers, *Hermann Heller,* a. a. O. (Anm. 1), S. 94.

(14) Heller, *Die politischen Ideenkreise der Gegenwart* (1926), in Heller, *Schriften,* a. a. O. (Anm. 5). Bd. 1, S. 267ff. (S. 406) および、Heller, *Staat, Nation und Sozialdemokratie,* a. a. O. (Anm. 10), Bd. 1, S. 527ff. (S. 542).

(15) Eike Hennig, *Hermann Heller,* a. a. O. (Anm. 3), S. 513f. および、Wolfgang Luthardt, *Bemerkungen zur Formel vom ‚sozialen Rechtsstaat',* in : *Probleme des Klassenkampfs,* 6 (1976), S. 161ff. (S. 165). しかし、Joachim Blau, *Sozialdemokratische Staatslehre in der Weimarer Republik. Darstellung und Untersuchung der staatstheoretischen Konzeption von Hermann Heller, Ernst Fraenkel und Otto Kirchheimer,* Marburg 1980 の分析は、ヘラーの構想における社会化の諸要請に比して統合の諸観点を絶対視しているとはいえ、ヘラーの「社会的法治国家」と「福祉国家」とを同一視してはいない以上、ここではやや異なっている (Blau, a. a. O., S. 202ff.)。

(16) Hermann Heller, *Bürger und Bourgeois* (1932), in Heller, *Schriften* a. a. O. (Anm. 5), Bd. 2, S. 625ff. (S. 639) ; Heller, *Grundrechte und Grundpflichten,* a. a. O. (Anm. 7), Bd. 2, S. 291, 311.

(17) この点で適切なのは、Stephan Albrecht, *Hermann Hellers Staats- und Demokratieauffassung,* a. a. O. (Anm. 1), S. 178.

(18) Hermann Heller, *Rechtsstaat oder Diktatur?* (1929). 引用は erw. Fassung von 1930, in Heller, *Schriften,* a. a. O. (Anm. 5), Bd. 2, S. 451 から。

(19) Heller, *Rechtsstaat oder Diktatur?,* a. a. O. (Anm. 18), S. 458.

(20) Hermann Heller, *Der Begriff des Gesetzes in der Reichsverfassung* (1927), in Heller, *Schriften,* a. a. O. (Anm. 5), Bd. 2, S. 203ff. (S. 210).

(21) Hermann Heller, *Freiheit und Form in der Reichsverfassung* (1929 / 30), in Heller, *Schriften,* a. a. O. (Anm. 5), Bd. 2, S. 371ff. (S. 374).

(22) 価値志向的な憲法裁判に対する批判については，数多くの文献から，次のもののみを挙げておく。Helmut Goerlich, *Wertordnung und Grundgesetz,* Baden-Baden 1973, Erhard Denninger, *Freiheitsordnung-Wertordnung-Pflichtordnung,* in Mehdi Tohidipur (Hrsg.), *Verfassung, Verfassungsgerichtsbarkeit, Politik,* Frankfurt / M. 1976, S. 163ff., Helmut Ridder, *Die Soziale Ordnung des Grundgesetzes,* Opladen 1975 ; Ernst-Wolfgang Böckenförde, *Grundrechtstheorie und Grundrechtsinterpretation,* in ders., *Staat-Gesllschaft-Freiheit,* Frankfurt / M. 1976, S. 221ff.

(23) Heller, *Freiheit und Form,* a. a. O. (Anm. 21), S. 375.

(24) Heller, *Grundrechte und Grundpflichten,* a. a. O. (Anm. 7), Bd. 2, S. 281ff.

(25) Heller, *Freiheit und Form,* a. a. O. (Anm. 21), S. 374, 373, 377.

(26) Heller, *Freiheit und Form,* a. a. O. (Anm. 21), S. 377.

(27) これにかんしては，Ingeborg Maus, *Bürgerliche Rechtstheorie und Faschismus. Zur sozialen Funktion und aktuellen Wirkung der Theorie Carl Schmitts* (1976), 2. Aufl. München 1980, S. 37ff., および Maus, *Juristische Methodik und Justizfunktion im Nationalsozialismus,* in : *Archiv für Rechts- und Sozialphilosophie,* Beiheft 18 (1983), S. 176ff. それぞれにおいて詳しい論証をおこなっている。

(28) Jürgen Seifert, *Grundgesetz und Restauration,* Darmstadt / Neuwied 1974, S. 12f. における批判を参照。

(29) Dieter Grimm, *Reformalisierung des Rechtsstaats als Demokratiepostulat?,* in : *Juristische Schulung,* (1980), S. 704ff. によるテーゼである。――さらに，Friedhelm Hase / Karl-H. Ladeur / Helmut Ridder らの次の応答を参照。*Reformalisierung des Rechtsstaats als Demokratiepostulat?,* in : *Juristische Schulung,* 21 (1981), S. 794ff.

(30) 数多くの文献のうち、以下を参照。Wolfgang Abendroth / Rainer Keßler u. a., *Diskussion über Probleme sozialistischer Rechtspolitik,* in Hubert Rottleuthner (Hrsg.), *Probleme der marxistischen Rechtstheorie,* Frankfurt / M. 1975, S. 392ff.; *die Kontroverse in Demokratie und Recht,* 4 (1976), S. 174ff., 153ff., 346ff. Wolgang Abendroth / Thomas Blanke u. a., *Der Kampf um das Grundgesetz. Über die politische Bedeutung der Verfassungsinterpretation,* hrsg. von Peter Römer, Frankfurt / M. 1977.

(31) Heller, *Politische Demokratie,* a. a. O. (Anm. 6), Bd. 2, S. 421ff. (S. 430).

(32) Heller, *Europa und der Faschismus,* a. a. O. (Anm. 5), Bd. 2, S. 475.

(33) この点、および、カント以来のドイツ法治国家理論については、*Entwicklung und Funktionswandel der Theorie des bürgerlichen Rechtsstaats,* in diesem Band, S. 11ff. [本訳書七頁以下]. 以下の本文の記述にかんしては、次も参照。Maus, *Bürgerliche Rechtstheorie und Faschismus,* a. a. O. (Anm. 27), S. 42f., und 64ff.

(34) Heller, *Der Begriff des Gesetzes,* a. a. O. (Anm. 20), Bd. 2, S. 210.

(35) Jürgen Habermas, *Naturrecht und Revolution,* in Habermas, *Theorie und Praxis,* 3. Aufl., Neuwied 1969, S. 69.

(36) Heller, *Der Begriff des Gesetzes,* a. a. O. (Anm. 20), S. 210.

(37) Heller, *Der Begriff des Gesetzes,* a. a. O. (Anm. 20), Bd. 2, S. 213ff., 219f.

(38) これがヘラーの著作『主権論』における本来の意図である(後の Anm. 57 を見よ)。

(39) Heller, *Der Begriff des Gesetzes,* a. a. O. (Anm. 20), Bd. 2, S. 227.

(40) これは国法学者会議の論議においてテーマとなり、ヘラーによって否認された。Heller, *Der Begriff des Gesetzes,* a. a. O. (Anm. 20), Bd. 2, S. 245f. を見よ。

(41) Heller, *Der Begriff des Gesetzes,* a. a. O. (Anm. 20), Bd. 2, とくに、S. 221.

(42) Heller, *Der Begriff des Gesetzes,* a. a. O. (Anm. 20), Bd. 2, S. 224.

(43) Heller, *Der Begriff des Gesetzes,* a. a. O. (Anm. 20), Bd. 2, S. 224f.

(44) Heller, *Der Begriff des Gesetzes,* a. a. O. (Anm. 20), Bd. 2, S. 229, 231.

(45) Franz Neumann, *Rechtsstaat, Gewaltenteilung und Sozialismus* (1934), in ders., *Wirtschaft, Staat, Demokratie. Aufsätze 1930-1954,* Frankfurt / M. 1978, S. 124ff. (S. 130f.)

(46) Heller, *Der Begriff des Gesetzes,* a. a. O. (Anm. 20), Bd. 2, S. 211.

(47) Hermann Heller, *Staatslehre* (1934), 引用は 5. rev. Aufl. (1971) in Heller, *Schriften,* a. a. O. (Anm. 5), Bd. 3, S. 389, 331 (1. Aufl. S. 273, 221) から。

(48) Heller, *Der Begriff des Gesetzes,* a. a. O. (Anm. 20), S. 229.

(49) Heller, *Rechtsstaat oder Diktatur?,* a. a. O. (Anm. 18), Bd. 2, S. 450.

(50) Hermann Heller, *Die Gleichheit in der Verhältniswahl nach der Weimarer Verfassung* (1929), in Heller, *Schriften,* a. a. O. (Anm. 5), Bd. 2, S. 319ff. (S. 365).

(51) Heller, *Rechtsstaat oder Diktatur?,* a. a. O. (Anm. 18), Bd. 2, S. 449. なお，Robert v. Mohl については，in diesem Band, S. 16ff. [本訳書一六頁以下] を参照。

(52) Heller, *Europa und der Fascismus,* a. a. O. (Anm. 5), Bd. 2, S. 541f. ; Heller, *Rechtsstaat oder Diktatur?,* a. a. O. (Anm. 18), Bd. 2, S. 450.

(53) Heller, *Europa und der Fascismus,* a. a. O. (Anm. 5), Bd. 2, S. 541.

(54) Heller, *Der Begriff des Gesetzes,* a. a. O. (Anm. 20), Bd. 2, S. 222.

(55) ここではフリードリッヒ・ミュラーが最近の方法論議のなかで特殊な位置を占めている。この点については，次を参照。Ingeborg Maus, *Zur Problematik des Rationalitäts- und Rechtsstaatspostulats in der gegenwärtigen juristischen Methodik am Beispiel Friedrich Müllers,* in : Wolfgang Abendroth / Bernhard Blanke / Ulrich K. Preuß, u. a. (Hrsg.), *Ordnungsmacht? Über das Verhältnis von Legalität, Konsens und Herrschaft* [*Festschrift für Helmut Ridder*], Frankfurt / M. 1981, S. 153ff.

(56) Gunnar Folke Schuppert, *Funktionell-rechtliche Grenzen der Verfassungsinterpretation.* Königstein / Taunus 1980.

(57) Hermann Heller, *Die Souveränität* (1927), in Heller, *Schriften,* a. a. O. (Anm. 5), Bd. 2, S. 70f., 72f.

(58) Heller, *Souveränität,* a. a. O. (Anm. 57), Bd. 2, S. 70 und Anm. 139.

(59) Heller, *Souveränität,* a. a. O. (Anm. 57), Bd. 2, S. 69.

(60) Heller, *Staatslehre,* a. a. O. (Anm. 47), Bd. 3, S. 331, 334f., 332 (1. Aufl. S. 221, 224, 222).

(61) Heller, *Staatslehre,* a. a. O. (Anm. 47), Bd. 3, S. 332 (1. Aufl. S. 222).

(62) Heller, *Staatslehre,* a. a. O. (Anm. 47), Bd. 3, S.331, 334 (1. Aufl. S. 221, 224).

(63) たとえば、*BVerfGE* 34, S. 269 (S. 286f.).

(64) Heller, *Staatslehre,* a. a. O. (Anm. 47), Bd. 3, S. 334ff. また、Heller, *Souveränität,* a. a. O. (Anm. 57), Bd. 2, S. 108も見よ。

(65) Heller, *Der Begriff des Gesetzes,* a. a. O. (Anm. 20), Bd. 2, S. 228f.

(66) Heller, *Souveränität,* a. a. O. (Anm. 57), Bd. 2, S. 72.

(67) Wolfgang Abendroth, *Zum Begriff des demokratischen und sozialen Rechtsstaats im Grundgesetz für die Bundesrepublik Deutschland,* in Abendroth, *Antagonistische Gesellschaft und politische Demokratie* (1954), Neuwied, 2. Aufl. 1972, S. 109ff. (S. 112).

(68) Abendroth, *Zum Begriff,* a. a. O. (Anm. 67), S. 122, 133.

(69) Abendroth, *Zum Begriff,* a. a. O. (Anm. 67), S. 126, 134. 同じく、Ders., *Über den Zusammenhang von Grundrechtssystem und Demokratie,* in Joachim Perels (Hrsg.), *Grundrechte als Fundament der Demokratie,* Frankfurt / M. 1979, S. 249ff. (S. 255).

(70) Abendroth, *Zum Begriff,* a. a. O. (Anm. 67), S. 135, 138.

(71) ただし、次も参照のこと。Volker Neumann, *Rechts- und verfassungstheoretische Positionen,* a. a. O. (Anm. 4), S. 553.

(72) たとえば、立法権限の委譲につき、その憲法適合的な諸限界を確定しようとするリヒャルト・トーマの業績を参照。

Richard Thoma, *Grundbegriffe und Grundsätze,* in *Handbuch des deutschen Staatsrechts,* hrsg. von Gerhard Anschütz und Richard Thoma, Tübingen 1930 / 32, Bd. II, S. 108ff. (S. 227).

(73) Ridder, *Die soziale Ordnung,* a. a. O. (Anm. 22), S. 47, 48f.

(74) Abendroth, *Zum Begriff,* a. a. O. (Anm. 67), S. 135, 138.

(75) Ridder, *Die soziale Ordnung,* a. a. O. (Anm. 22), S. 102.

(76) Ridder, *Die soziale Ordnung,* a. a. O. (Anm. 22), S. 48.

(77) Jürgen Seifert, *Haus oder Forum. Wertsystem oder offene Verfassung,* in : Jürgen Habermas (Hrsg.), *Stichworte zur ,Geistigen Situation der Zeit',* Bd. 1, Frankfurt 1979, S. 321ff. を参照。

(78) Carl Schmitt, *Legalität und Legitimität* (1932), in Schmitt, *Verfassungsrechtliche Aufsätze aus den Jahren 1924 bis 1954,* Berlin 1958, S. 334f. これにつき、さらに詳細は、Ingeborg Maus, *Bürgerliche Rechtstheorie und Faschismus,* a. a. O. (Anm. 27), S. 114f.

(79) Heller, *Staatslehre,* a. a. O. (Anm. 47), Bd. 3, S. 388 (1. Aufl. S. 273).

(80) Ulrich K. Preuß, *Die Internalisierung des Subjekts. Zur Kritik der Funktionsweise des subjektiven Rechts,* Frankfurt / M. 1979, S. 170f., 182ff. を見よ。——プロイスの分析については、本文の以下の記述を見よ。

(81) Ridder, *Die soziale Ordnung,* a. a. O. (Anm. 22), S. 49.

(82) Ridder, *Die soziale Ordnung,* a. a. O. (Anm. 22), S. 54.

(83) Ridder, *Die soziale Ordnung,* a. a. O. (Anm. 22), S. 53 et passim.

(84) これにかんしては、Friedrich Müller, *Juristische Methodik und politisches System,* Berlin 1976, S. 24ff. における批判を見よ。

(85) 一九八三年二月一六日の解散権判決において、連邦議会の解散にさいして連邦首相と連邦大統領が裁量をおこないうる余地に便宜を図るべく、この裁判所は、自らの審査権限を撤回している。とくに、Leitsatz 9 および S. 39ff.(引用は複写から)。

(86) Preuß, *Internalisierung,* a. a. O. (Anm. 80), とくに, S. 166ff., 174.——このような関連につき, プロイスに緊密に依拠しつつ肯定的な徴候のもとで分析をおこなっているものとして, Niklas Luhmann, *Subjektive Rechte : Zum Umbau des Rechtsbewußtseins für die moderne Gesellschaft,* in : ders., *Gesellschatsstruktur und Semantik,* Bd. 2, Frankfurt / M. 1981, S. 45ff. とくに 88ff. を参照。

(87) Preuß, *Internalisierung,* a. a. O. (Anm. 80), S. 177ff., 182.

(88) カール・シュミットにかんしては Ingeborg Maus, *Bürgerliche Rechtstheorie und Faschismus,* a. a. O. (Anm. 27) を参照。——なお, 以上の記述は, ルドルフ・スメントについて言えば, 彼が基本権と憲法の機構論部分との連関をはっきりと強調しているからには, 外見上のみであればスメントには当てはまらないのである。けれども, スメントの場合には, こうした連関の秩序づけが, ヘラーやアーベントロート, リッダー, プロイスの考えていたような意味を有してはいないのである。むしろ, スメントはまさしく, 自由権を国家的に賦与された諸権限へと化してしまうあの変換, すなわち, リッダーが, 現代の支配的な基本権理解に対して激しく批判する, 例の変換を企図しているのである。とくに Rudolf Smend, *Bürger und Bourgeois im deutschen Staatsrecht* (1933, in Smend, *Staatsrechtliche Abhandlungen,* Berlin, 2. Aufl. 1968, S. 309ff. [316ff.]) を見よ。まさにこのような観点においても, 連邦憲法裁判所の機能的な基本権理論に対するスメントの影響は確認しうるのである。これについてはさらに, 以下を参照。Ernst-Wolfgang Böckenförde, *Grundrechtstheorie und Grundrechtsinterpretation,* in Böckenförde, *Staat-Gesellschaft-Freiheit,* Frankfurt / M. 1976, S. 221ff. (S. 235ff.).

(89) いかにヘラーが, ハンス・フライヤーを単純に受容しているのではなく, むしろマックス・ヴェーバーに接近しているかという, そうした程度の問題については Wolfgang Schluchter, *Entscheidung,* a. a. O. (Anm. 12), S. 283ff. を見よ。

(90) Hermann Heller, *Die Krisis der Staatslehre* (1926), in Heller, *Schriften,* a. a. O. (Anm. 5), Bd. 2, S. 3ff. (S. 14).

(91) Heller, *Staatslehre,* a. a. O. (Anm. 47), Bd. 3, S. 365f. (1. Aufl. S. 252).

(92) Heller, *Staatslehre,* a. a. O. (Anm. 47), Bd. 3, S. 365f., 370 (1. Aufl. S. 252f., 256f.).

(93) Heller, *Staatslehre,* a. a. O. (Anm. 47), Bd. 3, S. 363ff., 369 (1. Aufl. S. 250f., 255f.).

(94) アーベントロートにかんしては，Anm. 68を見よ。また，Helmut Ridder, *Die soziale Ordnung,* a. a. O. (Anm. 22), S. 35ff. 同様に，Jürgen Habermas, *Naturrecht und Revolution,* a. a. O. (Anm. 35), S. 69.

(95) 以下の本文の記述につき，さらに詳しくは Ingeborg Maus, *Zur Problematik,* a. a. O. (Anm. 55). を参照。――なお，そこでの詳述に対する応答として Ralf Christensen und Michael Kromer, *Zurück zum Positivismus? Ein Beitrag zur neueren Methodendiskussion,* in: *Kritische Justiz,* 16 (1983), S. 41ff. があるが，ここでは紙幅に余裕がないために立ち入ることができない。

(96) Friedrich Müller, *Juristische Methodik* (1971), 2. Aufl., Berlin 1976, S. 265, 34ff., 52ff. 77, 85ff., 88ff.

(97) Friedrich Müller, *Rechtsstaatliche Methodik und politische Rechtstheorie,* in ders., *Rechtsstaatliche Form—Demokratische Politik. Beiträge zu öffentlichem Recht, Methodik, Rechts- und Staatstheorie,* Berlin 1977, S. 271ff. (S. 281).

(98) Friedrich Müller, *Thesen zur Struktur von Rechtsnormen,* in ders., *Rechtsstaatliche Form—Demokratische Politik,* a. a. O. (Anm. 97), S. 257ff. (S. 267).

(99) Erhard Denninger, *Rezension zu Friedrich Müller, ‚Normstruktur und Normativität‘,* in: *Archiv des öffentlichen Rechts,* 94 (1969), S. 333ff. (S. 338ff.) を参照。

(100) Friedrich Müller, *Die Einheit der Verfassung. Elemente einer Verfassungstheorie* III, Berlin 1979, S. 171.

(101) Heller, *Staatslehre,* a. a. O. (Anm. 47), Bd. 3, S. 371 (1. Aufl. S. 257f.).

(102) Heller, *Staatslehre,* a. a. O. (Anm. 47), Bd. 3, S. 371 (1. Aufl. S. 257f.).

(103) Heller, *Staatslehre,* a. a. O. (Anm. 47), Bd. 3, S. 371 (1. Aufl. S. 257f.).

(104) この点について今でも包括的な研究は，Bernd Rüthers, *Die unbegrenzte Auslegung. Zum Wandel der Privatrechtsordnung im Nationalsozialismus* (1968), 2. Aufl., Frankfurt / M. 1973.

(105) Heller, *Staatslehre,* a. a. O. (Anm. 47), Bd. 3, S. 370 (1. Aufl. S. 257).

(106) *BVerfGE* 34, 269 (288, 287).――もちろんここでは，民法の規範を考慮に入れている。

(107) *BVerfGE* 1, 14, Leitsatz 27.

(108) Heller, *Staatslehre,* a. a. O. (Anm. 47), Bd. 3, S. 395 (1. Aufl. S. 278f.).

(109) Heller, *Rechtsstaat oder Diktatur?,* a. a. O. (Anm. 18), S. 450.

(110) *BVerfGE* 79, 1 (67 ; また 57 も見よ).

(111) たとえば *BVerfGE* 24, 367.

(112) Wolfgang Abendroth, *Zum Begriff,* a. a. O. (Anm. 67), S. 112 を参照。基本法第二〇条と第二八条の成立史について，さらに詳しくは，Hans H. Hartwich, *Sozialstaatspostulat und gesellschaftlicher status quo,* Köln / Opladen 1970, S. 21ff.

(113) Peter Häberle, *Zeit und Verfassung,* in: Häberle, *Verfassung als öffentlicher Prozeß. Materialien zu einer Verfassungstheorie der offenen Gesellschaft,* Berlin 1978, S. 59ff.

(114) Häberle, *Zeit und Verfassung,* a. a. O. (Anm. 113), S. 64.

(115) Häberle, *Zeit und Verfassung,* a. a. O. (Anm. 113), S. 71.

(116) Häberle, *Zeit und Verfassung,* a. a. O. (Anm. 113), S. 64, 75.

(117) Peter Häberle, *Die offene Gesellschaft der Verfassungsinterpreten,* in Häberle, *Verfassung als öffentlicher Prozeß,* a. a. O. (Anm. 113), S. 155ff. (S. 157).

(118) Heller, *Staatslehre,* a. a. O. (Anm. 47), Bd. 3, S. 368f. (1. Aufl. S. 255). 強調はマウス。

(119) Peter Häberle, *Zeit und Verfassung,* a. a. O. (Anm. 113), S. 67.

(120) Peter Häberle, *Besprechung von Hartwich, Sozialstaatspostulat und gesellschaftlicher status quo,* in Häberle, *Verfassung als öffentlicher Prozeß,* a. a. O. (Anm. 113), S. 467ff. (S. 470).

(121) Häberle, *Besprechung von Hartwich,* a. a. O. (Anm. 120), S. 469.

(122) Heller, *Staatslehre,* a. a. O. (Anm. 47), Bd. 3, S. 141 (1. Aufl. S. 47).

(123) Wolfgang Abendroth, *Das Grundgesetz,* 4. Aufl., Pfullingen 1973, S. 14.（強調は原文）。

(124) Häberle, *Zeit und Verfassung,* a. a. O.（Anm. 113）, S. 67.

(125) Häberle, *Zeit und Verfassung,* a. a. O.（Anm. 113）, S. 71ff ; Häberle, *Die offene Gesellschaft,* a. a. O.（Anm. 117）, とくに S. 156f.

(126) Häberle, *Die offene Gesellschaft,* a. a. O.（Anm. 117）, S. 169, 170f. および Anm. 66.

(127) 本章IIを見よ。

(128) Friedrich Müller, *Juristische Methodik,* a. a. O.（Anm. 96）, S. 100, 104.

(129) Häberle, *Die offene Gesellschaft,* a. a. O.（Anm. 117）, S. 179.

(130) Häberle, *Die offene Gesellschaft,* a. a. O.（Anm. 117）, S. 163.

(131) Häberle, *Die offene Gesellschaft,* a. a. O.（Anm. 117）, S. 157.

(132) Häberle, *Zeit und Verfassung,* a. a. O.（Anm. 113）, S. 65.——スメントにおけるこのような帰結に対し，ヘラーが見解を異にしていることについては Heller, *Staatslehre,* a. a. O.（Anm. 47）, Bd. 3, S. 384（1. Aufl. S. 269）を見よ。

(133) Peter Häberle, *Verfassungsinterpretation und Verfassunggebung,* in Häberle, *Verfassung als öffentlicher Prozeß,* a. a. O.（Anm. 113）, S. 182f.（S. 183 et passim）.

(134) Heller, *Die Souveränität,* a. a. O.（Anm. 57）, Bd. 2, S. 111ff., 114 ; Heller, *Staatslehre,* a. a. O.（Anm. 47）, Bd. 3, S. 380ff.（1. Aufl. S. 265ff.）.

(135) Heller, *Staatslehre,* a. a. O.（Anm. 47）, Bd. 3, S. 380ff.（1. Aufl. S. 265ff.）.

(136) たとえば Karl Larenz, *Methodenlehre der Rechtswissenschaft*（1960）, 2. Aufl., Berlin 1969, S. 450ff., 460f. ; Josef Esser, *Vorverständnis und Methodenwahl in der Rechtsfindung*（1970）, 2. Aufl., Frankfurt / M. 1972, S. 84 を見よ。連邦憲法裁判所の裁判における，このような原理に対する批判については Friedrich Müller, *Die Einheit der Verfassung,* a. a. O.（Anm. 100）を見よ。

(137) Heller, *Die Souveränität,* a. a. O. (Anm. 57), Bd. 2, S. 114.

(138) 数多くの文献に代えて，次のものを参照。Martin Kriele, *Einführung in die Staatslehre,* Reinbeck 1975, S. 113. 別の諸観点からするヘラーの主権概念への明確な批判は，S. 116.

(139) ヘラーの主権概念が有するこのような観点についてはChristoph Müller, *Das imperative und freie Mandat,* Leiden 1966, S. 105f. を見よ。

(140) Heller, *Die Souveränität,* a. a. O. (Anm. 57), Bd. 2, S. 99.

(141) Niklas Luhmann, *Rechtssoziologie,* Reinbeck 1972, S. 72.

第7章

(1) このような事態についての確認と批判の一致については，テオドール・フィーヴェクとヘルムート・リッダーというようなまったく異なった立場の理論家を比較するだけで分かる。Theodor Viehweg, *Was heißt Rechtspositivismus?* in : *Mainzer Universitätsgespräche WS 1964 / 65,* S. 14ff. (15f.) ; Helmut Ridder, *Ex oblivione malum—Randnoten zum deutschen Partisanprogreß,* in : *Gesellschaft, Recht und Politik, Wolfgang Abendroth zum 60. Geburtstag,* hrsg. von Heinz Maus u. a., Neuwied / Berlin 1968, S. 305ff. (308).

(2) 何よりも，Niklas Luhmann, *Positivität des Rechts als Voraussetzung einer modernen Gesellschaft,* in : *Die Funktion des Rechts in der modernen Gesellschaft,* hg. von Rüdiger Lautmann, W. Maihofer und H.Schelsky. *Jahrbuch für Rechtssoziologie und Rechtstheorie,* Bd. I, Bielefeld 1970, S. 175ff. ; drs., *Legitimation durch Verfahren,* Neuwied 1969, bes. S. 141ff. ; vgl. Werner Krawietz, *Das positive Recht und seine Funktion,* Berlin 1967. 同書では，高度に産業化したシステムにおける実定法の性格がますます道具化していくことが強調されている。エルンスト・フォルストホフ (Ernst Forsthoff) の著作としてはとりわけ，*Die Umbildung des Verfassungsgesetzes,* in : *Rechtsstaat im Wandel, Verfassungsrechtliche Abhandlungen 1950-1964,* Stuttgart 1964, S. 147ff. und : *Der*

introvertierte Rechtsstaat und seine Verortung, a. a. O., S. 213ff. とくに同書の二二二ページには、産業社会状況の合理性に着目しつつとくに憲法解釈を実定法律解釈の限界に厳格に閉じ込めるべきことが説明されている。

(3) 主要な作品は次の書物に含まれている。Werner Maihofer (Hg.), *Naturrecht oder Rechtspositivismus?* (WdF), Darmstadt 1962.

(4) 今日の実証主義者と「具体的」自然法理論支持者の一致する論争提起については、vgl. Ernst Forsthoff, *Gerhard Anschütz,* in : *Der Staat* 6 (1967), S. 139ff. (148f.). Franz Wieacker, *Privatrechtsgeschichte der Neuzeit,* Göttingen 1952, bes. S. 272では、政党に支配された議会の政治的権力意思への法律の形式的拘束が国家社会主義的立法の直接の前段階であると描かれている。Werner Kägi, *Die Verfassung als rechtliche Grundordnung des Staates,* Zürich 1945 (Neudruck : Darmstadt 1971), S. 169ff. も同様。Leo Strauss, *Naturrecht und Geschichte,* Stuttgart 1956, S. 5f. は自由主義的な法律の決断主義からファシズムの決定神秘論への直接の移行を描きだしている。さらには、vgl. Werner Maihofer, *Die Natur der Sache,* in : Arthur Kaufmann (Hg.), *Die ontologische Begründung des Rechts* (WdF), Darmstadt 1965, S. 52ff. (55).

(5) 以下で、テオドール・フィーヴェクが一九六四年になっても示していた理解 (a. a. O., S. 15f.) は反駁される。その理解とは、現代の法実証主義はけっして独自の理論に依拠することはできず、ただ二〇年代の理論的立場を「ふたたび受け入れる」しかないというものであった。

(6) Niklas Luhmann, *Legitimation durch Verfahren,* a. a. O., S. 141 und Anm. 2 ; ebenso : *Positivität des Rechts,* a. a. O., S. 182.

(7) Niklas Luhmann, *Grundrechte als Institution,* Berlin 1965, S. 38, Anm. 2.

(8) Niklas Luhmann, *Legitimation durch Verfahren,* a. a. O., S. 36f.

(9) 個々の法的決定の客観的判断基準から生じる説得力を無視した個別化されない「基本コンセンサス」(*Legitimation durch Verfahren,* S. 29f. und 32) というこの観念によって、ルーマンは、たとえばエルヴィン・リーツラーによって主張されているような法規範の内容的承認に着目する社会心理学的な法実証主義の一類型と根本的に区別される。Erwin Riezler, *Der totgesagte Positivismus,* in : Werner Maihofer（Hg.）, *Naturrecht oder Rechtspositivismus?,* a. a. O., S. 241.

(10) Gerd Roellecke, *Der Begriff des positiven Gesetzes und das Grundgesetz,* Mainz 1969, S. 281.

(11) A. a. O., bes. S. 293 et passim.

(12) 同様に根本的に，ルーマンの「手続き」も矛盾の吸収に仕える。そこではもちろん，司法システムはただ可能な手続きのひとつとしてのみ描かれるが。Vgl. bes. : *Positivität des Rechts...,* a. a. O., S. 189.

(13) Gerd Roellecke, a. a. O., S. 302. このような司法機能の絶対化への批判としては，vgl. Carlo Schmid, *Gerichtsbarkeit und politische Grundordnung des Staates,* in : *Festschrift für Adolf Arndt zum 65. Geburtstag,* hg. von Horst Ehmke, Carlo Schmid, Hans Scharoun, Frankfurt 1969, S. 405ff. そこでは，立法者による法発展への一貫した弁護がなされており，裁判官による具体化は法律となった思想や憲法に適合する基本秩序に拘束される（とくに S. 407, 410）。法律によって詳細な規律ができないような基本的な社会的利益の対立にさいしても，その調整が司法の形式による決定に期待されるのではなく，当事者の自律的規律自体に委ねられる。同じく次も参照。Carlo Schmid, *Grenzen rechtlicher Regelung innerhalb der modernen Gesellschaft,* in : *Politik und Geist,* Stuttgart 1961, S. 123ff.（bes. 132f.）.

(14) Roellecke, a. a. O., S. 287, 271.

(15) A. a. O., S. 273, S. 282.

(16) So auch Peter Noll, *Ideologie und Gesetzgebung,* in : Werner Maihofer（Hg.）, *Ideologie und Recht,* Frankfurt 1969, S. 63ff（81）.

(17) Dieter Horn, *Rechtssprache und Kommunikation—Grundlegung einer semantischen Kommunikationstheorie,* Berlin 1966, S. 30ff., 96, 158.

(18) A. a. O., S. 162.

(19) レレッケにおいても，法律の不完全性は，その実定性の結果としての言語性に由来している。もちろん，レレッケはこの連関ではただ言語と現実との乖離を強調しているのだが、ホルンはさらに加えて、裁判官のさまざまなコミュニケイション技術を用いての選択可能性を示すことで、法律言語の内容的意味喪失を絶対化しているのである。

(20) Hans Kelsen, *Allgemeine Staatslehre*, Berlin 1925, bes. S. 233, 249f. そこには、メルクルの理論に沿った発展的法具体化の観念が示されている。それによれば、すべての法適用に同時に法形成の性格が帰属することになり、法プロセスのすべての段階は、下の段階に対しては規範として、上の段階に対しては具体化をおこなう事実として現われる。

(21) Paul Laband, *Das Staatsrecht des Deutschen Reichs*, 4. Aufl. Tübingen / Leibzig 1901, Bd. II, S. 63. このようなラーバント的な定式を含む、以下の行論で述べられるような法律概念の拡大と並んで、ラーバントによるたんに形式的な法律と実質的法律との区別は、むろん同時に、それが執行府への拘束としてほとんど働かなくなるという結論を導くような形式的法律からの価値剥奪を意味していた。このようなビスマルク時代の通説の官憲的契機やプロイセンの予算争議への弁明的機能については、Hermann Heller, *Der Begriff des Gesetzes in der Reichsverfassung*, in: *VVDStRL* 4 (1928), S. 98ff. (bes. 106) がとりわけはっきりと示している。

(22) 論争的な、しかし的確な定式化として、参照、Carl Schmitt, *Verfassungslehre*, Berlin 1928, S. 142f.

(23) ワイマール期の法律実証主義に厳しく対立した人びとにとってパンデクテン学の古典的実証主義が魅惑的に映った原因はここにある。Vgl. besonders Carl Schmitt, *Die Lage der europäischen Rechtswissenschaft*, in: *Verfassungsrechtliche Aufsätze aus den Jahren 1924 bis 1954*, Berlin 1958, S. 386ff., bes. 400ff., 412. そこでは、これまで述べてきた連関が典型的に考察されている。次も見よ。Ernst Forsthoff, *Der moderne Staat und die Tugend*, in: *Rechtsstaat im Wandel*, a. a. O., S. 13ff.; Franz Wieacker, *Privatrechtsgeschichte*, a. a. O., S. 253ff.

(24) ニクラス・ルーマンの実定法の恒常的修正可能性という理論は、マックス・ヴェーバーの分析によって先取りされている。Weber in: *Wirtschaft und Gesellschaft*, Köln / Berlin 1964, Bd. I, S. 656.「そのときどきに妥当している法はますます、つねに目的合理的に作り替えられ、内容的神聖さをまったく失った、合理的技術的装置と評価される」。

(25) このような傾向への批判として、エルンスト・フレンケルの初期の作品を見よ。Ernst Fraenkel, *Zur Soziologie*

der Klassenjustiz (1927)（同名の論文集に収録（Darmstadt 1968, S. 1ff.)）. ドイツにおける反形式主義的裁判の進展についての概観としては、Bernd Rüthers, *Die unbegrenzte Auslegung*, Tübingen 1968.

(26) カール・シュミットの法治国家的法律への一般性の要求にはこのような意図があった。*Verfassungslehre*, a. a. O., S. 138ff., 151ff. より早いものとして、*Unabhängigkeit der Richter, Gleichheit vor dem Gesetz und Gewährleistung des Privateigentums nach der Weimarer Verfassung*, Berlin / Leipzig 1926.—Vgl. dazu Franz Neumann, *Der Funktionswandel des Gesetzes im Recht der bürgerlichen Gesellschaft*, in: *Demokratischer und autoritärer Staat*, bes. S. 58f.

(27) 多くの場合非現実的形式主義者として中傷される法実証主義者、ハンス・ケルゼンは、裁判官身分への社会的採用状況をはっきりと示した上で、この是認を明らかにしている。その状況からは、分散的審査権としての法律の司法への委譲は得策ではないと思われたのである。*VVDStRL* 3 (1927), S. 54. 司法形式による立法者への制限に対する法実証主義の拒絶について一般には、vgl. Gerhard Anschütz, *Die Verfassung des Deutschen Reiches vom 11. August 1919* (Kommentar), Text der 14. Auflage von 1933, Bad Homburg v. d. H. 1965, Punkt 4 zu Art. 102, S. 476 およびそこで引用されている文献。自立した執行府による法決定に対する実証主義的な法律命令の弁護も同様に強くなされた。Vgl. bes. Richard Thoma, *Zur Ideologie des Parlamentarismus und der Diktatur*, in: *ASWSP* 53 (1925), S. 212ff. (215). そこでは、法的「決断主義」への不可避的な移行の確認が、決定担当者についての異なった考察と結びついている。

(28) ここでの最重要な理論家としては、カール・シュミット、ルドルフ・スメント、エーリッヒ・カウフマンを挙げておくべきであろう。

(29) ここにはグスタフ・ラートブルフ、エルンスト・フレンケル、フランツ・ノイマンが属する。法律の観念についていえばヘルマン・ヘラーも入る。

(30) 現実の進展に鑑みればたしかに大げさであったカール・シュミットの懸念は、少なくともこの意図を確証するだろう。*Der Begriff des Politischen*, Berlin 1963, S. 16.「立法国家は、政党のプログラムによって装備された、改革的・

修正的・進化論的時代に典型的な媒体であった。そのときには、議会的・法的方法で正しい法律を通して『進歩』を実現することがこころみられた」。

（31） So v. a. Carl Schmitt, *Verfassungslehre,* a. a. O., S. 23ff., bes. 30ff.――これに対して、フランツ・ノイマンの実証主義的基本権解釈は、まさにワイマール憲法における社会的内容の優勢を示すことができた。Franz Neumann, *Die soziale Bedeutung der Grundrechte der Weimarer Verfassung,* in : *Die Arbeit* 7 (1930), S. 569ff.

（32） Hermann Heller, *Europa und der Faschismus,* Berlin / Leipzig 1929, S. 82 は、実証主義的法律概念のこの民主的契機を、自身の理論にとっても拘束的なものとして明確化した。

（33） Niklas Luhmann, *Legitimation durch Verfahren,* a. a. O., S. 148.

（34） Vgl. Anm. 23.

（35） Ernst Forsthoff, *Zur Problematik der Rechtserneuerung,* in : Werner Maihofer (Hg.), *Naturrecht oder Rechtspositivismus?,* a. a. O., S. 73ff. (74).

（36） Vgl. Anm. 4.

（37） S. bes. Gerd Roellecke, a. a. O., S. 36, 305 et passim.

（38） Vgl. hierzu auch Niklas Luhmann, *Positivität des Rechts...,* a. a. O., S. 182.「法生成手続きは、さまざまの法システムを区別する基準としてはほとんど役立たないであろう」。

（39） S. v. a. Carl Schmitt, *Über die drei Arten des rechtswissenschaftlichen Denkens,* Hamburg 1934.

（40） Dazu Ernst Fraenkel, *The Dual State— A Contribution to the Theory of Dictatorship,* New York 1941, und : Franz Neumann, *Behemoth—The Structure and Practice of National Socialism 1933–1944,* New York 1963.

（41） オルドーリベラリズム思想にとって、国家社会主義と社会主義を、また法律実証主義と決断主義やさらには「具体的秩序思想」とを平準化してしまうためには、計画経済的意図だけで十分であった。Friedrich A. von Hayek, *Rechtsordnung und Handelnsordnung,* in : *Zur Einheit der Rechts- und Staatswissenschaften.—Ringvorlesung der Rechts- und Staatswissenschaftlichen Fakultät der Albert-Ludwigs-Universität Freiburg / Br., WS 1966/67,*

Karlsruhe 1967, S. 195ff.（215 Anm. 30, 225ff. u. Anm. 49）.

（42） Ernst Forsthoff, *Die Umbildung des Verfassungsgesetzes,* in : *Rechtsstaat im Wandel,* a. a. O., S. 147ff., bes. 159ff.

（43） Gerd Roellecke, a. a. O., S. 303 ; フォルストホフとの明確な対立のためにも同所を見よ。「法律の決疑論への解消は、事態に応じて、また憲法的に命じられている」。

（44） E. Forsthoff, a. a. O., S. 147.

（45） E. Forsthoff, *Die Umbildung des Verfassungsgesetzes,* a. a. O., S. 148.

（46） E. Forsthoff, *Begriff und Wesen des sozialen Rechtsstaates,* in : *Rechtsstaat im Wandel,* a. a. O., S. 27ff.（40）.

（47） E. Forsthoff, *Der Jurist in der industriellen Gesellschaft,* a. a. O., S. 185ff.（188）.

（48） E. Forsthoff, *Über Maßnahme-Gesetze,* a. a. O., S. 78ff.（87f.）.

（49） Ebd.――とくにここで、フォルストホフの理論的立場はカール・シュミットのそれと連関することになる。後者はいまだ妥当している合法性システムとの対決によって定められたものであるが（注26を参照）。変造された法治国家性は、「たんなる合法性」と対決させられる。より詳しくは本書五〇ページ〔本訳書六三頁〕以下を見よ。

（50） E. Forsthoff, *Über Maßnahme-Gesetze,* a. a. O., S. 93ff.

（51） E. Forsthoff, *Lehrbuch des Verwaltungsrechts,* Bd. I, Allgemeiner Teil, München / Berlin 1950, S. 59.

（52） S. dazu noch bei Luhmann, *Grundrechte als Institution,* a. a. O., S. 167.

（53） E. Forsthoff, *Die Umbildung des Verfassungsgesetzes,* a. a. O., S. 174.

（54） E. Forsthoff, *Anrecht und Aufgabe einer Verwaltungslehre,* a. a. O., S. 129ff.（137f.）.

（55） すでにアレクサンダー・ホラーバッハがこのような定式でフォルストホフの理論をまとめていた。そこではもちろん、完全な矛盾が認められている。Alexander Hollerbach, *Auflösung der rechtsstaatlichen Verfassung?* in : *AöR* 85（1960）, S. 241ff. Karl J. Partsch, *Verfassungsprinzipien und Verwaltungsinstitutionen,* Tübingen 1958, S. 8 はすでに、内容的に無化された憲法からの行政の解放がフォルストホフ理論の重要な意図であることを明らかにしている。

(56) フォルストホフのより新しい出版物である *Der Staat der Industriegesellschaft,* München 1971, S. 143f. はとくに含蓄深い。

(57) E. Forsthoff, *Die Umbildung des Verfassungsgesetzes,* a. a. O., S. 162. ; ebenso : *Begriff und Wesen des sozialen Rechtsstaates,* S. 49.

(58) E. Forsthoff, *Die Umbildung...,* S. 159.

(59) E. Forsthoff, *Begriff und Wesen...,* S. 42.

(60) E. Forsthoff, *Über Maßnahme-Gesetze,* S. 84f.

(61) A. a. O., S. 94ff.

(62) フォルストホフの区別に非常に正確に従った研究にも、やはりこの意図が確認できる。Vgl. Hans Schneider, *Über Einzelfallgesetze,* in : *Festschrift für Carl Schmitt zum 70. Geb.,* Hrsg. von H. Barion, E. Forsthoff, W. Weber, Berlin 1959, S. 159ff., bes. S. 178. そこでは個別事例法律に正義の次元が認められるのは、それが「不必要な福祉配慮をおこなっていない」限りにおいてなのである。Kurt Ballerstedt, *Über wirtschaftliche Maßnahmegesetze,* in : *Festschrift zum 70. Geb. von Walter Schmidt-Rimpler,* Karlsruhe 1957, S. 369ff. は、特殊事例法律の「法的性格」を、措置法律による「正当化できない」侵害と対立させ、現実の発展によって追い越されないような持続性と、ひいては規律されるべき対象の固有法則性とに結びつける。したがってたとえば、企業解体法律の「法理念」に反する措置的性格が、当該企業のすばやい「解体への反作用」という事実から導かれる（375）。同様に、カルテル立法は、それがたんに市場の力を法的に丁重に扱うことではなくその制限を目的としている限り、もはや（フォルストホフの意味での）独自に構想する法律には数えられない。なぜなら、禁止は「秩序をつくらない」からである（394ff., 397）。法律の「法理念」や「秩序」性格は、ここでは、経済の自然成長性から直接に導かれている。

(63) Gerd Roellecke, a. a. O., S. 282f. ここにおいてレレッケは自らの実証主義理論が同時に「超実証主義的」側面をもつことを自ら認めていることになる。

(64) A. a. O., S. 301.
(65) E. Forsthoff, *Begriff und Wesen*..., a. a. O., S. 38.
(66) E. Forsthoff, *Der introvertierte Rechtsstaat*..., a. a. O., S. 222.
(67) Niklas Luhmann, *Positivität des Rechts*..., a. a. O., S. 190.
(68) N. Luhmann, *Grundrechte als Institution*, a. a. O., S. 29.
(69) A. a. O., S. 43.
(70) A. a. O., S. 23, 37, 71, 196ff.
(71) A. a. O., S. 23, 120, 123.
(72) A. a. O., S. 106, 72ff. u. Anm. 60, 115.
(73) 社会国家をめぐる論争のなかで発展したこの概念については、vgl. z. B. Helmut Ridder, Art. „*Staat*" (V), in: *Staatslexikon der Görres-Gesellschaft*, Freiburg / Br. 1957ff., Bd. 7, Sp. 542ff.; ders.; *Zur verfassungsrechtlichen Stellung der Gewerkschaften im Sozialstaat nach dem Grundgesetz für die Bundesrepublik Deutschland*, Stuttgart 1960, bes. S. 14; Thilo Ramm, *Die Freiheit der Willensbildung — Zur Lehre von der Drittwirkung der Grundrechte und der Rechtsstruktur der Vereinigung*, Stuttgart 1960.
(74) N. Luhmann, *Grundrechte*..., a. a. O., S. 115f. は要請される経済の固有法則性を次のように述べて根拠づけている。そのシステム原理である貨幣は、政治システムの原理としての権力が必要とするような意味での「憲法」を必要としない。影響を与える手段としての貨幣は基本的コンセンサスを前提にしており、それゆえ「拘束されない」必要がある。政治サブシステムに対する中央銀行の自律はそれゆえ、「基本権と等価値のもの」として描かれる。
(75) A. a. O., S. 117f.
(76) N. Luhmann, *Positivität des Rechts*..., a. a. O., S. 200; in: *Grundrechte*..., a. a. O., S. 113, Anm. 13 ではルーマンは、経済の社会的分化から同時にその優越性を推論するのをまだためらっていた。
(77) ハンス・P・イプゼンは基本法の社会国家原理を第一に「国家目的規定」と解釈している。Hans P. Ipsen, *Über*

das Grundgesetz (1950), in: E. Forsthoff (Hrsg.), *Rechtsstaatlichkeit und Sozialstaatlichkeit,* Darmstadt (WdF) 1968, S. 16ff.

(78) これが，ハンス・フライヤーの「計画者が支配するのではなく，支配者が計画する」べきだという定式化の意味である。Hans Freyer, *Herrschaft und Planung,* Hamburg 1933.

(79) Joseph H. Kaiser, *Ökonomische Ordnungspostulate und juristische Normierung,* in: *Zur Einheit der Rechts- und Staatswissenschaften,* a. a. O., S. 49ff. (49).

(80) N. Luhmann, *Positivität des Rechts...,* a. a. O., S. 201.

(81) 同様に言うフォルストホフ論文の定式化については，E. Forsthoff, in: *Der Staat* 9 (1970), S. 145ff., ebenso Forsthoff, *Der Staat der Industriegesellschaft,* a. a. O., bes. S. 31ff.

(82) N. Luhmann, *Legitimation durch Verfahren,* a. a. O., S. 142f. u. S. 154 Anm. 5.

(83) ルーマン理論のこの側面への批判として，vgl. Wolf D. Narr / Frieder Naschold, *Theorie der Demokratie,* Stuttgart 1971, S. 30.

(84) N. Luhmann, *Grundrechte als Institution,* a. a. O., bes. S. 150f. u. Anm. 30.

(85) Besonders N. Luhmann, *Wahrheit und Ideologie,* in: *Der Staat* 1 (1962), S. 431ff. 批判的論争として，vgl. Jürgen Habermas / N. Luhmann, *Theorie der Gesellschaft oder Sozialtechnologie — Was leistet die Systemforschung?* (*Theorie-Diskussion*), Frankfurt 1971, bes. S. 239ff., 245ff.

第8章

(1) 代表的なものとして以下を参照。Max Weber, *Wirtschaft und Gesellschaft,* Tübingen 1956, S. 624ff.; Franz Neumann, *Der Funktionswandel des Gesetzes im Recht der bürgerlichen Gesellschaft,* in: Drs., *Demokratischer und autoritärer Staat—Studien zur politischen Theorie,* Frankfurt a. M. / Wien 1967.

(2) Gustav Radbruch, *Klassenrecht und Rechtsidee,* in : Drs., *Der Mensch im Recht,* Göttingen 1957, S. 23ff. (27).

(3) ボン基本法にかんする憲法論において中心となる「社会的法治国家」公式は、ヘルマン・ヘラーによって最初に展開された。Hermann Heller, *Rechtsstaat oder Diktatur?* Tübingen 1930.

(4) ルソーは最も徹底して、国家市民の自由を立法過程への平等な参加から根拠づけ、人民全体が人民全体について決議した規定だけを法律として妥当するものとした。*Du Contrat Social,* II, 6.

(5) 社会主義的理論家のなかではとくに、Hermann Heller, *Der Begriff des Gesetzes in der Reichsverfassung,* in : *Veröffentlichungen der Vereinigung der deutschen Staatsrechtslehrer* 4 (1928) S. 98ff. を参照。

(6) Carl Schmitt, *Unabhängigkeit der Richter, Gleichheit vor dem Gesetz und Gewährleistung des Privateigentums nach der Weimarer Verfassung,* Berlin / Leipzig 1926.――Erich Kaufmann, *Die Gleichheit vor dem Gesetz im Sinne des Art. 109 der Reichsverfassung,* in : *Veröffentlichungen der Vereinigung der deutschen Staatsrechtslehrer* 3 (1927) 1ff.

(7) Karl Marx, *Die Klassenkämpfe in Frankreich 1848-1850* ; マルクスの分析はフランスの一八四八年憲法に関連している。

(8) Heinrich Lange, *Vom Gesetzesstaat zum Rechtsstaat,* Tübingen 1934.――Otto Koellreutter, *Der nationalsozialistische* Rechtsstaat, Tübingen 1934.――Carl Schmitt, *Nationalsozialismus und Rechtsstaat,* in : *Juristische Wochenschrift* 63 (1934) 713ff.

(9) Otto Kirchheimer, *Zur Frage der Souveränität,* in : Drs., *Politik und Verfassung,* Frankfurt a. M. 1964, S. 57ff. ――上記の原理に従った団体の合理化［Verbandsrationalisierung］については、Werner Sörgel, *Metallindustrie und Nationalsozialismus. Eine Untersuchung über Struktur und Funktion industrieller Organisation in Deutschland 1929-1939,* Frankfurt a. M. 1965 を参照せよ。

(10) カール・シュミットははっきりと次のように強調している。すなわち、すべての個別的生活領域と社会的諸制度の法は、一般的な規則からではなく、それらの「具体的な状況」からのみ獲得されるのだと。これについては Carl

Schmitt, *Über die drei Arten des rechtswissenschaftlichen Denkens,* Hamburg 1934, S. 43を見よ。

(11) Otto Kirchheimer, *Die Rechtsordnung des Nationalsozialismus,* in: Drs., *Funktionen des Staats und der Verfassung,* Frankfurt a. M. 1972, S. 116ff., 136.

(12) Bernd Rüthers, *Die unbegrenzte Auslegung. Zum Wandel der Privatrechtsordnung im Nationalsozialismus,* Tübingen 1968.

(13) Werner Maihofer, *Die gesellschaftliche Funktion des Rechts,* in: Rüdiger Lautmann u. a. (Hrsg.), *Die Funktion des Rechts in der modernen Gesellschaft. Jahrbuch für Rechtssoziologie und Rechtstheorie,* Band I, Bielefelt 1970, S. 11ff. (19, 22).

(14) ルーマンのイデオロギー批判は、たんに社会の現状だけでなく、社会システム——その動的な存続確保はイデオロギー計画にそのつど従うものでなければならない——の永続的安定化を志向することで、ここに示された事態をさらに超えている。Niklas Luhmann, *Wahrheit und Ideologie,* in: Drs., *Soziologische Aufklärung,* Band I, Opladen 1970, S. 54ff.を見よ。

(15) Carl Schmitt, *Die Tyrannei der Werte. Überlegungen eines Juristen zur Wert-Philosophie,* Stuttgart 1960.

(16) Wolfgang Abendroth, *Zum Begriff des demokratischen und sozialen Rechtsstaats,* in: Drs., *Antagonistische Gesellschaft und politische Demokratie,* Neuwied 1967, S. 109ff.——この問題については以下を参照のこと。Helmut Ridder, *Die soziale Ordnung des Grundgesetzes. Leitfaden zu den Grundrechten einer demokratischen Verfassung,* Opladen 1975.

(17) Ernst Forsthoff, *Der introvertierte Rechtsstaat und seine Verortung,* in: Drs., *Rechtsstaat im Wandel. Verfassungsrechtliche Abhandlung 1950-1964,* Stuttgart 1964, S. 222.

(18) Niklas Luhmann, *Politische Verfassung im Kontext des Gesellschaftssystems,* in: *Der Staat* 12 (1973) 1ff., 165ff. (21).

(19) Ernst Forsthoff, *Über Maßnahmegesetze,* in: Drs., *Rechtsstaat im Wandel,* a. a. O. S. 84f., 94ff.

(20) Niklas Luhmann, *Positivität des Rechts als Voraussetzung einer modernen Gesellschaft,* in : Rüdiger Lautmann u. a. (Hrsg.), *Die Funktion des Rechts in der modernen Gesellschaft*, a. a. O., S. 175ff. (190).

(21) Niklas Luhmann, *Grundrechte als Institution,* Berlin 1965, S. 23, 37, 71f., 196ff.

(22) A. a. O., S. 106, 72ff., 115ff.

(23) Drs., *Politische Verfassung im Kontext des Gesellschaftssystems,* a. a. O., S. 172ff.

(24) A. a. O., S. 179.

(25) Drs., *Positivität des Rechts...,* a. a. O., S. 200.

(26) Carl Schmitt, *Der Hüter der Verfassung,* Berlin 1931, S. 91f., 94.

(27) Niklas Luhmann, *Politische Verfassung...,* a. a. O., S.13f.

(28) 真理に定位する手続き概念は民主主義的な立法学説になおも結びついていたために、ルーマンは明らかにこれを放棄している。Niklas Luhmann, *Legitimation durch Verfahren,* Neuwied 1969, S. 148.

(29) Niklas Luhmann, *Rechtssoziologie,* Reinbek 1972, Band 2, S. 303, 324.

(30) Drs., *Rechtssystem und Rechtsdogmatik,* Stuttgart u a. 1974, S. 49ff.

(31) Drs., *Rechtssoziologie,* a. a. O., S. 332.

(32) A. a. O., S. 333.

(33) 合法性と正当性の関係についてのカール・シュミットの理論に倣って、ウルリヒ・K・プロイスは *Legalität und Pluralismus,* Frankfurt a. M. 1973 において、二段階の合法性という概念を批判的な意図のもとに展開した。

(34) 投資援助法についての連邦憲法裁判所 一九五四年七月二〇日判決。

(35) 資料として以下を参照せよ。Erhard Denninger (Hrsg.), *Freiheitliche demokratische Grundordnung. Materialien zum Staatsverständnis und zur Verfassungswirklichkeit in der Bundesrepublik,* 2 Bände, Frankfurt a. M. 1977.

(36) カール・シュミットにおけるこの概念については、*Legalität und Legitimität,* in : Ders., *Verfassungsrechtliche Aufsätze aus den Jahren 1924-1954,* Berlin 1958, S. 311 を参照。

(37) Werner Maihofer, *Die Natur der Sache,* in: Arthur Kaufmann (Hrsg.), *Die ontologische Begründung des Rechts,* Darmstadt 1965, S. 52ff. (84).

(38) Drs., a. a. O., S. 71.

(39) A. a. O., S. 53 und Anm. 4.

(40) A. a. O., S. 79f., und Drs., *Vom Sinn menschlicher Ordnung,* Frankfurt a. M. 1956, S. 86ff.

(41) これにかんしては Jürgen Habermas, *Naturrecht und Revolution,* in: Drs., *Theorie und Praxis,* Neuwied 1963, S.52ff. を参照。

(42) Werner Maihofer, *Die gesellschaftliche Funktion des Rechts,* a. a. O., S. 21f.

(43) Drs., *Realistische Jurisprudenz,* in: Günther Jahr / W. Maihofer (Hrsg.), *Rechtstheorie. Beiträge zur Grundlagendiskussion,* Frankfurt a. M. 1971, S. 458f.

(44) A. a. O., S. 439.

(45) ルーマンはこうした観点に基づいて、社会の政治的統合の不可避性に疑いの目を向ける。*Rechtssoziologie,* a. a. O., S. 333ff. を見よ。

(46) Ernst Forsthoff, *Zur Problematik der Verfassungsauslegung,* Stuttgart 1961, S. 11.—— N. Luhmann, *Politische Verfassungen im Kontext des Gesellschaftssystems,* a. a. O., S. 3.

(47) Niklas Luhmann, *Rechtssoziologie,* a. a. O., S. 340ff.——それどころかルーマンは、規範的な政治的‐法的メカニズムに束縛されてきたことは、人類の発展における特殊化の失敗ではなかったか、という疑念を表明している。a. a. O., S. 339f.

第9章

＊ 本論文は、クリストフ・ミュラーによってベルリンで招集された、ＤＶＰＷの「政治的法理論」研究グループによる

一九七四年初めの研究会での講演の一部に、修正を加えたものである。この研究グループでの討議とフーベルト・ロットロイトナーの批判的コメントに深く感謝する。

（1）「現実的」との概念は、この文脈では、「法リアリズム」概念でのそれとはまったく異なった含意をもっている。それは、立法者のつくる抽象的規範と対照させて法を具体化する機関による法の発展形成のリアリズムに着目しているのではなく、法形成プロセス全体の根底にある現実の社会的基盤に着目しているのである。したがってそれは、法的イデオロギー形成の機能転換を記述する媒体として説明されるであろう。

（2）Oskar Negt, *Thesen zur marxistischen Rechtstheorie*, in: *KJ* 6 (1973) S. 1ff. (2).

（3）Ebd.

（4）この点についてはFriedrich Kübler, *Kondifikation und Demokratie*, in: *JZ* 24 (1969) S. 645ff.

（5）Talcott Parsons, *Recht und soziale Kontrolle*, in: Ernst E. Hirsch / M. Rehbinder (Hrsg.), *Studien und Materialien zur Rechtssoziologie* (= *KZSS*, Sonderheft 11), Köln / Opladen 1967, S. 121ff. (122).

（6）Niklas Luhmann, *Politische Verfassungen im Kontext des Gesellschaftssystems*, in: *Der Staat* 12 (1973) S. 1ff. und 165ff. 引用したルーマンの言明（S. 176）は彼の論文のテーマからすれば憲法についてのものであるが、ルーマンが憲法問題を計画と法の関係一般の一側面として扱っている限りで、一般化可能である。a. a. O., S. 19ff.

（7）Engels, Brief an Schmidt v. 27. 10. 1890. ネークトはこの部分を詳しく引用しているが、ブルジョワ社会内部でのそのような矛盾した発展の「通常性」というエンゲルスの理解を示す文を加えていない。エンゲルスはすでにナポレオン法典中に隠された矛盾と歪曲を発見していたにもかかわらず、そこではこう言われている。「ナポレオン法典が法典であることを阻まない事柄、それは全世界のどの新たな法典編纂の基礎ともなっている」。

（8）この傾向はネークトのパシュカーニス批判にも現われているようである。Vgl. a. a. O., bes. S. 14f. ネークトはこの説明のなかで、コルシュがパシュカーニスによる循環の過大評価と批判的に論争したさいに述べた要求を果たしたのだが。カール・コルシュ（Karl Korsch）の Eugen Pašukanis, *Allgemeine Rechtslehre und Marxismus*, Frankfurt / M. 1966 に序文として付された批評を参照（S. XI）。

（9） ネークトは法のシステム的性格の要求がいまだに妥当していると前提しているから、彼にとってはこの矛盾は後期資本主義において絶頂に達したと考えられる。a. a. O., S. 2.

（10） 新実証主義の問題については、「高度産業社会における法実証主義の諸側面」本書二〇五ページ［本訳書二二〇頁］以下を見よ。

（11） ここではマイホーファーの法存在論のみが扱われ、それが関係するマルクス主義的法理論との対比がなされる。フォルストホフとルーマンについては、注10を参照。マイホーファーとルーマンという正反対に見えるこころみがひとつに収斂するというテーゼは、「現代における法イデオロギーと社会の現実との関係について」でより詳しく説明される。本書二二七ページ［本訳書二三八頁］以下、とくに二四一ページ［二五六頁］以下。多少の重なりが生ずるのはやむをえない。

（12） 法形式と法内容のこの関係がもつ解放の爆発力については、s. Gustav Radbruch, *Klassenrecht und Rechtsidee,* in : *Der Mensch im Recht,* Göttingen 1957, S. 23ff.（27f.）.

（13） Max Weber, *Wirtschaft und Gesellschaft,* Köln / Berlin 1964, S. 644ff. 現代の法の特殊化という傾向は、過去の身分法とのさまざまな相違点をもつにもかかわらず、両者の違いは相対的でしかない、という有名な指摘を含む。

（14） 役割の担い手とは対照的な規定されず規定しえない「固有の」人間という残存カテゴリーについては、Vgl. Ralf Dahrendorf, *Homo sociologicus,* Köln / Opladen^{5} 1965, S. 62ff. 批判としてとりわけ、s. Dieter Claessens, *Rollentheorie als bildungsbürgerliche Verschleierungsideologie,* in : *Spätkapitalismus oder Industriegesellschaft?*（Verhandlungen des 16. Deutshen Soziologentages）, Stuttgart 1969, S. 270ff.（271）. Bernard Willms, *Gesellschaftsvertrag und Rollentheorie,* in : ders., *Funktion—Rolle—Institution. Zur politiktheoretischen Kritik soziologischer Kategorien,* Düsseldorf 1971, S. 41ff.（63ff.）では、主体の消失が問題化されている。

（15） So Justus W. Hedemann, *Wesen und Wandel der Gesetzgebungstechnik,* in : *Fs. z. 70 Geb. von Walter Schmidt-Rimpler,* Karlsruhe 1957, S. 26.

（16） So Reimut Jochimsen, *Zum Aufbau und Ausbau eines integrierten Aufgabenplanungssystems und Koor-*

dinationssystems der Bundesregierung, in: Volker Ronge / G. Schmieg (Hrsg.), *Politische Planung in Theorie und Praxis,* München 1971, S. 184ff. (186). ここではとりわけ、「部局生産の最大化と部局間の協調の最小化」の同時性がテーマとなっている。——Vgl. dazu Joachim Hirsch, *Wissenschaftlich-technischer Fortschritt und politisches System,* Frankfurt ^{2}1971, S. 136ff.; Gerhard Stuby, *Bürgerliche Demokratietheorie in der Bundesrepublik,* in: Reinhard Kühnl (Hrsg.), *Der bürgerliche Staat der Gegenwart* (*Formen bürgerlicher Herrschaft II*), Reinbek 1973, S. 87ff. (112).

(17) とりわけ vgl. Manfred Rehbinder, Einleitung zu: ders. (Hrsg.), *Recht im sozialen Rechtsstaat,* Opladen 1973, S. 18.

(18) Dazu Rudolf Wiethölter, *Rechtswissenschaft,* Frankfurt 1968, S.167ff.

(19) Manfred Rehbinder, a. a. O., S. 13f. (A) の記述を参照。Und ders., *Wandlungen der Rechtsstruktur im Sozialstaat,* in: Ernst E. Hirsch / M. Rehbinder (Hrsg.), *Studien und Materialien zur Rechtssoziologie,* a. a. O., S. 197ff., bes. 207f. (B); und ders., *Die Begründung der Rechtssoziologie durch Eugen Ehrlich,* Berlin 1967, bes. S. 110f. (C) ——これらの叙述からは、同一著者の矛盾した言明のなかに表われてしまうあいまいさが浮き彫りになる。研究(C)では集団の自律的な法定立が「法秩序の多元主義」とされ、社会集団が「国家のなかの国家」となるような発展が確認される。すなわちその発展は「国家から独立した特殊社会学的な法概念」を要求し、さらには集団内の法的行為の国家の裁判所による審査を完全に包括的におこなうことは不可能であるとされる。他方、研究(A)では社会組織の法的自律に対する国家の法独占の優位が次の意味で強調される。つまり「法秩序の完全に自律的な特殊諸秩序への解体は回避し」うると。加えて、集団の法的自律は国家の委譲によるものであるとされる。研究(B)は矛盾を学問的研究分配の手続きのなかで概念化する。「法社会学的視点」にとっては集団の内的秩序の法的自給自足は妥当しているが、規範的妥当要求という理論的考察からは、国家の委譲という原理に固執することになり、国家の法定立独占については、結局のところ「身分制国家とは違って国家の法源独占はまだ残っている」という結論にいたる。

(20) Vgl. Joachim Perels, *Kapitalismus und politische Demokratie—Privatrechtssystem und Gesellschafts-* (kor.:

Verfassungs-）*struktur in der Weimarer Republik,* Frankfurt 1973, bes. S. 57ff.

(21) Vgl. v. a. Otto Kirchheimer, *Die Rechtsordnung des Nationalsozialismus,* in : ders., *Funktionen des Staats und der Verfassung,* Frankfurt 1972, S. 115ff.

(22) Dazu Martin Broszat, *Der Staat Hitlers,* München 1969, bes. S. 354ff.「立法者」の過剰については，s. auch : Hubert Schorn, *Die Gesetzgebung des Nationalsozialismus als Mittel der Machtpolitik,* Frankfurt 1963, S. 19.

(23) 会社自身の裁判権の概念についてはOtto Kirchheimer, a. a. O.を見よ。裁判権の分裂については，s. Albrecht Wagner, *Die Umgestaltung der Gerichtsverfassung und des Verfahrens- und Richterrechts im nationalsozialistischen Staat*（= *Die deutsche Justiz und der Nationalsozialismus,* Bd. I), Stuttgart 1968. 司法の機能についてより広くはAlexander von Brünneck, *Die Justiz im deutschen Faschismus,* in : *KJ* 3（1970）S. 21ff.

(24) 民法典からの特殊法分野の分裂と，この発展を考慮した「ドイツ法アカデミー」の新「民族法典」についての研究については，s. u. a. : Helmut Krause, *Rechtseinheit und ständisches Recht,* in : *Deutsche Rechtswissenschaft* I（1936）S. 300ff. ; Franz Wieacker, *Der Stand der Rechtserneuerung auf dem Gebiete des bürgerlichen Rechts,* in : a. a. O., 2（1937）S. 3ff. ; Lüben Dikow, *Die Neugestaltung des Deutschen Bürgerlichen Rechts,* München / Leipzig 1937, bes. S. 40ff. ; Justus W. Hedemann u. a., *Zur Erneuerung des Bürgerlichen Rechts,* München / Berlin 1938 ; ders., *Das Volksgesetzbuch der Deutschen,* München / Berlin 1941.

(25) Siehe Carl Schmitt, *Die drei Arten des rechtswissenschaftlichen Denkens,* Hamburg 1934. 具体的秩序思想の機能については，vgl. Bernd Rüthers, *Die unbegrenzte Auslegung. Zum Wandel der Privatrechtsordnung im Nationalsozialismus,* Tübingen 1968. カール・シュミットの「キール・シューレ」への影響やそのシューレがドイツ法アカデミーのなかでの初期の法典編纂研究のあり方を規定したことについては，何よりvgl. Heinrich Lange, *Die Entwicklung der Wissenschaft vom bürgerlichen Recht seit 1933,* Tübingen 1941, bes. S. 9ff. Dazu auch : Peter Thoss, *Das subjektive Recht in der gliedschaftlichen Bindung,* Frankfurt 1968, bes. S. 37ff.

(26) Otto Kirchheimer, a. a. O., S. 116ff., S. 136.

(27) 「具体的秩序思想」のブルジョワ的信奉者によって多く引用されるこの定式は，明白な党派法律家にも見られた。S. z. B. Hans Frank, *Rechtsgrundlegung des nationalsozialistischen Führerstaates,* München 1938, S. 9 Anm. 6. Vgl. auch Hermann Göring, *Die Rechtssicherheit als Grundlage der Volksgemeinschaft,* Hamburg 1935, S. 21.

(28) 特殊法としての労働法の定義の問題性については，vgl. Rudolf Wiethölter, *Rechtswissenschaft,* a. a. O., S. 281ff.

(29) ブルジョワ法の政治化と法秩序の一体性の関係については，s. Rudolf Wiethölter, a. a. O., S. 179.

(30) 社会的全体憲法の概念については，s. Wolfgang Abendroth, *Zum Begriff des demokratischen und sozialen Rechtsstaats,* in : Ernst Forsthoff (Hrsg.), *Rechtsstaatlichkeit und Sozialstaatlichkeit* (WdF), Darmstadt 1968, S. 114ff., bes. S. 139. ; Helmut Ridder, *Zur verfassungsrechtlichen Stellung der Gewerkschaften im Sozialstaat nach dem Grundgesetz für die Bundesrepublik Deutschland,* Stuttgart 1960, S. 16ff.

(31) Otto Kahn-Freund, *Der Funktionswandel des Arbeitsrechts,* in : *ASWSP* 67 (1932) S. 146ff. (163) の，ライヒ労働裁判所判決の分析に出てくる文字通りの定式化。同裁判所は判決の理由づけにおいて現実の発展動向を再現した。

(32) 現実の発展についてはvgl. Hans-H. Hartwich, *Sozialstaatspostulate und sozialer status quo,* Köln / Opladen 1970. 統合理解について代表的なものとしては，Ernst Forsthoff (Hrsg.), *Rechtsstaatlichkeit und Sozialstaatlichkeit,* a. a. O. の多くの論稿。社会国家原理に対する原理的批判として，s. Wolfgang Müller / Chr. Neusüß, *Die Sozialstaatsillusion und der Widerspruch von Lohnarbeit und Kapital,* in : *SoPo* 6 / 7 (1970).

(33) So aber Manfred Rehbinder, Einleitung zu : ders. (Hrsg.), *Recht im sozialen Rechtsstaat,* a. a. O., S. 15 ; s. auch ders., *Wandlungen...,* a. a. O., S. 208 ; ここでは，実質的権利平等が均一的最低生活水準保証と結びつけられている。

(34) Ders., Einleitung..., a. a. O., S. 17.

(35) Ebd.

(36) 多元的システムにおけるさまざまの集団の自由な選択の可能性というテーゼに対する批判としてすでに，vgl. Otto Kirchheimer, *Zur Frage der Souveränität,* in : ders., *Politik und Verfassung,* Frankfurt 1964, S. 57ff. (bes. S. 58f.).

(37) Ralf Dahrendorf, *Gesellschaft und Demokratie in Deutschland,* München 1965, S. 438などの主張。似たものとして、David Schoenbaum, *Die braune Revolution—Eine Sozialgeschichte des Dritten Reiches,* Köln / Berlin 1968, bes. S. 333f.

(38) 「労働手帳」の導入について、Martin Broszat. a. a. O., S. 173ff., bes. S. 205f. Ebenso David Schoenbaum, a. a. O., bes. S. 129ff. そこでは、注37での著者自身のテーゼにもかかわらず、次のような規定が記されている。たとえば、鉄鋼労働者は一九三四年一二月以降は職業安定所の許可によってのみ自分のいる区域を離れることができた。航空機産業の被傭者は、それまでの雇用者の解放書類を提示しなければ企業を移ることはできなかった。他方、あらゆる職業の被傭者には命令にしたがって新たな立場を受け入れ、そのように自らを教育することが義務づけられえた。

(39) Siehe Rudolf Wiethölter, *Vortrag über die Einwirkung des Sozialstaatsgedankens auf das Vertrags- und Wirtschaftsrecht,* in: *Rabels Z* 29 (1965) S. 806ff.; ders., *Recht,* in Gerd Kadelbach (Hrsg.), *Wissenschaft und Gesellschaft,* Frankfurt 1967, S. 215ff., bes. S. 237.

(40) So Manfred Rehbinder, bes. in *Wandlungen...,* a. a. O., S. 197ff., 206ff., bes. 212ff. — Vgl. auch Bernhard Willms, *Gesellschaftsvertrag und Rollentheorie,* a. a. O., S. 55 und Anm. 32 et passim.

(41) ラートブルフを参照した定式化については、Manfred Rehbinder, in *Wandlungen...,* a. a. O., S. 211.

(42) S. Anm. 14.

(43) Werner Maihofer, *Recht und Sein—Prolegomena zu einer Rechtsontologie,* Frankfurt 1954, bes. S. 17ff., S. 114ff. マイホーファーのハイデガーへの批評については、vgl. Johannes Thyssen, *Zur Rechtsphilosophie des Als-Seins,* in: Arthur Kaufmann (Hrsg.), *Die ontologische Begründung des Rechts* (WdF), Darmstadt 1965, S. 328ff. しかしここではマイホーファーによってたんに参照されているだけの実存主義的立場が彼になすりつけられているため、しばしば不明確な箇所が生じている。たとえば、S. 331ff.

(44) Maihofer, a. a. O. und ders., *Die Natur der Sache* (以下*NdS*として引用), in: Arthur Kaufmann (Hrsg.), *Die ontologische Begründung des Rechts,* a. a. O., S. 52ff. (72).

(45) とくに明確な箇所は Maihofer, *NdS,* S. 71f.

(46) A. a. O., S. 440f.

(47) この定式は Maihofer, *NdS,* S. 83ff.

(48) A. a. O., S. 84. Vgl. dazu : ders., *Zum Verhältnis von Rechtssoziologie und Rechtstheorie*（以下 *Rsoz Rth* として引用）, in : Günther Jahr / W. Maihofer（Hrsg.）, *Rechtstheorie—Beiträge zur Grundlagendiskussion,* Frankfurt 1971, S. 247ff.（282）. ここでマイホーファーは基本法二〇条三項を明らかに誤って解釈して、「法律の上に法を置くべしという憲法の命令を構築している。

(49) Ders., *Recht und Sein,* S. 105ff., ebenso : *NdS,* S. 72.

(50) Arthur Kaufmann の自身が編集した論文集への序文を見よ（a. a. O., S. 2）。

(51) Carl Schmitt, Über *die drei Arten des rechtswissenschaftlichen Denkens,* a. a. O., S. 43 ; 21 ; 41（挙げられた引用の順番）。「尊敬すべき商人」とか「良い家庭の父」という基準が「正しく思考する者すべての礼儀心」の定式の「個々の事例における明確化」として法に入れられたことやそれが「健康な民族感情」に沿っていたことについての批判は vgl. Rudolf Wiethölter, *Rechtswissenschaft,* a. a. O., S. 147.

(52) Thomas Hobbes, *Leviathan,* ed. Neuwied / Berlin 1966, S. 99ff., bes. S. 120f. 市場道徳としてのホッブズの自然法観念については、siehe C. B. Macpherson, *Die politische Theorie des Besitzindividualismus,* Frankfurt 1967.

(53) Maihofer, *NdS,* S. 79f., und ders., *Vom Sinn menschlicher Ordnung,* Frankfurt 1956, S. 86ff.

(54) Vgl. dazu : Wolf Rosenbaum, *Zum Rechtsbegriff bei Stučka und Pašukanis,* in : *KJ* 4（1971）S. 148ff.（159）. ここでは、互いに平等な商品所有者どうしの法関係という「特殊事例」にパシュカーニスが集中していることが批判され、法概念が互いに不平等な諸個人の封建的関係にも関係させられている。「法に内在する抽象化・平等取扱模範はここでは次のようになる。土地所有者は具体的個人としてではなく土地所有者として要求し、農民はその資格においては（特定の社会的役割の担い手として）農奴として働かなければならない」。

(55) Maihofer, *NdS,* S. 53 und Anm. 4.

(56) Hierzu Jürgen Habermas, *Naturrecht und Revolution*, in: ders., *Theorie und Praxis*, Neuwied / Berlin 1963, S. 52ff.

(57) この問題についての文献としては、ただ vgl. Herbert Marcuse, *Der eindimensionale Mensch—Studien zur Ideologie der fortgeschrittenen Industriegesellschaft*, Neuwied / Berlin 1967.——*Soziologische Exkurse*, Frankfurt 1956, S. 162ff.——Jürgen Habermas, *Technik und Wissenschaft als ‚Ideologie'*, Frankfurt 1968, S. 48ff., ders., *Legitimationsprobleme im Spätkapitalismus*, Frankfurt 1973.

(58) 「現実主義」のこのようなバージョンについては、vgl. *Soziologische Exkurse*, a. a. O., bes. S. 178f.

(59) Georg Lukács, *Geschichte und Klassenbewußtsein*, Amsterdam 1967, S. 229ff. (232f.). ブルジョワ的意識の公然たる解体については、s. auch Jürgen Habermas, *Legitimationsprobleme...*, a. a. O., S. 168f.

(60) たとえばマイホーファーによる若きマルクスの法理論の援用もこれに属する。それはイデオロギー批判的審級とイデオロギー的事実という法の二重性格の分離という点において後期マルクス主義と対立するものだった。Siehe Maihofer, *Ideologie und Recht*, in: ders. (Hrsg.), *Ideologie und Recht*, Frankfurt 1969, S. 1ff. u. S. 5 Anm. 8; und vor allem: ders., *Demokratie im Sozialismus—Recht und Staat im Denken des jungen Marx*, Frankfurt 1968. (このようなマイホーファーのマルクス受容への批判としては、vgl. Nobert Reich, Einleitung zu Petr I. Stučka, *Die revolutionäre Rolle von Recht und Staat*, Frankfurt 1969, S. 18 Anm. 51) ——二番目に挙げた著作のなかでマイホーファーは、マルクスの特殊利益と普遍性との分類を誤解して、マルクスの「木材窃盗法律についての討論」についての叙述を自らの「事物の本性」観念のために使っている。それは結局「階級なき社会」の「真なる法」と称せられるのである。Siehe S. 45f. マイホーファーが自らの「具体的法ユートピア」観念のためにエルンスト・ブロッホを援用するのにも同様の問題がある。Siehe bes. Maihofer, *Rechtsstaat und menschliche Würde*, Frankfurt 1968.

(61) Dazu Maihofer, *Demokratie im Sozialismus*, a. a. O., S. 4. ここではマルクス主義的正当化の不可避性がほとんどカリカチュアとして描かれている。資本主義の人間化の問題については、次のように言う。「この資本主義にかんして言えば、われわれはすべて『マルクス主義者』である。われわれが自由民主主義、社会民主主義、キリスト教民主主主義、どの陣営に属していようとも」。マルクスの法・資本主義批判はこの結果（S.5）それらの過去の出現形態への批判というだけのものと理解され、結局現在の正当化へと逆転される。

(62) Eugen Ehrlich, *Grundlegung der Soziologie des Rechts*, ³Berlin 1967, S. 331, Vorrede, S. 76f.

(63) Norbert Reich, Einleitung zu Peter I. Stučka, *Die revolutionäre Rolle von Recht und Staat*, a. a. O., S. 24 の定式化では、ストゥーチカのこの手続きが、法ニヒリズムや法律家社会主義、さらにはブルジョワ的法理解に対する「多面戦線での論争」という事情から説明されている。

(64) Peter I. Stučka, s. die o. a. Ausgabe, S. 128（イェーリングに関連して）.

(65) A. a. O., S. 111, 116.

(66) マイホーファーのマルクス主義的法理論との対決はストゥーチカに限定されている。なぜなら、彼の理論は社会学的、経済的法概念がスターリニズムのなかで抹殺される（vgl. Norbert Reich, a. a. O., S.36）前に定まったので、パシュカーニスのかつてのこころみとは逆に法を積極的カテゴリーとして把握しているからである（a. a. O., S. 34)。それで、パシュカーニスの等価交換の特殊事例への限定を無視して言えば、ここからは後期ブルジョワ的法理論にとっての本質的な比較の契機が得られるのである。

(67) Maihofer, *NdS*, S. 58f.

(68) Stučka, a. a. O., S. 113f.

(69) A. a. O., S. 114, dazu S. 104.

(70) A. a. O., bes. S. 112 und Anm. 12 et passim.

(71) A. a. O., S. 113f.

(72) Ebd. und S. 116.

(73) A. a. O., S. 107f. und Anm. 6.

(74) Norbert Reich, Manuskript Berlin 1974.

(75) Maihofer, *Die gesellschaftliche Funktion des Rechts*（以下 *FdR* として引用）, in: Rüdiger Lautmann u. a.

(Hrsg.), *Die Funktion des Rechts in der modernen Gesellschaft* in: *Jb. f. Rechtssoziologie und Rechtstheorie*, Bd. I, Bielefeld 1970, S. 11ff. (17).

(76) A. a. O., S. 17f.

(77) A. a. O., S.13. 同様の誤解が以下にも見られる。Wolf Paul und Dietrich Böhler, *Rechtstheorie als kritische Gesellschaftstheorie—Aktualität und Dogmatismus der marxistischen Rechtstheorie am Beispiel von Eugen B. Paschukanis*, in: *Rechtstheorie* 3 (1972) S. 75ff. (80). ここでは、「パシュカーニスはマルクスと同様人間と自然の関係（労働）のみを社会の『下部構造』と」みなし、それゆえ「生産とコミュニケイションのアプリオリな媒介関係」を見誤ったとされる。Dazu Anm. 79.

(78) Stučka, a. a. O., S. 102f.（かっこは原文。強調は筆者による)。

(79) Siehe Pašukanis, a. a. O., S. 105. ここでは、財産を個人と自然物の関係とする（カール・レンナーの）理解に対して、それはフーゴー－ハイゼのパンデクテン法解釈体系を再生産するものだとの批判がなされている。「それはまさに同様に外界の対象を自らに従わせる（物権）人間に始まり、それから成果の交換へと移行する」。——vgl. ebd., S. 100ff. ここでは、私有財産を主体間の関係として純粋に形式的に構成することが、財産の「前法的」由来からの分離であると記されている。パシュカーニス自身の立場について言えば、「前法的」由来という概念からは、彼が人間と自然の関係から法関係を導いたという批判が的外れであることが分かる。s. Anm. 77. ストゥーチカの先占と生産力とについての（生産関係との「混同」のない）考察については、s. dort S. 103, 110.

(80) Maihofer, *NdS*, S. 82f. und 71.

(81) Ders., *FdR*, S. 18f. それゆえマイホーファーの「イデオロギー批判的手続き」は、社会批判的かつイデオロギー批判的な問題設定とは本質的に区別されなければならない。S. 19.

(82) A. a. O., S. 20.

(83) A. a. O., S. 21 und bes.: *Ideologie und Recht*, a. a. O., S. 26f. ここでは、マルクス主義的イデオロギー批判が「超越的」イデオロギー批判だと誤解されている。

(84) *FdR,* S. 22, 19.

(85) マイホーファーは「イデオロギー批判」への要求を自らおこなっているが、彼があらゆる著作で一貫して援用しているのはカール・マンハイムである。

(86) A. a. O., S. 19.

(87) Kurt Lenk（Hrsg.）, *Ideologiekritik,* a. a. O., Einleitung, S. 57 のカール・マンハイムに関連した定式化を参照。

(88) Ebd.

(89) Maihofer, *NdS,* S. 72.

(90) Max Horkheimer, *Ein neuer Ideologiebegriff?,* in : Kurt Lenk, a. a. O., S. 283ff.（303）.

(91) Maihofer, *FdR,* S. 21.

(92) Maihofer, *Realistische Jurisprudenz,* in : Günther Jahr / W. Maihofer（Hrsg.）, *Rechtstheorie—Beiträge zur Grundlagendiskussion,* Frankfurt 1971, S. 444. この距離は、同時にマルクーゼとの距離をも意味する。彼はかつてカール・マンハイムの歴史理解とあいまいに一致させられうるほどに広く受容されたのだが。

(93) *FdR,* S. 21, ; *Realistische J.,* S. 429ff.

(94) *Realistische J.,* S. 430f.

(95) A. a. O., S. 464.

(96) A. a. O., S. 443.

(97) *Rsoz Rth,* S. 291.

(98) *Realistische J.,* S. 443.

(99) *Ideologie und Recht,* S. 28.

(100) *Realistische J.,* S. 463f.

(101) 「職業からくる非イデオロギー」としての「真の法律家」はマイホーファー理論に繰り返し登場する常套句である。S. z.B. : *Ideologie und Recht,* S. 35 ; *Realistische J.,* S. 432 ; *FdR,* S. 34.

(102) マイホーファーによるこのようなマンハイム受容の別の文脈での意味については、以下の叙述を見よ。

(103) 和解可能性と社会諸利益の不均衡の増大との連関については、Rudolf Stammler, *Die Lehre vom richtigen Rechte*, Neudruck Darmstadt 1964, S. 145, 189 et passim.「仲介者」という実質的原理による利益調整というマイホーファーの概念はシュタムラーの「社会的理念」観念と近い。Siehe Maihofer, *Ideologie und Recht*, S. 9ff.

(104) U. a. Maihofer, *Rsoz Rth*, S. 283.――Vgl. ebenso : Peter Noll, *Gesetzgebungslehre*, Reinbek 1973.

(105) Maihofer, *FdR*, S. 21f.

(106) *Realistische J.*, S. 454.

(107) *FdR*, a. a. O.

(108) *Naturrecht als Existenzrecht*, Frankfurt 1963, S. 21.

(109) A. a. O., S. 19ff.

(110) A. a. O., bes. S. 22.

(111) *Realistische J.*, S. 458f.

(112) 国家社会主義における女性の自然主義的動物学的本質規定による逆転した「ユートピア」でさえ経済的枠条件の限定の下にあった。女性の任務の出産と家事機能への限定は高失業率という時代と機能的に関連していたが、男性労働力が戦場へと吸収され兵器産業において労働の場が拡大するにつれて女性への勤務義務づけが不可欠となると、一瞬にしてその限定も撤回された。

(113) Vgl. Anm. 89.

(114) *Realistische J.*, S. 452.

(115) A. a. O., S. 447.

(116) A. a. O., S. 441f.

(117) A. a. O., S. 453.

(118) Johannes Thyssen, *Zur Rechtsphilosophie des Als-Seins*, a. a. O., S. 337. ここではもちろんまったく自然主義的

な存在理解が前提されている。

(119) Nicos Poulantzas, *Vers une ontologie juridique actuelle,* in: *ARSP* 50 (1964), S. 183ff (192). — Vgl. auch Alessandro Baratta, *Natur der Sache und Naturrecht,* in: Arthur Kaufmann (Hrsg.), *Die Ontologische Begründung des Rechts,* a. a. O., S. 104ff., S. 144f.

(120) Dazu bes. Reiner Schmidt, *Natur der Sache und Gleichheitssatz,* in: *JZ* 22 (1967), S. 402ff. 404.

(121) Maihofer, *Realistische J.,* S. 439; ebenso: *FdR,* S. 35.

(122) *Realistische J.,* S. 460.

(123) 今日ではたとえば，Manfred Rehbinder (Hrsg.), *Recht im sozialen Rechtsstaat,* a. a. O., S. 21 およびカバーの文章。

(124) Vgl. nur a. a. O., S. 464ff.

第10章

(1) 議論のさしあたっての体系的整理としては，以下を見よ。Erhard Blankenburg / Klaus Lenk (Hg.), *Organisation und Recht. Organisatorische Bedingungen des Gesetzesvollzugs. Jahrbuch für Rechtssoziologie und Rechtstheorie,* Bd. 7, Opladen 1980; Rüdiger Voigt (Hg.), *Verrechtlichung. Analysen zu Funktion und Wirkung von Parlamentarisierung, Bürokratisierung und Justizialisierung sozialer, politischer und ökonomischer Prozesse,* Königstein / Ts. 1980; Rüdiger Voigt (Hg.), *Gegentendenzen zur Verrechtlichung. Jahrbuch für Rechtssoziologie und Rechtstheorie,* Bd. 9, Opladen 1983; Rüdiger Voigt (Hg.), *Abschied vom Recht?* Frankfurt / M. 1983; Friedrich Kübler (Hg.), *Verrechtlichung von Wirtschaft, Arbeit und sozialer Solidarität,* Frankfurt 1985.

(2) Spiros Simitis, *Gesetzesflut—Gesetzesperfektionismus. Sitzungsbericht Q zum 53. Deutschen Juristentag,* München 1980, Q35ff. (Q40); Drs., *Zur Verrechtlichung der Arbeitsbeziehungen,* in: Friedrich Kübler (Hg.),

Verrechtlichung (Anm. 1), S. 73ff. (92); Hans F. Zacher, *Verrechtlichung im Bereich des Sozialrechts,* in: Friedrich Kübler (Hg.), *Verrechtlichung* (Anm. 1), S. 11ff. (60f).

（3） Helmut Simon, *Gesetzesflut—Gesetzesperfektionismus. Sitzungsbericht Q zum 53. Deutschen Juristentag* (Anm. 2), Q28ff. (Q32).

（4） これについてはVoigt (Hg.), *Verrechtlichung* (Anm. 1), S. 16; Drs., *Abschied* (Anm. 1) S. 18.

（5） Max Weber, *Wirtschaft und Gesellschaft,* Köln, Berlin 1964, S. 644ff.

（6） Blankenburg / Lenk (Hg.), *Organisation und Recht* (Anm. 1), S. 7.

（7） Niklas Luhmann, *Gesellschaftliche und politische Bedingungen des Rechtsstaates*; in: Drs., *Politische Planung,* Opladen 1971, S. 53ff. (61f.).

（8） これについては本書Ingeborg Maus, *Entwicklung und Funktionswandel des bürgerlichen Rechtsstaats,* S. 11ff., 54ff. [本訳書七頁以下、六九頁以下]。

（9） Niklas Luhmann, *Positivität des Rechts als Voraussetzung einer modernen Gesellschaft,* in: Drs., *Ausdifferenzierung des Rechts. Beiträge zur Rechtssoziologie und Rechtstheorie,* Frankfurt / M. 1981, S. 113ff. (122ff.); Drs., *Institutionalisierung—Funktion und Mechanismus im sozialen System der Gesellschaft,* in: Helmut Schelsky (Hg.), *Zur Theorie der Institution,* Düsseldorf 1970, S. 27ff. (34ff.); Drs., *Rechtssoziologie,* 2. Aufl. Opladen 1983, S. 79f. Drs., *Reflexive Mechanismen,* in: Drs., *Soziologische Aufklärung,* Bd. 1, Opladen 1966, S. 92ff.

（10） Luhmann, *Rechtssoziologie* (Anm. 9), S. 214.

（11） A. a. O. S. 234ff.

（12） フランス一七九三年憲法の第四条および第九条。

（13） 以下を参照。Franz Neumann, *Der Funktionswandel des Gesetzes im Recht der bürgerlichen Gesellschaft* (1937), in: Drs., *Demokratischer und autoritärer Staat,* Frankfurt / M. 1967, S. 7ff. 内容的な確定性と並んで、それと同様に法治国家の法律の本質的なメルクマールであるとノイマンが考える法律の一般性［Generalität］は、む

しろそれとは逆に、初期市民社会の法治国家理論もほとんど根拠を提供しえないような神話とでも称することのできるものである（vgl. Maus, *Entwicklung...*, Anm. 8, S. 18ff.［本訳書一七頁以下］）。もっとも、フランツ・ノイマンの「退廃論理的な」思考に対する批判（Karl-Heinz Ladeur, „*Abwägung“—ein neues Rechtsparadigma? Von der Einheit der Rechtsordnung zur Pluralität der Rechtsdiskurse,* in : *Archiv für Rechts- und Sozialphilosophie* 69 / 1983, S. 463ff., S. 473 und : Friedhelm Hase / M. Ruete, *Dekadenz der Rechtsentwicklung?* in : *Leviathan* 11 / 1983, S. 200ff., 204ff.）——それによると、ノイマンの思考は、法律の抽象的一般的な構造を法の基本形式として捉え、そこから近代の法発展をデカダンスの現象と規定するものであるという——は、法的確定性の機能様式について正面から取り組んではいない。これについては後述。

(14) これについては、Ingeborg Maus, *Zur Problematik des Rationalitäts- und Rechtsstaatspostulats in der gegenwärtigen juristischen Methodik am Beispiel Friedrich Müllers,* in : Wolfgang Abendroth / B. Blanke / U. K. Preuß u. a., *Ordnungsmacht? Über das Verhältnis von Lagalität, Konsens und Herrschaft. Festschrift für Helmut Ridder zum 60.* Geb., Frankfurt / M. 1981, S. 153ff.

(15) z. B. *BVerfGE* 1, 14, 32.

(16) Justus W. Hedemann, *Die Flucht in die Generalklauseln. Eine Gefahr für Recht und Staat,* Tübingen 1933 ; Michael Stolleis, *Gemeinwohlformeln im nationalsozialistischen Recht,* Berlin 1974 ; Peter Häberle, *Öffentliches Interesse als juristisches Problem. Eine Analyse von Gesetzgebung und Rechtsprechung,* Bad Homburg v. d. H. 1970.

(17) Friedrich Dessauer, *Recht, Richtertum und Ministerialbürokratie. Eine Studie über den Einfluß von Machtverschiebungen auf die Gestaltung des Privatrechts,* Mannheim, Berlin, Leipzig 1928, S. 8ff. ; Franz Neumann, *Funktionswandel*（Anm. 13）, S. 34ff.

(18) z. B. Josef Esser, *Vorverständnis und Methodenwahl in der Rechtsfindung,* Frankfurt / M. 1970 S. 11.

(19) Rudolf Wiethölter, *Sozialwissenschaftliche Modelle im Wirtschaftsrecht,* in : *Kritische Justiz* 18 / 1985, S. 126ff.

(139).

(20) Ladeur, „*Abwägung*“ (Anm. 13), S. 471ff.

(21) *BVerfGE* 50, 290, 331ff.

(22) Uwe Berlit / H. Dreier / H. Uthmann, *Mitbestimmung unter Vorbehalt?* in: *Kritische Justiz* 12 / 1979, S. 173ff.

(23) *BVerfGE* 50, 290, 332; dazu Ulrich Mückenberger, *Mitbestimmung und „Funktionsfähigkeit“ der Unternehmen. Zum Mitbestimmungsurteil des Bundesverfassungsgerichts* vom 1. März 1979, in: Wolfgang Däubler / G. Küsel (Hg.), *Verfassungsrecht und Politik. Kritische Beiträge zu problematischen Urteilen,* Reinbeck 1979, S. 49ff. (59ff.).

(24) Karl-Heinz Ladeur, *Vom Gesetzesvollzug zur strategischen Rechtsfortbildung. Zur Genealogie des Verwaltungsrechts,* in: *Leviathan* 7 / 1979, S. 339ff. (349); Drs., „*Abwägung*“ (Anm. 13), S. 472.

(25) Blankenburg / Lenk (Hg.), *Organisation und Recht* (Anm. 1), S. 9.

(26) 歴史的な法制化の推力の分析については、Jürgen Habermas, *Theorie des kommunikativen Handelns,* 2Bde., Frankfurt / M. 1981, Bd. II, S. 524を参照。これについては第III節以下で論じる。グンター・トイプナーは、正当な理由でもって、社会国家の法制化推力をより狭い意味での法制化現象と称している。*Verrechtlichung—Begriffe, Merkmale, Grenzen, Auswege,* in: Kübler (Hg.), *Verrechtlichung* (Anm. 1), S. 289ff. (302).

(27) Luhmann, *Rechtssoziologie* (Anm. 9), S. 220f., 227ff.

(28) Peter Häberle, *Grundrechte im Leistungsstaat,* in: *Veröffentlichungen der Vereinigung der deutschen Staatsrechtslehrer* 30 / 1972, S. 43ff. (48); Werner Hoppe, *Zur Struktur von Normen des Planungsrechts,* in: *Deutsches Verwaltungsblatt* 89 / 1974, S. 641ff.; Hans Alexy / J. Gotthold, *Verwaltung zwischen konditionaler Programmierung und eigener Verwaltungsverantwortung. Zur Lage der Verwaltung bei der Ausführung von Planungsgesetzen,* in: Voigt (Hg.), *Verrechtlichung* (Anm. 1), S. 200ff. (202f.).

(28a) Eberhard Bohne, *Informales Verwaltungshandeln im Gesetzesvollzug,* in: Blankenburg / Lenk (Hg.),

Organisation und Recht (Anm. 1), S. 20ff. (29).

(29) Peter Knoepfel / H. Weidner, *Normbildung und Implementation: Interessenberücksichtigungsmuster in Programmstrukturen von Luftreinhaltepolitiken,* in: Renate Mayntz (Hg.), *Implementation politischer Programme,* Königstein / Ts. 1980, S. 82ff. (83).

(30) Jochen Hucke / A. A. Ullmann, *Konfliktregelung zwischen Industriebetrieben und Vollzugsbehörde bei der Durchsetzung regulativer Politik,* in: Mayntz (Hg.), *Implementation* (Anm. 29), S. 105ff. (109).

(31) A. a. O., S. 121, 106.

(32) Peter Knoepfel, *Verrechtlichung und Interesse. Interessenberücksichtigungsmuster in drei Grundtypen von Verrechtlichungsstrategien aus der Umwelt-, Risiko- und Bildungspolitik,* in: Voigt (Hg.), *Verrechtlichung* (Anm. 1), S. 77ff. (84); Drs. / Weidner, *Normbildung* (Anm. 29), S. 88ff.

(33) Neumann, *Funktionswandel* (Anm. 13), S. 63ff., 66.

(34) Ingeborg Maus, *Bürgerliche Rechtstheorie und Faschismus. Zur sozialen Funktion und aktuellen Wirkung der Theorie Carl Schmitts,* 2. Aufl. München 1980, S. 8ff.

(35) Mayntz, *Implementation* (Anm. 30), S. 2.

(36) Knoepfel / Weidner, *Normbildung* (Anm. 29), S. 101.

(37) Niklas Luhmann, *Opportunismus und Programmatik in der öffentlichen Verwaltung,* in: Drs., *Politische Planung,* Opladen 1971, S. 165ff. (167, 172ff.).

(38) A. a. O., S. 166ff.

(39) Hoppe, *Struktur* (Anm. 28), S. 642.

(40) Ebd.

(41) Weber, *Wirtschaft und Gesellschaft* (Anm. 5), S. 498.

(42) seit *BVerfGE* 7, 198.

(43) 連邦憲法裁判所が裁判全体に与えた課題はこうである。「合憲的法秩序に内在的な、しかし書かれた法律のテクストにおいては表現されていないか、あるいは不完全にしか表現されていないような価値表象を、評価的な認識という行為——それには意思の要素も欠けてはいない——によって明るみに出し、さまざまな決定のなかでこれを実現すること」、これである（*BVerfGE* 34, 269, 287)。

(44) Helmut Ridder, *Die soziale Ordnung des Grundgesetzes. Leitfaden zu den Grundrechten einer demokratischen Verfassung,* Opladen 1975, S. 80.

(45) Erhard Denninger, *Freiheitsordnung—Wertordnung—Pflichtordnung,* in : Mehdi Tohidipur（Hg.), *Verfassung, Verfassungsgerichtsbarkeit, Politik,* Frankfurt / M., S. 163ff.（167).

(46) Luhmann, *Opportunismus*（Anm. 37), S. 166ff. ; Drs., *Rechtssoziologie*（Anm. 9), S. 329.

(47) ルーマン的な意味での「政治」とはすなわち、政治的諸制度の前に横たわっている、公共的政治的意思形成の正当化産出プロセスのことである。それゆえ、この領域に対する行政の境界を取り払うことは、行政の自己正当化と政治の自己プログラミングがひとつの領域のなかでなされることを意味する。これに対して、たとえば、行政と裁判所の諸決定が共通の言語使用に従って政治的な含意を有するという事実だけをみて、それが行政の行為と司法の行為の脱専門職化であるなどと評価するべきではない。しかしルーマン自身がすでに裁判のオポチュニスティックな比較衡量について語っている限りは（*Rechtssoziologie,* Anm. 9, S. 329)、その強固な決疑論を受け入れているのであり、それゆえ行政の行為との比較不可能性を想定しているのである——ルーマンはそもそも、憲法裁判のなかではどのみちありえないような、裁判の比較的強い自己拘束を仮定している（a. a. O., S. 236)。

(48) Jürgen Seifert, *Verfassungsgerichtliche Selbstbeschränkung,* in : Tohidipur（Hg.), *Verfassung*（Anm. 45), S. 116ff.（128).

(49) z. B. *BVerfGE* 39, 1, 47.

(50) *BVerfGE* 39, 1, 45ff.

(51) *BVerfGE* 24, 367, 405.

(52) *BVerfGE* 24, 367, 404 ; 25, 314, 326 ; 37, 201, 212.

(53) Ladeur, *„Abwägung“* (Anm. 13), S. 473.

(54) Luhmann, *Rechtssoziologie* (Anm. 9), S. 338, 333.

(55) Drs., *Die Funktion des Rechts : Erwartungssicherung oder Verhaltenssteuerung?* in : Drs., *Ausdifferenzierung des Rechts,* Frankfurt / M. 1981, S. 73ff. (86).

(56) Weber, *Wirtschaft und Gesellschaft* (Anm. 5), S. 644ff.

(57) A. a. O., S. 160ff., 165.

(58) Mayntz, *Implementation* (Anm. 30), S. 8.

(59) Ulrich von Alemann (Hg.), *Neokorporatismus,* Frankfurt / M., New York 1981.

(60) Weber, *Wirtschaft und Gesellschaft* (Anm. 5), S. 645.

(61) Joachim Hirsch, *Der Sicherheitsstaat.* Das *„Modell Deutschland“, seine Krise und die neuen sozialen Bewegungen,* Frankfurt / M. 1980, S. 100ff.

(62) Karl-Heinz Ladeur, *Verrechtlichung der Ökonomie—Ökonomisierung des Rechts?* in : Volkmar Gessner / G. Winter (Hg.), *Rechtsformen der Verpflechtung von Staat und Wirtschaft. Jahrbuch für Rechtssoziologie und Rechtstheorie,* Bd. 8, Opladen 1982, S. 74ff. (82).

(63) A. a. O., S. 76.

(64) Jost Pietzcker, *Das Verwaltungsverfahren zwischen Verwaltungseffizienz und Rechtsschutzauftrag. Veröffentlichungen der Vereinigung der deutschen Staatsrechtslehrer* 41 / 1983, S. 193ff. (201).

(65) Hinweise bei Wiethölter, *Sozialwissenschaftliche Modelle* (Anm. 19), S. 1.

(66) Claus Offe, *„Unregierbarkeit“. Zur Renaissance konservativer Krisentheorien,* in : Jürgen Habermas (Hg.), *Stichworte zur „Geistigen Situation der Zeit“,* Bd. 1, Frankfurt / M. 1979, S. 294ff. (303).

(67) Drs., *Rationalitätskriterien und Funktionsprobleme politische-administrativen Handelns,* in : *Leviathan* 2 / 1974,

S. 333ff.（337）.

(68) Gunther Teubner, *Reflexives Recht. Entwicklungsmodelle des Rechts in vergleichender Perspektive,* in : *Archiv für Rechts- und Sozialphilosophie* 68 / 1982, S. 13ff. ; Drs., *Verrechtlichung*（Anm. 26）, S. 334ff.

(69) Ladeur, „*Abwägung*“（Anm. 13）, S. 475ff.

(70) Teubner, *Reflexives Recht*（Anm. 68）, S. 17ff.

(71) A. a. O., S. 26.

(72) A. a. O., S. 48.

(73) Drs., *Verrechtlichung*（Anm. 26）, S. 313ff.

(74) A. a. O., S. 316.

(75) A. a. O., S. 320, 333 ; Drs., *Reflexives Recht*（Anm. 68）, S. 49ff.

(76) Drs., *Verrechtlichung*（Anm. 26）, S. 338ff.

(77) Drs. / H. Willke, *Dezentrale Kontextsteuerung im Recht intermediärer Verbände,* in : Voigt（Hg.）, *Verrechtlichung*（Anm. 1）, S. 46ff.（51）. この印象的な論評は、たしかに中間的諸団体の内的パースペクティヴと外的パースペクティヴの媒介という問題に関連しており、団体の内的な組織にかんする限りは説得力をもっている。ところが、それが一般的な立場を維持する限り、先に論じたような意味で問題含みのものとなる。団体の内部構造を規制することで起こりうる反生産性については、ここで立ち入ることはできない。これについては、トイプナー（*Organisationsdemokratie und Verbandsverfassung,* Tübingen 1978, S. 173ff.）とオッフェ（*Die Institutionalisierung des Verbandseinflusses—eine ordnungspolitische Zwickmühle,* in : Ulrich von Alemann / R. G. Heinze（Hg.）, *Verbände und Staat. Vom Pluralismus zum Korporatismus,* Opladen 1979, S. 72ff.）の間での討論を参照のこと。

(78) Teubner, *Verrechtlichung*（Anm. 26）, S. 333.

(79) Luhmann, *Rechtssoziologie*（Anm. 9）, S. 324.

(80) Teubner, *Reflexives Recht*（Anm. 68）, S. 53.

(81) A. a. O., S. 53f.

(82) Ladeur, *Gesetzesvollzug* (Anm. 24), S. 365.

(83) A. a. O., S. 339f., 347.

(84) Luhmann, *Rechtssoziologie* (Anm. 9), S. 309f.

(85) Ladeur, „*Abwägung*“ (Anm. 13), S. 473f.; ebenso Rudolf Wiethölter, *Entwicklung des Rechtsbegriffs*, in: Gessner / Winter (Hg.), *Rechtsformen* (Anm. 62), S. 38ff. (42ff.).

(86) Ladeur, „*Abwägung*“ (Anm. 13), S. 475; Drs., *Gesetzesvollzug* (Anm. 24), S. 346, 367.

(87) Drs., *Gesetzesvollzug* (Anm. 24), S. 367.

(88) A. a. O., S. 340.

(89) A. a. O., S. 346.

(90) A. a. O., S. 341.

(91) A. a. O., S. 346.

(92) Josef Esser / W. Fach, *Korporatistische Krisenregulierung im „Modell Deutschland“*, in: von Alemann (Hg.), *Neokorporatismus* (Anm. 59), S. 158ff. (167ff.).

(93) Ladeur, *Gesetzesvollzug* (Anm. 24), S. 359.

(94) Wolfgang Meyer-Hesemann, *Modernisierungstendenzen in der nationalsozialistischen Verwaltungsrechtswissenschaft*, in: *Archiv für Rechts- und Sozialphilosophie*, Beiheft 18 / 1983, S. 140ff. (145ff.).

(95) 完全に法から自由な空間を除外することについては、たとえば一九三六年二月一〇日のゲシュタポ法を参照のこと。この法律が効力をもって以来、秘密国家警察の業務におけるすべての命令処分はもはや行政裁判所による再検査を受けないこととなった(第七条)。ゲシュタポのすべての活動を、純粋な指揮命令構造に順応させることができたのである。政治と経済との関係も比較的広範にわたって法以外の手段で規制されていたという事実からすると、エルンスト・フレンケルの「二重国家」テーゼ(*Der Doppelstaat*, Frankfurt / M., Köln 1974)によるナチスの二重の法構造という著名な解釈は、ある程度の修正を迫られることになる。これについて詳しくは以下を参照のこと。Ingeborg Maus, *Juristische Methodik und Justizfunktion im Nationalsozialismus,* in : *Archiv für Rechts- und Sozialphilosophie,* Beiheft 18 / 1983, S. 176ff. (190ff.).

(96) Otto Kirchheimer, *Die Rechtsordnung des Nationalsozialismus* (1941), in : Drs., *Funktionen des Staats und der Verfassung,* Frankfurt / M. 1972, S. 115ff. (135) ; Albrecht Wagner, *Die Umgestaltung der Gerichtsverfassung und des Verfahrens- und Richterrechts im nationalsozialistischen Staat,* Stuttgart 1968, S. 223ff.

(97) Maus, *Juristische Methodik im NS* (Anm. 95), S. 186ff.

(98) Reinhard Hendler, *Grundprobleme der Entregelung im demokratischen Rechts- und Sozialstaat,* in : Voigt (Hg.), *Gegentendenzen* (Anm. 1), S. 59ff. (69).

(99) Erhard Denninger, *Staatsrecht* 1, Reinbeck 1973, S. 121f.

(100) Kurt L. Shell, *Rechtsstaatlichkeit und Demokratie in den USA,* in : Tohidipur (Hg.), *Der bürgerliche Rechtsstaat* (Anm. 8), S. 377ff. (394).

(101) Erich Bülow, *Gesetzesflut—Gesetzesperfektionismus. Sitzungsbericht Q zum 53. Deutschen Juristentag,* München 1980, Q 18ff. (Q 24f.) ; Hermann Maassen, *Gesetzesflut—Gesetzesperfektionismus,* a. a. O., Q 5ff. (Q 10) ; s. auch Hinweise bei Voigt, *Gegentendenzen* (Anm. 1), S. 30.

(102) ジミティス (Simitis, *Verrechtlichung* (Anm. 2), S. 128) は、いかなる「自律的な」法定立でも(たとえば賃金協約)それだけでは、規制能力の国家による保証によって再度国家化されると指摘している。だが、内容にかんする国家のコントロールの独特の進入関門が、「公共の福祉 [Gemeinwohl]」および「公共の利益 [public interest]」公式にある、とジミティスが考えているのは至当である。

(103) Ladeur, *Gesetzesvollzug* (Anm. 24), S. 348 ; Claus Offe, *Politische Legitimation durch Mehrheitsentscheidung?* in : Bernd Guggenberger / C. Offe (Hg.), *An den Grenzen der Mehrheitsdemokratie,* Opladen 1984, S. 150ff. (179ff.).

(104) Nils Christie, *Konflikte als Eigentum. Informationsbrief der Sektion Rechtssoziologie in der deutschen Gesellschaft für Soziologie,* Nr. 12 / 1976, S. 12ff.

(105) Ebd.

(106) Hermann Kantorowicz, *Der Kampf um die Rechtswissenschaft* (1906), in: Drs., *Rechtswissenschaft und Soziologie. Ausgewählte Schriften zur Wissenschaftslehre,* Karlsruhe 1962, S. 13ff. (17f.).

(107) Dieter Simon, *Gesetzesflut—Gesetzesperfektionismus. Sitzungsbericht Q zum 53. Deutschen Juristentag,* München 1980, Q 12ff. (Q 17).

(108) z. B. Stanley Diamond, *Kritik der Zivilisation,* Frankfurt / M., New York 1976, S. 166ff.

(109) A. a. O., S. 169.

(110) Jürgen Habermas, *Theorie des kommunikativen Handelns,* 2 Bde., Frankfurt / M. 1981, Bd. II, S. 268. 以下本稿では，この著作はたんに巻数とページのみを記して引用する。

(111) So Diamond, *Kritik* (Anm. 108), S. 168.

(112) Stephan Leibfried, Vorwort zu Frances F. Piven / R. A. Cloward, *Regulierung der Armut. Die Politik der öffentlichen Wohlfahrt,* Frankfurt / M. 1977, S. 9ff. (46f.); Zacher, *Verrechtlichung* (Anm. 2), S. 35ff., 59f.

(113) Simitis, *Verrechtlichung* (Anm. 2), S. 120.

(114) Georg Vobruba, *Entrechtlichungstendenzen im Wohlfahrtsstaat,* in Voigt (Hg.), *Abschied* (Anm. 1), S. 91ff. (101).

(115) *Frankfurter Rundschau* v. 13. 2. 1986, S. 1.

(116) Simitis, *Verrechtlichung* (Anm. 2), S. 74f.

(117) Rainer Erd, *Gesetzgebung oder Machtpoker? Das Beispiel der amerikanischen Gewerkschaften,* in: Voigt (Hg.), *Abschied* (Anm. 1), S. 197ff.

(118) s. o., *BVerfGE* 50, 290, 331f., 334.

(119) Niklas Luhmann, *Funktionen und Folgen formaler Organisation,* Berlin 1964, S. 39, 268ff.
(120) A. a. O., S. 38.
(121) Drs., *Die Knappheit der Zeit und die Vordringlichkeit des Befristeten,* in: Drs., *Politische Planung,* Opladen 1971, S. 143ff. (153).
(122) Drs., *F. u. F. formaler Organisation* (Anm. 119), S. 276.
(123) A. a. O., S. 308f.
(124) A. a. O., S. 205, 272ff.
(125) Drs., *Politische Theorie im Wohlfahrtsstaat,* München, Wien 1981, S. 94ff.
(126) Drs., *Knappheit, Geld und die bürgerliche Gesellschaft,* in: *Jahrbuch für Sozialwissenschaft* 23 / 1972, S. 186ff. (208).
(127) Drs., *Einführende Bemerkungen zur einer Theorie symbolisch generalisierter Kommunikationsmedien,* in: Drs., *Soziologische Aufklärung* 2, Opladen 1975, S. 170ff. (179).
(128) s. o. und *Rechtssoziologie* (Anm. 9), S. 134.
(129) Drs., *Zur Funktion der subjektiven Rechte,* in: Drs., *Ausdifferenzierung des Rechts,* Frankfurt / M. 1981, S. 360ff. (372) ——強調はマウス。
(130) Drs., *Grundrechte als Institution*, Berlin 1965, S. 133.
(131) A. a. O., S. 122.
(132) A. a. O., S. 123.
(133) A. a. O., S. 23 et passim.
(134) A. a. O., S. 80.
(135) z. B. Drs., *Politische Verfassungen im Kontext des Gesellschaftssystems,* in: *Der Staat* 12 / 1973, s. 1ff., 165ff.
(136) *F. u. F. formaler Organisation* (Anm. 119), S. 277, 282.

(137) Drs., *Politische Verfassungen* (Anm. 135), S. 19.

(138) Drs., *Rechtssoziologie* (Anm. 9), S. 325ff., Drs., *Die Funktion des Rechts* (Anm. 55), S. 85.

(139) Drs., *Politische Verfassungen* (Anm. 135), S. 20.

(140) Drs., *Die Profession der Juristen : Kommentare zur Situation in der Bundesrepublik Deutschland,* in : Drs., *Ausdifferenzierung* (Anm. 129), S. 173ff. (190).

(141) Drs., *Grundrechte* (Anm. 130), S. 8ff., 80ff. ; *Rechtssoziologie* (Anm. 9), S. 350.

(142) Drs., *Rechtssoziologie* (Anm. 9), S. 333ff., 339f.

(143) Gustav Radbruch, *Klassenrecht und Rechtsidee* (1929), in : Drs., *Der Mensch im Recht,* Göttingen 1957, S. 23ff. (28).

(144) Teubner, *Verrechtlichung* (Anm. 26), S. 334f.

(145) Jürgen Habermas, *Legitimationsprobleme im modernen Staat,* in : *Politische Vierteljahresschrift,* SH 7 / 1976, S. 39ff. (44).

(146) A. a. O., S. 44f.

(147) A. a. O., S. 45 ; 強調はマウス。

(148) Immanuel Kant, *Metaphysik der Sitten,* hg. von Weischedel. Werkausgabe Bd. 8, Frankfurt / M. 1977, S. 464.

(149) Drs., *Über den Gemeinspruch : Das mag in der Theorie richtig sein, taugt aber nicht für die Praxis,* hg. von Weischedel. Werkausgabe Bd. 11, Frankfurt / M. 1977, S. 153 ; 強調は原文。

(150) これについては Maus, *Entwicklung* (Anm. 8), S. 13ff. [本訳書一〇頁以下]。

(151) Jürgen Habermas, *Theorie der Gesellschaft oder Sozialtechnologie? Eine Auseinandersetzung mit Niklas Luhmann,* in : Drs. / N. Luhmann, *Theorie der Gesellschaft oder Sozialtechnologie?* Frankfurt / M. 1971, S. 142ff. (244, 263) ; ebenso Habermas, *Theorie des kommunikativen Handelns* I, 358f.

(152) Niklas Luhmann, *Legitimation durch Verfahren,* Neuwied, Berlin 1969, S. 36f., 42.

(153) この種の数多くの著作の代表的なものとして、たとえば Robert Alexy, *Theorie der juristischen Argumentation. Die Theorie des rationalen Diskurses als Theorie der juristischen Begründung,* Frankfurt / M. 1983, とくに S. 259ff. こうした構想に対して、法律の現実の解釈の余地にかんする根拠を否認すべきではない。しかしながら、このアプローチの問題性は、論証の構想の法理論的な関心が、「憲法上の理由」に対して独立し、「裁判官の権限の範囲」への関心であることが明確に認識されるようになるところで浮かび上がってくる (45)。

(154) Jürgen Habermas, *Die Utopie des guten Herrschers,* in : Drs., *Kultur und Kritik,* Frankfurt / M. 1972, S. 378ff. (382).

(155) Drs., *Theorie der Gesellschaft* (Anm. 151), S. 201.

(156) A. a. O., S. 198ff.

(157) Drs., *Die Utopie* (Anm. 154), S. 382.

(158) A. a. O., S. 385f.

(159) Drs., *Vorbereitende Bemerkungen zu einer Theorie des kommunikativen Kompetenz,* in : Drs. / N. Luhmann, *Theorie der Gesellschaft* (Anm. 151), S. 101ff. (124, 136ff., 139).

(160) A. a. O., S. 124f.

(161) A. a. O., S. 125.

(162) Drs., *Legitimationsprobleme* (Anm. 145), S. 77.

(163) Drs., *Theorie der Gesellschaft* (Anm. 151), S. 200f.

(164) Carl Schmitt, *Verfassungslehre,* 3. Aufl. Berlin 1957, S. 204ff. ; Drs., *Die geistesgeschichtliche Lage des heutigen Parlamentarismus,* 4. Aufl. Berlin 1969, S. 44.

(165) Esser, *Vorverständnis* (Anm. 18), S. 88.

(166) Luhmann, *Rechtssoziologie* (Anm. 9), S. 261.

(167) Rousseau, *Du Contrat Social* II, 6 ; Kant, *Metaphysik des Sitten* (Anm. 148), S. 432.

(168) Offe, *Politische Legitimation* (Anm. 103), S. 168.

付論

(1) カントにおいては、現実化した人民主権としての共和国の理念はなお人間の歴史の最終目標であり、哲学の「千年至福説」である。「その実現のために、このような理念が、貢献しえさえするのであり、けっして空想ではないのである」。Immanuel Kant, *Idee zu einer allgemeinen Geschichte in weltbürgerlicher Absicht*, Werkausgabe Wilhelm Weischedel, Bd. 11, Frankfurt / Main 1977, S. 45 を見よ。

(2) 丸山眞男「『である』ことと『する』こと」、『日本の思想』岩波書店、一九六一年、一五四頁以下。

(3) Martin Kriele, *Einführung in die Staatslehre. Die geschichtlichen Legitimitätsgrundlagen des demokratischen Verfassungsstaates*, Reinbeck 1975, S. 111ff.

(4) Peter Graf Kielmansegg, *Volkssouveränität. Eine Untersuchung der Bedingungen demokratischer Legitimität*, Stuttgart 1977, S. 14ff. このような支配的な理解はなお、それが人民主権を、そのような「民主主義の前提」の——歴史的に代替できる——派生体としてのみみなしえているということを通して、勝っている。

(5) „vorkonsentiert“という概念は、ハーバーマスが独我論的であると批判する——なぜならそれは先験的意識に前もった合意を入れ込むことによって間主観的な公共的討議を過剰にするからであるが——道徳構想への民主主義理論上の補完物を意味している。たとえば、Jürgen Habermas, *Moralität und Sittlichkeit. Treffen Hegels Einwände gegen Kant auch auf die Diskursethik zu?* in : Wolfgang Kuhlmann (Hr.), *Moralität und Sittlichkeit*, Frankfurt / Main 1986, S. 16ff. (24f) を見よ。

(6) Peter Häberle, *Die offene Gesellschaft der Verfassungsinterpreten*, in : Drs., *Verfassung als öffentlicher Prozess. Materialien zu einer Verfassungstheorie der offenen Gesellschaft*, Berlin 1978, S. 155ff.

(7) Niklas Luhmann, *Legitimation durch Verfahren*, Neuwied / Berlin 1969, S. 153f. und Anm. 5.

(8) Niklas Luhmann, *Politische Verfassungen im Kontext des Gesellschaftssystems,* in: *Der Staat* 12 (1973) S. 1ff., 165ff. (8ff.); Niklas Luhmann, *Rechtssoziologie,* 2. Aufl. Opladen 1983, S. 245; Niklas Luhmann, *Gesellschaftliche und politische Bedingungen des Rechtsstaats,* in: Drs., *Politische Planung,* Opladen 1971, S. 62.

(9) Niklas Luhmann, *Ausdifferenzierung des Rechtssystems,* in: Drs., *Ausdifferenzierung des Rechts. Beiträge zur Rechtssoziologie und Rechtstheorie,* Frankfurt / Main 1981, S. 38f.

(10) Niklas Luhmann, *Grundrechte als Institution,* Berlin 1965, S. 155.

(11) Herbert Marcuse, *Das Veralten der Psychoanalyse,* in: Drs., *Kultur und Gesellschaft* 2, Frankfurt / Main 1965, S. 85ff.

(12) Ebd. S. 105.

(13) Ebd.

(14) Ebd. S. 103f.

(15) Max Weber, *Wirtschaft und Gesellschaft,* Tübingen 1956, S. 644ff.

(16) Hermann Heller, *Die Souveränität,* in: Drs., *Gesammelte Schriften,* Bd. 2, Leiden / Tübingen 1971, S. 98.

(17) Hans Kelsen, *Das Problem der Souveränität* (1920), Aalen 1960, S. 2.

(18) Ebd. S. 22ff.

(19) Gerhard Anschütz, *Die Verfassung des deutschen Reiches vom 11. August 1919* (Kommentar), 14. Aufl. 1933, Nachdruck Bad Hömburg v. d. H. 1965, S. 522ff. u. ö.——Richard Thoma, *Zur Ideologie des Parlamentarismus und der Diktatur,* in: *Archiv für Sozialwissenschaft und Sozialpolitik* 53 (1925), S. 212ff.

(20) Hermann Heller, *Die Souveränität,* a. a. O., S. 71ff.

(21) Ebd. S. 96, 98.

(22) Ebd. S. 97, 99.

(23) Erich Kaufmann, *Die Gleichheit vor dem Gesetz im Sinne des Art. 109 der Reichsverfassung,* in: *Veröffentli-*

chungen der Vereinigung der deutschen Staatsrechtslehrer 3 (1927) S. 2ff. (4, 11).

(24) Ebd. S. 10.

(25) Carl Schmitt, *Verfassungslehre* (1928), Berlin 1957, S. 77.

(26) Ebd.

(27) Ebd. S. 242.

(28) Ingeborg Maus, *Rechtsgleichheit und gesellschaftliche Differenzierung bei Carl Schmitt,* in : Dies., *Rechtstheorie und politische Theorie im Industriekapitalismus,* München 1986, S. 111ff. 〔本訳書一一七頁以下〕。

(29) Josef Held, *System des Verfassungsrechts der monarchischen Staaten Deutschlands mit besonderer Rücksicht auf den Constitutionalismus,* Bd. 1, Würzburg 1856, S. 109ff.

(30) Carl Schmitt, *Verfassungslehre,* a. a. O., S. 241ff. 252.

(31) Ebd. S. 83, 242ff.

(32) Carl Schmitt, *Volksentscheid und Volksbegehren. Ein Beitrag zur Auslegung der Weimarer Verfassung und zur Lehre von der unmittelbaren Demokratie,* Berlin / Leipzig 1927, S. 51f.——Carl Schmitt, *Legalität und Legitimität,* in : Drs., *Verfassungsrechtliche Aufsätze aus den Jahren 1924-1954. Meterialien zur einer Verfassungslehre,* Berlin 1958, S. 316.

(33) Carl Schmitt, *Verfassungslehre,* a. a. O., S. 83.

(34) Carl Schmitt, *Unabhängigkeit der Richter, Gleichheit vor dem Gesetz und Gewährleistung des Privateigentums nach der Weimarer Verfassung. Ein Rechtsgutachten zu den Gesetzenwürfen über die Vermögensauseinandersetzung mit den früher regierenden Fürstenhäusern,* Berlin / Leipzig 1926.

(35) Carl Schmitt, *Die Diktatur. Von den Anfängen des modernen Souveränitätsgedankens bis zum proletarischen Klassenkampf,* 3. Aufl. (mit einem Anhang : *Die Diktatur des Reichspräsidenten nach Artikel 48 der Weimarer Verfassung*), Berlin 1964, S. 136f., 237ff.

(36) Ebd. S. 241.

(37) Ingeborg Maus, *Bürgerliche Rechtstheorie und Faschismus. Zur sozialen Funktion und aktuellen Wirkung der Theorie Carl Schmitts,* 2. Aufl. München 1980, S. 129.

(38) Emmanuel Joseph Sieyès, *Was ist der Dritte Stand?* in: Drs., *Politische Schriften 1788–1790.* Darmstadt / Neuwied 1975, S. 117ff. (164ff.).

(39) Ebd. S. 167.

(40) John Locke, *Two Treatises of Civil Government.* Ed. Carpenter, London / New York 1966, § 168.

(41) Carl Schmitt, *Verfassungslehre,* a. a. O., S. 51.

(42) Ebd.

(43) Emmanuel Joseph Sieyès, *Versuch über die Privilegien,* in: Drs., *Politische Schriften,* a. a. O., S. 91ff. (94). Jean Jacque Rousseau, *Du contrat social ou principes du droit politique.* I, 4, 第六段落。

(44) これらの論述は次のような限りで Stefan Breuer の *Nationalstaat und pouvoir constituant bei Sieyès und Carl Schmitt,* in: *Archiv für Rechts- und Sozialphilosophie* 70 (1984) S. 495ff. (510ff.) に対立している。すなわち、ブロイアーの論文では、カール・シュミットによるシェイエスのカテゴリーの実質化ではなく、「機能主義化」のなかに、反革命的に使うために初期市民社会の理論が実質的に解釈換えされていることを見いだすのである。それに対して、Pasquale Pasquino はカール・シュミットのおこなった解釈換えからまったく目を背けているように思える。*Die Lehre vom „pouvoir constituant" bei Emmanuel Sieyès und Carl Schmitt, Ein Beitrag zur Untersuchung der Grundlagen der modernen Demokratietheorie,* in: *Conplexio Oppositorum. Über Carl Schmitt. Vorträge und Diskussionsbeiträge des 28. Sonderseminars 1986 der Hochschule für Verwaltungswissenschaften Speyer,* hg. von Helmut Quaritsch, Berlin 1988, S. 371ff. パスキーノは大まじめに、カール・シュミットの憲法制定権力の理論をシェイエスの構想の適切な受容として論じている。

(45) そのようなパースペクティヴはニクラス・ルーマンにおいて十分に展開されている。*Grundrechte als Institution,*

Berlin 1965, とくに、S. 108ff.
(46) Carl Schmitt, *Verfassungslehre*, a. a. O., S. 50.
(47) Carl Schmitt, *Legalität und Legitimität*, a. a. O., S. 344.
(48) Carl Schmitt, *Die Diktatur*, a. a. O., S. XI ff.
(49) とくに J. L. Talmon, *The Rise of Totalitarian Democracy*, Boston 1952. タルモンのおこなったルソー解釈（それ以外の大部分では、カール・シュミットのルソー理解が他の前兆の下で再生産されている）の批判にかんしては、すでに非常に適切なかたちでそれをおこなっている Iring Fetscher, *Rousseaus politische Philosophie. Zur Geschichte des demokratischen Freiheitsbegriffs*, 3. Aufl. Frankfurt / Main 1975 を見よ。しかしこの徹底的な分析でさえ、多くの点で以下で論じられるルソーの立場を適切に捉えていない。なぜなら、それはルソーの立場から導かれる（ルソーの「社会契約」は「政治の法」を取り扱っているという）国法状況を露出不足のままにおいているからである。
(50) Carl Schmitt, *Die Diktatur*, a. a. O., S. 120.
(51) Ebd. S. 122f.
(52) Jean Jacque Rousseau, *Du contrat social*, a. a. O., II, 4, 第四、五段落。
(53) Ebd. II, 4, 第五段落。
(54) Ebd. IV, 2, 第三、九段落。
(55) ユルゲン・ハーバーマスの概念規定に則している。（たとえば）*Diskursethik. Notizen zu einem Begründungsprogramm*, in: Drs., *Moralbewußtsein und kommunikatives Handeln*, Frankfurt / Main 1983, S. 53ff. und: Jürgen Habermas, *Legitimationsprobleme im modernen Staat*, in: *Politische Vierteljahresschrift*, Sonderheft 7 (1976), S. 39ff. (とくに、54ff.).
(56) Carl Schmitt, *Die Diktatur*, a. a. O., S. 123.
(57) 全文は次のとおり。「しかも、いついかなる場合にも、人民は、自分の法を——それが最善のものである場合にすら——変えることがつねに自由にできるのである。なぜなら、たとえ人民が好き好んで自分自身に害を加えるとしても、誰がこれを妨げる権利をもっているのか?」」——Jean Jacque Rousseau, *Du contrat social*, a. a. O., II, 12, 第二段落。

(58) Carl Schmitt, *Die Diktatur*, a. a. O., S. 119.

(59) すなわち、「こうしたさまざまの利害のなかにある共通なものこそ、社会のきずなを形づくるのである。そして、すべての利益がそこでは一致するような、なんらかの点がないとすれば、どんな社会も、おそらく存在できないであろう。ところが、社会は、もっぱらこの共通の利害に基づいて、治められなければならぬのである」。——Jean Jacque Rousseau, *Du contrat social*, a. a. O., II, 1, 第一段落。

(60) 注59を見よ。

(61) Jean Jacque Rousseau, *Du contrat social*, a. a. O., IV, 1, 第二段落。

(62) Carl Schmitt, *Die Diktatur*, a. a. O., S. 121.

(63) Jean Jacque Rousseau, *Du contrat social*, a. a. O., II, 2.

(64) ジョン・ロックはルソーとまったく同様に憲法制定権力のみを主権と同一視した。*Two Treatises*, a. a. O., § 149.

(65) Jean Jacque Rousseau, *Du contrat social*, a. a. O., III, 18, 第四段落。

(66) Ebd. III, 16, 第一段落。

(67) Ebd. III, 4, 第一、二段落、III, 16, 第一段落。——普通、これらのルソーの論述は、上述された、まったく特殊な意味での「民主制」は「ただ、神にのみ」ふさわしいという彼の言明と並んで概観される。

(68) カール・シュミットが、恐れられていた「議会絶対主義」に対してライヒ大統領の権力権限を拡大することで答えた、ということにかんしてはもはや説明の要はない。あまり知られていないように思えるが、カール・シュミットはたしかに中央集権化された憲法裁判権は支持しなかったが、一般法の合憲性にかんする「分散的な」司法審査権——それは通常裁判所への一般的な権限配分を意味していたことになるが——については支持していたのである。*Verfassungslehre*, a. a. O., S. 196 を見よ。

(69) それにかんして批判的なのは、Ulrich K. Preuß, *Die Internalisierung des Subjekts. Zur Kritik der Funktions-*

weise des subjektiven Rechts, Frankfurt / Main 1979, S. 170ff., 175ff.

訳者あとがき

「フランクフルト学派の変貌」が指摘されて既に久しい。ユルゲン・ハーバーマスによる法理論の批判的検討、アクセル・ホネットによる権力の批判。「制度としての法」と「システムとしての法」の関連を「生活世界」の防衛という視点から考究せんとしているといってよいが、かつてのオットー・キルヒハイマーやフランツ・ノイマンらの学問伝統を継承し、とりわけ市民法の機能変化の分析を視野に収めつつ、一貫してハーバーマス、ホネット等の「フランクフルト学派」の問題関心の圏域の内で、社会理論としての法理論・政治理論の構築をめざして学際研究を進めてきたのが、原著者のフランクフルト大学社会学科（政治学講座担当）教授インゲボルク・マウス Ingeborg Maus である。一九三七年ドイツ連邦共和国ヴィースバーデンの生まれであるが、いわゆる「女性社会学者」の視点からの議論ではなく、一貫して市民法理論の正面からの批判的検討と現代民主制の社会理論の構築に注力してきた点に特徴があると言えよう。

本書はそのような著者による第二の著書 *Rechtstheorie und politische Theorie im Industriekapitalismus*, Wilhelm Fink Verlag, Müinhen 1986 と、付論（日本における講演）の全訳である。市民的法治国家論の展開とその機能変化を、とくにカール・シュミットとの対決のなかで、ハーバーマスの議論を視野に収めつつも、独自に分析したものであるが、処女出版『市民法理論とファシズム――カール・シュミット理論の社会的機能と時局への影響』（一九七六年、第二版一九八〇年）、第三の著書『民主制理論の啓蒙によせて――カントとのつながりにおける法理論と民主制理論の研究』（一九九二年）は、既に邦訳がなされ、それぞれ『カール・シュミットの法思想――ブルジョア法とファシズムの間』（風行社、一九九三年）、『啓蒙の民主制理論――カントとのつながりで』（法政大学出版局、一九九九年）として刊行されている。

本書は一九六〇年代末から八〇年代中葉にかけて各所で発表された法理論・政治理論関連の諸論稿を一書にまとめたものであって、その意味では、著者の最初期以来の理論的歩みをも如実に窺わせるものとなっている。ナチズムの台頭を許した法理論・政治理論、なかんずくカール・シュミットの理論との徹底した対質から出発して、現代西欧産業社会における市民法の機能変化と、伝統的自由主義的法理論・政治理論の破産の自覚、さらにこれに代わる現代の民主制理論のための理論的基礎の提供のこころみが、著者マウスをして、西欧近代の理論的原点たるカント法理論へと立ち帰らせるにいたっているのである。

彼女に大きな理論的影響を与えつづけているハーバーマスも、その『事実性と妥当性』（一九九二年）における法理論と民主制理論においてカント理論への回帰を示しているが、その根底にある現代産業社会における新たなる民主制の確立のための理論の構築という問題関心には共通するものがあると言えるであろう。現代の社会過程や政治過程の全局面を覆い尽くしている法制化 Verrechtlichung という現象を想起するならば、法の社会的機能変化の問題を新たな学際的視覚から論議することになるのは必然的なことである。御関心の向きは一連の『〈ハーバーマス・シンポジウム〉法制化とコミュニケイション的行為』（未來社、一九八七年）、『〈ルーマン・シンポジウム〉社会システム論と法の歴史と現在』（同、一九九一年）、ホネット『権力の批判――批判的社会理論の新たな地平』（法政大学出版局、一九九二年）等を併せて参照されたい。

ところで著者マウスに戻るが、彼女はフランクフルト大学およびベルリン自由大学で学んだ後、一九六三年よりフランクフルト大学（政治学研究所）助手を務めていた。同研究所にてディセルタツィオン（博士号請求論文）をとりまとめ、七一年、同大学にて博士号を取得。ディセルタツィオンは「カール・シュミットと憲法制定権力の理論――組織資本主義における市民法理論と憲法理論への政治学的探求」であるが、既にカール・シュミット理論との対質をとくに念頭に据えたものであって、これをさらに発展させたのが右に紹介した処女出版『市民法理論とファシズム――カール・シュミット理論の社会的機能と時局への影響』であった。そして、その標題と時期とからも、本書にもその問題関心は貫かれていると言って良いであろう。その後、八〇年には同大学社会学科にて、政治学（憲法理論および法社会学）教授資格を取得。八七年よりハーバーマス主宰の法理論研究会（ドイツ学術振興会ライプニッツ・プログラム後援）にて共同研究を行ない、九二年よりフランクフルト大学社会学科教授を務めている。

なお、この間、八九年三月に彼女は「ドイツ文化・社会史学会」の招きで初来日を果たしているが、本訳書においては、そのさいに用意された講演草稿を原型とし、その後これに大幅に手を加えた論稿「ワイマール共和国における国民主権の変容について」をも、その時期と内容に鑑みて付論として収録した。「権利の上に眠ってしまう」ことによる国民主権の空洞化の端緒をワイマール共和国の時代に求め、空洞化に加担した理論としてカール・シュミットの所説に徹底した批判を加え、かつ、ルーマンの社会システム理論はその現代版であると断ずる同論文は、本書を貫くモティーフをよりいっそう際だたせるものとなっている。

各章担当訳者は以下の通りである。

上村　隆広（うえむら　たかひろ）　第八章、第十章
一九六四年生まれ。大阪女子大学人文社会学部助教授。社会学・社会理論。
「ルーマンにおける〈社会〉の位置」（『ソシオロジ』第三五巻二号）、ルーマン『目的概念とシステム合理性』（勁草書房、共訳）等。

城　達也（じょう　たつや）　第五章
一九六二年生まれ。熊本大学文学部助教授。ドイツ社会学説史・現代思想史。
「対話的実践をめざして――ハーバーマスにおける理論と政治の媒介」（『ソシオロジ』第三五巻三号）、ハーバーマス『新たなる不透明性』（松籟社、共訳）、『自由と意味――戦後ドイツにおける社会秩序の変容』（世界思想社）等。

塚本　潔（つかもと　きよし）　第六章

一九六五年生まれ。京都大学大学院法学研究科助手。基礎法学。
「近現代ヨーロッパ教会『慣習法』におけるドイツ歴史法学派からの理論的『継受』（一）（二）」（『法学論叢』第一四二巻四号、第一四四巻二号）等。

林　隆也（はやし　たかや）　第四章
一九五七年生まれ。東亜大学総合人間・文化学部助教授。哲学・人間学。
ヴィッサー『哲学の実存――ヤスパースとハイデッガー』（理想社、共訳）、O・ヘッフェ『現代の実践哲学』（風行社、共訳）等。

原　信芳（はら　のぶよし）　第六章
一九五四年生まれ。浜松大学国際経済学部助教授。近代経済史。
「ナチス・ドイツの再軍備と金融動員」（『歴史と社会』第一四号、リブロポート）、『転換期のヨーロッパと日本』（南窓社、共著）等。

東　尚史（ひがし　なおふみ）　第二章
一九七二年生まれ。京都大学大学院法学研究科助手。基礎法学。
「ハイゼにおける国際的法比較の端緒（一）（二）」（『法学論叢』第一四九巻第五号、第一五〇巻第四号）等。

皆川　宏之（みながわ　ひろゆき）　第三章
一九七一年生まれ。京都大学大学院法学研究科助手。社会法学。
「オーストリアにおける民法典の成立——特に国家制定法と人的権に関する規定の編纂過程を中心として」（『比較法史研究 Historia Juris ——思想・制度・社会』第七号、未來社）等。

耳野　健二（みみの　けんじ）　第一章
一九六六年生まれ。京都産業大学法学部助教授。ドイツ近代法史。
「サヴィニーにおける法的世界の概念構造について——一般的要素と個別的要素の関係を中心に（一）（二）」（『法学論叢』第一三三巻第一号、第五号）、『サヴィニーの法思考——ドイツ近代法学における体系の概念』（未來社）、『ゆらぎの法律学——規範の基層とそのダイナミズム』（風行社、共著）、ハーバーマス「惨禍から何を学ぶのか——短き二〇世紀を顧みて」（ハーバーマス『法と正義のディスクルス』河上倫逸監訳所収、未來社、共訳）等。

毛利　透（もうり　とおる）　第七章、第九章
一九六七年生まれ。京都大学大学院法学研究科助教授。憲法学。
「国家意思形成の諸像と憲法理論」（『講座憲法学　第一巻』日本評論社）、「主権の復権？——インゲボルク・マウスの国家理論管見」（『筑波法政』第一八号）、「民主主義の歪みとは何か（一）（二）」（『筑波法政』第二〇号、第二一号）等。Die Meinungsund Kunstfreiheit und der Strafschutz der

Staatssymbole —— eine rechtsvergleichende Analyse von Deutschland und den USA ; JAHRBUCH DES ÖFFENTLICHEN RECHTS DER GEGENWART. NEUE FOLGE. Bd. 48.

＊

井上　琢也（いのうえ　たくや）　付論
一九六二年生まれ。國學院大學法学部教授。西洋法制史。
「『生ける死体』と『ペルヒト』の思想史——ドイツ法史学あるいは民俗学の深層（一）（二）（三）（四）」（『國學院法学』第二九巻三号、第三〇巻二号、第三一巻四号、第三二巻四号）、シュルフター『ヴェーバーの再検討』（風行社、共訳）等。

末筆ながら、本書の出版にさいして、多大なる労をとって下さった法政大学出版局編集部の平川俊彦氏、および伊藤祐二氏に感謝申し上げる。更に今では故人となってしまわれた稲義人氏に厚く御礼申し上げたい。

二〇〇二年二月

河上　倫逸

人 名 索 引

ア 行

アーベントロート　Abendroth, W.　188, 200-202, 204, 208, 209, 213, 214, 215
アリストテレス　Aristoteles　135, 137, 140
アンシュッツ　Anschütz, G.　353
イェリネク　Jellinek, G.　20
ヴェーバー　Weber, M.　102, 138, 225, 262, 283, 295, 298, 299, 319, 335, 336, 351
ヴェルカー　Welcker, C. Th.　16
エシュマン　Eschmann, E. W.　160
エンゲルス　Engels, F.　260, 270
オッフェ　Offe, C.　300
オーリゥ　Hauriou, M.　107, 111

カ 行

カイザー　Kaiser, J. H.　236
カウフマン　Kaufmann, E.　47-49, 52, 139, 140, 153, 354
カルテンブルンナー　Kaltenbrunner, G. -K.　150
カント　Kant, I.　4, 10-18, 28, 31, 76, 192, 254, 268, 336, 337, 342, 364
キルヒハイマー　Kirchheimer, O.　90, 263
グナイスト　Gneist, R. von　42
グライフェンハーゲン　Greiffenhagen, M.　148
グリューネベルク　Grueneberg, H.　155
クリーレ　Kriele, M.　61, 346
クロッコウ　Krockow, Chr. Graf von　97
ケルゼン　Kelsen, H.　193, 194, 206, 223, 352-354
ゲルバー　Gerber, C. F. von　41, 191
コール　Kohl, H.　182

サ 行

ザイフェルト Seifert, J. 203
シェイエス Sieyés, E. J. 12, 127, 359, 360, 362
シュタール Stahl, F. J. 7, 32-40, 49
シュミット Schmitt, C. 49-53, 63, 65, 75, 78, 86-146, 150-153, 165-174, 176, 177, 203, 205, 228, 243, 245, 246, 248, 253, 267, 268, 355-367
シュライヒャー Schleicher, K. von 150-152, 156
シュレンケル Schlenker, M. 91
ストゥーチカ Stučka, P. I. 270-273, 281
スメント Smend, R. 211, 216
ゾンバルト Sombart, W. 154

タ 行

ダーレンドルフ Dahrendorf, R. 267
ツィマーマン Zimmermann, F. F. → フリード Fried, F.
ツェーラー Zehrer, H. 150-152, 154, 155, 159-161, 164, 165, 169, 170, 173, 174, 178
ディーダリヒス Diederichs, E. 150
トイプナー Teubner, G. 300-304, 343
トーマ Thoma, R. 44, 45, 353

ナ 行

ナウマン Naumann, F. 108
ネークト Negt, O. 259, 260
ノイマン Neumann, F. 45, 136, 165, 195, 293

ハ 行

パシュカーニス Pašukanis, E. B. 260, 273
パーソンズ Parsons, T. 259
ハーバーマス Habermas, J. 191, 314-320, 322-324, 326, 328-330, 332-343
パーペン Papen, F. von 151, 163
ハルトヴィッヒ Hartwich, H.-H. 214
ビスマルク Bismarck, O. von 42, 46, 165, 193, 226, 227, 245

ヒトラー　Hitler, A.　87
フォルストホフ　Forsthoff, E.　63-69, 75, 78, 81, 228-233, 235, 245, 246, 261
フライヤー　Freyer, H.　150, 158, 161, 168, 176
プーランザス　Poulantzas, N.　279
フリード　Fried, F.（=Zimmermann, F. F.）　154-159, 161, 164, 170
フレンケル　Fraenkel, E.　45, 92
プロイス　Preuß, H.　87
プロイス　Preuß, U. K.　83, 124, 204
ヘーゲル　Hegel, G. F. W.　109, 112, 158, 275
ヘーベルレ　Häberle, P.　212-216
ベール　Bähr, O.　42
ベッケラート　Beckerath, E. von　107, 115
ヘラー　Heller, H.　45, 46, 103, 180-187, 189-201, 203, 205-219, 352-354, 357
ホッブズ　Hobbes, Th.　36, 100, 197, 254, 268
ホフマン　Hofmann, H.　97, 98
ホルン　Horn, D.　223, 224

マ　行

マイホーファー　Maihofer, W.　141, 142, 245, 252-257, 261, 262, 266-268, 270-281
マイヤー　Mayer, O.　42, 43
マルクス　Marx, K.　39, 86, 91, 152-154, 173, 184, 185, 241, 242, 255, 269-272, 275, 277, 281, 363
マルクーゼ　Marcuse, H.　107, 349
丸山眞男　Maruyama, M.　345, 347, 352
マンハイム　Mannheim, K.　147, 161, 274, 275, 279
ミュラー　Müller, F.　208, 209, 215
ミル　Mill, J. S.　134, 135
メラー　Moeller van den Bruck, A.　149, 150, 169
メルクル　Merkl, A. J.　194
モール　Mohl, R. von　7, 16-32, 35, 38, 39, 71, 196

ラ　行

ラッサール　Lassalle, F.　209
ラデーア　Ladeur, K.-H.　124, 303-306
ラートブルフ　Radbruch, G.　45, 49, 195, 332

ラーバント　Laband, P.　20, 41, 103, 191, 192, 224
ランゲ　Lange, H.　108
リッダー　Ridder, H.　201-204, 208, 209
ルーマン　Luhmann, N.　63, 69-83, 133, 142, 177-179, 221, 222, 224, 226, 230, 233-236, 245-250, 256, 257, 260, 261, 285-287, 296, 298, 301, 303, 309, 310, 326-330, 335, 337, 348, 349, 353
ルカーチ　Lukács, G.　269
ルソー　Rousseau, J.-J.　11, 14, 43, 76, 342, 359, 362-366
レレッケ　Roellecke, G.　222, 224, 228-230, 232, 233
ロック　Locke, J.　360, 362, 366

《叢書・ウニベルシタス　727》
産業資本主義の法と政治
2002年 3 月 7 日　初版第 1 刷発行

インゲボルク・マウス
河上倫逸 監訳
発行所　財団法人　法政大学出版局
〒102-0073 東京都千代田区九段北3-2-7
電話03(5214)5540/振替00160-6-95814
製版，印刷　三和印刷／鈴木製本所

Printed in Japan

ISBN4-588-00727-0

著　者

インゲボルク・マウス（Ingeborg Maus）

1937年ドイツ連邦共和国ヴィースバーデンに生まれる．フランクフルト大学およびベルリン自由大学で学んだ後，63年フランクフルト大学（政治学研究所）助手．71年，同大学に「カール・シュミットと憲法制定権力の理論――組織資本主義における市民法理論と憲法理論への政治学的探究」を博士論文として提出．「フランクフルト学派」の問題関心の圏域の内で，社会理論としての法理論・政治理論の構築をめざして学際研究を進め，市民法理論の正面からの批判的検討と現代民主制の社会理論の構築に注力．89年 3 月に「ドイツ文化・社会史学会」の招きで初来日．『カール・シュミットの法思想――ブルジョア法とファシズムの間』（風行社，1993年），『啓蒙の民主制理論――カントとのつながりで』（法政大学出版局，1999年）等の邦訳があるが，本書は，市民的法治国家論の展開とその機能変化を，とくにカール・シュミットの理論との対決のなかで，ハーバーマスやルーマンの議論をも視野に収めつつ分析し，著者の最初期から今日に至るまでの理論的な歩みを示したものである．

監訳者

河上倫逸（かわかみ　りんいつ）

1945年東京に生まれる．京都大学法学部卒，同大学院博士課程中退．マックス・プランク・ヨーロッパ法史研究所で在外研究（78-80）の後，マインツ大学ドイツ研究所（83-84），ウィーン大学法学部（84-85），ベルリン自由大学東洋部（95-96）の客員教授を歴任．西洋法制史，ドイツ法，法社会学を専攻．法学博士．現在京都大学大学院法学研究科教授．
著書：『ドイツ市民思想と法理論』（創文社），『法の文化社会史』『ドイツ法律学の歴史と現在』『ドイツ近代の意識と社会』（以上，ミネルヴァ書房），『巨人の肩の上で』（未來社）等。
訳書：ハーバーマス『コミュニケイション的行為の理論』（未來社，共訳），『未来としての過去』（同），『法と正義のディスクルス』（同，編訳），『新たなる不透明性』（松籟社，監訳），ホネット『権力の批判』（法政大学出版局，監訳）等．

				(頁)
1	芸術はなぜ必要か	E.フィッシャー／河野徹訳	品切	302
2	空と夢〈運動の想像力にかんする試論〉	G.バシュラール／宇佐見英治訳		442
3	グロテスクなもの	W.カイザー／竹内豊治訳		312
4	塹壕の思想	T.E.ヒューム／長谷川鉱平訳		316
5	言葉の秘密	E.ユンガー／菅谷規矩雄訳		176
6	論理哲学論考	L.ヴィトゲンシュタイン／藤本, 坂井訳		350
7	アナキズムの哲学	H.リード／大沢正道訳		318
8	ソクラテスの死	R.グアルディーニ／山村直資訳		366
9	詩学の根本概念	E.シュタイガー／高橋英夫訳		334
10	科学の科学〈科学技術時代の社会〉	M.ゴールドスミス, A.マカイ編／是永純弘訳		346
11	科学の射程	C.F.ヴァイツゼカー／野田, 金子訳		274
12	ガリレオをめぐって	オルテガ・イ・ガセット／マタイス, 佐々木訳		290
13	幻影と現実〈詩の源泉の研究〉	C.コードウェル／長谷川鉱平訳		410
14	聖と俗〈宗教的なるものの本質について〉	M.エリアーデ／風間敏夫訳		286
15	美と弁証法	G.ルカッチ／良知, 池田, 小箕訳		372
16	モラルと犯罪	K.クラウス／小松太郎訳		218
17	ハーバート・リード自伝	北條文緒訳		468
18	マルクスとヘーゲル	J.イッポリット／宇津木, 田口訳	品切	258
19	プリズム〈文化批判と社会〉	Th.W.アドルノ／竹内, 山村, 板倉訳		246
20	メランコリア	R.カスナー／塚越敏訳		388
21	キリスト教の苦悶	M.de ウナムーノ／神吉, 佐々木訳		202
22	アインシュタイン ゾンマーフェルト往復書簡	A.ヘルマン編／小林, 坂口訳	品切	194
23 24	群衆と権力（上・下）	E.カネッティ／岩田行一訳		440 356
25	問いと反問〈芸術論集〉	W.ヴォリンガー／土肥美夫訳		272
26	感覚の分析	E.マッハ／須藤, 廣松訳		386
27 28	批判的モデル集（I・II）	Th.W.アドルノ／大久保健治訳	〈品切 品切〉	I 232 II 272
29	欲望の現象学	R.ジラール／古田幸男訳		370
30	芸術の内面への旅	E.ヘラー／河原, 杉浦, 渡辺訳	品切	284
31	言語起源論	ヘルダー／大阪大学ドイツ近代文学研究会訳		270
32	宗教の自然史	D.ヒューム／福鎌, 斎藤訳		144
33	プロメテウス〈ギリシア人の解した人間存在〉	K.ケレーニイ／辻村誠三訳	品切	268
34	人格とアナーキー	E.ムーニエ／山崎, 佐藤訳		292
35	哲学の根本問題	E.ブロッホ／竹内豊治訳		194
36	自然と美学〈形体・美・芸術〉	R.カイヨワ／山口三夫訳		112
37 38	歴史論（I・II）	G.マン／加藤, 宮野訳	I・品切 II・品切	274 202
39	マルクスの自然概念	A.シュミット／元浜清海訳		316
40	書物の本〈西欧の書物と文化の歴史. 書物の美学〉	H.プレッサー／轡田収訳		448
41 42	現代への序説（上・下）	H.ルフェーヴル／宗, 古田監訳		220 296
43	約束の地を見つめて	E.フォール／古田幸男訳		320
44	スペクタクルと社会	J.デュビニョー／渡辺淳訳	品切	188
45	芸術と神話	E.グラッシ／榎本久彦訳		266
46	古きものと新しきもの	M.ロベール／城山, 島, 円子訳		318
47	国家の起源	R.H.ローウィ／古賀英三郎訳		204
48	人間と死	E.モラン／古田幸男訳		448
49	プルーストとシーニュ（増補版）	G.ドゥルーズ／宇波彰訳		252
50	文明の滴定〈科学技術と中国の社会〉	J.ニーダム／橋本敬造訳	品切	452
51	プスタの民	I.ジュラ／加藤二郎訳		382

				(頁)
52 53	社会学的思考の流れ（I・II）	R.アロン／北川, 平野, 他訳		350 392
54	ベルクソンの哲学	G.ドゥルーズ／宇波彰訳		142
55	第三帝国の言語LTI〈ある言語学者のノート〉	V.クレムペラー／羽田, 藤平, 赤井, 中村訳		442
56	古代の芸術と祭祀	J.E.ハリスン／星野徹訳		222
57	ブルジョワ精神の起源	B.グレトゥイゼン／野沢協訳		394
58	カントと物自体	E.アディッケス／赤松常弘訳		300
59	哲学的素描	S.K.ランガー／塚本, 星野訳		250
60	レーモン・ルーセル	M.フーコー／豊崎光一訳		268
61	宗教とエロス	W.シューバルト／石川, 平田, 山本訳	品切	398
62	ドイツ悲劇の根源	W.ベンヤミン／川村, 三城訳		316
63	鍛えられた心〈強制収容所における心理と行動〉	B.ベテルハイム／丸山修吉訳		340
64	失われた範列〈人間の自然性〉	E.モラン／古田幸男訳		308
65	キリスト教の起源	K.カウツキー／栗原佑訳		534
66	ブーバーとの対話	W.クラフト／板倉敏之訳		206
67	プロデメの変貌〈フランスのコミューン〉	E.モラン／宇波彰訳		450
68	モンテスキューとルソー	E.デュルケーム／小関, 川喜多訳	品切	312
69	芸術と文明	K.クラーク／河野徹訳		680
70	自然宗教に関する対話	D.ヒューム／福鎌, 斎藤訳		196
71 72	キリスト教の中の無神論（上・下）	E.ブロッホ／竹内, 高尾訳		234 304
73	ルカーチとハイデガー	L.ゴルドマン／川俣晃自訳		308
74	断　想　1942—1948	E.カネッティ／岩田行一訳		286
75 76	文明化の過程（上・下）	N.エリアス／吉田, 中村, 波田, 他訳		466 504
77	ロマンスとリアリズム	C.コードウェル／玉井, 深井, 山本訳		238
78	歴史と構造	A.シュミット／花崎皋平訳		192
79 80	エクリチュールと差異（上・下）	J.デリダ／若桑, 野村, 阪上, 三好, 他訳		378 296
81	時間と空間	E.マッハ／野家啓一編訳		258
82	マルクス主義と人格の理論	L.セーヴ／大津真作訳		708
83	ジャン=ジャック・ルソー	B.グレトゥイゼン／小池健男訳		394
84	ヨーロッパ精神の危機	P.アザール／野沢協訳		772
85	カフカ〈マイナー文学のために〉	G.ドゥルーズ, F.ガタリ／宇波, 岩田訳		210
86	群衆の心理	H.ブロッホ／入野田, 小崎, 小岸訳	品切	580
87	ミニマ・モラリア	Th.W.アドルノ／三光長治訳		430
88 89	夢と人間社会（上・下）	R.カイヨワ, 他／三好郁郎, 他訳		374 340
90	自由の構造	C.ベイ／横越英一訳		744
91	1848年〈二月革命の精神史〉	J.カスー／野沢協, 他訳		326
92	自然の統一	C.F.ヴァイツゼカー／斎藤, 河井訳	品切	560
93	現代戯曲の理論	P.ションディ／市村, 丸山訳	品切	250
94	百科全書の起源	F.ヴェントゥーリ／大津真作訳	品切	324
95	推測と反駁〈科学的知識の発展〉	K.R.ポパー／藤本, 石垣, 森訳		816
96	中世の共産主義	K.カウツキー／栗原佑訳		400
97	批評の解剖	N.フライ／海老根, 中村, 出淵, 山内訳		580
98	あるユダヤ人の肖像	A.メンミ／菊地, 白井訳		396
99	分類の未開形態	E.デュルケーム／小関藤一郎訳	品切	232
100	永遠に女性的なるもの	H.ド・リュバック／山崎庸一郎訳		360
101	ギリシア神話の本質	G.S.カーク／吉田, 辻村, 松田訳	品切	390
102	精神分析における象徴界	G.ロゾラート／佐々木孝次訳		508
103	物の体系〈記号の消費〉	J.ボードリヤール／宇波彰訳		280

				(頁)
104	言語芸術作品〔第2版〕	W.カイザー／柴田斎訳	品切	688
105	同時代人の肖像	F.ブライ／池内紀訳		212
106	レオナルド・ダ・ヴィンチ〔第2版〕	K.クラーク／丸山,大河内訳		344
107	宮廷社会	N.エリアス／波田,中埜,吉田訳		480
108	生産の鏡	J.ボードリヤール／宇波,今村訳		184
109	祭祀からロマンスへ	J.L.ウェストン／丸小哲雄訳		290
110	マルクスの欲求理論	A.ヘラー／良知,小箕訳		198
111	大革命前夜のフランス	A.ソブール／山崎耕一訳	品切	422
112	知覚の現象学	メルロ=ポンティ／中島盛夫訳		904
113	旅路の果てに〈アルペイオスの流れ〉	R.カイヨワ／金井裕訳		222
114	孤独の迷宮〈メキシコの文化と歴史〉	O.パス／高山,熊谷訳		320
115	暴力と聖なるもの	R.ジラール／古田幸男訳		618
116	歴史をどう書くか	P.ヴェーヌ／大津真作訳		604
117	記号の経済学批判	J.ボードリヤール／今村,宇波,桜井訳	品切	304
118	フランス紀行〈1787,1788&1789〉	A.ヤング／宮崎洋訳		432
119	供　犠	M.モース,H.ユベール／小関藤一郎訳		296
120	差異の目録〈歴史を変えるフーコー〉	P.ヴェーヌ／大津真作訳	品切	198
121	宗教とは何か	G.メンシング／田中,下宮訳		442
122	ドストエフスキー	R.ジラール／鈴木晶訳		200
123	さまざまな場所〈死の影の都市をめぐる〉	J.アメリー／池内紀訳		210
124	生　成〈概念をこえる試み〉	M.セール／及川馥訳		272
125	アルバン・ベルク	Th.W.アドルノ／平野嘉彦訳		320
126	映画　あるいは想像上の人間	E.モラン／渡辺淳訳		320
127	人間論〈時間・責任・価値〉	R.インガルデン／武井,赤松訳		294
128	カント〈その生涯と思想〉	A.グリガ／西牟田,浜田訳		464
129	同一性の寓話〈詩的神話学の研究〉	N.フライ／駒沢大学フライ研究会訳		496
130	空間の心理学	A.モル,E.ロメル／渡辺淳訳		326
131	飼いならされた人間と野性的人間	S.モスコヴィッシ／古田幸男訳		336
132	方　法　1．自然の自然	E.モラン／大津真作訳	品切	658
133	石器時代の経済学	M.サーリンズ／山内昶訳		464
134	世の初めから隠されていること	R.ジラール／小池健男訳		760
135	群衆の時代	S.モスコヴィッシ／古田幸男訳	品切	664
136	シミュラークルとシミュレーション	J.ボードリヤール／竹原あき子訳		234
137	恐怖の権力〈アブジェクシオン〉試論	J.クリステヴァ／枝川昌雄訳		420
138	ボードレールとフロイト	L.ベルサーニ／山縣直子訳		240
139	悪しき造物主	E.M.シオラン／金井裕訳		228
140	終末論と弁証法〈マルクスの社会・政治思想〉	S.アヴィネリ／中村恒矩訳	品切	392
141	経済人類学の現在	F.プイヨン編／山内昶訳		236
142	視覚の瞬間	K.クラーク／北條文緒訳		304
143	罪と罰の彼岸	J.アメリー／池内紀訳		210
144	時間・空間・物質	B.K.ライドレー／中島龍三訳	品切	226
145	離脱の試み〈日常生活への抵抗〉	S.コーエン, N.テイラー／石黒毅訳		321
146	人間怪物論〈人間脱走の哲学の素描〉	U.ホルストマン／加藤二郎訳		206
147	カントの批判哲学	G.ドゥルーズ／中島盛夫訳		160
148	自然と社会のエコロジー	S.モスコヴィッシ／久米,原訳		440
149	壮大への渇仰	L.クローネンバーガー／岸,倉田訳		368
150	奇蹟論・迷信論・自殺論	D.ヒューム／福鎌,斎藤訳		200
151	クルティウスージッド往復書簡	ディークマン編／円子千代訳		376
152	離脱の寓話	M.セール／及川馥訳		178

				(頁)
153	エクスタシーの人類学	I.M.ルイス／平沼孝之訳		352
154	ヘンリー・ムア	J.ラッセル／福田真一訳		340
155	誘惑の戦略	J.ボードリヤール／宇波彰訳		260
156	ユダヤ神秘主義	G.ショーレム／山下, 石丸, 他訳		644
157	蜂の寓話〈私悪すなわち公益〉	B.マンデヴィル／泉谷治訳		412
158	アーリア神話	L.ポリアコフ／アーリア主義研究会訳		544
159	ロベスピエールの影	P.ガスカール／佐藤和生訳		440
160	元型の空間	E.ゾラ／丸小哲雄訳		336
161	神秘主義の探究〈方法論的考察〉	E.スタール／宮元啓一, 他訳		362
162	放浪のユダヤ人〈ロート・エッセイ集〉	J.ロート／平田, 吉田訳		344
163	ルフー, あるいは取壊し	J.アメリー／神崎巌訳		250
164	大世界劇場〈宮廷祝宴の時代〉	R.アレヴィン, K.ゼルツレ／円子修平訳	品切	200
165	情念の政治経済学	A.ハーシュマン／佐々木, 旦訳		192
166	メモワール〈1940-44〉	レミ／築島謙三訳		520
167	ギリシア人は神話を信じたか	P.ヴェーヌ／大津真作訳	品切	340
168	ミメーシスの文学と人類学	R.ジラール／浅野敏夫訳		410
169	カバラとその象徴的表現	G.ショーレム／岡部, 小岸訳		340
170	身代りの山羊	R.ジラール／織田, 富永訳	品切	384
171	人間〈その本性および世界における位置〉	A.ゲーレン／平野具男訳		608
172	コミュニケーション〈ヘルメスI〉	M.セール／豊田, 青木訳		358
173	道　化〈つまずきの現象学〉	G.v.バルレーヴェン／片岡啓治訳	品切	260
174	いま, ここで〈アウシュヴィッツとヒロシマ以後の哲学的考察〉	G.ピヒト／斎藤, 浅野, 大野, 河井訳		600
175 176 177	真理と方法〔全三冊〕	H.-G.ガダマー／轡田, 麻生, 三島, 他訳		I・350 II・ III・
178	時間と他者	E.レヴィナス／原田佳彦訳		140
179	構成の詩学	B.ウスペンスキイ／川崎, 大石訳	品切	282
180	サン=シモン主義の歴史	S.シャルレティ／沢崎, 小杉訳		528
181	歴史と文芸批評	G.デルフォ, A.ロッシュ／川中子弘訳		472
182	ミケランジェロ	H.ヒバード／中山, 小野訳	品切	578
183	観念と物質〈思考・経済・社会〉	M.ゴドリエ／山内昶訳		340
184	四つ裂きの刑	E.M.シオラン／金井裕訳		234
185	キッチュの心理学	A.モル／万沢正美訳		344
186	領野の漂流	J.ヴィヤール／山下俊一訳		226
187	イデオロギーと想像力	G.C.カバト／小箕俊介訳		300
188	国家の起源と伝承〈古代インド社会史論〉	R.=ターパル／山崎, 成澤訳		322
189	ベルナール師匠の秘密	P.ガスカール／佐藤和生訳		374
190	神の存在論的証明	D.ヘンリッヒ／本間, 須田, 座小田, 他訳		456
191	アンチ・エコノミクス	J.アタリ, M.ギヨーム／斎藤, 安孫子訳		322
192	クローチェ政治哲学論集	B.クローチェ／上村忠男編訳		188
193	フィヒテの根源的洞察	D.ヘンリッヒ／座小田, 小松訳		184
194	哲学の起源	オルテガ・イ・ガセット／佐々木孝訳	品切	224
195	ニュートン力学の形成	ベー・エム・ゲッセン／秋間実, 他訳		312
196	遊びの遊び	J.デュビニョー／渡辺淳訳	品切	160
197	技術時代の魂の危機	A.ゲーレン／平野具男訳	品切	222
198	儀礼としての相互行為	E.ゴッフマン／広瀬, 安江訳	品切	376
199	他者の記号学〈アメリカ大陸の征服〉	T.トドロフ／及川, 大谷, 菊地訳		370
200	カント政治哲学の講義	H.アーレント著, R.ベイナー編／浜田監訳		302
201	人類学と文化記号論	M.サーリンズ／山内昶訳		354
202	ロンドン散策	F.トリスタン／小杉, 浜本訳		484

				(頁)
253	言語の牢獄	F.ジェームソン／川口喬一訳		292
254	失望と参画の現象学	A.O.ハーシュマン／佐々木,杉田訳		204
255	はかない幸福—ルソー	T.トドロフ／及川馥訳		162
256	大学制度の社会史	H.W.プラール／山本尤訳		408
257 258	ドイツ文学の社会史（上・下）	J.ベルク,他／山本,三島,保坂,鈴木訳		上・766 下・648
259	アランとルソー〈教育哲学試論〉	A.カルネック／安斎,並木訳		304
260	都市・階級・権力	M.カステル／石川淳志監訳		296
261	古代ギリシア人	M.I.フィンレー／山形和美訳	品切	296
262	象徴表現と解釈	T.トドロフ／小林,及川訳		244
263	声の回復〈回想の試み〉	L.マラン／梶野吉郎訳		246
264	反射概念の形成	G.カンギレム／金森修訳		304
265	芸術の手相	G.ピコン／末永照和訳		294
266	エチュード〈初期認識論集〉	G.バシュラール／及川馥訳		166
267	邪な人々の昔の道	R.ジラール／小池健男訳		270
268	〈誠実〉と〈ほんもの〉	L.トリリング／野島秀勝訳		264
269	文の抗争	J.-F.リオタール／陸井四郎,他訳		410
270	フランス革命と芸術	J.スタロバンスキー／井上尭裕訳		286
271	野生人とコンピューター	J.-M.ドムナック／古田幸男訳		228
272	人間と自然界	K.トマス／山内昶,他訳		618
273	資本論をどう読むか	J.ビデ／今村仁司,他訳		450
274	中世の旅	N.オーラー／藤代幸一訳		488
275	変化の言語〈治療コミュニケーションの原理〉	P.ワツラウィック／築島謙三訳		212
276	精神の売春としての政治	T.クンナス／木戸,佐々木訳		258
277	スウィフト政治・宗教論集	J.スウィフト／中野,海保訳		490
278	現実とその分身	C.ロセ／金井裕訳		168
279	中世の高利貸	J.ル・ゴッフ／渡辺香根夫訳		170
280	カルデロンの芸術	M.コメレル／岡部仁訳		270
281	他者の言語〈デリダの日本講演〉	J.デリダ／高橋允昭編訳		406
282	ショーペンハウアー	R.ザフランスキー／山本尤訳		646
283	フロイトと人間の魂	B.ベテルハイム／藤瀬恭子訳		174
284	熱　狂〈カントの歴史批判〉	J.-F.リオタール／中島盛夫訳		210
285	カール・カウツキー 1854-1938	G.P.スティーンソン／時永,河野訳		496
286	形而上学と神の思想	W.パネンベルク／座小田,諸岡訳		186
287	ドイツ零年	E.モラン／古田幸男訳		364
288	物の地獄〈ルネ・ジラールと経済の論理〉	デュムシェル，デュピュイ／織田,富永訳		320
289	ヴィーコ自叙伝	G.ヴィーコ／福鎌忠恕訳	品切	448
290	写真論〈その社会的効用〉	P.ブルデュー／山縣熙,山縣直子訳		438
291	戦争と平和	S.ボク／大沢正道訳		224
292	意味と意味の発展	R.A.ウォルドロン／築島謙三訳		294
293	生態平和とアナーキー	U.リンゼ／内田,杉村訳		270
294	小説の精神	M.クンデラ／金井,浅野訳		208
295	フィヒテ-シェリング往復書簡	W.シュルツ解説／座小田,後藤訳		220
296	出来事と危機の社会学	E.モラン／浜名,福井訳		622
297	宮廷風恋愛の技術	A.カペルラヌス／野島秀勝訳		334
298	野蛮〈科学主義の独裁と文化の危機〉	M.アンリ／山形,望月訳		292
299	宿命の戦略	J.ボードリヤール／竹原あき子訳		260
300	ヨーロッパの日記	G.R.ホッケ／石丸,柴田,信岡訳		1330
301	記号と夢想〈演劇と祝祭についての考察〉	A.シモン／岩瀬孝監修．佐藤,伊藤,他訳		388
302	手と精神	J.ブラン／中村文郎訳		284

				(頁)
352	倫理・政治的ディスクール	O.ヘッフェ／青木隆嘉訳		312
353	モーツァルト	N.エリアス／青木隆嘉訳		198
354	参加と距離化	N.エリアス／波田, 道籏訳		276
355	二十世紀からの脱出	E.モラン／秋枝茂夫訳		384
356	無限の二重化	W.メニングハウス／伊藤秀一訳		350
357	フッサール現象学の直観理論	E.レヴィナス／佐藤, 桑野訳		506
358	始まりの現象	E.W.サイード／山形, 小林訳		684
359	サテュリコン	H.P.デュル／原研二訳		258
360	芸術と疎外	H.リード／増渕正史訳	品切	262
361	科学的理性批判	K.ヒュプナー／神野, 中才, 熊谷訳		476
362	科学と懐疑論	J.ワトキンス／中才敏郎訳		354
363	生きものの迷路	A.モール, E.ロメル／古田幸男訳		240
364	意味と力	G.バランディエ／小関藤一郎訳		406
365	十八世紀の文人科学者たち	W.レペニース／小川さくえ訳		182
366	結晶と煙のあいだ	H.アトラン／阪上脩訳		376
367	生への闘争〈闘争本能・性・意識〉	W.J.オング／高柳, 橋爪訳		326
368	レンブラントとイタリア・ルネサンス	K.クラーク／尾崎, 芳野訳		334
369	権力の批判	A.ホネット／河上倫逸監訳		476
370	失われた美学〈マルクスとアヴァンギャルド〉	M.A.ローズ／長田, 池田, 長野, 長田訳		332
371	ディオニュソス	M.ドゥティエンヌ／及川, 吉岡訳		164
372	メディアの理論	F.イングリス／伊藤, 磯山訳		380
373	生き残ること	B.ベテルハイム／高尾利数訳		646
374	バイオエシックス	F.ダゴニェ／金森, 松浦訳		316
375 376	エディプスの謎（上・下）	N.ビショッフ／藤代, 井本, 他訳		上・450 下・464
377	重大な疑問〈懐疑的省察録〉	E.シャルガフ／山形, 小野, 他訳		404
378	中世の食生活〈断食と宴〉	B.A.ヘニッシュ／藤原保明訳	品切	538
379	ポストモダン・シーン	A.クローカー, D.クック／大熊昭信訳		534
380	夢の時〈野生と文明の境界〉	H.P.デュル／岡部, 原, 須永, 荻野訳		674
381	理性よ，さらば	P.ファイヤアーベント／植木哲也訳		454
382	極限に面して	T.トドロフ／宇京頼三訳		376
383	自然の社会化	K.エーダー／寿福真美監訳		474
384	ある反時代的考察	K.レーヴィット／中村啓, 永沼更始郎訳		526
385	図書館炎上	W.シヴェルブシュ／福本義憲訳		274
386	騎士の時代	F.v.ラウマー／柳井尚子訳		506
387	モンテスキュー〈その生涯と思想〉	J.スタロバンスキー／古賀英三郎, 高橋誠訳		312
388	理解の鋳型〈東西の思想経験〉	J.ニーダム／井上英明訳		510
389	風景画家レンブラント	E.ラルセン／大谷, 尾崎訳		208
390	精神分析の系譜	M.アンリ／山形頼洋, 他訳		546
391	金《かね》と魔術	H.C.ビンスヴァンガー／清水健次訳		218
392	自然誌の終焉	W.レペニース／山村直資訳		346
393	批判的解釈学	J.B.トンプソン／山本, 小川訳		376
394	人間にはいくつの真理が必要か	R.ザフランスキー／山本, 藤井訳		232
395	現代芸術の出発	Y.イシャグプール／川俣晃自訳		170
396	青春　ジュール・ヴェルヌ論	M.セール／豊田彰訳		398
397	偉大な世紀のモラル	P.ベニシュー／朝倉, 羽賀訳		428
398	諸国民の時に	E.レヴィナス／合田正人訳		348
399 400	バベルの後に（上・下）	G.スタイナー／亀山健吉訳		上・482 下・
401	チュービンゲン哲学入門	E.ブロッホ／花田監修・菅谷, 今井, 三国訳		422

				（頁）
402	歴史のモラル	T.トドロフ／大谷尚文訳		386
403	不可解な秘密	E.シャルガフ／山本，内藤訳		260
404	ルソーの世界〈あるいは近代の誕生〉	J.-L.ルセルクル／小林浩訳	品切	378
405	死者の贈り物	D.サルナーヴ／菊地，白井訳		186
406	神もなく韻律もなく	H.P.デュル／青木隆嘉訳		292
407	外部の消失	A.コドレスク／利沢行夫訳		276
408	狂気の社会史〈狂人たちの物語〉	R.ポーター／目羅公和訳		428
409	続・蜂の寓話	B.マンデヴィル／泉谷治訳		436
410	悪口を習う〈近代初期の文化論集〉	S.グリーンブラット／磯山甚一訳		354
411	危険を冒して書く〈異色作家たちのパリ・インタヴュー〉	J.ワイス／浅野敏夫訳		300
412	理論を讃えて	H.-G.ガダマー／本間，須田訳		194
413	歴史の島々	M.サーリンズ／山本真鳥訳		306
414	ディルタイ〈精神科学の哲学者〉	R.A.マックリール／大野，田中，他訳		578
415	われわれのあいだで	E.レヴィナス／合田，谷口訳		368
416	ヨーロッパ人とアメリカ人	S.ミラー／池田栄一訳		358
417	シンボルとしての樹木	M.ルルカー／林 捷 訳		276
418	秘めごとの文化史	H.P.デュル／藤代，津山訳		662
419	眼の中の死〈古代ギリシアにおける他者の像〉	J.-P.ヴェルナン／及川，吉岡訳		144
420	旅の思想史	E.リード／伊藤誓訳		490
421	病のうちなる治療薬	J.スタロバンスキー／小池，川那部訳		356
422	祖国地球	E.モラン／菊地昌実訳		234
423	寓意と表象・再現	S.J.グリーンブラット編／船倉正憲訳		384
424	イギリスの大学	V.H.H.グリーン／安原，成定訳		516
425	未来批判 あるいは世界史に対する嫌悪	E.シャルガフ／山本，伊藤訳		276
426	見えるものと見えざるもの	メルロ=ポンティ／中島盛夫監訳		618
427	女性と戦争	J.B.エルシュテイン／小林，廣川訳		486
428	カント入門講義	H.バウムガルトナー／有福孝岳監訳		204
429	ソクラテス裁判	I.F.ストーン／永田康昭訳		470
430	忘我の告白	M.ブーバー／田口義弘訳		348
431 432	時代おくれの人間（上・下）	G.アンダース／青木隆嘉訳		上・432 下・546
433	現象学と形而上学	J.-L.マリオン他編／三上，重永，檜垣訳		388
434	祝福から暴力へ	M.ブロック／田辺，秋津訳		426
435	精神分析と横断性	F.ガタリ／杉村，毬藻訳		462
436	競争社会をこえて	A.コーン／山本，真水訳		530
437	ダイアローグの思想	M.ホルクウィスト／伊藤誓訳		370
438	社会学とは何か	N.エリアス／徳安彰訳		250
439	E.T.A.ホフマン	R.ザフランスキー／識名章喜訳		636
440	所有の歴史	J.アタリ／山内昶訳		580
441	男性同盟と母権制神話	N.ゾンバルト／田村和彦訳		516
442	ヘーゲル以後の歴史哲学	H.シュネーデルバッハ／古東哲明訳		282
443	同時代人ベンヤミン	H.マイヤー／岡部仁訳		140
444	アステカ帝国滅亡記	G.ボド，T.トドロフ編／大谷，菊地訳		662
445	迷宮の岐路	C.カストリアディス／宇京頼三訳		404
446	意識と自然	K.K.チョウ／志水，山本監訳		422
447	政治的正義	O.ヘッフェ／北尾，平石，望月訳		598
448	象徴と社会	K.バーク著，ガスフィールド編／森常治訳		580
449	神・死・時間	E.レヴィナス／合田正人訳		360
450	ローマの祭	G.デュメジル／大橋寿美子訳		446

			(頁)
451	エコロジーの新秩序	L.フェリ／加藤宏幸訳	274
452	想念が社会を創る	C.カストリアディス／江口幹訳	392
453	ウィトゲンシュタイン評伝	B.マクギネス／藤本, 今井, 宇都宮, 髙橋訳	612
454	読みの快楽	R.オールター／山形, 中田, 田中訳	346
455	理性・真理・歴史〈内在的実在論の展開〉	H.パトナム／野本和幸, 他訳	360
456	自然の諸時期	ビュフォン／菅谷暁訳	440
457	クロポトキン伝	ピルーモヴァ／左近毅訳	384
458	征服の修辞学	P.ヒューム／岩尾, 正木, 本橋訳	492
459	初期ギリシア科学	G.E.R.ロイド／山野, 山口訳	246
460	政治と精神分析	G.ドゥルーズ, F.ガタリ／杉村昌昭訳	124
461	自然契約	M.セール／及川, 米山訳	230
462	細分化された世界〈迷宮の岐路III〉	C.カストリアディス／宇京頼三訳	332
463	ユートピア的なもの	L.マラン／梶野吉郎訳	420
464	恋愛礼讃	M.ヴァレンシー／沓掛, 川端訳	496
465	転換期〈ドイツ人とドイツ〉	H.マイヤー／宇京早苗訳	466
466	テクストのぶどう畑で	I.イリイチ／岡部佳世訳	258
467	フロイトを読む	P.ゲイ／坂口, 大島訳	304
468	神々を作る機械	S.モスコヴィッシ／古田幸男訳	750
469	ロマン主義と表現主義	A.K.ウィードマン／大森淳史訳	378
470	宗教論	N.ルーマン／土方昭, 土方透訳	138
471	人格の成層論	E.ロータッカー／北村監訳・大久保, 他訳	278
472	神　罰	C.v.リンネ／小川さくえ訳	432
473	エデンの園の言語	M.オランデール／浜崎設夫訳	338
474	フランスの自伝〈自伝文学の主題と構造〉	P.ルジュンヌ／小倉孝誠訳	342
475	ハイデガーとヘブライの遺産	M.ザラデル／合田正人訳	390
476	真の存在	G.スタイナー／工藤政司訳	266
477	言語芸術・言語記号・言語の時間	R.ヤコブソン／浅川順子訳	388
478	エクリール	C.ルフォール／宇京頼三訳	420
479	シェイクスピアにおける交渉	S.J.グリーンブラット／酒井正志訳	334
480	世界・テキスト・批評家	E.W.サイード／山形和美訳	584
481	絵画を見るディドロ	J.スタロバンスキー／小西嘉幸訳	148
482	ギボン〈歴史を創る〉	R.ポーター／中野, 海保, 松原訳	272
483	欺瞞の書	E.M.シオラン／金井裕訳	252
484	マルティン・ハイデガー	H.エーベリング／青木隆嘉訳	252
485	カフカとカバラ	K.E.グレーツィンガー／清水健次訳	390
486	近代哲学の精神	H.ハイムゼート／座小田豊, 他訳	448
487	ベアトリーチェの身体	R.P.ハリスン／船倉正憲訳	304
488	技術〈クリティカル・セオリー〉	A.フィーンバーグ／藤本正文訳	510
489	認識論のメタクリティーク	Th.W.アドルノ／古賀, 細見訳	370
490	地獄の歴史	A.K.ターナー／野﨑嘉信訳	456
491	昔話と伝説〈物語文学の二つの基本形式〉	M.リューティ／高木昌史, 万里子訳　品切	362
492	スポーツと文明化〈興奮の探究〉	N.エリアス, E.ダニング／大平章訳	490
493 494	地獄のマキアヴェッリ（I・II）	S.de.グラツィア／田中治男訳	I・352 II・306
495	古代ローマの恋愛詩	P.ヴェーヌ／鎌田博夫訳	352
496	証人〈言葉と科学についての省察〉	E.シャルガフ／山本, 内藤訳	252
497	自由とはなにか	P.ショーニュ／西川, 小田桐訳	472
498	現代世界を読む	M.マフェゾリ／菊地昌実訳	186
499	時間を読む	M.ピカール／寺田光徳訳	266
500	大いなる体系	N.フライ／伊藤誓訳	478

叢書・ウニベルシタス

			(頁)
501	音楽のはじめ	C.シュトゥンプ／結城錦一訳	208
502	反ニーチェ	L.フェリー他／遠藤文彦訳	348
503	マルクスの哲学	E.バリバール／杉山吉弘訳	222
504	サルトル，最後の哲学者	A.ルノー／水野浩二訳	296
505	新不平等起源論	A.テスタール／山内昶訳	298
506	敗者の祈禱書	シオラン／金井裕訳	184
507	エリアス・カネッティ	Y.イシャグプール／川俣晃自訳	318
508	第三帝国下の科学	J.オルフ＝ナータン／宇京頼三訳	424
509	正も否も縦横に	H.アトラン／寺田光徳訳	644
510	ユダヤ人とドイツ	E.トラヴェルソ／宇京頼三訳	322
511	政治的風景	M.ヴァルンケ／福本義憲訳	202
512	聖句の彼方	E.レヴィナス／合田正人訳	350
513	古代憧憬と機械信仰	H.ブレーデカンプ／藤代，津山訳	230
514	旅のはじめに	D.トリリング／野島秀勝訳	602
515	ドゥルーズの哲学	M.ハート／田代，井上，浅野，暮沢訳	294
516	民族主義・植民地主義と文学	T.イーグルトン他／増渕，安藤，大友訳	198
517	個人について	P.ヴェーヌ他／大谷尚文訳	194
518	大衆の装飾	S.クラカウアー／船戸，野村訳	350
519 520	シベリアと流刑制度（I・II）	G.ケナン／左近毅訳	I・632 II・642
521	中国とキリスト教	J.ジェルネ／鎌田博夫訳	396
522	実存の発見	E.レヴィナス／佐藤真理人，他訳	480
523	哲学的認識のために	G.-G.グランジェ／植木哲也訳	342
524	ゲーテ時代の生活と日常	P.ラーンシュタイン／上西川原章訳	832
525	ノッツ nOts	M.C.テイラー／浅野敏夫訳	480
526	法の現象学	A.コジェーヴ／今村，堅田訳	768
527	始まりの喪失	B.シュトラウス／青木隆嘉訳	196
528	重　合	ベーネ，ドゥルーズ／江口修訳	170
529	イングランド18世紀の社会	R.ポーター／目羅公和訳	630
530	他者のような自己自身	P.リクール／久米博訳	558
531	鷲と蛇〈シンボルとしての動物〉	M.ルルカー／林捷訳	270
532	マルクス主義と人類学	M.ブロック／山内昶，山内彰訳	256
533	両性具有	M.セール／及川馥訳	218
534	ハイデガー〈ドイツの生んだ巨匠とその時代〉	R.ザフランスキー／山本尤訳	696
535	啓蒙思想の背任	J.-C.ギユボー／菊地，白井訳	218
536	解明　M.セールの世界	M.セール／梶野，竹中訳	334
537	語りは罠	L.マラン／鎌田博夫訳	176
538	歴史のエクリチュール	M.セルトー／佐藤和生訳	542
539	大学とは何か	J.ペリカン／田口孝夫訳	374
540	ローマ　定礎の書	M.セール／高尾謙史訳	472
541	啓示とは何か〈あらゆる啓示批判の試み〉	J.G.フィヒテ／北岡武司訳	252
542	力の場〈思想史と文化批判のあいだ〉	M.ジェイ／今井道夫，他訳	382
543	イメージの哲学	F.ダゴニェ／水野浩二訳	410
544	精神と記号	F.ガタリ／杉村昌昭訳	180
545	時間について	N.エリアス／井本，青木訳	238
546	ルクレティウスのテキストにおける物理学の誕生	M.セール／豊田彰訳	320
547	異端カタリ派の哲学	R.ネッリ／柴田和雄訳	290
548	ドイツ人論	N.エリアス／青木隆嘉訳	576
549	俳　優	J.デュヴィニョー／渡辺淳訳	346

			(頁)
550	ハイデガーと実践哲学	O.ペゲラー他,編／竹市,下村監訳	584
551	彫　像	M.セール／米山親能訳	366
552	人間的なるものの庭	C.F.v.ヴァイツゼカー／山辺建訳	852
553	思考の図像学	A.フレッチャー／伊藤誓訳	472
554	反動のレトリック	A.O.ハーシュマン／岩崎稔訳	250
555	暴力と差異	A.J.マッケナ／夏目博明訳	354
556	ルイス・キャロル	J.ガッテニョ／鈴木晶訳	462
557	タオスのロレンゾー〈D.H.ロレンス回想〉	M.D.ルーハン／野島秀勝訳	490
558	エル・シッド〈中世スペインの英雄〉	R.フレッチャー／林邦夫訳	414
559	ロゴスとことば	S.プリケット／小野功生訳	486
560 561	盗まれた稲妻〈呪術の社会学〉(上・下)	D.L.オキーフ／谷林眞理子,他訳	上・490 下・656
562	リビドー経済	J.-F.リオタール／杉山,吉谷訳	458
563	ポスト・モダニティの社会学	S.ラッシュ／田中義久監訳	462
564	狂暴なる霊長類	J.A.リヴィングストン／大平章訳	310
565	世紀末社会主義	M.ジェイ／今村,大谷訳	334
566	両性平等論	F.P.de ラ・バール／佐藤和夫,他訳	330
567	暴虐と忘却	R.ボイヤーズ／田部井孝次・世志子訳	524
568	異端の思想	G.アンダース／青木隆嘉訳	518
569	秘密と公開	S.ボク／大沢正道訳	470
570 571	大航海時代の東南アジア (I・II)	A.リード／平野，田中訳	I・430 II・598
572	批判理論の系譜学	N.ボルツ／山本,大貫訳	332
573	メルヘンへの誘い	M.リューティ／高木昌史訳	200
574	性と暴力の文化史	H.P.デュル／藤代,津山訳	768
575	歴史の不測	E.レヴィナス／合田,谷口訳	316
576	理論の意味作用	T.イーグルトン／山形和美訳	196
577	小集団の時代〈大衆社会における個人主義の衰退〉	M.マフェゾリ／古田幸男訳	334
578 579	愛の文化史 (上・下)	S.カーン／青木,斎藤訳	上・334 下・384
580	文化の擁護〈1935年パリ国際作家大会〉	ジッド他／相磯,五十嵐,石黒,高橋編訳	752
581	生きられる哲学〈生活世界の現象学と批判理論の思考形式〉	F.フェルマン／堀栄造訳	282
582	十七世紀イギリスの急進主義と文学	C.ヒル／小野，圓月訳	444
583	このようなことが起こり始めたら…	R.ジラール／小池,住谷訳	226
584	記号学の基礎理論	J.ディーリー／大熊昭信訳	286
585	真理と美	S.チャンドラセカール／豊田彰訳	328
586	シオラン対談集	E.M.シオラン／金井裕訳	336
587	時間と社会理論	B.アダム／伊藤,磯山訳	338
588	懐疑的省察 ABC〈続・重大な疑問〉	E.シャルガフ／山本,伊藤訳	244
589	第三の知恵	M.セール／及川馥訳	250
590 591	絵画における真理 (上・下)	J.デリダ／高橋,阿部訳	上・322 下・390
592	ウィトゲンシュタインと宗教	N.マルカム／黒崎宏訳	256
593	シオラン〈あるいは最後の人間〉	S.ジョドー／金井裕訳	212
594	フランスの悲劇	T.トドロフ／大谷尚文訳	304
595	人間の生の遺産	E.シャルガフ／清水健次,他訳	392
596	聖なる快楽〈性，神話，身体の政治〉	R.アイスラー／浅野敏夫訳	876
597	原子と爆弾とエスキモーキス	C.G.セグレー／野島秀勝訳	408
598	海からの花嫁〈ギリシア神話研究の手引き〉	J.シャーウッドスミス／吉田,佐藤訳	234
599	神に代わる人間	L.フェリー／菊地,白井訳	220
600	パンと競技場〈ギリシア・ローマ時代の政治と都市の社会学的歴史〉	P.ヴェーヌ／鎌田博夫訳	1032

			(頁)
650	知の全体史	C.V.ドーレン／石塚浩司訳	766
651	法の力	J.デリダ／堅田研一訳	220
652 653	男たちの妄想（I・II）	K.テーヴェライト／田村和彦訳	I・816 II
654	十七世紀イギリスの文書と革命	C.ヒル／小野，圓月，箭川訳	592
655	パウル・ツェラーンの場所	H.ベッティガー／鈴木美紀訳	176
656	絵画を破壊する	L.マラン／尾形，梶野訳	272
657	グーテンベルク銀河系の終焉	N.ボルツ／識名，足立訳	330
658	批評の地勢図	J.ヒリス・ミラー／森田孟訳	550
659	政治的なものの変貌	M.マフェゾリ／古田幸男訳	290
660	神話の真理	K.ヒュプナー／神野，中才，他訳	736
661	廃墟のなかの大学	B.リーディングズ／青木，斎藤訳	354
662	後期ギリシア科学	G.E.R.ロイド／山野，山口，金山訳	320
663	ベンヤミンの現在	N.ボルツ，W.レイイェン／岡部仁訳	180
664	異教入門〈中心なき周辺を求めて〉	J.-F.リオタール／山縣，小野，他訳	242
665	ル・ゴフ自伝〈歴史家の生活〉	J.ル・ゴフ／鎌田博夫訳	290
666	方　法　3.　認識の認識	E.モラン／大津真作訳	398
667	遊びとしての読書	M.ピカール／及川，内藤訳	478
668	身体の哲学と現象学	M.アンリ／中敬夫訳	404
669	ホモ・エステティクス	L.フェリー／小野康男，他訳	496
670	イスラームにおける女性とジェンダー	L.アハメド／林正雄，他訳	422
671	ロマン派の手紙	K.H.ボーラー／髙木葉子訳	382
672	精霊と芸術	M.マール／津山拓也訳	474
673	言葉への情熱	G.スタイナー／伊藤誓訳	612
674	贈与の謎	M.ゴドリエ／山内昶訳	362
675	諸個人の社会	N.エリアス／宇京早苗訳	308
676	労働社会の終焉	D.メーダ／若森章孝，他訳	394
677	概念・時間・言説	A.コジェーヴ／三宅，根田，安川訳	448
678	史的唯物論の再構成	U.ハーバーマス／清水多吉訳	438
679	カオスとシミュレーション	N.ボルツ／山本尤訳	218
680	実質的現象学	M.アンリ／中，野村，吉永訳	268
681	生殖と世代継承	R.フォックス／平野秀秋訳	408
682	反抗する文学	M.エドマンドソン／浅野敏夫訳	406
683	哲学を讃えて	M.セール／米山親能，他訳	312
684	人間・文化・社会	H.シャピロ編／塚本利明，他訳	
685	遍歴時代〈精神の自伝〉	J.アメリー／富重純子訳	206
686	ノーを言う難しさ〈宗教哲学的エッセイ〉	K.ハインリッヒ／小林敏明訳	200
687	シンボルのメッセージ	M.ルルカー／林捷，林田鶴子訳	590
688	神は狂信的か	J.ダニエル／菊地昌実訳	218
689	セルバンテス	J.カナヴァジオ／円子千代訳	502
690	マイスター・エックハルト	B.ヴェルテ／大津留直訳	320
691	マックス・プランクの生涯	J.L.ハイルブロン／村岡晋一訳	300
692	68年－86年　個人の道程	L.フェリー，A.ルノー／小野潮訳	168
693	イダルゴとサムライ	J.ヒル／平山篤子訳	704
694	〈教育〉の社会学理論	B.バーンスティン／久冨善之，他訳	420
695	ベルリンの文化戦争	W.シヴェルブシュ／福本義憲訳	380
696	知識と権力〈クーン，ハイデガー，フーコー〉	J.ラウズ／成定，網谷，阿曽沼訳	410
697	読むことの倫理	J.ヒリス・ミラー／伊藤，大島訳	230
698	ロンドン・スパイ	N.ウォード／渡辺孔二監訳	506
699	イタリア史〈1700－1860〉	S.ウールフ／鈴木邦夫訳	1000

			(頁)
700	マリア〈処女・母親・女主人〉	K.シュライナー／内藤道雄訳	678
701	マルセル・デュシャン〈絵画唯名論〉	T.ド・デューヴ／鎌田博夫訳	350
702	サハラ〈ジル・ドゥルーズの美学〉	M.ビュイダン／阿部宏慈訳	260
703	ギュスターヴ・フロベール	A.チボーデ／戸田吉信訳	470
704	報酬主義をこえて	A.コーン／田中英史訳	604
705	ファシズム時代のシオニズム	L.ブレンナー／芝健介訳	480
706	方　法　4．観念	E.モラン／大津真作訳	446
707	われわれと他者	T.トドロフ／小野，江口訳	658
708	モラルと超モラル	A.ゲーレン／秋澤雅男訳	
709	肉食タブーの世界史	F.J.シムーンズ／山内昶監訳	682
710	三つの文化〈仏・英・独の比較文化学〉	W.レペニース／松家，吉村，森訳	548
711	他性と超越	E.レヴィナス／合田，松丸訳	200
712	詩と対話	H.-G.ガダマー／巻田悦郎訳	302
713	共産主義から資本主義へ	M.アンリ／野村直正訳	242
714	ミハイル・バフチン 対話の原理	T.トドロフ／大谷尚文訳	408
715	肖像と回想	P.ガスカール／佐藤和生訳	232
716	恥〈社会関係の精神分析〉	S.ティスロン／大谷，津島訳	286
717	庭園の牧神	P.バルロスキー／尾崎彰宏訳	270
718	パンドラの匣	D.&E.パノフスキー／尾崎彰宏，他訳	294
719	言説の諸ジャンル	T.トドロフ／小林文生訳	466
720	文学との離別	R.バウムガルト／清水健次・威能子訳	406
721	フレーゲの哲学	A.ケニー／野本和幸，他訳	308
722	ビバ リベルタ！〈オペラの中の政治〉	A.アーブラスター／田中，西崎訳	478
723	ユリシーズ グラモフォン	J.デリダ／合田，中 訳	210
724	ニーチェ〈その思考の伝記〉	R.ザフランスキー／山本尤訳	440
725	古代悪魔学〈サタンと闘争神話〉	N.フォーサイス／野呂有子監訳	844
726	力に満ちた言葉	N.フライ／山形和美訳	466
727	法理論と政治理論〈産業資本主義における〉	I.マウス／河上倫逸監訳	
728	ヴァーグナーとインドの精神世界	C.スネソン／吉水千鶴子訳	270
729	民間伝承と創作文学	M.リューティ／高木昌史訳	430
730	マキアヴェッリ〈転換期の危機分析〉	R.ケーニヒ／小川，片岡訳	382
731	近代とは何か〈その隠されたアジェンダ〉	S.トゥールミン／藤村，新井訳	398
732	深い謎〈ヘーゲル，ニーチェとユダヤ人〉	Y.ヨベル／青木隆嘉訳	
733	挑発する肉体	H.P.デュル／藤代，津山訳	
734	フーコーと狂気	F.グロ／菊地昌実訳	
735	生命の認識	G.カンギレム／杉山吉弘訳	